国家社会科学基金一般项目
立项号：11BZW086

理性审视：20世纪中国文化语境中的茅盾

王嘉良　著

2019年·北京

图书在版编目（CIP）数据

理性审视：20世纪中国文化语境中的茅盾／王嘉良著.—北京：商务印书馆，2019
（丽泽人文学术书系）
ISBN 978-7-100-16702-4

Ⅰ.①理… Ⅱ.①王… Ⅲ.①茅盾（1896—1981）-人物研究 ②茅盾（1896—1981）-文学评论 Ⅳ.①K825.6 ②I206.7

中国版本图书馆CIP数据核字（2018）第232842号

权利保留，侵权必究。

丽泽人文学术书系
理性审视：20世纪中国文化语境中的茅盾
王嘉良　著

商　务　印　书　馆　出　版
（北京王府井大街36号　邮政编码100710）
商　务　印　书　馆　发　行
三河市尚艺印装有限公司印刷
ISBN 978-7-100-16702-4

2019年4月第1版　　开本 710×1000　1/16
2019年4月第1次印刷　印张 23 1/2
定价：60.00元

目 录

绪论 被误读的茅盾 ·· 1

第一章 文化背景：文化思想探源及其日渐"定型" ···································· 15
  一、维新文化：茅盾文化思想的生成起点 ·· 16
  二、取精用宏：早期文化思想的开阔性与驳杂性 ·································· 25
  三、博取中的选择：文化思想的日渐"定型" ······································ 49

第二章 "矛盾"人生：特定历史文化语境中的审视 ···································· 70
  一、"茅盾前"：文学与政治的交错与契合 ·· 72
  二、"茅盾时"：复杂时势中自我选择的两难 ······································· 80
  三、"茅盾后"：在矛盾运动中的"迂回而进" ····································· 92

第三章 作家本色："文人从政"心态与独特呈现方式 ································ 111
  一、"综合体"茅盾的作家、文学家本色定位 ···································· 112
  二、典型范式：潜行于政治与文学之间 ·· 124
  三、知识文人的复杂样态与茅盾的"文人从政"心态 ························· 133

四、文学家茅盾介入政治的独特呈现方式……………………… 142

第四章　创作文本：政治文化内涵与其多重意义生成……………… 149
　　一、"政治文化"视阈中的文学政治化倾向……………………… 150
　　二、"民族政治"与现代民族国家想象…………………………… 155
　　三、"阶级政治"与革命、阶级的言说…………………………… 164
　　四、对文学表现"小资产阶级"阶层的关注……………………… 172
　　五、政治视野中的"个人想象空间"拓展………………………… 182

第五章　20世纪文化语境与茅盾的持守现实主义……………………… 195
　　一、现实主义：复杂文化语境中的审慎选择……………………… 195
　　二、现实主义在我国的曲折流变与茅盾的选择之路……………… 203
　　三、坚定持守现实主义及其产生的正负效应……………………… 231
　　四、现实主义的"创造原点"意义与重要建树…………………… 239

第六章　茅盾"创作模式"：特定文化语境中的创作范型……………… 253
　　一、模式生成：并非随意为之的创作转型………………………… 254
　　二、评价模式：置于特定文化语境中的分析……………………… 259
　　三、理性审视：对模式艺术要求的考量…………………………… 275
　　四、"创作模式"的评价与"模式化"批评的误导……………… 291

第七章　"理性化"创作中的独特艺术诉求…………………………… 299
　　一、《子夜》创作例证：对理性与艺术"相克"的防范………… 300
　　二、"寓于形象"的思维：把创造形象"尊为第一义"………… 311
　　三、追求"形式"完满：调动多种艺术手腕克服理性制约……… 318
　　四、借鉴欧洲"正宗"现实主义的小说叙事艺术………………… 338

结语　文学大家茅盾给予后世文学的启示意义………………………… 362
参考文献………………………………………………………………… 365
后　　记………………………………………………………………… 368

绪论　被误读的茅盾

对中国现代文学大家茅盾的研究，曾一度成为"显学"，以往"鲁、郭、茅"之说，便是将其标举为超一流作家，对其的研究也必呈现出活跃气势。新中国成立以来至改革开放新时期头十年，甚至再往前看：从20世纪30年代以厚重的《子夜》等作品称雄新文坛以来，茅盾一直享受的是"一流"作家的礼遇，获得的是作为新文学旗帜性人物之一的赞誉，自然历来备受人们关注；其受到读者、评论者和研究者的好评也会大大超越其他现代作家，所有的中国现代文学史对其"历史性评价"之高，当然也非除鲁迅之外的其他作家所可比拟。

然而，自20世纪80年代末期"重写文学史"以来，现代文学史和现代作家被重评、重估，特别是对曾长时期主宰中国新文学潮流的现实主义文学多持异议，对茅盾的研究与评价必发生严重倾斜。从那时起，研究已从高端跌入低谷：不但研究数量锐减，而且对茅盾的评价出现大幅度转弯，以往的超一流定位，此时已受到质疑，对其的批评则多有所见，明显的例证是将其列为"重写文学史"的首先被重评对象[①]；直至90年代初期的"20世纪十大小说家"排名，主事者将茅盾革出中国现代小说家的"十强"行列，使其由位列"三甲"到走不进小说家前十的位置，一举推翻此前数十年几乎已有"定评"的排位，文学历史的重写未有如此严酷者，此事必定在读者和学术界引起强烈轰动。

[①]　"重写文学史"的口号于1988年由《上海文论》提出，被首批重评的作家有茅盾、丁玲、赵树理、柳青等，他们都属新中国成立后在文坛具有举足轻重地位的现实主义作家。对茅盾的重评，始于"《子夜》模式"的重新讨论。

对一个作家的评价产生争议,在文学史上并不鲜见,但对茅盾评价的反差是如此之大,而且这几乎是在其"身前"与"身后"的倏忽之间发生,这大大超乎人们的想象。笔者以为,对茅盾的评价出现巨大落差,并由此及于当下茅盾研究的冷落,并不是一种正常现象。因为对于中国20世纪文学研究而言,一个曾对中国文学历史进程产生深刻影响的作家,一个曾以厚重著作傲世的新文学代表人物,一个一度左右新文学历史发展的强劲文学潮流的推助者,无论如何都是绕不过去的存在,对茅盾这样重要研究对象的"缺席"和对其做出的轻率评判,并不利于文学历史经验的总结。而事实已经证明,基于当下的研究现状及其自身固有的研究价值,深入研究茅盾的必要性已在逐步显现:一方面,尽管以往已对茅盾的各个领域都做了较为深入的研究,但在今天看来,许多话题的研究并没有真正的深入,还存在着不同程度的对茅盾现象的"误读";另一方面,因对茅盾评价的争议又会引发出新的话题,形成新的茅盾研究生长点。诸如对一个新文学时期"重量级"作家的评价何以会产生如此大的反差,个中映现出怎样的历史复杂性;茅盾在20世纪复杂文化语境中形成的"矛盾"人生,对其创作产生了怎样的影响;又如何评价其建构的独特文学创作模式;等等,这些都有待做更深入的探究与阐释。当然,研究并不主要在于对"席位"的评价,重要的应是对其历史价值的论定,论价值也不是顺着以往"历史性评价"的思路,以单纯的"历史必然性"评说复杂文学现象,倒是需要放置在特定历史背景中做出科学的分析与评价,需要对作家实现价值的可能性和未及性都做出准确的估量,从而达到作家自身固有价值还原的目的。更重要的是,借此可以厘清文学史上许多复杂的文学现象和理论问题,尽可能实现文学史经验的有效总结。

这里,需要特别强调的是:对茅盾做科学的历史评价,将其置于20世纪中国复杂文化语境中进行审视与分析,至关重要。作家评价的历时性差异,常常来自不同时期文学或文化价值观念的变化,亦受制于人们审视文学问题采取不同的评判标准。或因时过境迁、主流话语的变异导致对作家评价出现反差,或是离开具体历史背景抽象地谈论政治问题或审美问题造成评价的错位,常常难以避免。由是,对作家的科学评价,置于特定历史背景中的历史性审视就非常必要。正如列宁所说:"在分析任何一个社会问题时,马克思主义理论的绝对要求,就是要把问题提到一定的历史范围之内。"[①] 把问题提到"一定的历史范围之内",实则是回到历史现场,考量作家在"历史的具体性"中是如何把握历史的前进方向实现自己的价值,审察作家受制于特定历史时期的社会环境、意识形态、文化观念等,做出自己应有的选择和相应的建树,唯如此,方能准确估量作家实现价值的可能性和未及性,对作家的评价才更具历史合理性。

以往对茅盾的评价出现强烈反差,一个显在的事实是偏离历史文化语境,割裂历史,孤立地、抽象地谈论文学问题和学术问题。有研究者提出,对茅盾这样作家的评价,打破习以为常的定论,必须破除"政治和学术上的种种偏见",或者欲以"纯文学的标准"或"审美标准"重新审视作家。这样的要求诚然是合理的,已有的"定论"缺乏历史合理性,必须予以打破也是学术研究应有的态度。问题是:离开特定历史文化语境评论作家,尤其是在面对20世纪中国文化语境呈现出相当的复杂性和矛盾性的作家实际时,究竟能在多大程度上对其做出合理评估,是值得怀疑的。由于偏离历史文化语境,在以往的茅盾研究中,事实上已造成了对茅盾和"茅盾现象"的种种误读,笔者以为,下述几种是较有代表性的。

"误读"之一:作家评价的单一政治阐释

对茅盾的科学评价,着眼于20世纪中国文化的复杂性,着眼于由"矛盾"人生构成的复杂茅盾"个体"的认知,看待其在中国特定政治文化中的文学路径选择,是特别值得注意的。以往造成对茅盾的"误读",一个重要因素是作家评价的单一政治阐释,并将此推向极端,只以"政治"为标识品评其思想与创作,于是便产生以政治的涨落确定对作家的评价:政治文化高扬时,茅盾有很高的地位,反之则一落千丈。对《子夜》的评价是一个典型例证:当政治主宰一切时,阐释这个文本的价值强调的就是那个揭示中国社会性质的政治性主题,其重要艺术价值往往被置于无足轻重的位置;一旦主流话语发生变异,那个政治性主题不再被强调时,茅盾的这个作品(甚至包

[①] 列宁:《论民族自决权》,《列宁选集》第2卷,人民出版社1972年版,第512页。

括其构筑的整个艺术大厦)就会在人们心目中动摇,而认为茅盾的创作仅以政治理念取胜的评论则会大行其是。这种因"政治上的偏见"所导致的"学术上的偏见",将复杂的文化现象和复杂的作家"个体"做简单化处理,与科学评价相去甚远是势所必然。至少下述两种单一政治阐释的偏向是有待纠正的。

一种偏向是作家身份的单一政治认同。毋庸讳言,基于茅盾独特的文化接受和人生道路选择,他的确是中国现代作家中政治色彩浓厚、政治身份鲜明的作家。通常对茅盾形象的描述,是集革命家、政治家与文学家于一体,这是大致不错的,但对许多中国现代作家也可做出这样的描述(如鲁迅、郭沫若等),非独以茅盾为然,这说明:文学与政治结缘,作家显出不同程度的政治化倾向,甚至承担多种社会角色,恰恰是独特中国文化语境中形成的一种作家角色的突出表征。20世纪中国文化呈现出这样一种动态结构:文化在传统与现代的对立中转型,在中西文化的激烈冲撞中变革,在空前的社会大变动中转化。在这错杂的情势面前,一切文化人都需要经受检验而决定其弃取,其人生道路的择定也无不受制于此。于是作家与特定时期的政治文化产生内在的关联,几乎是无可避免的。这是我们考量现代作家与政治结缘的前提。然而,20世纪的中国文化人,尤其是精英知识分子,他们都有着各自的文化接受和积淀,有着他们对现实政治的独特参与方式,其基于对历史和现实的深切审视,以及长期知识积累所形成的一整套观念系统,总是显出独立判断和不随流俗的一面;而20世纪中国文化的动态结构又使他们的观念处于非恒定状态中,常常因现实情势的转换而有所转换,于是就有所谓的历史复杂性和"文化人"自身的复杂性。许多现代作家的"三位一体"形象,都有着各自的呈现方式,这是我们考察作家与政治发生关系的一个重要视点。看待茅盾亦然,注意到其与中国政治文化无须回避的关联性,又审察其在独特文化语境中"个体"的独特呈现方式,方能获得对其在复杂文化语境中真实面目的确切认知。尤其是后者,当我们全面审视茅盾的人生历程和文学活动时,不难发现其充满"矛盾"的人生及文化思想、文学选择。在中国20世纪变幻莫测的思想文化背景上,茅盾的文化思想、文学选择并不单一,而是经历了曲折起伏,显出丰富的内涵与斑斓的色彩。诚如有研究者指出的那样：茅盾其人及其构筑的文本世界,"并不像有人说的是简而明的理性图式,它的整体艺术风貌是特异与复杂的。各种矛盾冲突错综地交织在一起,不同的情绪和心态交混在一起,人生的复杂和人心的深度交融在一起"①。如此复杂样态,岂是一个"政治化"的茅盾所能涵括的?茅盾研究中作家身份的单一政治认同,似乎是讳言政治的,不能容忍作家与政治发生关联,或是离开作家"个体"的独异性评述其政治身份和政治色彩,不去考量其以独特参与方式把握政治的特色和可能取得的成就,其实恰恰是一种"政治和学术上的偏见"。

另一种偏向,是多重文化思想的单一政治观照。科学评价现代作家的文化或文学思想及其文学创作的政治文化内涵,努力避免对20世纪中国文化复杂政治内涵的单一性理解,也很有必要。政治文化的复杂性在于:由于其交织着历史、现实、社会、民族、阶级、阶层、政治、经济等诸种复杂因素,便会呈现出人们对其复杂状况认知的差异和不同"政治态度",因而,对作家政治文化观念的科学描述与评价,就必须将其置于特定文化语境中,看取其用独有的政治文化视角阐释政治的态度与方式,从而对其文学思想、文学创作的政治文化蕴含做出恰如其分的评估。这里,重要的是避免以单一的意识形态评说政治文化。以往的茅盾研究,以流行的意识形态观念品评其创作的社会政治蕴含,就会导致对问题的狭隘理解。例如对《子夜》政治性主题的强调,就是用"制度""道路"之类带有非常强烈意识形态性的政治文化观念进行阐释,势必限制人们对这个作品深层价值意义的发掘。如果换一种评论视角,对政治文化内涵有更拓展的认识,即按照"政治文化是一个民族在特定时期流行的一套政治态度、信仰和感情","政治文化是由本民族的历史和现在社会、经济、政治活动进程所形成"②的观点,去阐释茅盾创作的政治文化蕴含,不难理解政治文化实有丰富的内涵,对茅盾作品的解读也应有更拓展的认识。作为政治意识较为强烈的作家,茅盾堪称是典型的"特定时

---

① 朱德发:《茅盾研究的思索》,载吴福辉、李频编:《茅盾研究与我》,华夏出版社1997年版,第12页。
② 〔美〕加布里埃尔·A.阿尔蒙德、小G.宾厄姆·鲍威尔:《比较政治学:体系、过程和政策》,曹沛霖等译,上海译文出版社1987年版,第29页。

期"中国政治文化的文学表达者。其创作表达的政治文化意义，便是有效运用了他在长期社会实践和知识积累中形成的对历史和现实政治的独特理解，不但有"阶级政治"的阐释，更大量的是"民族政治"阐释，以表现本民族的社会历史进程和一个特定时期的民族政治内涵，从而显出创作蕴含了多重政治文化意义。《子夜》是个范例，尽管小说叙事也关乎主义、道路之类的政治性命题，但细察作品的深层内核，探讨的其实是国家、民族命题，即透过对民族资本家艰难命运的描写，联系着他一以贯之的关于建构现代民族国家这一宏大主题的思索。对此，笔者曾有专文论述[①]，此处不赘。这里只想指出的是，倘若能按并不单一的政治文化观念去理解，就不会做出茅盾的政治叙事过于偏狭的评判，也不至于产生更多的误读、误评。现在看来，纠正对茅盾创作评论的政治偏见，调整政治阐释视角，实在是必要的。

"误读"之二："纯文学标准"的评价错位

由于对政治介入的过度阐释和政治阐释视角的偏差，与之相随的另一种误读，是对茅盾文学思想与文学创作欠缺艺术性或审美价值的批评。政治与艺术，从来都是作家评论中一个问题的两个侧面：当评说一个作家政治色彩过分浓厚时，实际上意味着对其创作忽视艺术要求的批评，因为其过于看重创作的社会要求和政治要求，其作品的艺术要求和艺术含量必然受损；反之亦然，当一个作家淡薄政治，专心致志于纯文学或纯艺术的追求，其创作的艺术价值必高。这种对政治与艺术的简单化理解，当然并不是对艺术问题的准确阐释，而此种惯性思维，在当下的茅盾评论中却有突出表征。有研究者提出，欲破除茅盾研究中的"政治上和学术上的偏见"，重要的是用"纯文学的标准"重新审视作家，似乎茅盾是经不起艺术分析的作家，一旦用上"纯文学标准"，其作品价值不高的评判就不在话下。与此相关，随意轻薄茅盾艺术功底的评说，则时有所见。李洁非《寂寞茅盾》[②]一文指出，一位颇有些影响的青年作家为逞一时口舌之快，甚至于有茅盾的"文笔很差"、其作

---

① 参见王嘉良：《茅盾小说：政治叙事的两重视角与效应》，《天津社会科学》2011年第6期。
② 李洁非：《寂寞茅盾》，《领导文萃》2012年第24期。

品"不能读下去"的说头，不免令人瞠目。纯文学观念的流行，对茅盾创作艺术分析的欠缺，必导致对一个做出重要艺术建树作家的评价出现重大反差。

对茅盾艺术评价的失实，首先需要指出的是"纯文学标准"的评价错位。文学创作中是否有一种与社会现实无涉、只做纯然艺术表达的所谓"纯文学"，本身就是一个值得讨论的问题；而在20世纪中国复杂文化语境中，民族矛盾、社会矛盾、阶级纷争贯穿始终，试图过滤出一种与此复杂文化环境毫不相干的纯文学，更是不可思议。正以此故，在中国新文学研究中，主张以纯文学标准评价作家，一般不容易为人们接受，此说也不甚流行。近年来，纯文学观念一度被看好，有各种复杂因素，其中不可忽视的是有着中国社会文化思潮和文学思潮发生整体变异的背景，特别是随着西方现代主义文学思潮的大量输入，现实主义文学在中国主流地位的解体，被人们视为与现实无涉的现代主义纯文学有很高的艺术价值；而强调现实意义、"社会负担"的现实主义创作无法与之比拟，这便注定了对茅盾的评价会出现重大反差。因为无可回避的问题是，茅盾作为典型的现实主义作家的角色定位，他也确乎长时期独尊现实主义，于是，对茅盾的评价就因现实主义命运的起落不定而发生变异：当现实主义地位坚挺时，茅盾被尊为现实主义大师，就有至高无上的地位；而随着新时期文学多元化的来临，现实主义独尊地位的解体，对茅盾的评价即随之发生倾斜，其成为"重写文学史"首先被发难的对象，也是无可幸免。而这个现象之所以产生，其中一个重要因素恰恰是现实主义文学与所谓"纯文学"的评价错位。

反观人们对茅盾创作欠缺艺术价值的批评，主张用纯文学标准对其做出重新评价，很大程度上正是缘于对其坚持现实主义文学观和从事现实主义文学创作的批评。例如其创作理论中，主张凸显文学的现实要求与社会功能，甚至主张用社会科学理论指导创作，都是现实主义文学的一种主张，如果用纯文学理念去评价它，也许就会被看得一文不值；许多研究者不能容忍茅盾创作过重的社会要求，诸如作品表现现实关系、政治经济关系等，不能容忍其习惯于用理性分析把握文学创作，就在于偏离现实主义的特定命题范围讨论文学问题：凡是"社会负担"都与纯文学无关，于是坚持社会化的现实主义创作便注定与艺术无缘，也与文学无缘。这样的评论，以单一的文学观念评说不同文学思潮，尤其是离开复杂文化语境评论作家创作的独特性，其片面性显而易见。诚然，茅盾的现实主义理论与创作，本身并非毫无可议之处，他在一个相当长的时间里独尊现实主义而排斥其他文学思潮，也有不少弊端，但由于其在长期的艺术实践中积淀了甚深的艺术体验，特别是考量了特定历史文化语境中的艺术需求，使其对现实主义的坚守显出历史合理性与现实契合性。就如其指出的那样，现实主义在中国的"主潮"地位毋庸置疑，"中国新文学20年来所走的路，是现实主义的路"；尽管其间因剧烈的社会变动曾产生各种各样"主义"，但不幸都"被时代遗忘了"，"现实主义屹然始终为主潮"。① 只要不抱有偏见，不难论定这样的概括思路并没有偏离中国新文学的发展路径。事实上，茅盾的现实主义选择并非带有随意性，而是在对各种文学思潮做反复的比较、筛选以后做出的。笔者曾撰文梳理过茅盾的现实主义选择之路，它并不单纯，经历了审慎提倡写实主义、集中倡导自然主义、专力批判新写实主义、最终确立现实主义文学观的演进历程。② 这说明，茅盾的现实主义选择是严肃、审慎的，是一种基于"现实"需求的理论自觉，亦显示出其现实主义文学观有着丰富复杂的内涵，其中包括吸收多种文学思潮的合理内核。因此，评说作为典型的现实主义作家的茅盾，重要的是需将其放置在复杂文化语境中分析，看到这位作家的现实主义理论与创作的独特性。趋于极端化的评论并不可取，因为离开历史文化语境谈论现实主义的是非功过，离开作家的整体文学思想评说其现实主义创作，毕竟不科学。而从纯文学标准的评价错位中，倒是提醒人们：不但是对茅盾这样作家的评价，即便是对整个新文学创作的评论，都必须有对坚持现实主义必要性及其独特价值的确切认知。

需要指出的是，对茅盾的创作批评产生纯文学标准的评价错位，不只是现实主义评价的分歧，还源于长期以来对茅盾深厚的艺术积累及其创作中充足艺术含量评论的欠缺。在一些评论者看来，一个有着极强政治意识的作家，

---

① 茅盾：《现实主义的道路》，《茅盾全集》第22卷，人民文学出版社1993年版，第171、172、173页。
② 参见王嘉良：《理性审视：茅盾的现实主义选择与独特理论建树——置于中国20世纪文化语境中的考量》，《浙江师范大学学报》2015年第3期。

其对创作的艺术要求总是有所忽视的，这便有可能使评论者忽略对其创作蕴含艺术价值的评价；由于评论重在揭示创作的社会价值与政治价值，而过分强调社会学批评，却将艺术批评置于并不重要的位置，也会有意无意地导致对作家艺术价值的估量欠缺。这两种评论方式，都有可能造成评价作家的偏差。这里就包含两个方面的认知误区：对茅盾作为一个有着深厚艺术积累的"文学家"的认识不足，对茅盾创作具有丰富艺术含量的评论欠缺。在20世纪中国文化语境中，茅盾身处政治与艺术反复角逐、缠斗的复杂文学环境中，曾担负多种身份角色，但"文学家"的角色定位始终不变，也始终是第一位的。这源于其对文学事业的热忱与钟情，以及他在长期文学实践中的丰厚积淀和对文学规律认知的日渐加深，于是就有其对文学不变的选择，也是其作为作家"文人"遵循艺术规律、从事文学创作的应有态度。这一点，只要不是抱有偏见，能够宏观审视茅盾取精用宏、汲取中外文化或文学经验的丰厚艺术积淀，仔细审察其"矛盾"人生中有所为又有所不为的政治态度与文学态度，其对于艺术坚持的始终如一并不难得到理解。至于其文学创作中的艺术含量，同样需要有一种切近实际的评说。茅盾是作为一位卓有成效的小说大家凸显于现代中国文坛的，其对中国现代小说（特别是长篇小说）的成熟所做的创造性贡献，为中国现实主义小说所提供的丰富的创作经验等，已为许多研究者所论证，无需再细加评说。即使是他最为人们诟病的坚持"理性化"的艺术思维特征，也非人们想象的那样简单。他对于艺术生成的复杂性有足够清醒的认识，因而在创作中即便有浓重的理性介入，也总是尽力防范理性与艺术的"相生相克"；其中最重要的表征是其"以人物为本位"理论在创作实践中的运用，从而使其作品总是以表现人物性格的丰富性与复杂性取胜。作家在驱遣笔下的人物时，善于把握人的复杂微妙的心理与情感，从而把人的生理的、心灵的、精神的多方面需求表现俱足。这使其理性化蕴含了多重艺术质素：诸如隐伏其中的"诗性智慧"，借助于"十分发达的想象力"显出形象思维的活跃性，理智与情感交融所产生的"诗情观念"等，都能够产生撞击人心的力量。所有这些，只要不是从既定的理念出发，而是能对作品做切实的而不是浮泛的分析与解读，应该不难取得共识。事实证明，对茅盾创作欠缺艺术价值与审美价值的评论，问题的所在并不是其创作经不起艺术分析与审美评判，而是在于文学观念的差异或有意无意回避艺术问题。这从另一个重要侧面启示我们，纠正以往研究中对茅盾创作丰富艺术含量审视的欠缺，对他深厚的艺术积累及其在创作中的运用予以深入的开掘与阐释，从而揭示其为中国新文学提供完整的艺术经验，是多么重要！

"误读"之三：评论作家的单向思维模式

对茅盾的评价出现重大反差，始于20世纪80年代后期，首先提出重新评价的，是围绕"《子夜》模式"的讨论而展开的批评。许多研究者对茅盾始于《子夜》的"艺术模式"提出不同批评视角，便有了对"模式"的诸多质疑，这或有助于问题的讨论；但一种趋于极端化的批评，却是对模式的完全否定，诸如断言《子夜》是"一份高级形式的社会文件，因而是一次不足为训的文学尝试"[①]；不但"《子夜》是一部失败的艺术品"，说农村三部曲"是失败之作也不为过"[②]；等等。这里涉及的不仅仅是《子夜》一部作品，还包括茅盾产生于同一时期的其他创作，于是就有了对一种所谓创作模式的批评，而且几乎使用了茅盾完全不够文学家资格的语言对他给予了完全否定。如此批评的误导性是在于：茅盾以《子夜》为代表的20世纪30年代的创作，是其创作成就最高的部分，《子夜》等作品所积累的创作经验与艺术探索，也是其为现实主义文学创作提供的最丰富、最完整的艺术经验；如果将此轻率否定了，则何论其创作价值，何论其在文学史上的地位？看来，对茅盾创作模式的准确评价，确乎是科学品评茅盾的关键节点，因而对这一问题实有深入研究的必要；而就以往产生的对茅盾的"误读"情况看，重要的是要避免评论作家的单向思维模式。

所谓单向思维模式，就是用单一的文学观念，对一种颇具复杂性与特异性的文学现象或文学模式只做简单化的理解与阐释。茅盾的创作模式有特指的意义范畴，通常是指坚持社会科学理论对创作的指导与渗透，展开对社会现象的整体性的大规模的描写，在透视社会中特别重视对社会经济问题的表

---

① 蓝棣之：《一份高级形式的社会文件——重评〈子夜〉》，《上海文论》1989年第3期。
② 徐循华：《诱惑与困境——重读〈子夜〉》，《中国现代文学研究丛刊》1989年第1期。

现与研究等。这使其创作显出特异性与复杂性,其特异性甚至在一般现实主义创作中都是相当独特的:他反映现实一丝不苟的求实态度,表现社会现象每每要进行社会剖析的理性分析精神,在创作中注重社会科学理论的指导、参与等,在我国现代作家中罕有其匹。这说明,茅盾创作模式是一种非常独特的文学现象,提示我们对其的评价,必须有对模式本身复杂状况的切实分析,要有从历史文化背景和文学现实发展需求等方面入手的深入理论探究,只做简单的肯定或否定文章并不能说明问题;而用单一的排斥理性介入、忽视文学社会功能的所谓纯文学观念去解释,则肯定会导致误读。事实上,茅盾的创作模式尽管独特,在艺术上也非臻于至善,但从总体看,却是适应了特定历史文化语境的需求,在创作方法上也没有违背现实主义艺术规律,而且在许多方面还为理性思维介入文学提供了卓有成效的经验。因此评价其模式的一些似是而非的看法,是需要加以澄清的。细察当年人们对茅盾创作模式的种种评论,并非都是判决式的批评,确实也有许多进行认真的学理性探究的文章,透过对文本的深入解读,提供了对一种创作模式的不同批评视角,有些观点还颇为尖锐,这对于准确评价模式的意义(无论是积极的还是消极的)都是极为有益的。由此也说明,对于一种有着复杂内涵的创作模式的理解,有许多问题的确有必要再予深入的探讨。

单向思维模式的另一种表征,是片面夸大模式在作家创作中的作用,以模式化的思维品评作家的所有创作。就以往的许多评论看,模式化思维的重要表征,是抛开具体的历史文化语境抽象出一种纯粹的创作模式,它同文学自身的演化毫无关联,而模式可能存在的"弱点"被无限放大,则此种模式就变得一文不值;或者是将作家的创作陷在一种固定不变的模式中,是从"模式"出发(而不是从创作文本出发)解读作品,把一部有丰富内涵的作品(例如《子夜》)轻而易举地否定了,而实际的创作活动却要复杂得多。于是就有许多问题值得探究,例如,模式中强调社会科学理论指导创作,是否就意味着这是一条一成不变的铁则,这注定使其成为茅盾创作中主要的艺术"失足点"?茅盾提出了一种创作模式,是否就可以将其全部作品模式化?前者的推论是缺乏对茅盾创作艺术多样性的把握,茅盾为文学提供的是一个多样的艺术世界;丰富的中外创作艺术的有效借鉴,多种创作方法在创作实践中的运用，必造就其艺术方法的多样性和作品形态的多样性，决定其在创作中不会只固守一种艺术要求和创作特点，这只要认真审视其多种类型的创作，并不难得到合理解释。后者的模式化思维，同样欠缺对茅盾创作复杂性的理解。茅盾在《子夜》等作品中形成一种带有模式性的创作特点，却不能以此评说其所有创作，原因是其创作特征（或曰创作模式）呈现出显著的阶段性特征，此种模式在一个特定阶段中形成，却不能涵盖所有创作阶段。比如《子夜》与前期的《蚀》的表现方法很不相同，即使与20世纪40年代的《霜叶红似二月花》比较，也明显存在着创作范式的差异；如果将其"一锅煮"，必不可能对各种具有丰富复杂内涵的作品给予准确的辨析与阐释。评价作家的模式化思维之病就在于，对茅盾创作模式的理解过于简单与狭隘，没有深究其创作的具体性与复杂性，就难以避免评论出现偏差。

综上，不难看出，若是缺乏对复杂的文化或文学现象的深入细致的分析，只是基于粗浅的、浮泛的认识去看待茅盾个体的独特呈现方式，必造成对茅盾的种种误读。从这种种误读中，已经说明，避免简单思维，对颇具复杂性的茅盾人生历程及其文学创作的独特形态与表现方式做出科学合理的分析与评估，有多么重要。这里重要的是，必须要将复杂的文化或文学问题放置在20世纪中国复杂文化语境中分析，同时又须有对茅盾"个体"独特性的深入认知。从这两个方面考量，涉及茅盾的人生历程及其思想复杂性的主要问题有：追溯其产生思想开阔性与复杂性的独特文化背景，其在特定文化语境中形成的"矛盾"人生显出何种丰富复杂内涵，其以"文人从政"心态参与政治显出何种独特展现方式。涉及茅盾文学创作评价的重要话题有：创作文本的政治文化内涵、长期持守现实主义文学思潮的选择、对其创作模式的审视与评价、其"理性化"创作与独特艺术诉求评论等。本书对20世纪中国文化语境中的茅盾的理性审视，将主要围绕上述问题展开。笔者认为，不做面面俱到的论述，只从问题意识出发讨论相关学术问题，不仅有助于对主要研究对象做出具体深入的论证，也使研究具有多方面的理论意义和学术意义。

从20世纪中国文化语境切入，理性审视一个作家的文化选择、政治态度、文学观念、创作倾向等，有利于对现代作家做出切近实际的和具有历史合理性的分析与评价。20世纪的中国文化人，尤其是精英知识分子，他们都有着各自的文化接受和积淀，他们基于各自对历史和现实的深切审视及其长期知识积累所形成的一整套观念系统，总是显出独立判断和不随流俗的一面；而20世纪中国文化的动态结构又使他们时常受到变动不居的文化环境的制约与影响，他们所由此形成的观念也总是处于非恒定状态中，常常产生与既定思路并不相同的矛盾性现象，于是就有所谓的历史复杂性和文化人自身的复杂性。在中国现代作家中，强烈表露自己经历了"矛盾"人生、思想充满难以排解的"矛盾"的，恐怕未有如茅盾者；同样，受制于复杂的文化语境，茅盾的文学活动、文学创作也必会有大量的矛盾性现象呈现。这里显露的正是一种独特的文化环境对作家心灵激荡之深、思想制约之深，如果对此不做深入细致的论析，对其文化思想做"理应如此"与"不必如此"的逆向判断，都不免有简单化之嫌。因此以茅盾为个案，阐述其文化思想的意义并不单纯，实际上也昭示着20世纪中国文化思想的复杂性，所论也就不乏文化史和思想史意义。

透过对在复杂文化语境中生成的茅盾个体的认知，以便对茅盾做出尽可能准确、科学的评价。这在茅盾评论的关键节点上，尤见出重要性。通常的评论，特别看重的是茅盾作为政治家、革命家的角色定位，而对这位文人气息极重的"作家本色"却有意无意忽略，特别是在阐释文学与政治关系的时候，茅盾常被看成是单纯服务于政治的作家，其创作的艺术价值就大打折扣。事实上，茅盾以文人心态从政，常常表现出对政治、对革命力不从心的一面，而文人本色又使他较一般政治型作家有更多的对于文学的牵挂，于是就造成了他在政治与文学周旋中的复杂性与"矛盾"性。而这种矛盾性的呈现，体现在文学创作中，就使文本的政治化倾向赋予了多重意义内涵，其创作的意义与价值也有了独特的观照视角。不但文学与政治的关系是如此，其余体现在茅盾身上的诸多矛盾性现象也需要做出新的合理的解释。从"茅盾本体"的几个重要侧面对茅盾的文学成就及其价值取向进行评述，当然不能穷尽对茅盾的认知，但毕竟提供了一个新的研究视角。

由对茅盾的深入思考，涉及与此相关的文学史问题，从历史的审视中获得比单个作家研究更多的东西，从而显出作家研究的文学史意义。茅盾在文学史上的意义，还在于他作为一种作家类型、创作类型的"代表性"意义，对其的科学评价，往往是同文学史上许多复杂的理论问题牵扯在一起的，不能将作家个体与文学史整体做割裂的或孤立的评说。例如如何看待茅盾"独尊"现实主义，就需要从20世纪中国文化语境和中国现代文学的整体环境中去考量，否则很容易偏执一端。还有茅盾的创作模式，选择此种模式不独与其现实主义文学观紧密关联，而且还联系着他为适应文化环境变迁而做出的重大创作转型，同样有无可漠视的意义。倘若能全面审视20世纪中国文化语境，又能对茅盾持守的文学观念有令人信服的解释，那么文学史上许多纠缠不清的问题也能迎刃而解。这不仅限于现实主义与茅盾创作模式，其他问题亦然。于此做出努力，将使研究意义有更大的拓展与延伸。

第一章　文化背景：文化思想探源及其日渐"定型"

　　从历史文化语境中审视茅盾，必须有将其文化思想、文化实践活动置于特定文化背景中的准确考察与估量。其中重要的是须"回到"历史现场，探究这位对推动中国文学历史进程产生重要影响的作家何以会有独特的文化或文学路径选择，其采择的文化或文学观念对其人生历程和文学创作产生了怎样的影响。20世纪的中国文化人（尤其是成就卓著的文化人）在不同文化领域做出建树，并显出自己审视历史和现实的独具眼光，很大程度上是源于他们有着各自的文化接受和积淀，有着他们在长期的文化、知识积累中形成的观念系统。茅盾亦然，其经历丰富复杂的人生历程，充当多样的甚至"矛盾"的文化角色并做出相应建树，便与其接纳、吸收多样丰富的文化思想紧密相关，因此从其文化接受源头起始直至日渐"定型"，梳理其文化思想选择路径及其在长期文化积累中形成的文化观念，是十分必要的。

　　这里所论，并不是对茅盾文化思想的全面阐述，只是就其文化选择路径中对其文化或文学观念的形成产生重要影响部分做重点论述，但由此亦可显示其接受的文化思想并不单一，显现出相当程度的丰赡性和复杂性。在许多人看来，革命色彩浓厚的茅盾，其文化思想总是呈单一的线性方式行进，不可能有太多的曲折与流变，事实当然并非如此；只有透过其文化思想的复杂内涵与部分"矛盾性"现象的呈示与剖析，方能把握其深刻内涵，同时也能见出其最终文化选择的可能性与必然性。

一、维新文化：茅盾文化思想的生成起点

考察茅盾文化思想的形成时限，应当是在他成年以后的事。这里我们将笔触伸展到茅盾文化思想的生成起点，重点论述其早期启蒙教育所接受的维新文化思潮的熏陶，是在于青少年时期的文化积淀往往会对一个人产生毕生的影响，更在于中国 20 世纪"前夜"文化的激烈变动——维新文化思潮对于 20 世纪中国新文学作家群整体推出的重要性。

由于 20 世纪中国文化思潮同中国近代文化思潮有着密不可分的联系，"五四"以后走向新文坛的中国作家多少都受到近代文化特别是维新文化思潮的影响。程文超论述"前夜的涌动"对于新文学的意义时指出：中国的"现代性"追求并不是从"五四"时才开始的，它于世纪之交就开始孕育；讨论新文学，无法回避"五四"与维新人士梁启超等的关联，梁启超实在是"五四"精神的孕育者之一，许多"五四"先驱包括鲁迅、周作人、钱玄同等，都深受梁启超思想的影响。[①] 此说是颇有依据的。以曾创作《女神》，喊出"五四"时代最强音的郭沫若为例，他在后来就直言其青少年时期对梁启超维新思想与文学启蒙的接受，"平心而论，梁任公的地位在当时确实不失为一个革命家的代表"，"二十年前的青少年——换句话说：就是当时的资产阶级的子弟——无论是赞成或反对，可以说没有一个没有受过他的思想或文字的洗礼的"。[②] 郭沫若所说的知识分子青少年时期受梁氏文化影响之深，很明显是据其切身体验总结的。如此说来，讨论中国新文学作家的思想文化基调，回溯到"五四"文化"前夜"期他们对维新文化思潮的接受，实在是题中应有之义。

分析茅盾的文化接受状况，也确实如此。比鲁迅晚生 15 年、比郭沫若晚生 4 年的茅盾，其于青少年时期对近代文化的直接感受相对要小一些。但"回到"近代文化现场，特别是回视近代的维新文化思潮及其余波在茅盾所

---

① 程文超：《前夜的涌动》，山东教育出版社 1998 年版，第 2、44 页。
② 郭沫若：《少年时代》，人民文学出版社 1979 年版。

处的地理文化环境中曾形成浓烈的氛围，茅盾曾于此得到不薄的精神滋养，那么，近代文化思潮对青少年茅盾产生过极大的影响是没有疑义的，维新文化恰恰成为茅盾文化思想中的第一道文化底色。由是，当我们从整体上梳理、把握茅盾的文化思想发展轨迹时，不能不首先回溯到其思想"成型前"时期，探究近代中国文化思潮对茅盾整体文化思想的形成产生了怎样的影响力与作用力。

近代中国文化思潮已呈示出中西文化激烈冲撞的因素。一方面是清帝国的闭关自守，以儒学为主体的传统文化起着主宰的作用；另一方面是西方的坚船利炮轰开了中国大门，使中国面临着日益深重的社会危机、民族危机和文化危机，西方文化不断撞击着中国古老的传统文化。两种文化的激烈碰撞，必使中国固有文化开始产生质变。主张吸收"西学"进行文化改良的维新文化思潮便是在这样的背景下应运而生。变法维新的代表人物之一——梁启超的"不中不西，即中即西"，确切地道出了维新派人士的文化改良愿望。尽管此种文化改良还不具备真正的文化革命的意义，但它对20世纪中国文化的影响是深远的，尤其从中西文化交流的角度来说更是如此。在19世纪末、20世纪初，处在传统文化的浸润之中，又置身在一个充溢着"维新""启蒙"的文化氛围里，青少年时期的茅盾接受的文化教育必然是双重的。茅盾自己统称之为"早期启蒙"的文化教育，便包含着中西文化两个方面融合的因素。

就未成年时期的茅盾的文化接受源来看，中国传统文化的吸纳无疑是一个重要方面。有良好的家庭教育和学校教育，"禀承慈训"而又"谨言慎行"的茅盾，从小就深受儒学文化传统的熏染，打下了深厚的国学底子。茅盾初入商务印书馆工作时，曾向他的同事、自诩为目录版本学家的孙毓修老先生背过一张书单："我从中学到北京大学，耳所熟闻者，是'书不读秦汉以下，文章以骈体为正宗'。涉猎所及有《十三经注疏》，先秦诸子，四史（即《史记》、《汉书》、《后汉书》、《三国志》），《汉魏六朝百三家集》，《昭明文选》，《资治通鉴》，《昭明文选》曾通读两遍。至于'九通'，二十四史中其他各史，历代名家诗文集，只是偶然抽阅其中若干章段而已。"[①] 这张书单，曾使

[①] 茅盾：《我走过的道路》（上），人民文学出版社1981年版，第114页。

这位老先生大惊失色，从此不敢小觑这位年青人，但这书单其实还是很不全面的，至少没有包括他在少年时代就已阅读过的大量古代文学作品。仅从这里就可以看出，茅盾日后成为一个博古通今的大家，特别是对古代文化遗产的熟悉到了信手拈来即成文章的地步，实在是从小打下的底子。这种深厚的传统文化积累，对茅盾整体文化思想的构成，影响自然是深巨的。传统文化特别是其中的儒学文化，核心内容是经世致用，是讲究"修身、齐家、治国、平天下"，这无疑对茅盾成年以后形成强烈的社会参与意识，自觉树立起崇高的历史使命感和社会责任感，产生了潜在的深刻的影响。

然而，就茅盾青少年时期的文化接受源而言，更应看到：在特定时代语境中，尤其重要的因素是近代中国的维新文化思潮对他产生的更为深巨的影响。在"五四"一辈作家中，传统文化积淀是一种共性，也许不足为奇，但像茅盾那样既有国学的深厚功底，又在"维新"的氛围中接受"亦中亦西"的早期启蒙教育，甫入学堂便有对西学、西语的初步认知，却并不为多。这是茅盾步入成年便有开阔的文化视野，在20世纪初叶尚属青年时期的他就开始在中国文化现代化的道路上探索与攀登的重要原因所在；同时也是茅盾这个文化人区别于同时代许多文化人，在接受文化新潮方面往往要比别人快半拍的重要标识所在。

综观茅盾早年的多重文化接受，特别是近代维新文化思潮在其青少年时期产生特别大的影响力，大约有三种因素。

其一是特殊的地理文化环境。

特定地理文化环境，对于一个作家的文化生成背景与最初文化接受源头的考察来说，应该是一个可以关注的视角。地域文化对作家个性气质、文化人格的生成，总会产生或深或浅的作用，作家便同生养他们的文化母体所积淀的深厚文化传统有着无法割断的精神联系。茅盾所处的杭嘉湖地域，属于"吴文化"圈的"浙西"，该地域就有着不同于"越文化"圈的"浙东文化"的诸多特质。20世纪初创刊的《浙江潮》刊载论"浙风"的文章就有如此论说，"浙西以文，浙东以武，浙西之人多活泼，浙东之人多厚重"[①]，大体上

---

① 蒋百里：《浙江潮·发刊词》，《浙江潮》第1期。

区分了吴、越两地不同的文化风尚与个性特质。而"浙西以文"的特点,不但使浙西之地独多"清流美士",且"余风遗韵相续"①,更重要的是造就此地"慕文儒,不忧冻馁""好读书,虽三家之村必储经籍"②的崇文传统。崇文传统不但使浙西涌现的饱学之士与诗文大家数不胜数,而对浙西后学产生更直接效应的则是在好学风尚浸淫下,造就此地浓烈的读书、求知文化氛围。

　　茅盾置身于崇文的文化氛围中,自幼受到良好的教育,从小学、中学到大学,按部就班,一路走来,颇为顺畅,由此成就了他地道的文人知识者角色,这在同时代作家中都是十分突出的。他自幼在此文化环境中受教,自然得益甚多。浙西的文化风尚在近现代时期已有了很大的变迁,承续其"余风遗韵",当然并非旨在培植传统文人中的"清流美士",而是蕴含了丰富的时代内涵。茅盾青少年时期所受教育,对于传统文化的接纳,便含有汲取儒学中积极进取的精神,体现出显著的时代色彩;而对其影响更为深刻的,当是此地曾形成浓厚文化氛围的维新文化思潮。在中国近代文化潮流中,两浙文化的深度介入,曾出现一种颇有特色的文化现象。如果说,"浙东以武"的特点,有可能出现秋瑾、徐锡麟这样以身殉国的反清志士,凸显了浙东地域在近代民族民主革命斗争浪潮中诸多志士仁人奋身投入的悲壮景象;那么,"浙西以文"的特点,恰恰显现出主要由一大批文人参与的维新文化潮流中所发挥的重要作用。正是在这一点上,茅盾早年在浙西文化氛围中所受的教益,便有了鲜明特色。

　　维新文化思潮在近代中国是一股重要的文化思潮,但由于它毕竟只是一种自上而下的文化改良,更何况"百日维新"即遭夭折,它不可能在中国的广袤大地上都产生深远影响。然而,文化渊源深厚、地处交通便捷的杭嘉湖地区却有着完全不同的情状。此地文人云集,崇尚实业的风气由来已久,又加以便捷的信息传递,以富国强兵为号召的维新运动必然会在这里引起热烈的回响。戊戌变法期间,这里曾涌现张元济、汤震、汪康年等知名维新人士,其变法主张在这里曾产生深刻影响;而回应全国的维新文化大潮,此地

---

① 《浙江通史卷九十九·风俗上·湖州府》,文渊阁本《四库全书》。
② 朱立乔、吴骞主编:《嘉兴文杰》,当代中国出版社2005年版,第1页。

的维新文化潮流也长盛不衰，即便是维新落潮后，这里也是余波犹存。

与上海近邻的乌镇，地处水陆要冲，为江、浙两省之嘉、湖、苏三府七县的交界之处，"镇虽一隅，实三郡六邑之屏藩也"①，特殊的地理位置为维新文化思潮的传播提供了极为有利的条件。维新大潮落潮后，乌镇仍聚集过一个由徐冠南、沈和甫、卢学溥、徐晴梅、沈鸣谦等人构成的青年维新文化群体。卢学溥即茅盾表叔卢鉴泉，主张实业救国，后来成为著名的银行家，对茅盾的日后成长起过举足轻重的影响。徐冠南、沈和甫不独倾向新学，鼓吹维新，其后又从事实业救国，兴办教育事业，成为乌镇人欣羡的人物。特别是茅盾小学国文教师沈鸣谦（听蕉），深受维新运动影响，无心于举业而热衷于教育，自称"康梁倡导新政，鸣谦独与意合"②，其维新思想必显现于教学活动中。沈鸣谦教国文的一项重要改革是除授课外，还要求学生写作史论，发表自己对国家大事的看法，这使茅盾受益甚深。直至他后来写出的《我的小学时代》中，还对此念念不忘："这样的作文每星期一次，倘要说于我们有什么好处，那至多亦不过很肤浅地弄熟一点史实，以及练习练习之乎者也的摆布罢了。对于思想的发展，毫无帮助。可是我现在想来，当时那位先生老叫我们做史论，也有他的用意；他是想叫学生留心国家大事。他自己是'新派'，颇有点政治思想。"③茅盾小学时期的作文，就有不少史论，而且显露出少年茅盾也确实颇懂点政治思想，显出其对国家大事的关注。处在这样的特殊文化氛围中，青少年时期的茅盾便受到新学的耳濡目染，有了对维新文化的虽朦胧却又切实可感的认知。

其二是充溢维新思想的家庭文化教育。

茅盾的受教生涯，始于家教。在他的大家庭中就有个家塾，其祖父就当过塾师，教着一班子弟读书，这与浙西"好读书，虽三家之村必储经籍"的崇文风尚颇为吻合。茅盾说过：进小学以前，"我读过家塾，也读过私塾；念过'三字经'后，父亲就给我读'新学'了"④。他进家塾和私塾的时间都

---

① 乾隆《乌青镇志》。
② 民国《乌青镇志》。
③ 茅盾：《我的小学时代》，《茅盾全集》第 11 卷，人民文学出版社 1986 年版，第 488 页。
④ 茅盾：《我的小学时代》，《茅盾全集》第 11 卷，人民文学出版社 1986 年版，第 486 页。

很短暂，其接受家教直接来自于颇有维新新思想的父亲和母亲，所接受的是当时谓之"新学"，这使其接受教育的起点便与维新文化思潮有缘。

在乌镇维新空气的浸润下，茅盾的家庭也带有浓厚的维新色彩。其父沈永锡就是一个颇有抱负的维新派人士，其最爱读的一本书便是谭嗣同的《仁学》，留意的学问不是"子曰诗云"，却是"声光化电"，最大的抱负是赴日本留学，学好本领走实业救国之路。他对儿子的教育，自然也重在新学，所以茅盾接受的学前教育不是《三字经》《千家诗》，却是《字课图识》《天文歌略》《地理歌略》等，这在传统教育为主宰的年代里，可以算得上是别具一格。沈永锡英年早逝，但给茅盾兄弟留下的遗嘱仍忧愤于中国将有可能被列强瓜分，期盼有"第二次的变法维新"到来，嘱望两个儿子长大以后成为理工人才，走振兴实业之路，这对茅盾的影响必是刻骨铭心一辈子。在晚年撰写回忆录时，茅盾还记得父亲遗嘱的要点：

> 中国大势，除非有第二次的变法维新，便要被列强瓜分，而两者都必然要振兴实业，需要理工人才；如果不愿在国内做亡国奴，有了理工这个本领，国外到处可以谋生。遗嘱上又嘱咐我和弟弟不要误解自由、平等的意义。①

培养理工人才，以实现富国强兵的愿望，也许是当时维新人士的共识。沈永锡的这一意愿虽然没有在两个儿子身上完全实现，茅盾后来走上了"从政""从文"之路，茅盾的弟弟沈泽民最终成为一个职业革命家，但他们没有死守儒学、举业，而是紧随中国大势实现更大的抱负，沈永锡亦当含笑九泉；而维新文化的本质，是变法图强，跟上世界文化潮流，这同后起的文化思潮不无相通之处，茅盾从父亲那里接受的维新思想，在其日后的成长途程中，不妨说也产生过潜在的影响。茅盾的母亲陈爱珠为沈永锡撰写的挽联，为茅盾毕生铭记，这同样记述在其回忆录中：

---

① 茅盾：《我走过的道路》（上），人民文学出版社1981年版，第51页。

> 幼诵孔孟之言，长学声光化电，忧国忧家，斯人斯疾，奈何长才未展，死不瞑目；良人亦即良师，十年互勉互励，雹碎春红，百身莫赎，从今誓守遗言，管教双雏。

这挽联确切地概括了沈永锡的意愿与抱负，道出了其接受新学后"长才未展"的遗恨，料想茅盾必感受甚深，是故就有刻骨铭心的记忆。这挽联也表达了茅盾母亲决心继承其夫的遗愿，督励"双雏"成人的良苦用心。其后茅盾就在同样有识见的"慈训"下长大，接受其教育，在新学的汲取上更有长进。这种充满维新色彩的家庭文化教育，对茅盾而言，是一种更直观、更有效的"学前教育"，其在茅盾的文化接受层面上，也许会留下更深刻的印记。

其三是中西结合的校园文化影响。

乌镇的学校教育，在一班具有维新思想人士的主持下，早就开了中西结合的先河。1902年，即茅盾6岁那年，进入乌镇当时兴办的第一所小学——立志小学就读。这所小学已开风气之先，开设的国文课程已不只是《三字经》《千家诗》之类，课程中有《速通虚字法》和《论说入门》等，注重语言训练和史论习作，在教学的实用性上已跨前了一步。后来他又进入由崇尚教育和实业的沈和甫创办的中西学堂，即他后来就读的植材小学，在"西学"的汲取上更有长进。尽管其时所谓的"西学"大都经由日本转手而来，已是不同程度上变了形的近代西方文化，但毕竟同传统教育大异其趣，人们的眼界因此而大开。仅就茅盾在植材小学学习的课程而言，国文之外还有英文、算学（代数、几何）、物理、化学、音乐、图画、体操等，教师中已有了日本留学生，这显然非传统教育能可比拟。

步入青年时期，茅盾先后在湖州、嘉兴、杭州三地读中学，其时所受校园文化的影响，更是兼及中外古今的。别的不论，单就茅盾在三所中学受教的业师而言，就足够令人钦羡。内中有著名的湖州"三钱"：任湖州中学代理校长的钱恂（念劬），是著名学者、外交家，曾出使日本、欧美多国，其所授学便以洞悉世界事务和现代文明为中学吹来一股新风；钱恂之弟钱夏（玄同），"五四"时期的新文化骁将，时任湖州中学国文课教员，课文中有黄遵宪的《台湾行》、梁启超的《横渡太平洋长歌》，直接灌输了维新思想；钱恂之子钱稻荪,不仅国学根基深厚,且精通英语和日语,由其担任英语教员,中学生自是受益匪浅。嘉兴中学的4位国文教师朱希祖、马裕藻、朱蓬仙、朱仲璋,也是名震遐迩的新派人物,其中有两位还是师从章太炎的"章门弟子",他们向学生灌输的自然也是新思想、新学问。《逃墨馆主——茅盾传》的作者余连祥称,茅盾中学里的国文老师可谓是一个"超级豪华的阵容",此语不虚。由此显示的是:茅盾中学时代接受的是非同寻常的教育,而眼光向外、汲取新学,正是其特色所在。置身在这样的名师授业的教育环境中,无疑大大激发了茅盾向新学,尤其是新学中的文学一面的急剧倾斜。其喜好文学,喜好作文,便是从这里打下底子,并由此得到名师的赏识。钱恂慧眼识俊,在茅盾的作文中曾写下如此批语:"是将来能为文者。"此语出于一位学贯中西的学问大家之手,当非浮泛之语,其对茅盾的激励之大亦可以想见。这说明,茅盾除家教以外正式接受的学校教育,便显示出得天独厚的优势。

综观上述,不难看出:由于茅盾接受的早期启蒙教育显出与众不同的特色,其所受教育在加厚文化根基和吸纳文化新潮方面往往要比他的同时代文化人高出一等,这才有其后更宏阔、精深文化思想的积累和日后之终成文化大家。至少下述两点,在看待茅盾深厚的文化积淀及其思想特色时不可不予以特别注意。

一是"国学"和"西学"的同步接受,见出茅盾高起点的知识文化积累。

茅盾早期所接受的文化思想,实质上由两大板块构成:一是以儒学文化为主体的传统文化,一是尚未形成体系的西方文化。这两大块互相融合,构成一个矛盾的统一体,成为其整体文化思想的一道底色。这种融合中西的文化底色,在其成年以后的文化实践中还会有更显著的呈现;但追溯其源头,此种底色却首先生成于其未成年时期,其时已显露出他对中西文化撞击所形成的开放性文化思想的初步接受,因而其吸纳的文化思想,突出的特点是显出中西文化结合的因子。这在其少年时代的作文中就有所反映。

茅盾少年时代的作文[①],就是在"新派"的国文老师指导下完成的,其特

[①] 茅盾少年时代的作文,是指他1907年就读于乌镇植材小学时所作作文,1981年初在他的故乡发现。已发现的作文37篇,收入《茅盾全集》第14卷。下引各篇作文,均见于此卷。

点是求新、求变，是对国家大事的关注。这里反映的恰恰是少年茅盾初次显示的国学功底，及其吸纳、融合两种文化所表露的不同凡响的文化探求。一方面是对优秀传统文化精神的继承与弘扬，其中最为突出的是对儒学文化思想中积极一面的吸收。如《家人利女贞说》《祖逖闻鸡起舞论》等文阐说了儒学所张扬的修身、齐家、治国、平天下的道理，表达了作者对建功立业的大丈夫气概的向慕；他走上社会后积极参与社会改造，"怀抱大器"而努力去建"非常之功"，是不难从这里找到思想起点的。另一方面是对新学的吸收，表现出他追随世界新潮，渴望民主自由，期望中华民族进入世界先进行列的强烈渴念。《选举投票放假纪念》一文，是出于作者对民主自由的期待，写出他为谘议局投票选举、实行预备立宪之事的激动心情，民主自由思想溢于言表。《翌日月蚀文武官员例行救护说》一文则是对社会愚昧混沌、民智不开，以致科学知识匮乏、封建迷信盛行现象的犀利批判，表明了他掌握新学以后获得的现代科学观念。从这些例证中我们看到，少年茅盾获得的"学识"即包含了中学和西学两种成分，并初次以其所学阐发心理感受，表达他对当时人们普遍关注的社会问题的理解，尤其是能够从西学中获得民主、科学意识，对西方文化思想有所认同、有所参照去观察事物、分析现实，更属难能可贵。

二是维新文化重于传统文化，见出茅盾独具的文化思潮关注点。

基于特定的时代语境和地域环境，在茅盾接受的早期启蒙教育中，维新文化思潮的吸纳占据重要比重，甚至在相当程度上要重于对传统文化的吸纳，而这是最能体现鲜明时代特征和现代文化观念的。茅盾少年时代的作文最受人推崇的当属《西人有黄祸之说试论其然否》一文。在此文中，他既对当时中国的日趋殖民地化而痛心疾首："宜乎二十二行省，在彼势力之范围中也，此正危急存亡之秋也！"又总结德、意、美于民族屈辱中崛起的历史经验，把"仿效泰西，力行新政，人民智识，日渐开通"视为"一线之光明"。他认为救治中国之方在于革新图强，"如能力行新政，以图自强，将驾欧美而上之，为全地球之主人翁矣"，"睡狮既醒，群龙势危，加以土广人众，物美气和，将席卷欧美，雄视全球"。全文视野开阔，气势雄壮，展示了一个有为少年的胸襟与气魄。从此文中最能看出少年茅盾对维新文化思潮的吸纳与接受，其在维新思潮熏染下，已显露出力主革新图强、拯救危亡的思想，以及把"仿效泰西"作为自强之道的独特眼光，既表现了现代意识，同时也蕴含着鲜明的时代内涵。维新文化的重要内涵之一是鼓吹富国强兵、救亡图存，显出显著的救亡意识。在中国近现代文化思潮中，一直贯穿着"救亡"与"启蒙"的双重变奏，而又不时显现出"救亡"压倒"启蒙"的趋向，内中就有维新文化思潮的承续与延伸。于此不妨说，在茅盾的文化接受起点中，把维新文化作为重要关注点，从中汲取文化思想内涵，当是他以后的文化实践活动及其文学创作以救亡意识为主导的重要原因所在。

这里，需要特别强调的是：从维新文化视阈审视青少年时期茅盾的文化积累，是在于展示其文化思想的底色、基调，是在于揭示维新文化也是其整体文化思想中一种不可或缺的构成。因为茅盾后来文化思想的长足进展，往往可以从这里找到某些因子，这对于认识茅盾"全人"不无助益；同时，维新文化与现代性内涵有着直接的关联，拣出这一点予以重点论述，也当能切入茅盾思想底蕴做出实质性探究。尽管维新文化本身也有局限，而且少年茅盾毕竟是处在思想尚不成熟、尚不稳定的青少年时期，对其评价亦应是有限度的；但审视其置身于特定时代语境中的文化感受，仍使我们惊异于青少年时的茅盾独具眼光，甚至还有他的"少年老成"，以及他少年时期接受的文化所产生的影响力，这都是值得人们高度关注之处。

从茅盾的早期启蒙文化接受中，不难看出其早年的文化积累的确有着异于常人的特色。或许正是有此文化积累，当茅盾步入成年、走进"五四"时，面对更为壮阔的文化新潮，他才能迅速进入角色，做出及时而热烈的回应。

二、取精用宏：早期文化思想的开阔性与驳杂性

在"五四"大潮中走进新文坛的茅盾，果然表现得很不一般。"五四"时期茅盾接受了新文化的洗礼，积极投身于新文化运动和"五四"文学革命，在文学活动和社会革命两个方面的文化实践，大大开阔了他的文化视野，此时也成为其广泛接纳世界文化新潮的一个重要时期。作为首举"改

革"大旗的《小说月报》主编和当时最大的新文学社团文学研究会的主要理论家,茅盾需要用全新的文化或文学理念来阐释新文化和新文学,为改革大潮呐喊,于是汲取世界文化新潮便成为其不二选择。然而,新思潮的纷至沓来,以及人们面对各种蜂拥而至的新潮的急切接受心理,难免会有选择的困扰,以至于出现文化接受驳杂性的一面。在此种状况下,茅盾的文化选择在见出他勇于面对、勇于探索文化新潮的同时,也会呈现出诸多复杂性,个中映现的正是这位新文化追索者在探索路径上的种种特点。

"五四"前后国人对外来文化思潮的接受是以快速切换方式进行的。也就是说,面对西方先进的文化思潮,中国人总有一种翘首以待、急切期盼的心理,因而无论对于哪一种新潮,从引进到接纳再到消化,都是在短时间内快速完成的。创造社元老郑伯奇在总结中国新文学第一个十年的文学成就时曾写下这样一段意味深长的话,"中国新文学的产生比日本相差还将近半个世纪。《新青年》才开始提倡白话文的时候,在西欧是象征主义已经到了末期,即在日本,自然主义早已失了威权。而《新青年》诸君子所提倡的,和十八世纪法国的启蒙文学,英国的湖畔诗人所抱的思想并没有大的差异","回顾这短短十年间,中国文学的进展,我们可以看出西欧二百年中的历史在这里很快地反复了一番"。[①] 这取决于特定的历史背景,即中国长期处在自我封闭的状态下,因循守旧,无所作为,已到了难乎为继的程度。于是,一旦外来思潮带来催促文化变革的信息,势必会产生强烈反响。如此接受状况必然形成这样两个特点,首先是全方位接受态势造就文化接受的多样性。由于"输出或传入"不是在一个固定的时空内进行,恰恰是对西欧两百年来文化潮流的变迁"反复了一遍",形成四处出击、全面开花的局面,决定了接纳西方文化思潮的丰富性与多样性,并为我们从两者的对应关系中探讨此种多样性的建构格局提供了可能。其次,也应当看到因仓促接受带来的文化接受的复杂性。郑伯奇在谈到国人"快速"接受西欧文化思潮特点时还指出:"这不是说中国的新文学已经成长到和西欧各国同一的水准。落后的国家虽然急起直追也断不能一跃而跻于先进之列。尤其是文学艺术方面,精神遗产

[①] 郑伯奇:《中国新文学大系·小说三集·导言》,上海文艺出版社1981年影印本,第2页。

的微薄常常使后进国暴露出它的弱点。"①此说信然。快速接受的后果，是在显出一种气魄与胆略的同时，也可能潜藏一种危机，即对外来思潮的生吞活剥并不能把握其精神实质，对许多文化观念的理解存在着同西方思潮若即若离的状况，往往暴露出"后进国"的弱点。这说明，中国作家对外来思潮的吸收需要有一个从容选择、消化过程，做到在选择中吸收，吸收合于中国新文化建设需求部分为我所用；在吸收中消化，厘清各种思潮的来龙去脉、优势、弱点，真正汲取其精髓，使其在当下的新文化建设中产生有益的效用。唯如此，方能有益于中国文化的变革与改造，方能使中国文化跻身于世界先进文化之列。

反观茅盾"五四"时期的文化选择，也是在上述文化思潮背景下进行的。总体来看，其时他对新思潮的汲取，见出下述两面性。

一方面，是汲取新思潮的取精用宏和兼容并蓄。

其时的茅盾，广纳博取、兼容并蓄各种外来思潮，进化论、人道主义、个性解放以及文艺上的"为人生"文学观、现实主义文学观，甚至现代主义文学观，等等，都曾为所其吸纳，显示出其文化思想的开阔性和包容性。思潮选择的兼容性，也许为"五四"一辈作家所共具，他们对各种思想、主义的吸收与理解，在今天看来不一定十分精确，但一体吸收、为我所用的态度，毕竟厚实了最初的新文化思想积累。处于这一文化旋涡中的茅盾，以青年人特有的自由开放的心态，主动迎接来自西方的各种文化思潮的冲击和挑战。当时流行的各种社会思潮，如社会达尔文主义、无政府主义、人道主义、无抵抗主义和马克思主义等，各种文学思潮，如自然主义、写实主义、新浪漫主义、表象主义、表现主义、未来主义、达达主义等，都曾引起过青年茅盾的兴趣，他或翻译介绍，或批评论析，或视作参照系，或作为观察社会和人生的思想武器。特别需要指出的是，茅盾对于当时被称为"新浪漫主义"的现代主义文学观也持肯定、赞赏态度，还一度倾力提倡。当时现代派文艺思潮在中国尚流布不久，国人多以挑剔的眼光视之，茅盾能力排众议，为接纳文艺新潮而呼号："文学上要有新派兴起，亦是自然而且合理的

---

① 郑伯奇：《中国新文学大系·小说三集·导言》，上海文艺出版社1981年影印本。

事，虽然现在新派的东西亦尽有许多不满人意的地方，但也是启蒙时代必不可避免的现象。我希望大家能够用公正的心去批评新派，不要以为只是青年好奇心的表现，不值一笑。须知他们的价值实在高出一笑以上呢！"① 这里所述，同他后来坚定持守现实主义，对现代主义采取完全排斥态度，表现并不一致，恰恰显示了其早期文艺思想并不单一，也不封闭，甚至还有"超前"的一面。

另一方面，是吸收新潮的驳杂性和矛盾性。

由于"五四"文化思想的丰富性和复杂性，使得此时茅盾的文化思想选择既显示出开阔性的一面，同时也见出驳杂性的一面。广义上的"五四"文化，当指体现"五四"精神的"新潮"文化，在时间跨度上应当包括"五四"，在"五四"以后又有相当时间的延伸。此时的中国文化思潮正处在东西方文化的激烈碰撞之中，构成了以儒学为核心，儒、释、道三位一体的中国传统文化，与以人文主义为内核的西方文化互相交流、互相冲突、互相融合的复杂局面。面对如此纷繁复杂的文化格局，对传统文化和西方文化都有所研习但并不深入，更未形成文化思想体系的茅盾，势必表现出选择的困难，甚至可以说其文化选择是在动态的"矛盾运动"中完成的。这一方面是时代使然。由于"五四"以后至20世纪20年代仍处于社会转型期，封建社会体制虽已土崩瓦解，但封建文化的阴影并没有清除干净，人们急需寻找一种能改变中国现状的文化方略，而中国固有的传统文化已无力担当起重建中国文化的历史使命，于是人们就将眼光投向西方世界，学习和接受西方文化，对其时涌入中国的西方各种文化学说难免会有一种急切接受的心理，很难以绝对平静的心理、严密的理性分析对待之，青年茅盾亦然。另一方面，各种文化思潮之间的冲突、矛盾、交叉、包容，形成既互相排斥又互相融合的复杂文化场面，也造成人们理解和把握的困难，因此，在对各种文化学说进行严密科学的论证前，只能像鲁迅所说的那样先"拿来"再说。茅盾对各种理论的把握有一个认识、消化和调整的过程，自然也不难理解；而完成这

---

① 茅盾：《文学上各种新派兴起的原因》，《茅盾全集》第18卷，人民文学出版社1989年版，第267页。

个过程需要时间，于是就有其吸收新潮的驳杂性和矛盾性，就有其文化思想的演进、发展轨迹。

如此说来，茅盾早期的文化选择，从总体上看，是显出"取精用宏"的多元趋向，亦表现出他对文化新潮的认识、择取尚处于"矛盾运动"状态中。其矛盾性是在于：对各种主义、思潮多有所接受，显示出文化接受的多侧面性，但其时他对多种思潮的认识尚嫌粗浅，甚至多有矛盾性的表述，这是其文化选择途程中难以避免的现象；而"矛盾运动"的结果，是逐渐呈现出向其后注重"社会选择""阶级选择"一面的倾斜，最终实现较为稳定的转化。对茅盾早期的诸多文化观念，特别是那些后来为他所"抛弃"的文化观略作分析，这一特点就会得到显著呈现。这里，主要择取茅盾早期与进化论、人道主义、现代主义文艺思潮等的关系，做粗略的描述和评估；并由此阐说其与马克思主义的关系，说明其最终选择马克思主义文化思想的可能性与必然性。

1. 茅盾与进化论

进化论思想曾为"五四"新文化先驱所普遍接受，鲁迅、郭沫若等就在20世纪初期先后接受过进化论思想的影响。进化论之所以为"五四"文化人所接纳，是源于进化发展、世代更替的观念，恰恰构成对旧时代、旧世界的极大破坏力，此正合于其时抗拒强大封建势力的社会心理需求。但进化论并不是社会发展规律的科学描述，当然也不是改造社会的良方，其在激烈的社会矛盾、阶级冲突中就会显露出弊端。鲁迅于1927年大革命失败后完全抛弃进化论，血的教训使他"一向是相信进化论"的"思路因此轰毁"，"救正"了他先前"只信进化论的偏颇"[①]，当是典型例证。

茅盾接受进化论稍晚于鲁、郭，他对进化论的公开表述可以追溯到"五四"前夕。其时他相继发表《学生与社会》（1917年12月）、《一九一八年之学生》（1918年1月）等一批最早发表写出的社会论文，内中已显出他对进化论思想的初步认识，但其中不乏理解和评价的偏差。比如他对西方鼓

---

① 鲁迅：《三闲集·序言》，《鲁迅全集》第3卷，人民文学出版社1982年版，第5、6页。

吹进化论思想的代表人物之一的尼采推崇备至，称其为"德国大哲尼采"，并将尼采从进化的观念上阐释的道德观之要义概括为："别道德为二类：有独立心而勇敢者，曰贵族道德；谦虚而服从者，曰奴隶道德。"①如此阐释，就未必是精当之论，因为其中就有对尼采鼓吹高贵贵族人种的盲目推崇。《一九一八年之学生》一文则用社会进化学说来概括当时的时代特点："二十世纪之时代，一文明进化之时代也。全世界之民族，莫不随文明潮流而急转。"②此文所说的"进化"，显然与以优胜劣汰为核心的社会达尔文主义有一定的联系。不过，在当时的茅盾看来，20世纪汹涌着一股文明大潮，而处于此大潮中的国家、民族和人民，都应随时代潮流而俱进，否则就将为这股文明潮流所淘汰，据此又可以看出，他所强调的"进化"，又与社会达尔文主义所信奉的"生存竞争"并不完全相同。他在优胜劣汰的框架里注入了自己的理解：他所说的"立"与"败"，并不是人种之间"弱肉强食""生存竞争"的结果，而是由于民族之间的文明程度的不同，以及与世界文明潮流不同步所造成的。所以他在文中特别强调：一个民族为求进化之路，"皆非有奋斗力不可"，"必扎硬寨打死仗"，唯如此，方能"创历史上之新纪元"。从此文中可以看出，他当时对进化论的理解，是从时代演化、发展的意义上运用进化思想，尚未有对进化论思想复杂内涵的精细辨析。

茅盾对"德国大哲尼采"似乎情有独钟，对其哲学思想一直在用心探究，研究也渐趋深入。1920年1月茅盾在《学生杂志》上发表长篇专论《尼采的学说》，是他对尼采较全面的论说，也反映出他对进化论思想的复杂内涵（包括兼具创造性和局限性）有了较为深入的理解。此文分"引言""尼采传略及著作""尼采的道德论""进化论者的尼采""社会学者的尼采"和"结论"共6个部分，对尼采学说做了较全面的介绍，并能从正面和负面两个方面评价尼采。他推崇尼采，认为其"最好的见识是："把哲学上一切学说，社会上一切信条，一切人生观、道德观，从新称量过，从新把他们的价值估定。"此种认识，显然基于"五四"的"价值重估"要求，所以特别为

---

① 茅盾：《学生与社会》，《茅盾全集》第14卷，人民文学出版社1987年版，第5页。
② 茅盾：《一九一八年之学生》，《茅盾全集》第14卷，人民文学出版社1987年版，第9页。

茅盾所赏识。对待尼采的"超人说",他融合自己的解读,也表现出对"尼采学说"积极的认识和接受。他是从"人总是要跨过前人"这个意义上接受"超人说"的,认为提出此说有利于横扫社会上种种颓丧暮气,积极造就高瞻远瞩、英勇善战的新型人,期望尼采的"超人"学说将有助于改造颓靡的国民性。他赞赏尼采"不应该屈膝在环境之前,改变自己的物质构造去适应环境,以求生存"的说法,认为"人类欲再向上,欲达尼采所说'超人',便只有一个法子,那就是把这些条件的全部来变更了",这与当时要求改变旧制度、建立新社会的时代精神是完全一致的。值得注意的是,此文对尼采的学说多有批评。例如,对尼采所谓"庸愚多,贤智少,若欲平等,便是退化","应得有贤智阶级在上为治者,庸愚者为被治者"的社会观,他持明确的批判态度,认为"人类固是求进步,但进步不一定从竞争——强吞弱——得来",以为"战争是比和平好,强者求到超人,须得牺牲愚者弱者:这便是大错特错了";由此得出结论:"倘若细论他的节目,便见得尼采是崇拜强权,惨无人道。"又如,他对尼采的进化论与达尔文的进化论做了较为准确的区分:"达尔文说动物经过混种生,便降低了类种。这原是对某两种生物说的,不必定能应用到人类道德阶级,然而尼采却取以为根据,反对德谟克拉西,这也是一个极大的谬误。"[①] 至此我们可以清晰地看出,此时茅盾已经基本上摒弃了社会达尔文主义所宣扬的弱肉强食的生存竞争思想,显然比写作《学生与社会》《一九一八年之学生》时的认识更进了一步。这种进步更明显地表现在他对尼采"权力意志说"的理解和批判上。他不能认同尼采所说的"人类生活中最强的意志是向权力",批判了尼采的"强权是人类进化的阶段"的理论,认为"在现在德谟克拉西的呼声中这种话当然是不能存在的了",这明显可看出茅盾秉持民主理念的批判眼光。如果说20世纪三四十年代的法西斯学者把尼采的权力意志论概括为"我愿成为其他民族的主宰者",强调有权力者对于所谓"劣等"民族"无任何良心"的统治权,造成了世界性的灾难,那么,处于20世纪20年代初的青年茅盾对权力意志

[①] 上述引文,均见茅盾:《尼采的学说》,《茅盾全集》第32卷,人民文学出版社2001年版,第59、91、75、95页。

论有如此清醒的认识,实属不易。或许正是由于较多地看出了尼采哲学中的弱点,茅盾受尼采的影响并不甚深,这是他后来很快转向,放弃进化论,接受马克思主义阶级论的一个深层次原因。

茅盾运用进化论思想观察和分析社会问题的最好例证,是这一时期对妇女问题的研究。1920年前后,他一度热心于谈论妇女问题,并在《妇女杂志》等刊物上发表许多文章,妇女问题一度成为他探讨社会问题的重要关注点。综观其时茅盾对妇女、婚恋问题的认识,显见其"妇女解放"思想并不彻底,或者说其性爱观、婚恋观还是比较传统的,这同"五四"以后在性爱、婚恋问题上持激进态度者很不相同。比如他认为"结婚不应以恋爱为要素","先要打破恋爱的信仰,不以恋爱为结婚目的";由这一点延伸开去,则"父母前定的婚,除因种种情形(如确知该女性情乖戾或伊父母不良或因其他主见上之歧异等等)外,皆可以勉强不毁"。① 这多少反映出社会转型期人们对婚恋问题的折中认识,由此也可理解包括茅盾自己在内的"五四"一辈知识分子虽高谈婚姻自由,但对父母包办、自己并不满意的婚姻能够"勉强不毁"。这表明刚从传统走出的茅盾,在婚恋观上并没有完全"西化"。但这并不意味着他当时对妇女解放问题的阐释没有从西方文化观念中找到根据,其中就有进化论思想的借鉴:他是从妇女问题与人类进化密切相关的角度阐释妇女解放的必要性。他在1920年发表的《妇女解放问题的建设方面》一文具有代表性。文章一开头,便挑明主旨:"我们提倡妇女解放的目的,就为的是从社会进化着想!"这就把妇女解放问题与社会进化紧密地联系在一起了。既然妇女解放问题关涉到社会的进步,那么怎样才能解决妇女问题呢?茅盾为此设想了两种途径:其一是提高女子的人格和能力;其二是提高后代的水平,使他们超过前辈。他说:"我们是拿社会进化做根本观念,所以一方欲设法抬高女子的人格与能力,使其和男子一样,一方更欲设法使后一代的人比现在强。正惟我们欲抬高女子的人格与能力,所以先欲解除女子身上的种种束缚,——这是手段是方法不是目的——又正惟我们欲使后一

---

① 茅盾:《一个问题的商榷》,《茅盾全集》第14卷,人民文学出版社1987年版,第58页。

代人比现在强,所以先欲提倡儿童公育。"① 这种对人类进化规律的认识,颇近于鲁迅"相信"的进化论即"将来必胜于过去,青年必胜于老人",未必是对进化论思想的精确描述,当然也不是能有效解决妇女解放问题的根本之道。然而,从符合人类进化轨道思考问题,毕竟易于为当时人们所接受,且其触及女子身上的种种独特性,诸如繁殖后代、提高后代水平等,女子进化确实有比男子的进化更重要的意义,其借鉴进化论的理论因素来观照和分析妇女问题,似乎也更具合理性。当然只从进化观念上阐释妇女解放这样复杂的社会命题,终究太过空洞,所以后来茅盾就不复使用。

将进化论运用于文学问题的思考,是"文学进化论"观念的阐释。这一时期,茅盾还运用进化论思想来观察和分析当时纷繁复杂的文艺思潮,写下不少文学论文,对世界文学进化的过程和阶段、文学形式的进化、"进化的文学"的要素和中国文学所处进化坐标等问题,进行了追本溯源式的研究和探讨,得出了基本符合世界文学和中国文学实际的结论。比如,他用文学进化论的观点对西洋文学的源流和变迁进行了梳理,得出了西洋文学史是经由古典主义—浪漫主义—写实主义—新浪漫主义的路径发展而来,这后一种文学取代前一种文学的进化过程的描述,表明其对文学思潮的进化之路是深信不疑的。他对于新旧文学变迁的必由之道,也曾用文学进化论加以阐述。新文化运动反对者之一"学衡派"健将梅光迪曾作《评提倡新文化者》,反对新文化和新文学。"学衡"诸君,都为西洋留学生,但又标榜"国粹",是"穿洋服、说洋话的复古派";其反对文学进化论,所持的理由是"凡读西洋之名贤杰作者,则日渐国粹之可爱",故而有更大的欺骗性。梅氏此文即征引中外文学例证,表达其"极力慕古"观点。茅盾曾作《评梅光迪之所评》一文予以批驳,所用便是文学进化论观点,证明梅氏反对文学进化,引用西方文学又无视西方早就流行文学进化论之无知。文中说,"查文学进化论大别有两种解释:一是指文学形式上的进化,如叙事诗歌之于歌剧等等。二是把达尔文的原理应用在文艺上,把文艺看作一个生物。这两说:前者由来已久,众说纷呶";百年后,"各大家对于当时文学进化论的研究,又精深了许

---

① 茅盾:《妇女解放问题的建设方面》,《茅盾全集》第14卷,人民文学出版社1987年版,第95页。

多,梅君引百年前人对于当时文学进化论的批评以驳百年后的见解,非颠倒系统而何?"① 此文仅用文学进化论批评新文学的反对者,或许力度稍逊,但对于自称学贯中西的梅光迪一类文人竟也至于弃用文学进化论,实在是一种绝妙的批评。时隔半年,茅盾又在《文学上各种新派兴起的原因》中介绍了法国近代批评家蒲留契尔(Brunetierc)的文学进化主张,基本肯定了蒲留契尔所论的"时代变迁—文学进化—文体次第发生"的文学进化模式。关于"进化的文学"的要素问题,他在1920年的《新旧文学平议之评议》中提出"新文学就是进化的文学",而"进化的文学"有"三件要素":"一是普遍的性质;二是有表现人生、指导人生的能力;三是为平民的而非为一般特殊阶级的人的。"② 这"三件要素"是当时主张文学"为人生"的新文学者普遍倡导的,这表明茅盾其时运用文学进化论观念已日渐向"人生派"文学靠拢。关于当时中国文学所处的坐标,茅盾也是以西洋文学进化模式为参照的。西洋文学已从古典、浪漫、写实到了现在的新浪漫主义,而中国当时的文学仍处在古典与浪漫混杂的阶段,所以应大力提倡写实主义;也正是在这个基点上,当时的茅盾把"为人生"的写实主义作为自己和文学研究会的文学主张,并以《小说月报》为阵地,积极扶植新的写实作家,使写实文学成为一时的风尚。从这个意义上或许可以说,茅盾一度提倡新浪漫主义,又专力于写实主义,都可以从他曾借鉴文学进化论上找到源头。

2. 茅盾与人道主义

尽管无产阶级文学不应排斥人道主义,革命作家高尔基曾有如此论述,"文学是最富于人道的艺术,文学家可以称为职业的博爱者和人道主义生产者"③,一语切中了人道精神之于文学的永恒存在意义,但中国左翼文学中人性论、人道主义的缺失与不健全,仍是不争的事实。人道主义在中国的曲折命运,使人们往往谈人道而色变,连而及之,就有对所有坚持阶级论的左翼作家不分对象、不分阶段地完全抛弃人道主义的批评。这中间,革命性、阶

---

① 茅盾:《评梅光迪之所评》,《茅盾全集》第18卷,人民文学出版社1989年版,第163、164页。
② 茅盾:《新旧文学平议之评议》,《茅盾全集》第18卷,人民文学出版社1989年版,第18页。
③ 〔苏〕高尔基:《论文学》,广西人民出版社1980年版,第4页。

级性倾向十分鲜明的茅盾,万难幸免。但事实并非完全如此,人道主义在中国仍存在着复杂状况,它在不同历史阶段、不同作家群体中依旧为中国作家所接纳与运用,茅盾亦然。在特定文化语境中,至少在他"取精用宏"看取世纪文化新潮的20世纪20年代前期,他对人道主义并不采取排斥态度,还曾一度热心提倡。这便是茅盾文化选择的又一种独特性。

茅盾一度提倡人道主义,同新思潮的输入与新文学产生的背景密切相关。人道主义思潮会对新文学先驱者产生较大的诱惑力,是缘于这股思潮同他们革新社会与文学的强烈需求形成直接的精神呼应。陈独秀率先引进西方人道、人权概念,他在《法兰西人与近世文明》中,提出了近世文明的根本特征在于人权意识的觉醒,改变国民精神首在"树立健全的人格";他最早发出"伦理之觉悟,乃吾人最后之觉悟"[①]的警示,显示出从伦理人道层面"重估一切价值"的理性思考。李大钊更表现出对"自由、平等、博爱"的人道主义观念的认同,在《我的马克思主义观》中就把人道主义思想融入了对社会主义的倡导中,"我们主张以人道主义改造人的精神,同时以社会主义改造经济组织";本着这一观念,他高度评价了俄罗斯文学,认为其"入人之心,世无伦比",就在以下两个特点,"一为社会的色彩之浓厚,一为人道主义之发达"[②],这里便显现出他对文学中灌注人道主义精神推崇备至。由此看来,在早期马克思主义作家那里,人道主义精神并没有被革出新文学大门之外,而且还将其看作造就新文学精神不可或缺的元素。当时的新文学倡导者几乎一体认同人道主义,如郭沫若以文艺为武器"为人道而言"的呐喊,郑振铎创办《人道》杂志"以维护人道的使命",而标志着人道主义和现实主义结合结出的最重要的硕果,则是"人的文学"的建构,这一文学理念与文学形态的出现,显示出新文学在文学思潮层面上认识的深化,并将在以"立人"为核心的"五四"启蒙文学基础上形成更高层次的文学形态。

正是在这样的背景下,遂有茅盾对人道主义的热心倡导。如果说那时候

[①] 陈独秀:《吾人最后之觉悟》,《新青年》第2卷第1号,1916年9月1日。
[②] 李大钊:《俄罗斯文学与革命》。此为李大钊遗作,首次发表于《人民文学》1979年第5期。

茅盾对进化论的理解和接受主要受制于较强的科学理性思维，那么，他对人道主义思想的吸收则带有较浓厚的情感色彩。可以说，20世纪20年代初期的茅盾是以进化论的历史观为基本骨架，以西方的人道主义情感为血肉，构成了他那既矛盾又统一的文化思想体系。进化论的科学理性使其能清晰地把握和概括文化发展的规律和走向，而人道主义情感则弥补了其文化思想的空泛性，使之变得更具人情味，也更丰富更易为人们所接受。

改革《小说月报》，是茅盾亮相于新文坛的标志性举措。他走马上任，打出革新文学的旗号，就有提倡人道主义和倡导"国民性文学"两个重要选项。他于改革后的《小说月报》第一期上发表两文：《新旧文学平议之评议》提出新文学"唯其是为平民的，所以要有人道主义的精神"[①]，这是他对人道主义的最早表述；《小说月报改革宣言》称："同人等深信一国之文艺惟一国之国民性之反映，亦惟能表见国民性之文艺能有真价值，能在世界的文学中占一席地。对于此点，亦甚愿尽提倡之责任。"这两篇文章表述的观念，表明了初涉新文坛的茅盾，决意站在世界文学、人类意识的高度为新文学开辟出一条道路，其时提出的张扬人道主义、"国民性"等命题，同后来强调政治性、阶级性有显著不同。之后他在许多文艺评论和通信中多次论及与人道主义思想相关的"全人类""共通人性""永久人性"之类的话题。比如，"文学者表现的人生应该是全人类的生活"，文学作品表达的"思想和情感一定是属于民众的，是全人类的"[②]；"文学的背景是全人类的背景，所诉的情感是全人类共通的情感"[③]。对于人道主义文学内涵，他侧重强调的是诉诸"全人类共通的情感"，"文学更能表现当代全体人类的生活，更能宣泄当代全体人类的情感，更能声诉当代全体人类的苦痛与期望"[④]；希望"文学家要在非常纷扰的人生中搜寻永久的人性。要了解别人，也要把自己表露出来使人了解，要消灭人与人之间的沟渠，要齐一人与人间的愿欲"，直至"齐向一

---

① 茅盾：《新旧文学平议之评议》，《茅盾全集》第18卷，人民文学出版社1989年版，第18页。
② 茅盾：《文学和人的关系及中国古来对于文学者身份的误认》，《茅盾全集》第18卷，人民文学出版社1989年版，第61页。
③ 茅盾：《创作的前途》，《茅盾全集》第18卷，人民文学出版社1989年版，第121页。
④ 茅盾：《新文学研究者的责任与努力》，《茅盾全集》第18卷，人民文学出版社1989年版，第67页。

个更大的共同的灵魂"①等。他对于人道主义在文学创作中的介入持积极、乐观的态度,人们必须消除对它的"误会",即误以为这是文学创作中的一种"新镣铐":"人道主义是从真心里发出来的,不是'慈善'可以假做。怀抱人道主义者的小说或者做得不好——成了'劝善书'——这只是一时手段有高低的缘故,决不是人道主义害他。"②他还在许多作家论和社会论文中表达人道、人性观念,如称赞莫利哀的作品有很强的生命力,因为其"所描写的人性是人类永久的性格";在《缝工传》《解放的妇女与妇女的解放》《爱伦凯的母性论》等文章中,宣扬"平等""博爱""人格独立"等西方人道主义思想。所有这些都无可争辩地说明:西方人道主义确实在茅盾早期文化思想中占有很重要的一席。

那么,其时茅盾是在怎样的基点上去把握人道主义思想的呢?

首先,茅盾接受人道主义,同"五四"文学强调"人的文学"有着密不可分的联系。文学是"人学",它始终将聚焦点对准人,描写人的生活、人的情感和人与人的关系,这样就在"人"这个主体上与人道主义获得了内在交流和联系。"五四"作家在很大程度上兼具个性主义者与人道主义者的双重身份。在"五四"时期的文学观念与创作中,作家的个性意识非常突出,人道主义意识又很浓厚,注目人生,尊重人性,同情"被侮辱被损害者",真实地描写社会现实和平民大众的愁苦与欢乐,这构成了"人的文学"的主要内涵。茅盾当时就主张新文学应是"同情于下流社会之文学",反对"空想于'神的生活'之文学"与"实写于'兽的生活'之文学"③,显示出他是将"人的文学"建构在人生、人性、人道的基点上。由此出发,必促使他更多地从西方人道主义中汲取滋养。他对俄国人道主义文学大师托尔斯泰的推崇,最能见出他早期选择西方文艺思潮的一个侧重点。托尔斯泰是他最早选择、介绍的西方作家之一,其关注点也在托氏信奉的人道主义。其写于

---

① 茅盾:《一年来的感想与明年的计划》,《茅盾全集》第 18 卷,人民文学出版社 1989 年版,第 148 页。
② 茅盾:《为什么中国今日没有好小说出现——复汪敬熙》,《茅盾全集》第 18 卷,人民文学出版社 1989 年版,第 168 页。
③ 茅盾:《〈欧美新文学最近之趋势〉书后》,《茅盾全集》第 18 卷,人民文学出版社 1989 年版,第 47 页。

"五四"前的长篇文言论文《托尔斯泰与今日之俄罗斯》中,虽还没有提及人道主义,但概括"托尔斯泰主义"的"二要素"为劳动与爱,并具体阐释其要义是"人必简易耐劳而温和,人必受于人者少而报施于人者多,分群众之利少而与群众之利多,必以能服役为至乐",实际上已包含了人道主义的要素,文中已显示出他对托氏所信奉的"性善论"[①]产生了共鸣。稍后,当人道主义概念稍稍流行后,他便从人道主义视角评说托氏:"人道主义劳动主义创于托尔斯泰,托尔斯泰便是个大文豪"[②],表露出对托氏的敬仰之情。早期茅盾多有对人道、人性的阐说,应该同他自觉接受托尔斯泰等作家的人道主义思想与文学创作的影响不无关系。

其次,是建立在对被压迫民族和"被损害者与被侮辱者"深切同情的基础上。出于强烈的民族感情,他坚决反对民族压迫,要求平等和正义,为弱小民族鸣不平。正由于此,他对俄国作家陀斯妥耶夫斯基同情"被损害者与被侮辱者"产生了精神上的共鸣,对其作品显示的"博大与深厚","立于同等地位的人对人的同情性",给予了高度赞赏,透露出其人道主义思想中的民族性、平民性关怀。而他对"被损害民族"的同情,更闪现出人道主义之光。对于"弱小国家"和被压迫民族的关注与同情,是我国关注人生的新文学作家的共同诉求,鲁迅和周作人最早翻译出版《域外小说集》开其先,文学研究会作家出版《被损害民族文学号》继其后,都鲜明呈现出人生派作家的这一文学关注点。茅盾于此自然用力甚多,也很能见出他对弱小民族的人道关怀。他在《被损害民族文学号》"引言"中指出:"被损害民族的文学"应"视为人类全体共有的珍宝","凡被损害的民族求正义求公道的呼声是真的正义真的公道。在榨床里榨过留下来的人性方是真正可宝贵的人性,不带强者色彩的人性。他们中被损害而向下的灵魂感动我们,是因为我们自己亦悲伤我们同是不合理的传统思想与制度的牺牲者"[③]。这里所述,便显出他对处于弱小地位民族的真切关怀,他认为受压迫的民族有"真正可宝贵的

[①] 茅盾:《托尔斯泰与今日之俄罗斯》,《茅盾全集》第32卷,人民文学出版社2001年版,第27页。
[②] 茅盾:《现在文学家的责任是什么?》,《茅盾全集》第18卷,人民文学出版社1989年版,第8页。
[③] 茅盾:《被损害民族的文学号》"引言",《茅盾全集》第32卷,人民文学出版社2001年版,第401页。

人性",尊重他们发出的呼声才是"真的正义真的公道",这是越过单独的"人"的层面的一种更开阔的人道范围的审视;而其将西方弱小民族与同样具有痛苦人生的中国民族联系起来思考问题,则民族关怀的意义也将进一步升华。正如有研究者指出的:因为"五四"作家的"终极关注是充满了'痛苦'和'问题'的人生。是'为人生'和'改造人生',这就决定了五四时代的写实主义必然是一种人道主义色彩很浓的现实主义";因此,"更能引起这些写实主义提倡者注意的是那些'弱小国家'和被压迫民族的文学,而不是福楼拜、左拉这类严格的写实主义或自然主义作家。与后者相比,前者较少一本正经的客观面貌,而较多人道主义的同情与抗争"。[①] 此说颇能印证茅盾早期的现实主义选择。

所有这些都表明,茅盾早期对人道主义的接受呈现在多个方面,又有自己的独特观照视角,这不仅影响了他早期的文学观,而且对以后的文学创作产生潜在的制约作用。后期茅盾对人道主义已不复有先前的热情,其小说创作也是注重社会价值,但仔细审视其各类创作文本,仍可见他描写的人物不乏"人性"一面的展示,有的还具有相当的人性深度。如已有研究者对茅盾小说蕴含的对"人性"命题的探求做了有益的探索。[②] 这说明,此种早期文学思潮接受的潜在影响,是需要在茅盾创作的深入研究中予以深入揭示的。

不过,需要指出的是,尽管茅盾早期对人道主义并不排斥,还一度热心提倡,但作为一位"社会意识""阶级意识"取向日益明显的新文学倡导者,茅盾对人道主义的倡导是有限度的,对其复杂内涵并非一体吸收,时而还表现出怀疑态度。可以说,在"五四"作家中,与周作人、胡适、徐志摩等大力张扬人道主义相比较,茅盾就称不上是典型的人道主义者。这在下述两个方面可得以说明。其一是对人道主义复杂内涵的选择性接受,指出不可简单认同人道主义开出的社会改造方略。比如他认为,我们可以"相信人类幸福立足在'爱'的托尔斯泰式的利他主义者",但"在世上尚是恶魔,专一杀戮与爱为友的人的时候,爱的宗教怎能实现呢?所以'爱'是不可非议的,

---

[①] 伍晓明:《中国文学中的现代思潮概观》,载乐黛云、王宁主编:《西方文艺思潮与二十世纪中国文学》,中国社会科学出版社1990年版,第16页。
[②] 参见陈桂良:《论茅盾小说对人性命题的探求》,《浙江社会科学》2009年第10期。

而实现这爱的手段,却不可不仔细讨论,如果说爱就是实现爱的手段,我就怀疑得很!"① 著名共产党人、新文学作家的张闻天,早期也信奉人道主义,特别推崇托尔斯泰的"无抵抗主义",曾著文表述"爱是生命","无抵抗主义是实现'爱'底最大的道路";对此,茅盾针锋相对提出了并不相同的观点:"爱既是一个抽象的名词,不含改造社会的方案,而无抵抗主义又只是一个方法,那么,安能以'无抵抗主义为实现这种爱的大道路'便算为改造社会,'到自由之路',而与其他诸主义相提并论,比较其长短呢?"② 这里显见日渐向"社会意识"倾斜的茅盾,笼统阐释人道主义已不能使其满意了。其二,因人们对人道主义复杂内涵理解的粗浅,有可能造成对人道主义的误读与变形走样,使其对人道主义的倡扬常怀警惕之心。搜索茅盾早期对人道主义的有关论述,不难发现他对浅薄人道主义、虚假人道主义的批评,原因就在此类对人道主义有意无意"误读"的现象并不鲜见。当时与新文学对垒的"礼拜六"派的小说,也是标榜人道主义的;他们以为表现了"慈悲"的内容,便可称为人道主义小说。茅盾批评其虽摭拾了新名词,仍不免"满纸是虚伪做作的气味":"他们虽然也做了人道主义的小说,也做描写无产阶级穷困的小说,而其结果,人道主义反成了浅薄的慈善主义,描写无产阶级的穷困小说反成了讪笑讥刺无产阶级的粗陋与可厌了。"③ 这个批评,今天看来也是十分精当的。而对于社会上那些"装扮着道学面孔",假借人道主义而行骗者,更是深恶痛绝。他指出,在提倡人道主义时,必须反对"虚伪的人道主义";人道主义与旧道学本是有严格区分的,然而,在邪恶横行时,这两者竟不幸而合流了,于是他不能不喊出如此义正词严的呼声:"我们反对旧礼教,因为旧礼教叫人装扮着道学面孔而实行淫恶;我们更可恶那些口称人道主义不忍(?)与妻离婚而力望其妻速死"的"假人道主义者"。④ 也许由于这些缘故,茅盾在使用人道主义思想时总是变得十分谨慎,与大力倡导

---

① 茅盾:《〈让我们做和平的兄弟〉译者按》,《茅盾全集》第 14 卷,人民文学出版社 1987 年版,第 312 页。
② 茅盾:《无抵抗主义与"爱"》,《茅盾全集》第 14 卷,人民文学出版社 1987 年版,第 219 页。
③ 茅盾:《自然主义与中国现代小说》,《茅盾全集》第 18 卷,人民文学出版社 1989 年版,第 231、232 页。
④ 茅盾:《虚伪的人道主义》,《茅盾全集》第 14 卷,人民文学出版社 1987 年版,第 273 页。

者相去甚远。而随着社会意识、阶级意识的日趋强化，整体文化思想做出重大调整，茅盾便日益远离了人道主义。

3. 茅盾与现代主义文学思潮

毋庸讳言，茅盾是坚定的现实主义者。他与现代主义文学思潮也扯上关系，而且还曾一度热心提倡现代主义，似乎有些不可思议。然而，在取精用宏看取世界文艺新潮的20世纪20年代，这确乎是个事实。

茅盾对现代主义文艺思潮表现出较浓厚的兴趣，并用较多的精力介绍和提倡，集中在1920年到1923年的两三年时间内。在这一时期，他倾力倡导的是实质上可纳入现代主义范畴的新浪漫主义；议论所及也涉及现代派的各种流派，诸如表象派、象征派、未来派、达达派、表现派、唯美派、颓废派，等等。对于形形色色的现代主义文学流派，茅盾并不是唯新是摹、趋时盲从，而是的的确确做过一番穷本溯源的思考，本着他所强调的对"西洋文艺的最新的学说"应取何种态度首先取决于"将对象研究透彻"①的精神，对各种文艺新说做过认真切实的研究。从发表于那一时期的不少论文可以看出，茅盾当时对现代主义文艺思潮不仅做过理论上的研究，还注重于对现代派的创作实践进行考察，从而使研究趋于深入。如《文学上各种新派兴起的原因》一文，论及现代派的三种流派即未来派、达达派、表现派，就既有理论上的阐发，又结合具体作品剖析，使其所论往往能切中肯綮。又如翻译、介绍、评论西洋的新浪漫主义剧作，是茅盾当时一项重要工作，对此的探索和研究每每有独到的见地，自然也是理论和实践两面用力的结果。于是，茅盾在一段时间内对西方现代主义文艺思潮表现出浓厚的兴趣，的确并非一时的心血来潮，而是在对对象做了较为透彻的研究以后，因而是带有较大的理论自觉性的。

从总体上说，这一时期茅盾对现代主义文学观是持肯定、赞赏态度的。对于当时被称为新浪漫主义的文学创作自不待说，茅盾尽力予以提倡；对

---

① 茅盾：《对于文艺上新说应取的态度》，《茅盾全集》第18卷，人民文学出版社1989年版，第243页。

于其余现代主义文学中各种"繁星似的流派",他同样分析了各自兴起的原因,肯定了各自的存在价值。即使是为当时许多人所不取的、体现了"病的文明"的颓废派的创作,他也认为:"在纯艺术方面来看,堕落派的作品虽'有伤风化',却不必定是无艺术价值的作品。我们若也承认'美'是艺术品的一个要素,我们便没法去反对堕落派的作品。"① 这表明,称茅盾在一段时间内对现代主义文艺思潮表现了认同、容纳乃至一度热心提倡的态度,恐不为过。然而,这仅仅是问题的一个方面。须知,作为热烈倡导"文学为人生"主张的文学研究会的一位主要理论家,茅盾此时在力倡写实主义理论,而写实主义同现代主义是截然不同,甚至是尖锐对立的。茅盾将这两者同样加以褒扬和提倡,很难得到理解。看来问题还有另一面:显示出茅盾早期探寻一条适于发展中国新文艺路子在行进途中的一些特点,其间既反映出他对既定艺术目标的追求,同时又包含了他早期文艺思想不够稳定、不够成熟的一面。

首先,他主张引进多种文艺流派,实是基于多方吸取文艺新潮以为新文艺发展之借鉴的考虑,并无专擅现代主义思潮之意。在最初阶段,他对于介绍西洋文艺思潮的基本思路是:一体接收,"拿来"再说。他以为"介绍西洋文学,要先注重源流和变迁,然后可以讲到现代"②,因而对于不同文艺流派都不妨有所涉猎。为此,他提出"现在文学家的责任是在将西洋的东西一毫不变的介绍过来"③;主张对西洋文学做"系统的经济的介绍","更要注意系统二字"④。从这个原则出发,他认为既然首先是一种广收博取,就不必先拘泥于对某种文艺流派的弃取,"夫将欲取远大之规模尽贡献之责任,则预备研究,愈久愈博愈广,结果愈佳,即不论如何相反之主义咸有研究之必要。故对于为艺术的艺术与人生的艺术,两无所袒"⑤。这种态度反映在对待现代主义思潮上,就表现为客观评价多于热情倡导;在他看来,即使较完美

---

① 茅盾:《近代文明与近代文学》,《茅盾全集》第 18 卷,人民文学出版社 1989 年版,第 167 页。
② 茅盾:《"小说新潮"栏预告》,《茅盾全集》第 18 卷,人民文学出版社 1989 年版,第 1 页。
③ 茅盾:《现代文学家的责任是什么?》,《茅盾全集》第 18 卷,人民文学出版社 1989 年版,第 10 页。
④ 茅盾:《对于系统的经济的介绍西洋文学底意见》,《茅盾全集》第 18 卷,人民文学出版社 1989 年版,第 21 页。
⑤ 茅盾:《〈小说月报〉改革宣言》,《茅盾全集》第 18 卷,人民文学出版社 1989 年版,第 56 页。

的所谓"新浪漫主义",他也并不认为当时就可在中国推行,而仅仅把它看作新文艺的一种理想而置诸未来,两无所袒的态度明显表现出他的选择尚在探索之中。

其次,他对现代主义的理解与推崇,从总体上说同他的"为人生"文学观并行不悖。这首先表现在他对新浪漫主义的提倡。新浪漫主义一词在20世纪20年代颇为流行,但用它来涵括"总称为'现代派'的半打多的'主义'"是不够科学的,后来就废置不用。茅盾对新浪漫主义情有独钟并由此及于某些现代主义流派的推崇,因素之一在于对概念的独特理解。他认为,"浪漫的精神常是革命的解放的创新的。19世纪初文学上浪漫主义的兴起,就是这种精神的表示。这种精神,无论在思想界在文学界都是得之则有进步有生气",而20世纪初的新浪漫主义便是这种精神的"复活",因而可以断言"今后的新文学运动该是新浪漫主义的文学"。[①] 同时,他一度提倡新浪漫主义,还含有纠正写实文学"太重客观描写"弊病之意:唯其新浪漫主义追求灵肉一致,又重理想渗透,正可以"补正"写实文学之弊,于是在不弃自然派、写实派的前提下又提倡新浪漫主义便是顺理成章的了。然而,提倡后者既然是基于"补正"前者不足的考虑,则他总体上的为人生的文学观念是没有变化的。这种现象也反映在他对现代派的理解上,他肯定其存在的合理性,着眼点都在"这种创作品也是人生的反映":如"表现派抛弃一切旧规则而努力要创新的精神,以及变态性欲的生活,都是现在这时代的人生的缩影,既不是好新的缘故,尤其不是发昏"[②];认为唯美派的作者大抵是"人生底批评者","惟其他渴望更好的人生,更好的世界,所以诅咒现在这人生和世界"[③]。这里,茅盾对诸如此类的现代派创作主导倾向的概括是否精当姑且不论,但他在为人生的文学观念上认同现代派思潮这一点却是毋庸置疑的。

再次,他对现代派创作有所褒扬,还同他当初对现代主义思潮认识上的局限不无关联。20世纪20年代初,现代主义在我国流播的时间尚不长,人

---

① 茅盾:《为新文学研究者进一解》,《茅盾全集》第18卷,人民文学出版社1989年版,第43页。
② 茅盾:《文学上各种新派兴起的原因》,《茅盾全集》第18卷,人民文学出版社1989年版,第266页。
③ 茅盾:《"唯美"》,《茅盾全集》第18卷,人民文学出版社1989年版,第128页。

们对于这股表现复杂、流派纷呈的文学思潮缺乏系统的研究和认识,因而出现对各种流派"一锅煮"的现象也并不奇怪。茅盾当时对现代主义思潮的特质就没有做到精确把握,没有把它同其他文艺思想做准确的区分。比如他当时认为"不论是写实派、神秘派、表象派、唯美派……都只是在艺术上的不同",而在"用科学眼光去体察人生的各方面","根据科学(广义)的原理,做这篇文学的背景"①等,并无不同。这种见解显然未中肯綮。因为无论是所表现的观念、意识,还是观照生活的视点,是注重描写客观现实还是只重神秘的直觉体验等,现实主义和现代主义是有着本质的区分的。消解了两者的截然不同,就难免会有盲目的认同。而且,由于划界不严,在评述各种文艺思潮时就难免出现观念上的不稳定性乃至前后矛盾现象。例如他一方面认为"人类理性之要求,随处可见,即对于纯粹艺术品如雕刻绘画之类,尚不免合于理性,何况于文学",因而注重理性的写实文学是"不背乎文学之原理"②的;但另一方面又对持"反科学的态度""带神秘性"的"新浪漫派文学"表示了赞赏,并认为"冷烈的主观主义,实是文学的一步前进"③。这后一种见解显然同他坚持理性的文学观有悖。这都说明茅盾最初对现代主义的认识并不全面,随处可见其探索过程中的特点;如果再联系他一度推崇现代主义还有深化"为人生"文学的考虑,那么他后来没有选择现代主义,就不是一件不可理解的事情。

从1923年起,茅盾对现代主义文艺思潮的看法已经有明显变化。其具体表征是:对思潮本身并没有批评,仍认为现代派文艺在艺术上是可取的,它在欧美各国盛行也有其合理性;但他对这种思潮引入中国后所产生的诸多不良影响却提出了尖锐的批评。茅盾在《"大转变时期"何时来呢?》(1923年2月)④一文中剖析现代派文艺思潮在中国走样和难以推广的原因有三。一是文艺思潮同社会思潮的脱节。当时的社会政治愈趋黑暗,社会于文艺的要

---

① 茅盾:《对于系统的经济的介绍西洋文学底意见》,《茅盾全集》第18卷,人民文学出版社1989年版,第243页。
② 茅盾:《〈欧美新文学最近之趋势〉书后》,《茅盾全集》第18卷,人民文学出版社1989年版,第243页。
③ 茅盾:《为新文学研究者进一解》,《茅盾全集》第18卷,人民文学出版社1989年版,第243页。
④ 茅盾:《"大转变时期"何时来呢?》,《茅盾全集》第18卷,人民文学出版社1989年版,第412页。

求，是参与变革，激励民众。但那时的文学运动却"由社会的倾向转入个人的倾向"，某些文艺青年只"想在他们所谓唯美主义的文学里求得些精神上的快慰，或求得灵魂的归宿"，势必会发展现代派文学中表现颓唐气息的一面，难以为人们接受，也就不可能有发展余地。二是传统文化心理的作用。西方现代派文学本有其独特的思想观念和审美意识，倘得其精髓，对丰富发展我国的新文学也不为无益。然而，中国借鉴西方文化，总有一种传统的文化心理习惯"潜伏于一般人的意识里"，常常以自己的文化去比附外来文化，横向借鉴就成了纵向承传，用不着深入研究，轻而易举就在自己的"传统"里找到了现代派的"同宗"。于是，那些所谓"穿上了外来主义的洋装"的现代派就一度流行，其借鉴外来思潮焉得不走样？三是文艺观念过于狭窄，难于适应文艺发展需求。现代派文艺侧重表现主观情感，主张同现实保持距离，这对于文艺功能的理解是难免于褊狭的。某些文艺青年只搞些中国式的现代派文学作品，恶性发展其表面看来同现实脱离的一面，此类创作就很难在当时的中国推开。

正是上述因素，无形中淡化了茅盾对这股思潮的兴趣与注意力，日渐消释了他对包括新浪漫主义在内的现代派文艺的热情提倡，直至1925年发表《论无产阶级艺术》，最终放弃现代主义。茅盾当时主张应有一个"国内文坛的大转变时期"，即把文艺从"个人倾向"转变到"社会倾向"，以促进表现"眼前的人生为目的"的"现代的活文学"的发展。看来还是特定的"社会要求"促成了茅盾文艺思想的重大变化。

4. 茅盾与马克思主义

上述茅盾于20世纪20年代前期的文化选择，已显示这样一种趋向：在社会观上逐渐消释进化论和人道主义的影响，在文艺观上日益向着"社会要求"、社会革命倾斜，其最终走向马克思主义便是顺理成章的。这就有必要探究其与马克思主义的关系。纵观20年代前期茅盾对马克思主义的接受，也有一个渐进过程，此时还显出其社会角色的游移不定与交叉换位，即在文学家与革命家之间做出自己的选择，便会表现出复杂状况，需要进行具体的分析。

茅盾是从1919年底开始接触马克思主义的。《托尔斯泰与今日之俄罗斯》

一文中说过,"今俄之 Bolshevism(布尔什维主义),已弥漫于东欧,且将及西欧,世界潮流澎湃动荡,正不知其伊何底也",一种欣喜之情溢于言表。但此时的茅盾只是对马克思的社会学说产生兴趣,充满信心,并未真正从理论上弄懂,所以对其认识还是含混不清的。他最早发表的一些社会论文中,涉及马克思主义学说的,就常有理论上的误读。比如1920年1月发表的《尼采的学说》中,对尼采的道德观做了进步性与落后性并存的两面分析,也对马克思主义做了两面分析:"尼采这说,正似马克思的唯物史观,前半截是很不错的,后半截——马氏扩为经济定运论——却错了。"① 此时他对马克思主义经济学说尚未深入接触与研究,难免会有不正确的表述。这说明,他对马克思主义的全面、深入的了解,还须积以时日。

茅盾对马克思主义的认识,是在实际革命活动中渐次深入的。这主要体现在共产党建立时期,茅盾在党的组织活动中,通过翻译有关共产主义理论,较多接触马列著作,有了对马克思主义的较为深入的认知与理解。1920年10月,茅盾由李汉俊介绍加入了上海共产主义小组。其时陈独秀曾让他把英文版的《苏联共产党党章》译成中文,以作为起草中国共产党党章的依据。不久,又在党的机关刊物《共产党》第2号上,发表了《共产主义是什么意思》等四篇译作。1921年又在《共产党》发表了时论《自治运动与社会革命》和译作《共产党的出发点》及列宁的《国家与革命》的第一章。这些活动不仅促成了马克思主义在中国的传播,而且使茅盾本人也经受了较为系统的共产主义思想的教育与洗礼。从发表于这一时期的一些论文看,此时茅盾已经对马克思的社会革命学说(主要是阶级斗争理论)有了初步的了解和认识,并用它来观察和分析社会问题。例如,在《自治运动与社会革命》一文中,用无产阶级革命学说批判了当时省自治运动鼓吹的资产阶级民主,揭露其为军阀、为帝国主义服务的实质,说明中国的前途只有无产阶级革命:"无产阶级的革命便是把一切生产工具都归生产劳动者所有,一切权力都归劳动者执掌,直到灭尽一分一毫的掠夺制度,资本主义决不能复活为止。"② 他在另一篇论文《"中国的无政府主义"质疑》里,否定了无政府主义特别

---

① 茅盾:《尼采的学说》,《茅盾全集》第32卷,人民文学出版社2001年版,第75页。
② 茅盾:《自治运动与社会革命》,《茅盾全集》第14卷,人民文学出版社1987年版,第204页。

适合于中国国民性的观点，对布尔什维克主义在中国的实行充满希望。他说："以我个人的意见看来，布尔什维克式的集权政策和中国国民性并不相反；我们中，谁也不肯相信中国现在的不死不活的状态能维持到十年二十年之久，我们都相信快时十年内中国局势总要变化，所以也都觉得在现今要开步走的时候，方向一定先要决定！"①字里行间流露出他对中国未来社会变革的企盼和憧憬，对布尔什维克的革命政策的衷心拥护。从以上两文看，茅盾这时的兴奋点主要是在马克思的社会革命学说上，他关注的是使中国走俄国人的路，所以有对社会革命的旗帜鲜明的论说。此时他对于马克思学说的其他理论，如剩余价值理论和唯物史观等还关注不多，因而尚未见有更开阔的层面上对马克思主义理论的阐述，即使如对无政府主义的批判，也只能做出其难以在中国实行的判断，不可能做出更全面深入的分析与批判。

从 1922 年开始，茅盾对马克思主义的理解和接受有了长足进展。就在这一年的 5 月 4 日，他在交通大学上海学校学生会"五四"纪念讲演会上发表演说，要求青年们投身社会，"必得有条新路，把他底心志归宿在那里"，这就是要"确信一种主义"；并且明确表示，"近来我已找到了一个路子"，自己未来的"归宿"便是"确信了一个'马克思底社会主义'"。②这是茅盾在自己的文字中关于选择马克思主义的明确表达，标志着其时他已有对"主义"的坚定信念。这一时期，他对马克思主义的理解仍集中在无产阶级革命的学说上，且能运用马克思主义的阶级分析方法，来分析中国社会各阶级的状况。写于同年 8 月的《"个人自由"的解释》就是一个例证。他运用马克思主义的阶级分析方法，对"个人自由"做了全新的解释："在资本家的社会里，限制个人自由是无产阶级的锁镣，在无产阶级执政的社会里（请不要误会无产阶级执政是由一个个无产阶级者来一起执政……），限制个人自由就变成了帝制遗孽、军阀走狗的锁镣。"这对无产阶级限制剥削阶级的"自由"是剥夺个人自由的虚伪辩解，是一种有力的批驳。此文中对"五四"时流行的个人主义、个人自由等有切中肯綮的阶级分析，但对小资产阶级的看

---

① 茅盾：《"中国的无政府主义"质疑》，《茅盾全集》第 14 卷，人民文学出版社 1987 年版，第 257 页。
② 茅盾：《五四运动与青年们底思想》，《茅盾全集》第 14 卷，人民文学出版社 1987 年版，第 344 页。

法则有些偏激。他认为,"小资产阶级的自由是两方面的,一面是自由朝大资本家大军阀叩头,一面是自由压制欺侮无产阶级","社会革命是无产阶级的革命,是小资产阶级大资产阶级同归于尽的日子"。① 这就把小资产阶级划到了敌人一方去了,成了无产阶级专政的对象,这显然是"左"倾影响所造成的失误,倒是同他后来主张写"小资产阶级文学"时对小资产阶级阶层的正确分析显得很不相同。

到了1923年底,茅盾在"文学与政治的交错"之中,参与了实际的革命斗争,成熟运用阶级论和唯物论思想,分析社会问题和社会革命,显出其马克思主义理论水平的提高。重要标志是写于1923年11月的《郑译〈灰色马〉序》。文中茅盾对《灰色马》中所描写的"暗杀党"领袖乔治信奉暗杀主义持明确反对态度,指出"社会革命必须有方案,有策略,以有组织的民众为武器;暗杀主义不是社会革命的正当方法"②,显示出他对社会革命的路径已有了科学的认识与分析。在此文中,他不仅肯定了少数英雄对于历史进步的作用,而且还肯定了大多数"不露脸者"对推动历史前进的重要作用。更为可贵的是,他已认识到那些"露脸者"——"贤人"和"圣者"——并不是他们自己有什么天赋,而是境遇使然,于是他就有颇近于"时势造英雄"的观点。可见,此时的茅盾已经掌握了历史唯物主义思想,对于马克思主义的理解也渐趋全面。"五卅运动"中,茅盾参与领导了商务印书馆工人罢工斗争后,血的教训使他逐步扬弃了进化论和人道主义,更加倾心于马克思的社会革命理论。《论无产阶级艺术》《苏俄"十月革命"纪念日》等文,表现出此时的茅盾已具有了相当高的马克思主义理论水平。《苏俄"十月革命"纪念日》一文,阐述和肯定了十月革命对于俄国民众的意义,更重视其所具有的世界性意义。他指出:"十月革命的重要的世界意义,一是被压迫的无产阶级推翻了他们的统治者压迫者,夺过政权来,建立了无产阶级的国家,做世界无产阶级革命的榜样;二是被压迫的弱小民族,解放出来,享各民族应有的自由平等,做世界资本主义国家统治被压迫民族的民族革命的榜样。从

---

① 茅盾:《"个人自由"的解释》,《茅盾全集》第14卷,人民文学出版社1987年版,第356、357页。
② 茅盾:《郑译〈灰色马〉序》,《茅盾全集》第32卷,人民文学出版社2001年版,第686页。

第一个意义,就有了西方资本主义国家中的被压迫阶级的无产阶级革命运动;从第二个意义,就有了东方许多大的小的被压迫民族革命运动。"①在此,茅盾对十月革命的世界意义的概括既有历史的高度,又有理论的深度,没有较高的马克思主义理论素养是难以达到的。

至此,茅盾对马克思主义的掌握已达到相当水准,可以说他已基本上完成了由早期的进化论者、人道主义者到马克思主义者的思想转变。从中我们可以看到:茅盾取精用宏观照、选择世界文化新潮,既同大多数"五四"作家基本一致,又有自己的独特选择路径。其日益强化社会意识最终走向马克思主义,并在革命与文学两个方面都有甚深的介入,且都卓有建树,反映了一部分重视社会价值取向的"五四"知识分子顺应潮流的文化抉择。

三、博取中的选择:文化思想的日渐"定型"

广纳博取世界文化或文学新潮,使茅盾有了充足的文化或文学理论储备,循此而进,在博取中选择,确定一种自认为最有价值的文化理念用于文化实践活动中,便成为茅盾的重要考量。文化思潮的变化总是同社会思潮紧密相关,作家的文化观念选择,也往往联系着时代、社会思潮的演进与变化。1927年大革命前后,茅盾的主要工作已转向实际的社会斗争,加以同社会思潮相联系的文化思潮在其时发生重大转变,对文化人必会产生深刻影响。茅盾认为,标志着其文化或文学思想"又跨出了新的一步"的是1923年发表的《"大转变"时期何时来呢?》一文,因为此时他已意识到文化产品所提供的"应该是积极的艺术,应该是能够唤醒民众、激励人心、给他们以力量的艺术"②,所以他才有改变文坛现状,希求"大转变"时期早早到来的渴望。此后不久,他写出了《论无产阶级艺术》,全面论述无产阶级艺术观。就其文化思想发展而言,这是他建构新文化理论所迈出的更重要一步,标志着其坚持阶级论的文艺思想已大抵"定型"。随后左翼文学运动的深入开展,

---

① 茅盾:《苏俄"十月革命"纪念日》,《茅盾全集》第15卷,人民文学出版社1987年版,第274页。
② 茅盾:《我走过的道路》(上),人民文学出版社1981年版,第234页。

他自然坚定地站在左翼文艺阵营一边，在文化或文学理论两个方面显示出他在已经选定的文化路径上不断前进的趋向。

不过，茅盾的独特性是在于：正同他在人生旅程中显出诸多"矛盾性"现象一样，其定型后的文化或文学思想并非一成不变，常常见出许多矛盾性；他同左翼文艺思潮保持整体上的一致，但也时或显露出与主流意识形态的偏离，表现出自己对左翼文艺的独特看法。正是在这里，显现出茅盾文化思想并不单一，倒是见出丰富性、复杂性的一面。这是研究中必须加以特别注意的。

探究定型后的茅盾文化或文学思想选择，自然也是一个内涵丰富的话题。这里无法全面展开，只能选取其体现阶级性、社会性的文化或文学思想构成的几个具有代表性的问题略做评说，评说将聚焦于其独特性形态上，阐明其独特意义所在。

1. 关于茅盾的无产阶级艺术观

茅盾文化、文学思想的定型，无产阶级文化观、艺术观的形成是一个重要标识。在茅盾的所有文论著述中，1925年5月至10月陆续在《文学周报》发表的长文《论无产阶级艺术》有着特殊的意义。因为这不但是茅盾文化思想发生根本性转变的重要标志，标示着他其时已确立了无产阶级文化观、艺术观，抛弃了原先的进化论和人道主义思想，用阶级论观点阐释文化和文学现象，对"为人生的艺术"也有了全新的理解；同时，也由于此文以较为开阔的视野介绍国际无产阶级文化运动与思潮，在国内曾产生很大影响，所以长期以来都受到思想文化界的重视，在以往的茅盾研究中大都也给予了积极的评价。

然而，对茅盾的《论无产阶级艺术》的评价，却又有个颇为棘手的问题。由于国际无产阶级文化思潮一度出现过逆折，特别是苏联于十月革命前后出现的那个"无产阶级文化派"更是臭名昭著，列宁曾同它展开过长期的坚决的斗争，"无产阶级文化"的概念与思潮一直声名不好。而茅盾论文的资料来源与苏俄无产阶级文化思潮颇有些瓜葛，此文的写作多少受到苏联"无产阶级文化派"的代表人物波格丹诺夫的影响。20世纪90年代初，日本学者白水纪子著文称:"茅盾的论文是全面依据亚·波格丹诺夫论文所写出来的。"① 这就把问题弄得很复杂。茅盾此文是"全面依据"而非部分参照,"依据"的又是受到列宁严厉批评的波格丹诺夫,其价值便大可质疑了。当时学术界曾围绕白水纪子的观点展开激烈论辩,多数学者认为,茅盾写作此文部分引用波格丹诺夫的观点是可能的,说是全面依据却缺乏学理根据。这一论辩到21世纪初仍有延续。有的研究者依然沿用白水纪子的观点,认为茅盾此文是直接借鉴波氏的论文,并由此论证此文可能造成的后果,"波格丹诺夫关于创建纯粹的无产阶级文学理论,对苏俄文学损害极大,与此同时,也为中国文学埋下了恶果"②,这恶果显然是由茅盾"照搬"波氏理论而来。值得注意的是,张炯于近年发表的《马克思主义文艺理论及其面临的挑战》一文又提出了新说。他认为茅盾的《论无产阶级艺术》是一篇编译文字,"这是茅盾翻译和改写的匈牙利马克思主义学者的著作",此文"不但用阶级论的观点分析了欧洲文学史,包括对当时苏联的重要作家提出评价,还对无产阶级艺术做了界定,对文艺创作的过程和文艺的内容与形式的关系做了阐明。过去没有受到重视,实际是一篇重要的文章"。③ 笔者以为,无论是对于茅盾或是对于中国现代文化史而言,茅盾的《论无产阶级艺术》的确是一篇重要文章,因此对其做出全面的、客观的、公正的评价,非常有必要。这里既需要对这一篇文章的理论来源做出必要的鉴别与分析,同时也应顾及茅盾其时的整体文化思想,从中看出茅盾所接受的无产阶级文化理论的全部实质所在。只有这样,才能确切估计茅盾在这一时期提倡的无产阶级文化观。

应当指出,无产阶级文化思潮作为文化发展到一定阶段的产物,它在一个特定时期内出现并不是偶然的。文化研究者根据无产阶级革命的要求,提出带有强烈阶级性特征的无产阶级文化思想和文化观念,本身也没有什么过错,苏俄的无产阶级文化运动就曾得到迅速的发展,"它反映了广大工人群众学习文化知识的迫切愿望,同时它对推动苏维埃的文化和文学艺术的发展

---

① 〔日〕白水纪子:《关于〈论无产阶级艺术〉出处的说明和一些感想》,《茅盾研究》第5辑,文化艺术出版社1991年版,第518页。
② 江马益:《庸俗社会学困扰中国文坛的原因探析》,《西南民族大学学报》2006年第7期。
③ 张炯:《马克思主义文艺理论及其面临的挑战》,《徐州师范大学学报》2010年第3期。

也起了一定的作用"①。问题是，苏俄的"无产阶级文化派"把"无产阶级文化"这个概念引向极端，否定人类的一切文化遗产，提出创造仅仅由无产阶级参加的、纯粹的无产阶级的阶级文化，这就不免使他们鼓吹的所谓"无产阶级文化"走偏方向。因此，应当加以区别的是：无产阶级文化思潮作为一种文化思潮存在的合理性，同违背文化发展规律将文化引向歧途的那种文化观念、文化思想的谬误，前者不应轻率否定，后者则应断然抛弃。

那么，茅盾是在何种意义上吸收、接纳并形成其无产阶级文化观的呢？不能绕开的问题是茅盾对国际无产阶级文化思潮的吸收。事实上，茅盾本人在晚年的回忆录中也没有回避这一点："我在写这篇文章（按：指《论无产阶级艺术》）时，引用了许多苏联的材料，讨论的也是当时苏联文学中存在的问题，这是因为在1925年中国还不存在无产阶级的艺术。但是，我已经意识到无产阶级艺术的基本原理将会指引中国的文艺创作走上崭新的道路，因此，我大胆地做了这一番理论探讨。半个多世纪过去了，这篇文章的内容，在今天已是文艺工作者普通的常识，但在当时却成了旷野的呼声。"②有意思的是，今天的研究者在这里批评茅盾当年搬用了苏联"无产阶级文化派"的理论，而茅盾本人却在那里颇为自得地把自己的文章说成是"旷野的呼声"。这种对同一问题评价的错位，应当是值得深思的。波格丹诺夫的"无产阶级文化"理论之谬误，对今天的文艺工作者来说也是"普通的常识"，像茅盾这样的理论家不可能一无所知。倘若他的文章只是波氏理论的翻版，几十年后却还在那里"自鸣得意"，岂非幼稚得可笑了吗？笔者以为问题的症结正在这里。茅盾在写作此文之前，曾经读过波氏的文章，这是无可争议的，因为有他的自述为证。茅盾于1934年曾作《莎士比亚与现实主义》③一文，文中提到他"记得"于"十年前"读过一篇"波格丹诺夫的论文"，该文论述莎士比亚"也是一个现实主义者"。"十年前"正是茅盾写作《论无产阶级艺术》的前一年，这也是白水纪子等研究者认为茅盾曾借鉴过波氏理论的唯一可信书证。然而，据此"坐实"茅盾完全搬用波氏理论阐释无产阶级文化

---

① 吴元迈：《苏联文学思潮》，浙江文艺出版社1985年版，第2页。
② 茅盾：《我走过的道路》（上），人民文学出版社1981年版，第291—292页。
③ 参见茅盾：《莎士比亚与现实主义》，《茅盾全集》第33卷，人民文学出版社2001年版，第316页。

观却缺乏有力依据，因为《莎士比亚与现实主义》全文谈的是波氏的现实主义文学观，同无产阶级文化观几无关涉。这说明，茅盾写作《论无产阶级艺术》时，部分借鉴波氏的观点是可能的，却不能说是直接搬用甚或"全面依据"波氏理论。实际的情况应该是，茅盾此文是参考了不少有关无产阶级文化理论著述写成的，但并不是依据某个人的某篇文章的"翻译"。张炯先生认为这是茅盾"翻译和改写的匈牙利马克思主义学者的著作"，就提供了又一个例证。笔者认为，更重要的还应注意到茅盾在上述回忆中说过的两点：一是他在《论无产阶级艺术》中所做的理论探讨是依据"无产阶级艺术的基本原理"；二是他在该文中讨论的是"当时苏联文学中存在的问题"。由于运用的是基本原理，就不可能是对一家理论的照搬照抄，更何况茅盾是在依据原理做着自己的理论探讨，其中必然会有他自己对创建无产阶级艺术理论的看法。另一方面，由于茅盾引用苏联材料介绍无产阶级艺术观时，着眼点主要不是当时苏联文学中的经验部分，恰恰是其存在的问题，这就有可能避免把苏联无产阶级艺术理论中的不成熟部分也作为经验一并介绍的局限。苏联早期的无产阶级艺术理论与创作，的确存在不少弱点，这多少反映出它其时尚处于"萌芽时期"的一些特点。茅盾在《论无产阶级艺术》中除对高尔基作为第一个伟大的无产阶级文学家给予高度评价以外，对于"初生"阶段的无产阶级艺术的幼稚与浅薄也给予了严厉的批评，批评涉及内容和形式的诸多层面，其中有相当部分正是"无产阶级文化派"热心鼓吹的。这样说来，把茅盾的无产阶级艺术观与苏联早期的"无产阶级文化派"思潮等同视之，岂不是太冤屈了茅盾了吗？

说到这里，不能不指出：我国出现的无产阶级文化思潮，主要是时代的产物，并非是苏俄文化思潮的照搬照抄，更难说是直接得之于"无产阶级文化派"的理论。事实上，无产阶级文化观念并不是茅盾率先提出的，在茅盾于1925年系统介绍无产阶级艺术观以前，"无产阶级文化""无产阶级文学"之类的名词在我国国内早已流行。1923年6月，中国共产党的理论刊物《新青年》季刊创刊宣言中，就分析了中国当时的社会思潮和文化思潮，指出中国革命运动与文学运动，"非劳动阶级为之指导，不能成就"。随后，宣传无产阶级文化和文学的文章就大量出现。蒋光慈的《无产阶级革命与文化》一文最早提出"无产阶级文化"的口号,指出"因为社会中有阶级的差别,文化亦随之而含有阶级性"①,进而说明无产阶级文化产生的必然性;瞿秋白也撰文指出:"真正的平民只是无产阶级,真正的文化只是无产阶级的文化。"②邓中夏、恽代英、萧楚女、李求实、沈泽民等共产党人则由此提出了倡导无产阶级革命文学的初步主张。此类无产阶级文化或文学口号的提出,都在茅盾之前。应当指出,当时的中国共产党人提出无产阶级文化或文学的主张,确实受到了包括苏联在内的国际无产阶级文化思潮的影响,但其接受的并不就是"无产阶级文化派"的观点,恰恰是共产党人根据国内革命斗争的需要,针对当时文化界亟待改造的现状,又受到国际无产阶级文化运动的启示,在思想文化领域里提出了新的革命要求。由此看来,无产阶级文化思潮在我国出现,主要不是外加的,恰恰是由当时中国的现实状况决定的。正是基于上述背景,当1925年革命运动继续高涨,时代和社会向文学、文化提出了新的使命要求时,茅盾就有了对无产阶级艺术理论较为系统的探讨与论述。体现此种探索的成果便是写于"五卅运动"前后的《论无产阶级艺术》《告有志研究文学者》《文学者的新使命》等文。把这些文章作为一个整体看,不难发现其时茅盾已对过去的文艺思想做了重大调整,并初步确立了无产阶级文艺观。

综观此时茅盾文艺思想的调整,最突出的是对"为人生"文艺观的充实和修正。茅盾认为,笼统地说文艺"为人生""为民众"是很空洞的,"在我们这世界里,'全民众'将成为一个怎样可笑的名词?我们看见的是此一阶级和彼一阶级,何尝有不分阶级的全民众?"为此,"我们便不能不抛弃了温和性的'民众艺术'这名儿,而换了一个头角峥嵘,须眉毕露的名儿,——这便是所谓'无产阶级艺术'"。(《论无产阶级艺术》)在此基础上,茅盾还以人类文化的演进规律指出了"社会上每换一个阶级来做统治者,便有一个新的文艺运动起来。这是历史所昭示我们的事实",论说了在无产阶级革命高涨年代无产阶级艺术产生的历史必然性(《告有志研究文学者》);

---

① 蒋侠僧(蒋光慈):《无产阶级革命与文化》,《新青年》季刊第3期,1924年8月。
② 瞿秋白:《赤俄新文艺时代的第一燕》,《瞿秋白文集》第2卷,人民文学出版社1953年版,第550—558页。

在论述了当今的时代特点以后,还对包括文艺在内的一切革命文化工作者提出了应"为无产阶级文化尽宣扬之力"的新的历史使命(《文学者的新使命》),等等。至此,茅盾坚定认同无产阶级艺术观的意向已十分清楚,标志着此时其无产阶级艺术、文化思想已初步成形。

如此说来,恰切评价茅盾的无产阶级艺术观,的确非常重要。作为一种历史存在的文化观念,无产阶级文化观、艺术观由于是单纯的阶级论取向,未必是对人类文化、艺术规律的精确描述,更何况茅盾所论的无产阶级艺术观,还是以早期无产阶级文化思想为参照,也难以避免其局限性。然而,从历史文化语境中,将问题提到一定的历史范畴内,考虑到无产阶级文艺运动初兴时期亟需一种理论加以指导,茅盾做出自己的理论探究便显出了应有的意义。特别是,茅盾以一个文艺家对艺术的敏感探讨文艺问题,以及他在此前取精用宏中积累的文化、艺术经验的有效运用,去探索无产阶级艺术理论,的确显出其所长,显示出其无产阶级艺术观有不少独到见地,至少同"无产阶级文化派"的庸俗理论划出了清晰界限。对此这里不可能展开详尽论述,只想指出以下三点。其一是对艺术本质的认识。茅盾在《论无产阶级艺术》中曾提出一个文学艺术产生的公式:"新而活的意象+自己批评即个人的选择+社会的选择=艺术。"随即又在《告有志研究文学者》中对意象的构成元素及两种选择交错进行过程做了更充分的论说。这是茅盾文艺思想中富有创见的观点,包含了他对艺术的辩证唯物主义的理解。他对艺术的本质是"社会选择"和"个人选择"的结合、"审美判断"和"逻辑判断"交融的表述,是所有艺术都需要遵循的,将此要求于无产阶级艺术,并予以着力强调,显然是对无产阶级艺术同样需要遵循艺术规律的准确揭示。而波格丹诺夫却从他的"组织科学"和"经验主义"出发,庸俗地把艺术纳入"争取生存的社会劳动斗争中的组织措施"里去,认为艺术"并不是可以同我们研究过的设施区分开来的一种特殊类型的设施。艺术的社会内容可以归纳为一方面把某一个人的直接经验传达给另一个人,另一方面把积累的经验传授给别人"[①],从而把艺术等同于科学,把艺术创作过程庸俗化,这显然同茅盾

---

① 〔苏〕波格丹诺夫:《自然界和社会中的生命发展》,转引自吴元迈:《苏联文学思潮》,浙江文艺出版社 1985 年版,第 15—16 页。

提出的理论是背道而驰的。其二是对无产阶级艺术必然继承前人文化遗产问题的准确阐述。在这一点上，茅盾的观点几乎是同"无产阶级文化派"针锋相对的。在波格丹诺夫的"无产阶级文化派"的影响下，苏联文化界曾一度掀起一股以小资产阶级革命精神为特征的否定人类文化遗产的狂潮。最有影响的是"无产阶级文化派"诗人 B. 基里洛夫那首一再被引用的名噪一时的诗歌《我们》，诗中写道："为了我们的明天，我们要烧掉拉斐尔，捣毁博物馆，踩死艺术之花。"对于这种狂热的主张，茅盾在《论无产阶级艺术》中做了毫不含糊的批评：

> 我们知道，在无产阶级的军政时代，有许多作者喜欢用粗酷的象征，以激励无产阶级的革命气焰。譬如有一位诗人，因要表现他决意和旧世界奋斗到底的精神，表现他宁愿牺牲一切而不退缩的精神，高声的喊道："为了将来，我们要烧掉拉斐尔的作品；我们要毁灭那些博物馆，践碎那些艺术之花！"……不能不说这象征选得太粗酷。一个炮队官兵为的要取射击目标，不惜轰击一个古教堂；但是一个诗人对于这些事总该惋惜，不该快活。人类所遗下的艺术品都是应该宝贵的；此与阶级斗争并无关系。无产阶级作家应该了解各时代的著作，应该承认前代艺术是一份可贵的遗产。果然无产阶级应该努力发挥他的艺术创造天才，但最好是从前人已走到的一级再往前进，无理由地不必要地赤手空拳去干叫独创，大可不必。

茅盾在这里提出的无产阶级艺术应该是在继承"前代艺术"基础之上的创造，反对那种"赤手空拳去干"的叫喊，在今天看来也是绝对正确的，恰恰是在这里见出了他同"无产阶级文化派"的理论分野。其三是对建立无产阶级文化的途径的较为全面的阐述。"无产阶级文化派"主张通过实验室来创造"纯粹的"和"独立的"无产阶级文化。用波格丹诺夫的话来说，就是"脱离一切异己因素"，保证无产阶级的"文化独立性"。这是一种极左的文化关门主义。茅盾在讨论无产阶级艺术的内容时，就批判了苏俄初期的无产阶级文学作品"因为观念的褊狭和经验的缺乏，而弄成无产阶级艺术内容的浅狭"。他从无产阶级艺术必须"增丰内容"着眼,断言"无产阶级艺术之必将如过去的艺术以全社会用全自然的现象为汲取题材之泉源,实在是理之固然,不容怀疑的";在艺术形式方面,他批评了那种认为"无产阶级艺术论一定是推翻以前的形式与内容的统一"的理论,而申明"须知无产阶级的思想并不是一味的反对旧物,并不是盲目的破坏",等等,都表现了他对于建设无产阶级文化与艺术有较为开阔的视野,这对其后的无产阶级文化建设都极有启示意义。

自然,茅盾此时的无产阶级艺术观仅仅是初步形成,还不是很成熟,也见出不尽完善之处。如《论无产阶级艺术》提出继承艺术遗产应有远、近之分,前人的遗产是"前辈大天才的心血结晶",自应表示相当的敬意,而近人的"新派艺术"则都是资产阶级的东西,"便是一无所用的",这个观点在今天看来显然是不妥当的。从这个观点出发,他对当时所谓的前卫艺术做了根本的否定,认为那些"蔓草般的新派,什么未来主义,意象主义等等",都只能称之为"变态的已经腐烂的'艺术之花'",完全拒绝现代主义文艺思潮,也见出其文艺观的褊狭性。在这一点上,倒是显示出同波格丹诺夫等人完全否定前卫艺术的观点有相似之处。这是有例可证的。茅盾当时曾对苏联文艺批评家对未来主义的批评有所注意,他为此翻译了《关于"烈夫"的》一文,并在译者附记中写道:"据最近的情形而言,未来派在俄国的怒潮已落,苏俄的批评家如罗那却尔斯基、鲍达诺夫 A. Bogdanov 等人,对于未来主义的透彻的批评,已经把狂热的青年扶入正路。"[①] 由此可知,他对未来派的态度由原先肯定到后来否定的显著变化,是直接根源于外来思潮的影响。这种对包括未来主义在内的现代主义思潮做简单的否定,当然是不无可议的。此外,茅盾此时的无产阶级艺术观也未形成完整的思想体系,要达到自觉运用马克思主义文艺观有针对性地观察、分析、解决中国新文艺实际问题还有相当距离,这都说明其艺术观还有不够成熟的一面。

[①] 茅盾:《〈关于"烈夫"的〉译前记和译后记》,《茅盾全集》第 33 卷,人民文学出版社 2001 年版,第 156 页。

2. 茅盾与左翼文化思潮

茅盾与左翼文化思潮的关联,有着颇为曲折、复杂的情状。作为一位坚定的左翼文艺人士,茅盾的文化观念、文学思想体现显著的左翼意识,这是没有疑义的。然而,在20世纪中国整个左翼文化思潮的传播、接受与实践过程中,包括20年代前期的无产阶级文化思潮的传播与介绍,大革命失败后大规模掀起的无产阶级文学倡导运动,"左联"成立后左翼文艺运动的持续、深入开展,茅盾都是以一个重要角色介入其中,但其担负的角色却并不完全相同。他始而是无产阶级文学的积极倡导者,继而成为革命文学的批判对象,最后融入了左翼文艺阵营又保持了相当大的独立性。茅盾在左翼阵营中的浮沉起伏,反映了中国左翼文化思潮的曲折流变,也呈现出茅盾对这股于20世纪中国文化影响甚大的文化思潮的颇为复杂的心态。对此作深入探究,实事求是地评价茅盾对左翼文化或文学思潮的态度,不独对于探察茅盾文化或文学思想的多侧面性和丰富复杂性是有益的,而且对于认识茅盾个体的"矛盾性"和非单一性也大有助益。

认识和评价茅盾对左翼文化思潮态度的变化,必须将其置于中国左翼文化思潮流布的整体背景中,考察不同阶段社会思潮的演进状况以及左翼思潮本身的呈现状况,方能对茅盾时而顺应潮流、时而又表现出一定程度的抵触甚至显出逆反心理,做出恰切的描述。

中国左翼文化思潮的广泛流布,通常是指"红色的30年代"左翼社会科学理论和左翼文学创作的流行,但以宣传无产阶级文化为主要内涵的左翼文化思潮在20世纪20年代前期就已成型。外来思潮的影响,是苏联、日本其时已有无产阶级文化的传播,并通过不同途径传入中国;内之则取决于中国的社会革命状况,革命的深入要求鼓吹新兴的文化或文学思潮与之相适应。于是就有文学领域里早期革命文学的倡导。邓中夏的《贡献于新诗人之前》一文,力图从社会实际需要出发,阐述了文艺应当为正在进行的社会革命服务,使之成为"惊醒人们使他们有革命的自觉,和鼓吹人们使他们有革命的勇气"的"一种最有效的工具"。恽代英的《八股?》同样要求新文学"能激发国民的精神,使他们从事于民族独立与民主革命的运动";对于当时充斥文坛的个人主义倾向、颓废没落之风,则竭力予以排击。在这样的背景下，就有茅盾文学、文化思想的转向：他抛弃了原先一度热心推崇的现代主义文学思潮，转而提倡革命文学，这就是《"大转变时期"何时来呢？》《论无产阶级艺术》等文产生的由来。在《我走过的道路》中，茅盾谈到这些文章的写作动因，是为了表示他对邓中夏等人的文章观点的支持，"在1924年，邓中夏、恽代英和泽民等提出了革命文学的口号，之后，我就考虑要写一篇以苏联的文学为借鉴的论述无产阶级革命文学的文章"；其目的就有"清理一番自己过去的文学艺术观点的意思，以便用'为无产阶级的艺术'来充实和修正'为人生的艺术'"。[①] 这样的目的和意图，在茅盾的这些文章中是得到显著呈现的。作为对邓中夏等人观点的回应与支持，茅盾的文章也是从社会思潮演进的角度，论述文学转型的必要性，特别指出现代主义文艺思潮已不宜大力提倡，因为文艺思潮已同社会思潮严重脱节：某些文艺青年在黑暗的政治潮流面前急流勇退，"意气颓唐"，只"想在他们所谓唯美主义的文学里求得些精神上的快慰，或求得灵魂的归宿"，势必会发展颓唐气息；他认为应当"提倡激励民气的文艺"，"尤其在我们这时代，我们希望文学能够担当唤醒民众而给他们力量的重大责任"。[②] 而较为完整的无产阶级艺术观的论述，则更标示着他希望无产阶级文学的倡导在革命文学口号的基础上有所深入。这说明，茅盾当时"充实和修正"既有的文化或文学观念，提出无产阶级文化观，并非一时的心血来潮，也非个人行为，而是顺应了社会思潮和文化发展趋向，同当时的革命文化潮流保持着基本一致。

在上述背景中，审视茅盾对20世纪20年代前期的无产阶级文化思潮的传扬，应是有其独特建树的。20世纪20年代的共产国际文化思潮是不尽成熟的，其中明显的倾向是激进的色彩比较浓厚，影响到了文学领域；另则忽视艺术规律、创作概念化等，就常常成为制约无产阶级文艺发展的通病。由于中国的文化艺术界受到共产国际文化思潮的影响，也难免有此病。其时蒋光赤等人宣传无产阶级文化和革命文学，就重在揭示文化和文学的阶级本质，对无产阶级文化的自身发展规律探讨甚少，在文学领域里则已有明显的

---

① 茅盾：《我走过的道路》（上），人民文学出版社1981年版，第233页。
② 茅盾：《"大转变时期"何时来呢？》，《茅盾全集》第18卷，人民文学出版社1989年版，第412、414页。

忽视艺术的倾向。相比之下，茅盾作为一个有深厚艺术积累的作家，他在提倡无产阶级艺术理论时，尽管对这种理论的把握还不够成熟和全面，但毕竟还是比较注重艺术规律的。上文已阐述过，茅盾在《论无产阶级艺术》和《告有志于研究文学者》等文中，以他对中西文学的融会贯通，对各种类型的文艺创作都有较为独到的论述，特别是对艺术本质的揭示显出敏锐的眼光，对无产阶级艺术观的阐释显出自己的理论特色。若循此思路而进，无产阶级文学既坚持文学的阶级性理念，又能遵循艺术本身独有的规律，则其未来的发展应该是可以期待的。另外，早期革命文学的倡导，虽为后来大规模开展革命文学运动提供了先机，但大多表现为革命家、政治家的言说，侧重于从社会革命需求的角度作号召式的倡导，缺少对文学自身规律的探求，因而"革命文学"的倡导长时期停留在倡导层面而未有真正的进展。茅盾以一个训练有素的文学家介入革命文学的推动，着重阐述无产阶级文学的艺术特质，明显提高了此种文学的艺术层次，为后来无产阶级文学的深入开展积累了有益经验。从这样的意义上去评价茅盾对无产阶级文化思潮的热衷和对革命文学倡导的介入，其积极意义是毋庸忽视的。

然而，令人始料未及的是，当1927年大革命失败后，大规模的无产阶级文学倡导运动在上海开展时，茅盾却远离了倡导者的圈子，他不但置身事外，似乎提倡革命文学同他毫不相干，还一度成为被批判的靶子。个中缘由十分复杂，其中有茅盾自身的因素，他面临复杂事势时自我选择的两难，思想一度消沉，对倡导运动未予足够关注。但从深层次考量，恐怕主要还是他对无产阶级文化思潮的认识与国内倡导者们的意见存在严重分歧。

1928年起始的无产阶级文学倡导运动，是由创造社、太阳社作家为主发起的，其中部分留日作家起了主导作用。他们从当时日本正在蓬勃开展的无产阶级文学运动中得到启迪，觉得我国也有开展此运动的必要，于是就从日本的无产阶级文学理论家青野季吉、福本和夫、藏原惟人等那里搬来一些现成理论，在国内大力鼓吹，其中藏原惟人的"新写实主义"思潮影响最为深广。令人奇怪的是，当时茅盾也在"亡命日本"，他对这些理论却一无所知。他在晚年回忆录中写到，藏原惟人的文章他一篇也没有读过，"新写实主义"口号还是从钱杏邨反驳他的文章《从东京回到武汉》中认识的；不过在读了钱文之后，倒是觉得"采用藏原惟人的新写实主义理论，作为当时中国无产阶级文学创作方法，显然是成问题的"①。这些都是茅盾当时远离倡导运动的原因，而根本的问题是在于他对倡导者搬用日本理论"成问题"的忧虑。早在 1928 年初，太阳社的《太阳月刊》刚刚创办，茅盾便作《欢迎〈太阳〉！》一文，文中对刊物表达"欢迎"之意，也不客气地批评该刊的文字为革命文学指示了"一条极单调的仄狭的路"，此举并非"革命文学前途的福利"②，反映出他对运动的倡导者鼓吹极左理论，表现出违背艺术规律的倾向提出了自己的不同看法。加以他在其后写出的《从牯岭到东京》（1928 年 10 月）、《读〈倪焕之〉》（1929 年 5 月）等文中，对初期无产阶级文学的标语口号化倾向做出尖锐批评，表述了无产阶级文学不应排斥小资产阶级的观点，认为与其"空着肚子顶石板"，不如去写自己熟悉的小资产阶级题材，等等，这便引起倡导者们的强力反弹。他们已把茅盾完全置于革命文学"对立物"的位置上，"所谓新的对立物是什么呢？这就是茅盾所代表的所谓'小资产阶级革命文学'"，"本来茅盾在我们文学运动的初期，他是站在我们阵营里面的"，"而革命发展到一定的阶段的时候，他们都相继脱离革命战线而与革命对立起来"。③ 于是，在革命文学论争中，茅盾就同鲁迅、叶圣陶、郁达夫等作家一起，成为无产阶级文学的对立面而遭到严厉责难。回溯这段史实，不难看出，茅盾当时与无产阶级文学倡导者的理论分野，同样表现在对艺术本质的强调上，其中还有他对此前论述的无产阶级艺术观的部分扬弃，反映出他对左翼文化思潮认识上的长足进展。无产阶级文学倡导运动，应该是有历史功绩的，但其理论上的不成熟也见出明显弊端。李初梨、冯乃超、钱杏邨等倡导者照搬照抄新写实主义理论给左翼文学创作造成不同程度的危害，他们经常使用的"组织生活""阶级意欲""目的意识论""全面的批判"等概念，出自早就被抛弃的无产阶级文化派的理论，茅盾与之针锋相对的论辩，显示出其无产阶级文学理论的渐趋成熟。尽管茅盾当时发表的论辩文字并不是对

---

① 茅盾：《我走过的道路》（中），人民文学出版社 1984 年版，第 25 页。
② 茅盾：《欢迎〈太阳〉！》，《茅盾全集》第 19 卷，人民文学出版社 1991 年版，第 165 页。
③ 李初梨：《对于所谓"小资产阶级革命文学"底抬头，普罗列塔利亚文学应该怎样防卫自己？——文学运动底新阶段》，《创造月刊》第 2 卷第 6 期，1929 年 1 月。

无产阶级文学理论的全面阐说,大多是就具体创作或创作倾向提出自己的看法,但其中蕴含着他对新兴的无产阶级文学运动的一些新的见解。他提出的许多解决具体问题的意见,对当时的文学运动也是切实有益的,以致连《创造月刊》的编者在发表批评茅盾的文章时,也不能不认为茅盾的文章"提出了许多现实具体问题,这些问题,我们不应该抹杀它,而应该正当地去解决它"[1];还有另一位革命文学家也认为茅盾的文章提出了不少革命文学上的具体问题[2]。可以说,在探索、倡导、宣传无产阶级文艺思想方面,茅盾走过的是一条日渐成熟之路,他对于努力克服我国无产阶级文学曾经走过的弯路也做了有益的工作。

经过无产阶级文学倡导运动至"左联"成立,文艺界对革命文学的认识渐趋一致,茅盾又成为左翼文艺阵营中的重要一员,继续为革命文艺事业做出贡献。此时茅盾阐释左翼文艺思潮的主要理论特色和贡献是,坚持文艺自身发展规律,科学理性地把握左翼文艺发展动向,对左翼文艺创作中出现的问题做出及时的、切中肯要的批评,为端正左翼文艺方向做出自己的努力。左翼文艺在其发展阶段,"左"倾思潮依旧盛行,片面强调文艺服务于政治的观念也颇流行,而以思想代替生活,以概念代替形象,显出严重公式化、概念化倾向的创作也不时涌现。对此进行不遗余力批评的理论家之一便是茅盾。他在其时写出的作家论和创作论,成为左翼文艺批评中最有价值的文献之一。如果说早期茅盾较多地从理论上去探讨和研究各种文化思潮,那么,进入"左联"时期他更注重观察和分析复杂的文艺现象和社会情状,主要运用文艺批评分析、评论文艺现象,努力纠正左翼文学的创作弊端。1932年,"左联"通过阳翰笙的长篇小说《地泉》的重版,认真总结初期无产阶级文学创作的经验教训,为未来的文学创作揭示方向,茅盾积极介入,写出《〈地泉〉读后感》等文,对作品提出严肃而不留情面的批评,是一个典型例证。他在评论《地泉》时,就一再强调必须用社会科学观点,去分析社会现象,并且"要用形象的言语艺术的手腕来表现社会现象的各方面,从这

---

[1] 《创造月刊》编辑委员会就发表克兴的《小资产阶级文艺理论之谬误——评茅盾君底〈从牯岭到东京〉》所写的附言,《创造月刊》第 2 卷第 5 期,1928 年 12 月。
[2] 参见潘梓年:《到了东京的茅盾》,《认识》1929 年第 1 期。

些现象中指示出未来的途径"①。如果从概念到概念，用政治说教代替艺术典型的创造，就会背离现实主义的创作原则，其结果必然是削弱文艺作品的艺术力量。也正是从这一意义上，茅盾还连带批评蒋光赤作品中的"脸谱主义""方程式"布置故事等，认为这样的描写"是很严重的拗曲现实"，"并且很严重地使得作品对于读者的感动力大大地减削"。②茅盾希望左翼文坛以此为训，努力克服公式化、概念化倾向，创作出既具有社会价值又具有审美价值的优秀作品，这对于拨正左翼文艺创作方向是大有助益的。

3. 茅盾与社会科学理论

考察茅盾的文化思想，还涉及其与社会科学理论的关系。这甚至是茅盾文化或文学思想的一个非常重要的构成部分。作为一位社会意识极强的作家，茅盾用文学表现社会，离不开社会科学理论的指导，尤其是他 20 世纪 30 年代的创作在"大规模解剖社会现象"的时候，社会科学更成为他驾驭文学的重要理论武器。此时他创作的突出表征是：从一个既定的社会科学命题出发，去分析和解剖复杂的社会关系和社会结构，并进而得出正确清晰的政治理性判断。他强调："一个做小说的人不但须有广博的生活经验，亦必须有一个训练过的头脑能够分析那复杂的社会现象，尤其是我们这转变中的社会，非得认真研究过社会科学的人每每不能把它分析得正确。"③他还认为，此种研究必须是认真、切实的而不是肤浅的研究，"说得明白些，就是一个作家不但对于社会科学应有全部的透彻的认识，并且真能够懂得，并且运用那社会科学的生命素——唯物辩证法；并且以这辩证法为工具，去从繁复的社会现象中分析出它的动律与动向"④；他就曾对"目前许多作者还是仅仅根据了一点耳食的社会科学常识或是辩证法，便自负不凡地写他们所谓富有革命情绪的'即兴小说'"⑤的现象，提出过尖锐批评。基于此，遂有其对社会科学理论的掌握与认知，并将其介入、渗透于文学创作中，其创作总是显出

---

① 茅盾：《〈地泉〉读后感》，《茅盾全集》第 19 卷，人民文学出版社 1991 年版，第 333 页。
② 茅盾：《〈地泉〉读后感》，《茅盾全集》第 19 卷，人民文学出版社 1991 年版，第 333 页。
③ 茅盾：《我的回顾》，《茅盾全集》第 19 卷，人民文学出版社 1991 年版，第 408 页。
④ 茅盾：《〈地泉〉读后感》，《茅盾全集》第 19 卷，人民文学出版社 1991 年版，第 331 页。
⑤ 茅盾：《读〈倪焕之〉》，《茅盾全集》第 19 卷，人民文学出版社 1991 年版，第 211 页。

清晰的理性分析思路。我们从中见到介入的社会科学理论，也许并不是茅盾纯学术的思想文化成果，它是以"无形"的方式渗透，但这对于社会性极强的创作而言却是必要的，也显现出茅盾把握文学创作的一个非常鲜明的思想文化特色。

　　社会批判理性介入于文学创作，并不神秘。著名艺术社会学者豪泽尔认为，文艺"是对人遭到贬低的生存状况的一种无言的批评"，它"只有在具有抵抗社会的力量时才得以生存"，由此决定艺术的审美本质应该是针对社会的批判的，"有助于变革社会，尽管是以隐蔽、无形的方式"。[①] 就20世纪整个中国文学发展进程看，随着社会矛盾愈趋激烈和社会斗争形势更加严峻复杂，社会取代个人成为文学注目的焦点，社会革命和社会解放愈来愈成为时代主题。如何将社会问题分析得精确，从而进行有效的社会批判，便成为现实主义作家的重要考量。茅盾重视社会科学理论对创作的指导，突出地反映在20世纪三四十年代，这主要取决于下述两个因素。一是强化了用社会科学理论指导创作的自觉性。30年代动荡不安的时代环境，促使作家日渐强化了社会意识，用文学创作去探究社会的性质、底蕴成为当时的一种风气。茅盾也在此时表示了要努力掌握社会科学理论以改变以往创作理念的意向，"旧理论不能指导我的工作"，"我困苦地然而坚决地要脱下我的旧外套"[②]，明显增强了用社会科学理论指导创作的理论自觉性。二是从欧洲现实主义作家的创作中得到启迪。法、英现实主义受其鼎盛的古典政治经济学的影响，对社会的剖析和描写往往从经济问题入手，如巴尔扎克、左拉对金钱、资本、劳动的精心研究和细致描述，往往成为作品中最精彩的篇章。茅盾不同程度地受到上述作家的影响，尤其在从事创作后一再谈到从外国作家中汲取教益，故而深得个中奥妙。其中他的一些从经济角度透析社会的作品，就有明显接受外国作家影响的痕迹。瞿秋白就认为《子夜》"带着很明显的左拉的影响（左拉的《金钱》）"[③]，虽然此说尚有待论证，但从茅盾对左拉的熟知以及"我

---

① 〔匈〕阿诺德·豪泽尔：《艺术社会学》，居延安译编，学林出版社1987年版，第68页。
② 茅盾：《答国际文学社问》，《茅盾全集》第20卷，人民文学出版社1990年版，第43页。
③ 瞿秋白：《〈子夜〉和国货年》，《申报·自由谈》1933年4月2日。

爱左拉"①的述说中，左拉创作对其有很深启迪应该是可能的。如果从创作整体考量，茅盾的创作深受欧洲现实主义作家的启示，那么在相关经济题材作品中接受某些影响，应该没有疑义。

"社会批判"的深入进行，必会走向"社会分析"，所以茅盾常常被称为"社会剖析派"的代表人物，这也是有合理依据的。现实主义的产生是以科学理性为指导的，19世纪批判现实主义最主要的特征之一就是崇尚科学实证，"科学主义"一度成为作家精确反映现实、分析现实的重要武器，现实主义的先驱巴尔扎克、福楼拜、司汤达等都重视文学创作中科学分析的作用。在《十九世纪文学主流》中，勃兰兑斯称"他（按：指巴尔扎克）是科学越来越深地渗透到艺术领域这个世纪的真正儿子"②。福楼拜甚至将医学解剖学的方法用于创作。就文化思想对创作的渗透而言，用社会分析深化社会批判，强化了现实主义的批判力量。茅盾的创作在表现社会关系时，总是把人物嵌入政治的、社会的、经济的完整现实中，充分揭示"受经济条件所支配"的人的社会心理和行动冲突，由此最大限度地包容社会，达到社会批判应有的认识深度和批判力度。因此，注重社会分析性常常成为许多作家把握现实、批判现实的重要表征，中国作家亦然。从20世纪30年代开始，茅盾创作的成功实践，吸引了一大批追随者，由此形成了中国新文学史上的一个重要小说流派——社会剖析派，且长时期影响现代中国文学。这当中，茅盾作为30年代文学的领衔人物，便成为这一创作倾向的杰出代表。茅盾等作家兼具小说家的素质和社会科学家的精神，以一丝不苟的态度分析现实、表现现实，其作品充分反映充足的时代内涵和社会内涵，无疑为新文学创作增添了新的色彩，也无形中提升了它的品位。有学者指出，"注重社会剖析成为第二个十年后半期现实主义新的品格"，这是"'五四'现实主义关注现实的传统在更高层次上得到了发展"③，此说甚是。

茅盾之所以能自觉运用社会科学理论把握创作，且总能卓有成效地取得创作实绩，源于其对当代社会思潮、文化思潮的密切关注，并从中汲取分

---

① 茅盾：《从牯岭到东京》，《茅盾全集》第19卷，人民文学出版社1991年版，第176页。
② 〔丹〕勃兰兑斯：《十九世纪文学主流》（第5分册），人民文学出版社1997年版，第232页。
③ 温儒敏：《新文学现实主义的流变》，北京大学出版社1988年版，第219、159页。

析现实的"科学"滋养。20世纪30年代的中国，大量引进和介绍国外社会科学理论，探讨社会现象、社会本质的风气特别浓厚，这对作家运用社会科学理论分析社会、指导创作会产生直接的影响。茅盾用文学创作参与30年代的那场社会性质的大论战，就是一个典型范例。对这场关于"中国社会性质"的大论战，茅盾虽没有以学术的方式直接介入，但却以小说创作表明自己的态度，显示出一个作家对现实社会思潮和文化思潮的敏锐感知。关于中国社会性质的讨论始于20世纪20年代末，起初是关于中国近代社会的论战，继之是关于中国社会史的论战。这场持续了8年的论战，其产生不是偶然的。因为它受到来自外部即共产国际关于中国革命争论的影响，同时又因国内国共合作而掀起的大革命运动的失败，促使人们重新思考中国社会性质问题。当时的托派和"新生命派"等，或认为中国"已经形成了官僚买办的资本主义"，或认为中国还是"封建主义社会"，对中国社会性质做了许多歪曲的论断。1930年11月，在中共中央文化工作委员会的指导下，朱镜我、王学文等在上海创办了《新思潮》月刊，并在此刊上连续发表了潘东周的《中国经济性质》、王学文的《中国资本主义在中国经济中的地位其发展及其前途》等"新思潮派"关于中国社会性质的论文。他们的文章，运用马克思主义的观点，着重从帝国主义与中国经济的关系、民族资本在中国经济中的地位等方面分析了中国经济性质。其主要观点是：由于帝国主义的入侵，带着新式资本主义的生产技术，"中国工业资本主义在城市中确是已有了相当的发展，并且在农村中已经孕育了他的种子"，但是，"帝国主义利用其雄厚的财政资本主义的势力，加紧着向中国整个经济的进攻。帝国主义与中国封建关系勾结着，他用尽一切力量阻碍着中国民族资本主义的发展"。[①] 因此，中国经济"实处于国内封建的（半封建的）势力和国外帝国主义二重势力压迫之下"，"中国经济实在是帝国主义侵略下的一个半殖民地的封建的经济"。[②] "只有在根本上推翻帝国主义及肃清封建势力以后，只有这样才能使中国经济发

---

① 潘东周：《中国经济的性质》，《新思潮》1930年第5期，第17、19页。
② 王学文（王昂）：《中国资本主义在中国经济中的地位其发展及其前途》，《新思潮》1930年第5期，第20—21、23页。

展。"① 尽管新思潮派的论证还存在某些缺陷，但基本上阐明了现代中国社会是半殖民地半封建社会的观点。茅盾对这场论战自始至终给予高度关注，并分析各派的意见，形成了自己对社会性质问题的看法。他没有写成长篇理论文章参与这场大论战，决定用小说的形式表达自己对社会问题的见解。他在谈《子夜》的写作过程时就说到，这部小说的创作，"正是中国革命转向新的阶段，中国社会性质论战的激烈的时候，我打算用小说的形式"，"给以形象的表现"。② 从他当时创作的一系列小说看，这场论战的思维成果，特别是新思潮派对中国民族经济的分析和论断，对茅盾的启发和影响是相当明显的。尽管小说创作是一个复杂的过程，小说的深刻思想蕴含并不都来自一场论战给予的启迪，但论战提出的问题的现实性和切要性，无疑给茅盾的创作有很大的影响，其创作于同一时期的与社会问题、经济关系紧密相连的小说作品就是很好的例证。如《子夜》《林家铺子》《春蚕》及稍后的《多角关系》等作品，都有一个共同的文化视角：从中国民族经济的角度切入去观察和分析中国社会空前复杂的状况。他用文学的形式大规模地、全方位地描写中国社会从都市到乡村极其复杂的政治关系、经济关系、文化关系、人际关系和军事斗争，最终告诉人们中国并没有走向资本主义，而是越来越半殖民地半封建化了。这一主题的实现无疑与那场关于中国社会性质的大讨论有着直接的关联。《子夜》中那位具有法兰西资产阶级性格的民族资本家吴荪甫，无论他具有怎样的经济实力和管理才能，无论他具有怎样的雄心和铁的手腕，无论他做怎样的挣扎，都摆脱不了失败的命运，因为他的悲剧命运事实上早已被当时的文化思潮所决定了。

茅盾重视用社会科学理论指导创作，特别需要指出的是他对社会经济问题的关注。在中国现代小说家中，十分关注经济问题且其创作以深刻解剖社会经济现状见长的，莫甚于茅盾。作为一个注重社会批判的现实主义作家，茅盾在其宏大的历史叙事中常常有一个确定不变的视角：从社会经济结构切入，去反映、解剖大规模的社会现象。正是从这个意义上，或许可以说，其

---

① 潘东周：《中国经济的性质》，《新思潮》1930年第5期，第20页。
② 茅盾：《〈子夜〉是怎样写成的》，《茅盾全集》第22卷，人民文学出版社1993年版，第53页。

许多小说堪称为经济小说。这同样联系着文学观照社会的一个重要视角。现实主义文学表现社会的特点，就是在相互联系中来描写人和环境、人和社会的关系；而现实社会关系，按照恩格斯的说法，"一句话，都是自己时代的经济关系的产物；因而每一时代的社会经济结构形成现实基础……全部上层建筑，归根到底都应是由这个基础来说明的"[①]。这种对社会本质的马克思主义认识，无疑为人们精确把握社会提供了坚实的理论基础。茅盾对文学创作中经济性命题的关注，在其早年从事文学批评时已有所表露。唯其一贯重视文学的社会选择，故而每每要求文学创作在描写社会性时代性主题时应侧重表现经济、政治之类的社会背景。20世纪30年代以来，他加重了文学的社会分析，特别重视对经济问题的研究。他明确意识到"人的思想乃受社会环境所支配，而社会环境乃受经济条件所支配"[②]，把这一规律性的揭示运用于文学创作，"一定得努力探求人们每一行动之隐伏的背景，探索到他们的社会关系和经济的基础"[③]。他这个时候的创作注重从经济视角切入解剖、分析社会结构，表现因经济问题引发的社会文化心理，达到了对社会本质的现实主义理解，在从对经济题材的开拓中获得社会批判的深层拓展方面取得了前所未有的成就。这是他为中国现实主义文学提供的更具创造性的经验。以马克思主义的社会科学理论（主要是经济学理论）为武器，无疑为他精确把握社会提供了一个重要理论支点，使其小说在社会分析方面取得明显进展。他的小说在表现革命历史进程时，一般是以完整地展示社会环境来透视当时社会的全般状况，而他在20世纪30年代创作的小说又进一步以经济活动的横截面分析为重心，对社会的内层结构做了深入细致的解剖，使他这一时期的创作在社会理性分析的层面上达到一个新的高度。从长篇小说《子夜》开始，茅盾的艺术视角已转向对社会生活做马克思主义经济学考察，自觉运用经济基础决定上层建筑这一基本原理，全面分析20世纪30年代中国社会从都市到农村的复杂现状，揭示出社会问题的本质联系和发展趋势。《农村三

---

① 恩格斯：《社会主义从空想到科学的发展》，《马克思恩格斯选集》第3卷，人民出版社1972年版，第423页。
② 茅盾：《读〈倪焕之〉》，《茅盾全集》第19卷，人民文学出版社1991年版，第204页。
③ 茅盾：《致文学青年》，《茅盾全集》第19卷，人民文学出版社1991年版，第222页。

部曲》《林家铺子》《多角关系》《当铺前》等作品,具体形象地揭示出蚕桑业丰收成灾、城镇工商业的相继破产、广大农民日益贫困的经济根源。更为可贵的是,茅盾善于从经济关系的角度去观察和分析政治性命题。如《子夜》和《多角关系》,其创作目的在于对社会政治结构做整体考察,然而入手解剖的却是社会的经济结构,以复杂的经济关系为作品的主要线索。《子夜》中真正给吴荪甫以毁灭性打击的,并不是工厂罢工和农村暴动,而是公债市场上的投机失败,终于弄到不可收拾的地步。小说贯穿始终的是一条明晰的"经济"线路,而作品描写的公债市场、金贵银贱、厂经跌落、银根吃紧等等,更是与社会变动息息相关的一个个经济问题。在《多角关系》里,复杂的债务关系和债务的戏剧性衍化,更使经济利益成为牵动整个社会的问题,这就使其经济题材小说显出独特的政治意义。这些小说写出的一幅幅剧变中的 20 世纪三四十年代现实社会图景,以经济活动的横截面分析为重心,对躁动不安的社会现象做了深层透视,表明其创作取得重大突破。这显然是他熟练驾驭社会科学理论,特别是马克思主义经济理论取得的成果。

第二章 "矛盾"人生：特定历史文化语境中的审视

探究茅盾文化思想日渐成型的过程，我们看到，其间呈现出相当的复杂性与矛盾性。这固然取决于20世纪中国文化思潮自身的复杂性，亦根因于作家个体生成的种种矛盾性因素。受制于特定历史环境的曲折流变性，茅盾的生命历程中遭遇种种社会、人生巨变，思想上、心理上充满各种复杂矛盾；唯有对这些体现作家个体复杂性的深入认知，方能对这位中国现代作家复杂、矛盾样态的典型呈现者做出准确的价值评判。离开历史文化语境谈论作家的是非功过，或者离开历史复杂性对作家的文化思想、文学实践活动做"理应如此"与"不必如此"的逆向判断，都不免有简单化之嫌。

对茅盾形象的通常描述，是革命家、政治家与文学家的三位一体，这是大致不错的。这可以看成是独特中国文化语境中作家、文学家"文化人"的一种复杂构成。但20世纪的中国文化人，尤其是精英知识分子，他们原本都有着各自的文化接受和积淀，有着他们对现实政治的独特参与方式，呈现出各自的复杂性；而身处中国20世纪文化的动态文化结构中又使他们的观念处于非恒定状态，常常因现实情势的转换而有所转换，于是就有所谓的历史复杂性和文化人自身的复杂性。由是，茅盾的"矛盾"人生及其文化思想、文学选择的矛盾性，便是我们考察作为革命家的茅盾从事文学活动独异性的一个重要视点。

对茅盾做出的科学评价，着眼其由"矛盾"人生构成的复杂茅盾个体的认知，是至关重要的。以往造成对茅盾的"误读"，一个重要因素是对其作家身份的单一政治认同，并将此推向极端，只以政治的涨落确定作家的评价：政治文化高扬时，茅盾有很高的地位；反之则一落千丈。这既将复杂的文化现象做了简单化处理，也不符合茅盾个体实际。诚如有研究者指出的，茅盾其人及其构筑的文本世界，"并不像有人说的是简而明的理性图式，它的整体艺术风貌是特异与复杂的。各种矛盾冲突错综地交织在一起，不同的情绪和心态交混在一起，人生的复杂和人心的深度交融在一起"[①]。由是，对复杂文化语境中茅盾真实面目的确切认知，尤其是揭橥其生命历程中颇见光彩的"矛盾性"现象的呈示，就显得颇为重要了。当我们试图整体审视、综合评价茅盾的历史贡献、文学成就及其价值取向时，不妨先走进茅盾的"矛盾"人生，在20世纪变幻莫测的思想文化背景中，去探究茅盾文化思想、文学选择的曲折起伏过程，从而展现其思想矛盾产生的由来，以及由此显现的其人生历程的丰富内涵与斑斓色彩。

全面论述茅盾的"矛盾"人生，探究其文化思想的曲折流变过程，主要的考量应放在其踏入社会以后，历经社会的大动荡、大变化而显现的文化思想的丰富性与复杂性。茅盾于20世纪初走出校门、踏上社会（1917年北京大学预科毕业，进商务印书馆工作），经历了20世纪各个时期的风云激荡，也经历了复杂的人生巨变。他从一个青年学子成长为一位出色的社会革命家和举世瞩目的文学大家，烙下了与时代风浪搏击的鲜明印记，也显现着他的人生道路走得并不平坦。面对依然复杂的文化背景和社会环境，其人生历程中遭遇太多的曲折与矛盾，其切身感受到的思想矛盾和文化选择的艰难性也不时重现；与此相关联，他的身份、角色也有多种转换，由专事文学活动到从事职业革命再到重返文学岗位，显示出在激烈的时代巨变中人文知识者选择道路的艰难。可以说，在20世纪特定文化语境中，经历各种矛盾交织而又苦苦追索前进路径，寻觅人文知识者应有的历史担当，无有如茅盾者。

从动态的文化结构中考量茅盾，显示的正是茅盾个体的多面性和丰赡性。这里，可以其"矛盾"人生中的重要节点，体现中国社会文化大动荡、大变革的1927年大革命运动失败，由"沈雁冰"转化成"茅盾"的三个阶

[①] 朱德发：《茅盾研究的思索》，载吴福辉、李频编：《茅盾研究与我》，华夏出版社1997年版，第12页。

段:"茅盾前""茅盾时""茅盾后"为标识加以评说。

一、"茅盾前":文学与政治的交错与契合

这一时段大体上是中国新文学第一个十年时期(1917—1927)。此时,他同"五四"的进步文化人保持整体上的一致,顺应着"五四"新文化的基本走向,积极投身于新文化运动和"五四"文学革命;随后又在近十年的文学实践活动和社会革命实践中,始终置身于进步的、革命的文化阵营,为实现自己的人生理想、政治信念而执着奋斗。就其人生历程来看,这一时段他的生活境遇相对平稳,社会革命斗争也没有见出太多的曲折与波澜,或者说是在一种颇为顺畅的革命情势下,他因时而进,有所作为,没有产生如后来那样多的"矛盾"。

然而,这一时段茅盾的人生经历却并不单纯,倒是见出异常的丰姿多彩。茅盾将这一段生活概括为"文学与政治的交错",而与此种"交错"相随的则是"复杂而紧张的生活、学习与斗争"。[1] 具体而言,即一面从事自己钟爱的文学事业,一面又投身于社会革命斗争,努力寻求两者的平衡点,不断探索前进的道路,以实现自己的人生理想,于是就有虽紧张复杂却又极愉悦欢快的生活状态。此时,他在社会角色的游移不定与交叉换位中,在文学与政治两面都不遗余力的执着探求中,的确显示出他其时尚属青年人所独具的生命活力,也显露出因他的文学才华、他的理想追求得以充分施展与实现而得到相当程度的满足。从"五四"到大革命失败的十来年间,他是以一个引人瞩目的革命人物出现在中国文学史和中国革命史的舞台上,他同时担负的下述两个社会角色在当时的文化人中都是出类拔萃的。

其一是崭露头角的新文学家。

"五四"是一个元气淋漓、改弦更张的时代,茅盾在"五四"新文化思潮中沐浴成长,深厚的国学根基和开阔的西学背景,使其在阔大的文化视野中观照西方文化与传统文化,显示出新一代作家的特色:眼光向外,必造就

---

[1] 茅盾:《我走过的道路》(中),人民文学出版社 1984 年版,第 222、169 页。

知识结构的更新和意识观念的调整，特别是近代科学精神赋予其审视世界的全新眼光和穷根究底的运思习惯。基于此，茅盾于"五四"前夕走出校门、踏上社会，便即刻显现出一个初出茅庐的文学青年占据新文坛要津的少有胆魄与气度。茅盾进商务印书馆的前三年，即显露才华，不但把编译工作搞得有声有色，而且还发表大量体现新思潮的文学作品与评论，随即引起新文坛的高度注意。也正由此，他在新文学初兴阶段即担起了重任，并在新文坛产生举足轻重的影响。至少在下述两个方面，反映出初登文坛的茅盾不同凡响：一是被选作向"顽固派堡垒"旧《小说月报》"打开缺口"的改革者，引领了文学改革之风，而《小说月报》改革的成功，顿时使其一举成名，在文坛产生重大反响；二是作为我国第一个大型新文学社团文学研究会的主要发起人之一，又是文学研究会的最重要理论家，在担纲建设新文学社团和新文学理论中引领潮流，并长时期影响中国新文坛。茅盾时年二十四五岁，在当时的新文学领衔人物中，就年龄、资历而言，他都是"叨陪末座"，而有如是成就与作为，自然被人们刮目相看。评价新文学第一个十年的业绩，新文学刊物的创办与新文学社团的组建功不可没，就如茅盾所言，有此二项，"跟着来的是大群的有希望的青年作家，他们在那迅猛的文学大活动的洪水中已经炼得一副好身手，他们的出现使得新文学史上第一个'十年'的后半期顿然有声有色"[①]，这当中，自有青年茅盾的功绩。

这一时段的"从文"工作，使茅盾积累了丰富的文学理论成果。他把文学探索的领域伸展得非常广泛，包括文艺理论著述、即时文学批评和外国文学翻译、介绍，甚至还有文学创作（主要是儿童文学），遂使其早期的"文学家"面目显得充盈而厚实。此时的文学工作既体现在他以文学为"主业"的《小说月报》主编期间，亦体现在他卸任《小说月报》主编以后，"从文"与"从政"交替进行时期；即便走上"从政"之路，他依然念念不忘文学，一直关注着新文学现状，在紧张繁忙的"从政"之余，为文坛贡献适时的文艺批评。综观此时茅盾的"从文"路径，特别值得注意的是其文学思想的丰

---

① 茅盾：《中国新文学大系·小说一集·导言》，《茅盾全集》第 20 卷，人民文学出版社 1990 年版，第 461 页。

赡性和复杂性。其时的茅盾，广纳博取、兼容并蓄各种外来思潮，进化论、人道主义、个性解放以及文艺上的"为人生"文学观、现实主义文学观，甚至现代主义文学观，等等，都曾为其所吸纳，显示出其文化思想的开阔性和驳杂性。驳杂性，也许是"五四"一辈作家所共具，他们对各种思想、主义的理解，在今天看来都并不十分精确，但一体吸收、为我所用的态度，毕竟厚实了最初的新文化思想积累。特别需要指出的是，茅盾对于当时被称为新浪漫主义的现代主义文学观也持肯定、赞赏态度，还一度倾力提倡。当时现代派文艺思潮在中国尚流布不久，国人多以挑剔的眼光视之，茅盾能力排众议，为接纳文艺新潮而呼号："文学上要有新派兴起，亦是自然而且合理的事，虽然现在新派的东西亦尽有许多不满人意的地方，但也是启蒙时代必不可避免的现象。我希望大家能够把公正的心去批评新派，不要以为只是青年好奇心的表现，不值一笑。须知他们的价值实在高出一笑以上呢！"[①]这里所述，同他后来坚定持守现实主义时并不一致，恰恰显示了其早期文艺思想并不单一，也不封闭，甚至还有"超前"的一面。

其二是颇有作为的革命家和共产党人。

在茅盾"复杂而紧张的生活"中，与"从文"交错进行的是繁忙的革命活动。这两者几乎是同步行进的，就在茅盾革新《小说月报》期间，他结识了早期共产党人陈独秀、陈望道、李达、李汉俊等，接受他们的政治影响，开始走上政治之途。他于1920年10月，由李汉俊介绍加入上海共产党小组；次年7月，中共建党，他即成为第一批党员。这使他下一阶段人生基本转入实际的政治革命活动，在进行繁忙文学写作的同时，又开始了纯粹政治宣传的写作。从1920年12月起，他在《共产党》杂志先后发表《共产主义是什么意思》《自治运动与社会革命》《共产党的出发点》及翻译列宁的《国家与革命》第一章等，向读者介绍和宣传共产主义知识，成为我国早期重要的共产主义宣传者之一。1923年他从《小说月报》主编卸职以后，"主业"已转向"从政"，先是到共产党创办的第一所培养革命人才的大学上海大学任教，后又当选中共上海地方兼区执行委员会委员、国民运动委员会委员长等职。

---

① 茅盾：《文学上各种新派兴起的原因》，《茅盾全集》第18卷，人民文学出版社1989年版，第267页。

近年来有研究材料显示，茅盾曾一度担任过中共上海地方兼区执行委员会委员长职务。① 这使他在政治与文学两头，必以政治为重了。茅盾说："因为担任上述的党内职务，我就相当忙了。执行委员会大约一周开一次会，再加上其他的会议和活动，所以过去是白天搞文学（指在商务编译所办事），晚上搞政治，现在却连白天都要搞政治了。"② 此后他实际上已成为一个职业革命家，在上海、广州、武汉等地为革命奔忙，偶尔弄文学，也只成了"副业"。这样的经历，使茅盾作为政治家与革命家结合的特色与贡献，就非常显露。茅盾于1981年3月27日去世时，中共中央做出决定，"恢复他的中国共产党党籍，党龄从1921年算起"。这样，至少在这一年，茅盾创造了中共党史上的一项新纪录：随着建党时期入党的党员都先后谢世，长达60年党龄、其时硕果仅存的茅盾便成为党龄最长的中共党员。在中国现代作家中，能有此荣耀者，亦茅盾一人。

作为政治家与革命家的茅盾，此时的写作，明显向着政治的一面倾斜。社会政治论文占了相当大的比重，是一个方面。如果说，以前对文学家的茅盾会写出那么多政治论文体会不深，那么读一读现今出版的《茅盾全集》，就会对这位文学家介入政治与革命之深理解深切。在茅盾其时写出的社会政治论文中，举凡政治、经济、文化、教育、社会革命、妇女运动等等，几乎无所不包，显出他对现实社会问题和现实政治与革命的密切关注。这是文学家的茅盾会向政治家与革命家转化的一个内在动因。另一方面，是文学与政治的密切融合。他其时是处在文学与政治的交错中，尽管"主业"与"副业"交替转换，但文学始终是他不曾放弃的工作，而文学中渗透强烈的政治理念，便成为他其时文学写作中的重要特色。最典型的例证是写于20世纪20年代大革命运动高潮前的《"大转变时期"何时来呢？》《论无产阶级艺术》等文，这些文章无一例外反映出他期盼大革命高潮早早到来，希望文学紧随时势有所作为的政治理念。这些文章的写作，凭借他熟练把握文学艺术

---

① 据钟桂松《茅盾评传》云：茅盾担任的中共上海地方兼区执行委员会委员长一职，类似于后来的上海市委书记，主要负责上海地方党的建设。此事亦为黄逸峰、魏巍等的回忆所证实。魏巍说，他看到过20世纪20年代的档案，"那时的中共上海市委书记就是茅盾"。参见钟桂松：《茅盾评传》，南京大学出版社2013年版，第98页。
② 茅盾：《我走过的道路》（中），人民文学出版社1984年版，第239页。

规律的特长，有对文学自身特质的精细分析，同时又联系现实状况、革命目标，揭示新文学未来发展的方向，在当时有很大反响，在中国新文学史上也占有重要一席。对此，茅盾自己也有胜任愉快的感觉，在其晚年回忆录中，就一再颇为自得地表达了《论无产阶级艺术》等文在其文学生涯中的意义。看来，这种文学与政治的交融，是颇契合作家自身的心理需求的。

如上简略描述，不难看出，处于这一时段的茅盾，周旋于文学与革命之间，达成了文学家与革命家的契合，在担负的两种角色中都做出了不同程度的建树。现在，需要深入探究的是，在特定文化语境中，在茅盾那里，文学与政治的契合，缘何而生？

从深层次考量，是茅盾的文化思潮接受、文化选择与社会革命要求的契合。文学家与革命家的契合，其内在主因，是这两者之间有一种共通的精神指向促成融合。上文已经阐述过，茅盾稳固的文化观念的形成，有一个从多种文化思潮的吸收到逐渐走向马克思主义的过程，这过程中，一直有一条"社会选择"的红线贯穿其中，因而，其由注重社会的文学家一度走向职业的社会革命家，是一种合乎逻辑的发展。茅盾文化思想的底色、基调是维新文化，维新文化鼓吹的富国强兵、以天下为己任，应担起社会的职责，无疑为其社会角色的选择打下了基础；踏入社会以后，他选定文学作为自己的职业，而文学的功能在持守不同文学观的作家中有不同的理解，他选择的是注重社会功能的文学，于是就有革新《小说月报》、组建文学研究会，提倡"为人生"文学之举。顺着这样的思路发展，他终于走向与社会革命的融合，便是顺理成章。促成他选择革命道路的具体因素，也说明了这一点。最初引其走向革命之路的是陈独秀，这便是偶然之中有必然。1920年初，陈独秀由北京到上海，将《新青年》移沪出版，并着手筹建共产主义小组，邀约陈望道、李汉俊和李达等人谈话，内中也有茅盾。茅盾之所以被邀请，并不是他当时已是一个马克思主义者，甚至可以说他其时对马克思主义的认识还只是一知半解，陈独秀注意到的是他对《小说月报》的革新，且已在多篇文章中提出了"文学应当表现人生并指导人生"，充满着年青人关注社会问题的热情，他觉得此人是可以引为同道的，遂有与其政治大事的相谋。自此以后，茅盾便进入了革命营垒，成为早期共产主义宣传和大革命时代的颇有声望的职业革命家。

　　同文化选择相关联的,还有茅盾文学观中的现实主义选择。这是他看取文学的一个重要视点,由此规定着、制约着文学家的茅盾通向政治的必由之路。现实主义这个称号在20世纪30年代才广泛流行,20年代前期被称为写实主义,茅盾是提倡写实主义的代表人物之一。早在20年代初,他就指出,"写实主义对于恶社会的腐败根极力抨击,是一种有实力的革命文学",故"我们提倡写实一年了"①,显见其倡导写实是为时甚早的。在政治与文学交错途程中,他更强调了写实主义文学的重要性,如叙述"五四"以来的文学发展历程,他坚定地认为,无论是浪漫主义或未来主义、象征主义等都不足取,事实已证明,"时代的客观的需要是写实主义,所以写实文学成了主潮"②。从提倡写实出发,他又将文学引向与政治关联,认为"文学作品之所以要趋向于政治的或社会的,也不是漫无原因的",所以"中国此后将兴的新文学果将何趋,自然是不言可喻"。③ 这些观点表明,茅盾基于社会选择的文学思潮选择,明显向着浓重的政治意识一面倾斜。因为在所有文学思潮中,现实主义的强烈使命意识,是最容易同政治性和社会意识形态性(包括马克思主义思潮)靠拢的。马克思主义的基本精神是承担改造社会、改造现实的历史使命,这同文学思潮中的现实主义精神最为契合。坚持现实主义,可以说是马克思主义文艺观的核心,恩格斯的现实主义理论一直被认为是对现实主义的最经典性阐释。中国新文学作家对马克思主义理论的认同,也是从新文学开创期就开始的,李大钊在《什么是新文学》中提出新文学应以"宏深的思想、学理、坚信的主义"为土壤和根基④,便是强调新文学应以马克思主义为指导,并开始将马克思主义理论引入指导中国新文学建设。此后许多革命文学作家特别是现实主义作家,就一直为此而努力,茅盾应是此中体现自觉性最为突出者之一。基于此,在20世纪20年代前期的政治文化大潮中,茅盾坚持现实主义文学观与政治潮流的契合性自然会得到鲜明呈现。

---

① 茅盾:《我们现在可以提倡表象主义的文学么?》,《茅盾全集》第18卷,人民文学出版社1989年版,第28页。
② 茅盾:《浪漫的与写实的》,《茅盾全集》第21卷,人民文学出版社1991年版,第389页。
③ 茅盾:《文学与政治社会》,《茅盾全集》第18卷,人民文学出版社1989年版,第278、281页。
④ 李大钊:《什么是新文学》,《星期日》1920年1月4日。

当然，考察茅盾此一时段文学与政治的契合，还必须考量特定的时代环境和具体的现实背景。作为一位社会意识特强的作家，茅盾坚持文学与政治的融合，是必然的、坚定的，此后即使他不再担负职业革命家的角色，这一特色也依然显露，尤其体现在他的创作中；然而，在一个特定时段，文学与政治的结合表现得非常融洽，甚至使茅盾产生胜任愉快的感觉，却取决于此一时段具备的现实环境和整体思想文化氛围。1927年以前，茅盾参与、介入的政治环境，正处于其时蓬勃开展的大革命运动从兴起、发展到高潮时期，革命潮流的涌动和其不断发展、前进的趋向，会使每一个参与者、介入者大大提振革命的热情和信心。在此氛围下，茅盾作为人文知识者的文化人介入其中，看清了革命的前进方向，自然会比一般的参与者有着更多的对于革命前景的自信，其革命热情又会超乎常人。而且，大革命运动时期的国共合作局面，尽管也时有摩擦，但总体发展态势平稳，在当时的"革命阵营"内部没有产生激烈的冲突，更没有后来出现的血腥恐怖，这为文化人参与政治提供了适宜的环境。文化人之参与政治，追求主义与信仰的实现是其主要驱动力，"主义"是比生命还宝贵的东西，所以不论革命形势如何变化，他们对主义的执着追求，对革命的坚定立场，都不会轻易改变；但如果换一种环境，革命是在激烈的对抗、冲突中，甚至在血泊中进行，文化人又会显出弱势，他们无力也不屑于同恶势力抗争，或者会选择暂时的退却。茅盾于大革命失败前后的心态变化，明显印证了这一点。如是，则茅盾在大革命高潮时革命情势顺畅的状况下，呈现出亢奋心态，其文学实践活动与社会政治革命得以紧密契合，亦可得到合理的解释。

还有一个因素必须论及："文人"之"从政"，往往联系着个人理想主义的心理诉求，为实现此种需求，以破坏旧世界为使命的革命实践活动恰恰提供了适宜的土壤。在大革命氛围下，我们看到，所谓个性解放、理想诉求总是与时代情绪、政治激情的勃发如影随形，而时代、政治环境又为他们提供了个性得以充分释放的机缘，两者就无形中达到了某种程度的契合。介入大革命进程的知识者，大都经历过个性觉醒的过程，革命时期政治激情与个性发展的融合使他们不仅不视革命为畏途，反而觉得是一件十分畅快的事情。提及大革命往事，茅盾就谈到人们对于革命很少体味到的一面。他曾有如此不无温馨的回忆：革命时期虽然工作繁忙，但也有房间"夜夜灯火通明"，那是男女革命青年在谈情说爱，所以"大革命时代的武汉，除了热烈紧张的革命工作，也还有很浓的浪漫气氛"。① 无独有偶，孟超在《我所知道的灵菲》中也谈到过卷入"革命浪潮"的青年人"存在着两种相互矛盾的感情生活，一面是严肃的工作，坚韧的精神；另一面就是浪漫蒂克的气质和行动"。② 如此说来，20世纪30年代初期，革命的罗曼蒂克文学一时盛行，"又闹革命又谈恋爱"的小说充斥书市，原不是没来由的。茅盾对大革命生活的美好回忆，也颇耐人寻味，这不是说他也有当时年青人那样的浪漫激情，本质上他不是一位浪漫文人，他后来还对文学创作中的浪漫蒂克倾向提出过尖锐批评（至于在特定条件下他是否也有激情勃发的时候，那是另一个话题）；从中可以体味到的是革命与诗意激情共生，使他对革命产生快意，满足了他的理想主义心理需求。理想主义在革命顺境时，极容易满足个体的需求；一旦革命处于逆境，随着理想主义的失落，便容易产生"幻灭"感。这也是为茅盾于大革命失败前后心态产生很大反差所证明的。

综合上述，在"茅盾前"时期，茅盾的文化选择、文学路径、"从政"心态等，的确有着与众不同的特色，也同他后来几个时期形成很大的差别。作为后起的"五四"作家，茅盾有着自己独特的文化选择和文化价值取向。他步入文坛，已处在新文化运动热潮中，当时人们对新文化或文学的兴奋点与关注点已有了不同的内涵，他最初的也是影响了他一生的文化或文学选择也会同前辈作家有所不同。如果说，在新文学的启蒙与救亡的双重变奏中，鲁迅等前辈作家大抵有过探索启蒙思潮的浓厚兴趣，那么比鲁迅晚生15年，在"五四"救亡热潮中走向文学的茅盾，显然会选择偏重救亡的一面。在"五四"以后的相当长时期里，茅盾同时担负着文学家和社会革命家的双重角色：他是中国共产党最早的党员之一，曾以大量精力投入阶级解放和社会解放工作；就文学一面说，他当时还不是创作家，但却是于新文坛有深重影

---

① 茅盾：《我走过的道路》（中），人民文学出版社1984年版，第325页。
② 孟超：《我所知道的灵菲》，载《洪灵菲选集》，人民文学出版社1982年版，第51页。

响的文学理论家。作为首举"改革"大旗的《小说月报》主编，和作为当时最大的新文学社团——文学研究会的主要理论家，茅盾充当文学的"社会批评家"的角色在当时是无出其右。如果说在双重主题交织中的"五四"文学也有一种救亡传统的话，那么茅盾无疑是逐渐走向这一传统的卓越代表。而此种救亡选择，并不妨碍"新思潮"意义的缺失，也不意味着文化价值的失落。有学者指出："我不认为救国或救亡热忱必然会使新思潮、新文化改革运动流于偏失，早期知识分子原是选择以思想文化革新作为救国的途径，这些革新也因救国热忱而得以迅速开展。"① 此说甚是。关注现实、关注国家和民族的前途、命运，强化了知识分子对社会现实的参与意识，使他们的社会实践活动、文学观念总是显示出紧随时代潮流的趋向。就此而言，茅盾的文化或文学选择便显现出与时代主潮的契合性，有着代表"五四"文学的一个重要侧面并预示着未来走向的意义。

二、"茅盾时"：复杂时势中自我选择的两难

茅盾的思想突变，发生在 1927 年大革命失败的独特时代境遇中，其思想情绪、身份角色亦产生了重大转换。"我经验了动乱的中国的最复杂的人生的一幕，终于感到了幻灭的悲哀，人生的矛盾。在消沉的心情下，孤寂的生活中，而尚受生活执着的支配，想以我的生命力的余烬从别方面在这迷乱灰色的人生内发一星微光，于是我就开始创作了。"② 这便是其自名"茅盾"的开始，其身份角色已由先前的游移不定与交叉换位到趋向稳定的转变，即由文学家与职业革命家的交替自任转变为以文学创作为业的小说家，他的第一部小说集《蚀》三部曲亦由是问世。

在大时代的裂变中痛切地感受到"人生的矛盾"，这是茅盾在审视自己的内心世界时第一次发出如此强烈的信号。在此前的人生经历中，茅盾并非没有碰到过矛盾，诸如复杂人事纠纷中的矛盾、文艺思想的矛盾、文学论争

---

① 〔美〕周策纵：《五四运动史》，岳麓书社 1999 年版，第 13 页。
② 茅盾：《从牯岭到东京》，《茅盾全集》第 19 卷，人民文学出版社 1991 年版，第 177 页。

中的矛盾等,但唯有这一次他才切切实实"理解到那时渐成为流行语的'矛盾'一词的实际":

> 一九二七年上半年我在武汉又经历了较前更深更广的生活,不但看到了更多的革命与反革命的矛盾,也看到了革命阵营内部的矛盾,尤其清楚地认识到小资产阶级知识分子在这大变动时代的矛盾,而且,自然也不会不看到我自己生活上、思想中也有很大的矛盾。①

诸种矛盾集于一身,遂有切入其心灵深处又无法解脱的矛盾心态大展露。对这种矛盾心态做深层次考量,不难看出,此时的茅盾已陷入了不愿盲目追随时势又不肯轻易放弃自我追求的两难。时势要求革命继续前进,茅盾对理想与主义当然不会轻易放弃;但激进的革命者要求"革命的不断高涨",他认为这无异于"像苍蝇那样向窗玻片盲撞",如此这般高喊"出路","差不多成为'绝路'"。②话说得很重,也颇为刺耳,透露出他对革命前景的迷茫,难怪不能被先前的同道者所理解了。茅盾后来回忆其踏入社会以来,逐渐养成了这样一种习惯,"遇事好寻根究底,好独立思考,不愿意随声附和","但是这个习惯在我的身上也有副作用,这就是当形势突变时,我往往停下来思考,而不像有些人那样紧紧跟上"。③停下来思考,这无可厚非,但茅盾把大革命失败后的迷茫,仅仅说成是"停下来思考",似乎有些轻描淡写,其实情况比这严重得多。他此时的迷茫程度的确不轻,不仅感到了"幻灭的悲哀,人生的矛盾",而且还"主动脱党",离开了革命队伍。

近年出版的余连祥著《茅盾传》④,在"脱党之谜"一节中,对茅盾的"脱党"过程做了详细考辨,认为茅盾于武汉"七·一五"反革命政变后,转入地下,上庐山待命,本应去参加南昌起义,但他最终并未成行,只在庐山耽搁旬日后,即径自下山去上海,是"主动"离开革命队伍。这与茅盾

---

① 茅盾:《写在〈蚀〉的新版的后面》,《茅盾全集》第1卷,人民文学出版社1984年版,第424页。
② 茅盾:《从牯岭到东京》,《茅盾全集》第19卷,人民文学出版社1991年版,第181页。
③ 茅盾:《我走过的道路》(中),人民文学出版社1984年版,第1页。
④ 参见余连祥:《逃墨馆主——茅盾传》,浙江人民出版社2007年版。

自己的说法大相径庭。茅盾在晚年的回忆录中，把没有奉命赴南昌参加起义的原因，归结为两个不可抗拒的因素：一是车路不通，二是突然患了腹泻。但《茅盾传》作者征引相关史料，认为这两说都不能成立。于是，这本后出的《茅盾传》，"通过充分占有史料，证实了传主是主动脱党的，从而推翻了'叛党说'和'被动脱党说'"[1]，就变得十分引人注目了。

笔者以为，余连祥的上述考辨，是十分可取的。在茅盾晚年写作回忆录的特定时代语境中，政治生命远比一切都重要，茅盾迂回曲折表达自己的"矛盾"心境，有意回避"主动脱党"之类的话题，是可以理解的，我们不必苛求，更无需深责。余连祥提出茅盾的"主动脱党"说，特别强调：其本意是"不想美化茅盾更不想亵渎茅盾，只想用'平常心'来写出一个真实可感的传主形象"。这是有恐人们误会，以为他在"脱党"问题上做出考辨，是在刻意"贬低"茅盾，故不能不有所申说。在笔者看来，用"平常心"评说茅盾，评说茅盾一段时间的"矛盾"心境，恰恰是一种尊重历史、尊重研究对象的科学研究态度；而且，也唯有用"平常心"评说茅盾，方有助于对真实的"茅盾形象"的认知。因为对于茅盾而言，尽管党中央已为其做出公正的历史性结论，恢复他的中国共产党党籍，肯定他为共产主义事业奋斗终身的贡献，"脱党"与否，已无关其政治生命；然而，茅盾的大半生终究是以"党外人士"的身份示人，这一段"脱党"的经历，虽对其盖棺定论已无关宏旨，但审视其人生历程时总是一个绕不过去的存在，尤其对于研究其一段时间的"矛盾"心态和复杂思想变迁，更不可或缺。从这个意义上可以说，用"平常心"看待茅盾"脱党"的事实性存在，是完全必要的。因为透过这样的时代剧变和作家心灵剧变，我们可以看到，一场激烈的社会革命剧变对一个知识分子革命家心灵震荡之深，可以体会到茅盾自谓的这场剧变在"我自己生活上、思想中也有很大的矛盾"究竟达到了何种程度，更重要的是，由此可以深切领会剧变后的茅盾"主动"选择的社会角色转换在其人生历程中有何重要意义。

分析"茅盾时"的思想状态与心灵震荡之深，需联系茅盾于武汉大革

---

[1] 余连祥：《逃墨馆主——茅盾传》，浙江人民出版社2007年版，第318页。

命进程中发生剧变后的一段曲折经历，以及在发表于此时的文学创作、评论中进行探析。茅盾把这一时段概括为"从牯岭到东京"，实则包括牯岭—上海—日本三个生活阶段。此时他已"主动"离开革命群体，在个人"孤寂的生活中"寻觅继续前进的路径，并以文学创作作为自己的主业。从1927年8月离开牯岭、9月在上海写作《幻灭》开始，到1930年4月从日本回国，他已完成《蚀》三部曲的创作，又发表收在《野蔷薇》里的几个短篇小说和《严霜下的梦》《叩门》《雾》等一组散文。这些作品的发表，使茅盾受到来自各方面的评论与批评，随后他写出回答批评的《从牯岭到东京》《读〈倪焕之〉》《写在〈野蔷薇〉的前面》（1929年5月）等文。在这些创作和评论中，充分反映了他在大革命失败后的思想、心境，也是其极度"矛盾"的两难心态的集中展露。综合这段经历与文字，"茅盾时"的复杂心态就会清晰呈现。至少下述两个方面是特别应予注意的。

其一，"主动"选择的社会角色转换与面临左右失据的两难。

审视"矛盾"心态产生时期的茅盾，其思想突变并在革命阵营中产生强烈反弹，集中反映在他主动"脱党"与社会角色的转换上。因为不论如何看待他的这段经历，有一点是确定无疑的，因茅盾思想中产生很大矛盾而"停下来思考"的结果，恰恰改变了既往的人生轨迹：职业革命家的经历由此终止，小说家的茅盾因时而生。

这是茅盾人生历程中的一次选择，带有偶然性机缘，但偶然之中有必然。这里需要指出的是：茅盾因革命剧变感到"幻灭的悲哀"，产生从政心态的变化和回归文学道路的强烈意愿，还不是始于《蚀》的创作。其实，在他逗留庐山对是否继续前行尚犹豫不决时已显露端倪：面对革命的曲折进程，他首先想到的是，不做职业革命家，也可以做文学家。在逗留庐山不足20天的时间里，他一面有对革命前景和未来道路的无穷焦虑，一面又似乎在心无旁骛地、从容地弄文学了：创作了散文两篇、白话新诗两篇，又翻译了西班牙作家柴玛萨斯近四万字的中篇小说《他们的儿子》，写了三千多字的《柴玛萨斯评传》。就创作量而言，这可不是一个小数目，在这里我们仿佛又见到了"五四"时期那个文思泉涌的沈雁冰了。这对于一个刚从激烈的革命剧变中走出的革命家来说，似乎是不可思议的，或者说也蕴含着不少

"矛盾"，但至少可以说明，在革命与文学两端，他都有所重，一旦革命前景变得茫然无绪时，他只能倚重于自己所擅长的文学了。联系在大革命高潮期间"文学与政治交错"时，他一边做着革命工作，一边又心系文学，且时有创作的冲动，眼下的文学转换应是其以往思绪的延续，只不过革命剧变催促了他向后者一面的急剧倾斜。其中对柴玛萨斯的关注最耐人寻味。柴玛萨斯是西班牙小说家，也曾信仰社会主义，而且一度表现得非常激进，但他最终没有成为职业革命家，而是潜心创作，终于成就了一位"西班牙的莫泊桑"。余连祥认为，"茅盾也许从青年柴玛萨斯的人生道路中受到启示：不做职业革命家，还可以努力做一位中国的'莫泊桑'"①。这样的推测虽未为茅盾所明言，却颇合于他其时的心态。顺着这样的思路走下去，茅盾从牯岭到上海后即专力于文学创作，投入《蚀》三部曲的写作，也就很容易理解了。

概括茅盾在《写在〈蚀〉的新版的后面》中自述的创作动因，一是"尚受生活执着的支配"②，即为"谋生"而写作；二是"想以我的生命力的余烬从别方面在这迷乱灰色的人生内发一星微光"，仍想倚重其所长发挥文学应有的功力。这两个原因，就"职业"选择而言，说得非常实在，也非常透彻，确乎是他其时最恰当的选择。但此种选择的意义，重要的应该是在后者：作为一位曾经影响卓著的革命家与文学家，即使面临职业的两难选择，不再专力于革命事业，也依然要在"别方面"即文学方面发出"微光"，他始终没有忘怀自己在人生旅程中的职责所在。这终于使他以文学为主业再度发光，此后他就牢牢地固定在文学岗位上了。

对于茅盾角色的转换，是耶非耶，幸与不幸，很难遽然做出判断。丢掉党籍也许是茅盾一生的隐痛，但他并未放弃对革命的信仰，遂有其后多次向组织的申诉，直至临终前仍有恢复党籍的请求，可以佐证；但暂时搁下政治纷争，从此心无旁骛，专注于文学，使中国多了一个卓有建树的作家，也未始不是一件幸事。考量一个革命家和作家的价值，似不能仅以其在党内还是

---

① 余连祥：《逃墨馆主——茅盾传》，浙江人民出版社 2007 年版，第 111 页。
② 茅盾在回忆录中将这表述为"卖文为生"："我隐居下来后，马上面临一个实际问题，如何维持生活？找职业是不可能的，只好重新拿起笔来，卖文为生。"参见《我走过的道路》（中），人民文学出版社 1984 年版，第 2 页。

党外作为唯一的评判依据,重要的是看其对主义和信仰的坚定持守,看其用文学介入革命取得的成就。就此而言,茅盾"停下来思考",一度离开党的队伍,并对自己的职业再次做出选择,实在也无可厚非。

但问题是,"停下来思考"促成角色的转换,并没有也不可能就此平复茅盾的"矛盾"心态。因为实际的情况是:如果没有大革命的失败,"沈雁冰"也许不会变成"茅盾";但另一方面,"茅盾"也终究是从"沈雁冰"变化而来,他的政治意识,他的文学观念,不可能突然转变,更与那些远离政治、远离现实社会的作家并不相同。这就造成了茅盾左右失据的两难,甚至陷于"赤者嫌其白,白者斥其仍赤"的尴尬境地。一些革命文学家根据茅盾《从牯岭到东京》里的一番言说,指其已经倒退、落伍,断言其"矛盾,冲突,挣扎的结果,他终于离开了无产阶级文艺的阵营"①;而另有文人却从别一个方向做出判断,认为"大事变"后的茅盾"勇敢"地说出自己的真切思想,"没有资格"说"作者(茅盾)的思想落了伍",他们所不解的是茅盾经过短暂的"消极"后,又"重新'向左转'","抱着'社会运动'的信心"再度创作,写出了"由黑暗走向光明的《子夜》"②。这是使茅盾极为痛苦的:他并不认为不盲目追随时势便是"落伍";他从来没有"向右转"过,也不可能"向右转",何以会遭致如此非难?"知我者谓我心忧,不知我者谓我何求",这也许就是茅盾当时的心境。所幸茅盾并没有被陷于矛盾中的痛苦所击倒,此时他的确做了一番认真的"思索":意识到原先"自以为已经清楚"但其实"并没有弄清楚"的中国革命问题,仍需要继续"摸索";于是在《幻灭》出版单行本时,扉页上题了《离骚》中的诗句:"吾令羲和弭节兮,望崦嵫而勿迫;路漫漫其修远兮,吾将上下而求索。"③正是因为这样摸索中的探求,茅盾对大革命从兴起到失败的过程做了认真的反思,写出了不同于当时的主流意识形态但又浸透了自己深切心灵体验的《蚀》等作品,留下了真切反映这段历史的珍贵艺术记录。从这个

---

① 钱杏邨:《从东京到武汉——读了茅盾〈从牯岭到东京〉以后》,载伏志英编:《茅盾评传》,现代书局1931年版。
② 郑学稼:《茅盾论》,原载《文艺青年》1941年第2卷第4、5期合刊。
③ 茅盾:《我走过的道路》(中),人民文学出版社1984年版,第1、2、11页。

意义上说,"停下来思考"便是一种颇为难得的独立思考精神,的确会闪现出思想的光芒。

这里,牵涉到茅盾在思想矛盾期间,其表述的对革命前景的理解,呈现着复杂状况,也应给予客观的准确的评价。他在与革命阵营中一些人论辩时,说出了诸如高喊"出路""差不多成为'绝路'"(《从牯岭到东京》)之类颇为"出格"的言论,不仅不能被当时的同道者所理解,即使今天看来也不是对革命"出路"的准确表述。然而,联系茅盾如此表述的背景,也许会有得到理解的一面。大革命失败后,"左"倾盲动主义依然在党内占据统治地位,持续不停的"革命高涨"理论和随处可见的盲目暴动现象,曾给中国革命带来很大的损失。茅盾对革命前景的忧虑,部分是缘于此,这无疑加剧了他对革命的迷茫,所以会有如此激烈的论辩。此种心态延续了很久,直至《野蔷薇》出版的1929年,他仍然表达了与自己的同道者并不相同的看法。他在《野蔷薇》前言中说:"知道信赖着将来的人,是有福的,是应该被赞美的。但是,慎勿以'历史的必然'当作自身幸福的预约券,且又将这预约券无限制地发卖。没有真正的认识而徒借预约券作为吗啡针的'社会的活力'是沙上的楼阁,结果也许只得了必然的失败。把未来的光明粉刷在现实的黑暗上,这样的办法,人们称之为勇敢;然而掩藏了现实的黑暗,只想以将来的光明为掀动的手段,又算什么呀!"[①] 这里曲折表达的依然是茅盾不认同那种粉刷"光明",将"幸福的预约券""无限制地发卖"的说教,其结果只会得到"必然的失败",依然有着他对未来前景的焦虑。散文《叩门》一文,对于当时围攻他的人表达了不满,文末一句是:"是你这工于吠声吠影的东西,丑人作怪似的惊醒了人,却只给人们一个空虚。"[②] 同样是对批评者的嘲笑,而话又说得很重。茅盾后来说,"用吠声吠影作象征,在当时是箭在弦上,事后深悔有伤厚道"[③]。联系当时的现实背景,考察茅盾在两难中的挣扎、抗辩,其中含有对激进主义者的批评,其所表达的一些"落伍"、消

---

① 茅盾:《写在〈野蔷薇〉的前面》,《茅盾全集》第9卷,人民文学出版社1985年版,第522、523页。
② 茅盾:《叩门》,《茅盾全集》第11卷,人民文学出版社1986年版,第60页。
③ 茅盾:《我走过的道路》(中),人民文学出版社1984年版,第30页。

极的观点,的确应予宽容的理解。

其二,对社会革命剧变的迷茫与难以摆脱悲痛心境的困惑。

分析"茅盾时"的思想状态,上述透露的茅盾对激进主义、盲动主义的不满,是一个方面;但也毋庸讳言,茅盾此时面对革命的挫折,毕竟有着太多的沉痛和悲伤,承担着一个文人革命家难以承受的精神重负,于是产生了浓重的悲观、消极情绪。从中可以看到社会革命剧变对一个知识分子革命家的心灵震荡之深,其自谓的大革命失败在"我生活上、思想中也有很大的矛盾",的确并非虚言。

在中国近现代史上,1927年的大革命失败是一个相当特殊的例证。它是以极其复杂的形式展开的,猝然到来的革命高潮和倏忽之间的惨痛失败,都曾给人以迷离莫辩之感。对于如此剧变,茅盾当时是茫然的,其间有对太多革命者倒在血泊中的伤痛,有一时找不到应走的路而产生的许多焦灼和怅惘。对革命队伍"不告而别",是他一度对革命失望的外在表征;而渗透在作品中的低回情绪,甚至透过人物之口生出许多对革命的误解,则是其时他内心世界的真切流露。茅盾曾谈到,在《蚀》三部曲中有小说作者自身的"思想和情绪",此种"思想和情绪"就颇值得玩味。《幻灭》写静女士接触过革命,但对革命的本质理解不深,只是出于一种幻想,因此当渴望中的革命胜利后的"黄金世界"没有到来,"一切理想中的幸福都成了废票",就势必陷入幻灭的悲哀之中,这思想情绪恐怕也是当时茅盾所具有的。在《追求》里,所有人物的"追求"都是失败的,连史循的自杀"追求"也失败了,这种笼罩着求生不得、求死不能的悲凉气氛,毕竟给人太多的压抑之感。就当时的境遇看,"不很明了革命意义"的小资产阶级不会有理想的追求,或许也是一种"客观描写"罢,然而经作家的情绪选择,独以浓重的笔墨去渲染这样的悲凉结局,而且又是在一场革命失败后的背景下去表现,就不能不说表现了作家对革命前景的迷茫。

茅盾这一时期写于日本的一组象征性散文,是借助事物直抒胸臆,作品表露的幻灭情绪也更为显豁。例如,《卖豆腐的哨子》写"哨子声"引起了他"不少的怅惘":"它那类乎军笳已颇小规模的悲壮的颤音,使我联想到别一方面的烟云似的过去;也不是呢,过去的只留下淡淡的一道痕,早已为现实的严肃和未来的闪光所淹没,所销毁。"①这里叙写"悲壮"的过去已不堪回首,剩下的就只有被淹没被销毁的"严肃"的现实,他对于现实路径的难以把握已溢于言表。《严霜下的梦》以梦境写思绪,同样有其对过往革命经历的美好回忆,又有对眼下革命境遇的茫然与疑虑。作品写到,在一种梦境里,"我又听得悲壮的歌声,激昂的军乐,狂欢的呼喊,春雷似的鼓掌","我看见了庄严,看见了美妙,看见了热烈";但在另一种梦境里,于"连结成为红的热的动的"空间,却看见一片模糊不清的字迹将先前的"美妙"击得粉碎:

> 我空着腔子,努力想看明白这些字迹;头是最先看见:"中国民族革命的发展。"尾巴也映进了我的眼帘:"世界革命的三大柱石。"可是中段,却很模糊了;我继续努力辨识,忽然,轰!屋梁凭空掉下来。好像我也大叫了一声;可是,以后,什么都不知道,什么都已消灭!②

作品表达茅盾当时的复杂心境可谓曲折入微。"头"和"尾"所示的"过去"和"未来",似乎已不再为他所重,对于中国社会革命路径,他最想看到的是"中段",即眼下的路该怎么走,可这里偏偏是一片模糊,"什么都不知道,什么都已消灭",其空虚、落寞的情绪可想而知。这里明显表露的,是一个知识分子革命家基于对社会革命路径的探求,在错综复杂的革命情势面前无所适从的精神状态。

茅盾的这种心绪,到写《野蔷薇》时也没有多大改变。《野蔷薇》是其写于《蚀》三部曲后的一部短篇小说集,作品多写一些不很勇敢、不很彻悟的人物。茅盾说:"写一个无可疵议的人物给大家做榜样,自然很好,但如果写一些'平凡'者的悲剧的或暗淡的结局,使大家猛省,也是不无意义的。"③这诚然是不错的,问题在于这些不彻悟的人物流露的思想中有对革

---

① 茅盾:《卖豆腐的哨子》,《茅盾全集》第 11 卷,人民文学出版社 1986 年版,第 61 页。
② 茅盾:《严霜下的梦》,《茅盾全集》第 11 卷,人民文学出版社 1986 年版,第 56 页。
③ 茅盾:《写在〈野蔷薇〉的前面》,《茅盾全集》第 9 卷,人民文学出版社 1985 年版,第 523、524 页。

命产生误解、抵触,甚至诿过于革命的。《色盲》中的赵筠秋就连往日的革命经历也不肯承认:"再拿革命和我开玩笑,我是不依的呢!什么革命,谁革过命?几时见我革命?"这分明烙印着她对革命的伤痛和厌倦。《自杀》中的环小姐,由于与一位革命者未婚先孕的难堪处境,结局更为暗淡,对革命的误解、抵触也就更深。在自杀的前一刻,她把对生活的无望归咎于"五四"新思潮对她的"欺骗",发出了如此凄绝的叫喊:"哄骗呀,哄骗呀!一切都是哄骗人的,解放,自由,光明!还不如无知无识,任凭他们作主嫁了人,至少没有现在的结局!"环女士并没有真正理解革命,对革命的曲折性估计不足,自然也就经不起挫折的考验而走上绝望的路。写这类女性在革命面前的摇摆不定以至失望颓废,当然不能等同创作者的态度,但从中也隐隐透露出作者自己对革命的某种失望情绪。尤其是环小姐面临难堪处境而自杀,读者对其多有同情,则其一连串的"哄骗"叫喊自然会产生不良效应。还有一篇《泥泞》,也是在日本时写的,当时"从国内传来的消息,共产党与蒋介石的部队,仍在一些农村中有小规模的战斗。因此我写了短篇小说《泥泞》"①。小说写共产党和国民党两支部队先后进驻山村,前者组织农民协会,发动村民打土豪,但农民大都避开了,更因为部队中有女兵,还感到了"共妻"的恐怖,"回去把门关得紧紧的";后者进村后,将为农会办事的黄老爹等人枪杀,还向农民征收了粮谷,"村里人觉得这才是惯常的老样子,并没不可懂的新的恐怖,都松一口气。一切复归原状"。这篇小说被茅盾称之为"失败"之作,除了太过渲染农民对待红军的无知态度,以及他们对革命混沌如"泥泞"的不觉悟状态外,还有大革命失败后并不切近实际的革命情势描写。茅盾根据道听途说的消息写成的小说不能成功,自不待言,重要的还在于其时的思想情绪为悲哀和失望所笼罩,就不可能对现实革命状况做出准确的判断和表现。

对于茅盾而言,因社会革命的剧变而产生的迷茫,在其人生历程中的确有显著表现,特别在其创作中留下了深重的烙印,映现出他一度的思想"矛盾"之深,反映出革命剧变对一个知识分子革命家产生剧烈的心灵震荡。事

---

① 茅盾:《我走过的道路》(中),人民文学出版社1984年版,第1、2、11页。

实上，茅盾本人对这一"缺陷"是有清楚认识的，深感自己的思想矛盾使其在革命的道路上走了一段曲折的弯路，即便其后摆脱了初期创作中的矛盾，仍有对此的诸多困扰。这在他对自己的两个作品《自杀》和《泥泞》的自省中有明显表露，下述例证很能说明这一点。

1936年，美国作家埃德加·斯诺编选出版"现代中国短篇小说选"《活的中国》①一书。该书收鲁迅作品7篇，收茅盾、丁玲、巴金、沈从文等其他14位中国现代作家小说17篇，其中茅盾小说2篇（《自杀》和《泥泞》）。值得注意的是，在20世纪30年代风行的茅盾小说并不是《自杀》和《泥泞》，而且这两篇小说当时还很少为人所知，选本偏偏将其选中，这显出了斯诺独特的选家眼光。正如其在该书"序言"中指出的：对于哪些是"最好的小说"这一点，"中国作家们（正如中国的广大读者）意见是很不一致的"，其选编作品，"都是以我个人的判断力作为挑选标准的，我准备在这方面接受任何抨击"。②

此说不幸被言中。对于斯诺的选文，茅盾似乎大不以为然。这可从下述两个例子中找到印证。1959年在编辑《茅盾文集》第七卷（1928—1933年短篇小说）时，茅盾删去了这期间的5篇小说，其中就有《自杀》和《泥泞》。1980年人民文学出版社出版《茅盾短篇小说集》，选文经作者审定，《自杀》和《泥泞》依然在为数不多的被删除之列。他自述将这些作品"割爱"的缘由是："这样办，倒不是想把青年时代的蓬头赤脚光屁股的照片隐藏一部分，而是为了节约纸张和读者的时间。因为这删掉的五篇，在思想内容和艺术形式方面，和本卷所收的《创造》、《诗与散文》、《色盲》、《坛》属于一类，看了《创造》等四篇，也可以知道那时候我的思想状态和对于现实的认识的程度了。"③ 这一理由，其实并不成立。《自杀》和《创造》等四篇，均出自小说集《野蔷薇》，是从不同视角表现当时时代女性的心态，并无雷同之处，更何况《野蔷薇》总计才5篇，其余4篇都保留了，为何独独

---

① 《活的中国》（*Living China*），副题"现代中国短篇小说选"，伦敦乔治·G.哈拉普公司1936年出版。
② 〔美〕埃德加·斯诺：《活的中国》"编者序言"，《新文学史料》1978年第1期。
③ 茅盾：《茅盾文集》"第七卷后记"，《茅盾全集》第9卷，人民文学出版社1985年版，第538页。

不见容于《自杀》？还有，倘说《自杀》与《创造》等有"属于一类"的嫌疑，那么《泥泞》呢？这个作品表现土地革命时期国共两军的对垒在一个小山村掀起的一阵波澜，是茅盾小说很少表现的题材，理应给以足够的重视。如是处理，恰恰反映了茅盾在审视自己的以往作品时有意"隐藏一部分"的心态。其有意"隐藏"什么，从上述对这两个作品内容的评述，已可以猜出大概。这里恰恰反映出茅盾的复杂心态：一方面，他是真正觉到了"昨日之非"，对那样情绪低沉的作品不能不有所"隐藏"；但另一方面，倘若将作品的低沉处说得过于直白，又恐使人们批评其太过落后，所以只能将"割爱"的理由另作他说。在那个特定时代语境中，革命家的思想和心境不能有太多的曲折，更不能有深刻的矛盾，茅盾恐怕也只能是如此。

需要指出的是，探究"茅盾时"的作家心态，还有一种"矛盾"现象也必须论及，即面对大革命失败的心灵痛苦与在革命大潮中企求有所振拔的内心挣扎。前面说过，"茅盾时"的痛苦、消沉，映现出的是他一度的思想"矛盾"之深，这并不意味着他已放弃了对革命的追求，对革命路径的继续寻觅。诚如他后来所说，"1927年大革命的失败，使我痛心，也使我悲观，它迫使我停下来思索"，"我的确不知道以后革命应走怎样的路，但我并不认为中国革命到此就完了"，"革命既经发动，就会一发而不可收，它要一往直前"。① 如此叙述，是符合其当时的心境，这可在他稍后的革命经历中找到印证，也反映在他此时一些创作中的思想情绪表露。对革命遭受挫折的伤痛，以及对革命前途的并不绝望，便有其作品中痛苦心灵挣扎的流露。这可举其散文《雾》作为例证。这个作品的前段写道："我诅咒抹煞一切的雾！""雾，雾呀，只使你苦闷，使你颓唐阑珊，像陷在烂泥淖中，满心想挣扎，可是无从着力呢！"这里，"雾"的意象便是当时社会环境的象征，扑朔迷离的革命现实使他有置身于"雾"中的感觉，既看不清真切面貌，想"挣扎"前行又"无从着力"，这也是他当时一种两难心境的表述。作品后段写到他企求有所振拔的心愿，便有了豁然开阔的胸襟："我自然也讨厌寒风和冰雪。但和雾比较起来，我是宁愿后者呵！寒风和冰雪的天气能够杀人，

---

① 茅盾：《我走过的道路》（中），人民文学出版社1984年版，第1、10、11页。

但也刺激人们活动起来奋斗。""在我呢,既然没有杲杲的太阳,便宁愿有疾风大雨。"① 这里所述,又使我们见到了那个曾在革命潮流中勇敢搏击过的茅盾;也唯其有此心境透露,对"茅盾后"克服一时的迷茫,摆脱暂时的矛盾,在革命文学阵营中又大有作为,便很容易得到理解了。就此而言,两难心态和继续有所追求在"茅盾时"的共存,是观照茅盾思想不可或缺的,唯如此,方能对茅盾的"矛盾"有更确切、深入的认知。

三、"茅盾后":在矛盾运动中的"迂回而进"

作为作家的茅盾,在文坛崭露头角后自然会受到更大关注。茅盾在中国新文坛重要地位的确立,是在20世纪30年代初期。如果说,茅盾于大革命失败后完成由职业革命家向职业作家的转变,创作《蚀》《虹》《野蔷薇》等作品,已在文坛声誉鹊起,但尚未居于文坛高端地位,那么,随着30年代初期《子夜》、《林家铺子》、"农村三部曲"等一大批影响更大的作品的问世,茅盾作为新文学大家的地位就此得以稳固确立。吴组缃当年就有过如此评价:"中国自有新文学运动以来,小说方面有两位杰出的作家:鲁迅在前,茅盾在后,茅盾之所以被人重视,最大原故是在他能抓住巨大的题目来反映当时的时代与社会。他的最大的特点便在此。有人这样说:'中国之有茅盾,犹如美国之有辛克莱,世界之有俄国文学。'这话在《子夜》出版以后说,是没有什么毛病的。"② 类似作此评价的,还有瞿秋白和一些知名的或不知名的评论家,这说明当时的主流评论已确乎将茅盾推到了中国新文坛举足轻重的地位。

然而,盛名之下的茅盾,并不意味着他此后再无"矛盾",也不意味着其思想是直线行进的。在20世纪复杂多变的文化思潮中,作家面对的是复杂的社会矛盾和多种文学思潮的选择,革命文学阵营中又不时有"左"倾或右倾思潮的抬头,这注定他们的文学之路择取并不是笔直平坦的。综观"茅盾

---

① 茅盾:《雾》,《茅盾全集》第9卷,人民文学出版社1985年版,第63、64页。
② 吴组缃:《〈子夜〉》,《文艺月报》第1卷创刊号,1933年6月。

后"的茅盾,依然是在"矛盾运动"中做着自己的选择,时而思维清晰,时而又不无困惑,这正反映出一代知识分子文化选择的艰难。

1945年6月,茅盾五十寿辰将临之际,曾作有回顾其半生文学经历的《回顾》一文,文中透露的心情并不轻松,这与其时重庆文艺界为他隆重举办五十寿辰纪念活动时的一片颂扬之声形成鲜明对照。文中写道:

> 站在五十的记数点上,回头看看自己走过的路,会吃惊,也会懊恼。路不平坦,我们这一辈人本来谁也不曾走过平坦的路,不过,摸索而碰壁,跌倒了又爬起,迂回而再进,这却各人有各人不同的经验;我也有我的,可只是平凡的一种。①

茅盾在这里说出的"心里话",并非完全是自谦之词,其中有他对自己走过的"不平坦"之路的自剖与懊恼,有他对曲折路径中跌倒爬起、迂回而进的自身苦涩"经验"的描述,说来从容自如,真切感人。他在生当五十之年时说出的这番话,当然并不只是指大革命失败前后的那段经历,也应有他在其后依然面对种种矛盾的复杂心态表露。就此而言,在"茅盾后"时期,其思想、心态依然处在矛盾运动中,且以"迂回而进"的姿态面对矛盾,当是其时思想与精神状态的重要特色。

"茅盾后"的开始,大体上可界定为茅盾结束"亡命日本"生活后回国,并于1930年5月间加入"左联"。他在漂泊海外做了几年"游子"之后,抛开一度同激进思潮的对垒,重又置身于集团的营垒中,并与革命文学阵营保持基本一致。自此以后,他以一位出色的左翼战士的形象在革命文艺阵营中担负重要角色。其于"茅盾时"的矛盾缠身,甚至不乏"消沉的心情",至"茅盾后"摆脱苦闷,走出孤独、彷徨的心境,在革命阵营中继续保持旺盛的革命者姿态和勇敢进击的态势,两者之间是划出了一条清晰的界限的。

探究"茅盾后"的思想情绪转变的可能性,自然主要取决于茅盾政治面貌的始终如一。他一度对革命失望,但并没有绝望;他非常不满"左"倾思

---

① 茅盾:《回顾》,《茅盾全集》第23卷,人民文学出版社1996年版,第170页。

想、"左"倾行为，但始终不改对主义的信仰。所以他在日本避难期间，虽因发表消极言论遭受激进者的围攻，但他公开表明的立场并没有放弃革命道路之意，更谈不上"叛党"①；当时的革命文艺阵营有对其的激烈批评，也有对其思想和创作基本面的积极正面的评价，伏志英所编的《茅盾评传》选录的部分文章，可以参证。也许由于这些缘故，消极脱党的茅盾当时在政治上也没有遭到很大的厄运。据现存于中央档案馆的1928年10月19日中共中央给中共东京市委的批复，对茅盾的党籍问题曾有如此批示："沈雁冰过去是一同志，但已脱离党的生活一年余，如他现在仍表现的好，要求恢复党的生活时，你们可斟酌情况，经过重新介绍的手续，允其恢复党籍。"②可见其时的中央对茅盾的定性是"脱党"，且曾考虑恢复其党籍，只是茅盾本人并不知情。而茅盾自己也确乎时时萌动着重新回到党的队伍、恢复组织生活的渴望。据其回忆录所述，他曾两次——1931年在上海通过瞿秋白转达、1940年在延安请张闻天转呈中央——反复表达恢复党籍的愿望，后因各种原因未果。从中不难看出其走革命道路的坚执信念，此种信念，并不会因一时的彷徨而有所动摇。或许正以此故，当茅盾从日本回国后，遂有"左联"派员邀请其加入之举，而代表"左联"请其加入的，还是先前曾与他观念并不完全相同的创造社作家冯乃超，茅盾也不计前嫌欣然加入。这一切都预示着在"茅盾后"，他会以更坚定的信念，迈出更轻松的步伐，在革命文学阵营中有所作为。

审视"茅盾后"其思想与精神状态，首先需要强调的是：尽管此时其角色定位有很大改变，但就其基本政治态度、思想立场而言，却并无实质性改变，这就是一如既往地站在革命的、前进的文学阵营一边，运用文学的武器为实现社会解放的使命而牢牢坚守自己的岗位。但另一面也需看到，在"茅盾后"的人生道路上，依然充满着曲折与艰辛，经历过种种人生劫难，其中

---

① 据韦韬、陈小曼著作所述，"文化大革命"期间确有"叛党"一说。起因于一位"泄私愤"者诬告茅盾1928年去日本途中"自首叛变"。但正如茅盾所说："（这）完全是胡说八道！大家都知道，我是从上海乘轮船去日本的，在船上怎么叛变？我也从来没有被捕过，哪来的自首？"后经茅盾申诉，中央推翻了这不实之词。参见韦韬、陈小曼：《父亲茅盾的晚年》，辽宁人民出版社2004年版，第110—112页。

② 参见余连祥：《逃墨馆主——茅盾传》，浙江人民出版社2007年版，第115页。

有仍遭受"通缉"只能隐身埋名的苦楚，其作品被当局一禁再禁使其一度生存维艰，甚至还遭遇过诸如新疆脱险、香港脱险之类惊心动魄的险情；自然，更多的还有来自革命阵营内部的争执、误解、思想碰撞、创作纷争，等等，使其常处在十分苦恼的心境中。而综观此时茅盾面临的种种挫折与苦恼，不妨说，比之于外在的有形的伤痛，更难排解的是他内在的心理矛盾与痛苦；"摸索而碰壁""迂回而再进"，指的就是他面对复杂情势的两难心境和应对姿态，这在下述几个方面有显著呈现。

一是置身于左翼文艺阵营中的有所作为，与受到"左"倾思潮侵袭的困扰与不满。

茅盾投身于左翼文艺运动，是一种自觉的选择，这既是其以往的革命经历使然，亦取决于适应20世纪30年代的特定时代要求。"红色的30年代"在中外文学史上都是特别值得记述的年代，国际无产阶级文学运动的大规模开展，和国内革命文学运动的渐次深入，必催动一大批作家走向左翼。这种作家与特定时代语境的遇合，或许也是一种历史的必然。瞿秋白就认为，其时包括鲁迅在内的许多作家走向左翼，主要原因是在时代思潮已进入"新的阶段"，即已"从进取的争求解放的个性主义进到了战斗的改造世界的集体主义"；此时作家们"终于发现"，他们的社会理想"只有同着新兴的社会主义的先进阶级前进，才能够实现，才能够在伟大的斗争的集体之中达到真正的'个性解放'"。[①] 于是一大批作家完成由个性主义向集体主义的转变，进而进入"集团"的营垒中为实现社会解放的使命而斗争，便变得顺理成章。茅盾的"集体主义"倾向转换，当然不同于一般受到"五四"个性主义召唤的作家，他此时加入左翼，只不过是顺应潮流，重又置身于"伟大的斗争的集体之中"，这必使其在左翼文学运动中有所作为。

茅盾加入左翼文艺阵线，在"左联"的实际领导、组织方面的成就较为有限。他担任过"左联"的行政书记，但由于不太满意"左联"的一些做派，又自己埋头于创作，所以并不热衷此"领导"职务，几次请辞，后得以

---

① 瞿秋白：《〈鲁迅杂感选集〉序言》，载《鲁迅杂感选集》（瞿秋白编录并序），上海青光书局1933年初版，上海文艺出版社1980年重印，第15—16页。

成功，故对"左联"大政方针的确定就难有作为。他主持过"左联"的一些文学刊物，组织、推动左翼文艺创作，但由于"左联"初期不重创作之风盛行，因此也总是收效甚微。茅盾对于左翼文艺运动的最大贡献，应是在创作方面，他首先是以左翼"作家"的身份介入其中，其在"左联"时期的创作，无论是创作量还是影响度，都大大超过"左联"成立前，特别是其建构的现实主义文学创作模式当时形成群起仿效之势，长期居于主流文学的地位，更有着无可估量的意义，或者可以说茅盾创作的左翼文本有着审视左翼文学重要成就的意义。左翼文艺在其初始阶段的明显弱点，是理论宣传多于创作实践，创作中带有显著的公式化、概念化倾向。茅盾作为左翼作家的出现，屡屡以其厚重的创作冲击文坛，不但改变了上述倾向，而且提升了左翼文艺的价值，证明左翼文艺同样可以有很高的品位，这对于扩大左翼文艺的影响无疑是巨大的。

随着茅盾在左翼文坛的影响日渐扩大，他作为左翼文艺代表者之一的角色、地位就日益显露。从20世纪30年代的社会反响看，茅盾是左翼文坛无可置疑的代表者、引领者之一。鲁迅当然是左翼文坛的旗手，另一位可以与之相比的就是茅盾——他曾与鲁迅一起被称为左翼文坛的"两大台柱"。国民党的《社会新闻》上曾发表一篇题为《左翼文化运动的抬头》的文章，该文发出惊呼："《申报》的《自由谈》……现在已在左联手中了。鲁迅与沈雁冰，现在已成了《自由谈》的两大台柱了。"[①] 紧接着《社会新闻》又刊登了《鲁迅与沈雁冰的雄图》一文，文章说："自从鲁迅、沈雁冰等以《申报·自由谈》为地盘，发抒阴阳怪气的论调后，居然又能吸引群众，取得满意的收获了。在鲁、沈的初衷，当然这是一种有作用的尝试，想复兴他们的文化运动，现在，听说已到组织团体的火候了。"[②] 这当然不是善意的捧场，内中包含了污蔑、造谣的成分，但作为一种"反证"，确实反映了左翼文艺界的鲁、沈联手给予左翼的对手以不小的打击，而茅盾在左翼文坛的显著地位亦由此得以证明。

---

① 《左翼文化运动的抬头》，《社会新闻》第2卷21期，1933年3月3日。
② 《鲁迅与沈雁冰的雄图》，《社会新闻》第3卷12期，1933年5月6日。

然而，由于中国文化长期受"'左'派幼稚病"的困扰，左翼文艺也显出很不成熟的特点。片面强调文化服务于政治的功能，未处理好文学与政治、群体与个体、创作与社会活动等的关系，就有可能使左翼文艺运动与创作出现偏差。这使茅盾常常置于两难的选择：左翼文学方向、目标无可置疑的正确性，与实现此方向、目标途程中出现严重的偏离行为令人难以接受。这集中反映在茅盾对待"左联"的态度上。

茅盾加入"左联"，原来的构想是希望通过加入一个革命文艺组织，更好地从事左翼文艺创作，但他了解"左联"的政治纲领、组织机构、活动情况后，发现与自己的心理预设差距甚大，就不免产生反感。他在新中国成立前没有作过专文全面评价"左联"，其对"左联"的态度散见于其他文论中，其中作于1946年1月的《也是漫谈而已》一文论述较多。此文是对冯雪峰认为"左联"是统一战线组织和对"左联"以外的作家消极现象的批评提出不同看法。他认为，"'左联'成立时，有一个纲领，这是要求联盟员非接受不可的，这纲领上一方面承认当时的革命任务还没超过资产阶级民主革命的阶段，但另一方面要求联盟员在政治上服从无产阶级的领导，在思想上须是马克思主义者。这一纲领，显然不是站在统一战线的原则上订立的"，因此"'左联'这样全国性的文艺团体存在的时候，和统一战线运动总有点格格不入"；他还认为，当时的"左联"以外的文学者和作家们之"消极""旁观""战斗意志不很强"，等等，亦自有因，但他们"并不属于反动的文化阵营"。① 此文所表达的观点透露出他对"左联"超越现实阶段提出过高要求的不同看法，也透露出他对"左联"实行关门主义、排外主义的诸多不满。鉴于20世纪三四十年代左翼文艺运动仍有强大的声势，"左联"亦有极高声望，此文中茅盾对"左联"的批评还是温和的、委婉的，这也许就是"迂回而进"吧。

至茅盾晚年写回忆录时，也许没有了太多的顾忌，他对"左联"的强烈不满情绪，就不自觉地流露于笔端了。他对"左联"于1930年8月通过的决议《无产阶级文学运动新的情势及我们的任务》，表示"多半是直觉的不

---

① 茅盾：《也是漫谈而已》，《茅盾全集》第23卷，人民文学出版社1996年版，第240、241页。

赞成"。联系其对"左联"决议的批评,他对"左联"的不满,主要有三。一是单纯政治化、党派化倾向。"左联"决议指出,"'左联'的组织原则不是作家的同业组合组织","应该是领导文学斗争的广大群众的组织",因而热衷于搞示威游行、"飞行集会"之类,很少关注实际的文学活动。茅盾对其评价"说它是个文学团体,不如说更像个政党",隐隐透露出不满情绪。二是"左联"的"关门主义"。决议蔑视"小资产阶级出身"的作家,要把"组织基础的重心"移到工农身上,由此排斥了一大批前进作家。茅盾对于小资产阶级出身的作家,原本就主张应取团结、爱护的态度,加入"左联"后,发现原先与他一起从事进步文学活动的郑振铎、叶圣陶等作家都被排斥在外,这使他颇为失望。三是"左联"不重创作。"左联"决议对作家重视创作的要求多持批判态度,称这些作家"没有全面的理解文学运动的意义,自限于作品行动的偏狭见解中,成为一种作品万能观念",甚至将此斥之为"作品主义"。这对于将文学创作视为自己生命一部分的作家而言,自然是很难接受的。所以茅盾说:"我在加入'左联'的头半年,很少参加'左联'的活动,也没有给当时的'左联'的刊物写文章,只是埋头搞自己的创作,十足成了一个'保持作家的旧社会关系'的消极怠工者和'作品主义者'。"[①]茅盾的上述回忆是可靠的,因为有许多事实为证,并非文过饰非。而身处"左联"中的"消极怠工"做法,显然从本质上反映出他对革命文艺阵营中逐渐滋长的"左"倾思潮和极左行为并不赞同,还对此做过不同程度的抵制。

事实上,在"左联"成立后的六年内,茅盾和鲁迅一起,的确为纠正"左"的偏向而不遗余力,这几乎贯穿在整个左翼文艺运动中。也唯有两位左翼领衔者的联手动作,才有可能在纠"左"方面取得更大实效。在"左联"成立大会上,鲁迅就在《对于左翼作家联盟的意见》中提醒左翼作家切忌"左"倾空谈:"关在房子里,最容易高谈彻底的主义,然而也最容易'左倾'。"此后一再著文要求革命文学家克服一切浮躁情绪和"左"倾情绪。茅盾侧重从左翼文学创作方面对"左"的倾向提出持续不断的批评,他的

---

① 茅盾:《我走过的道路》(中),人民文学出版社1984年版,第58页。

《关于"创作"》等一系列文章,重在批评普罗文学的"公式化""概念化"倾向;他对《地泉》三部曲等作品中的"革命浪漫蒂克倾向"的批评,对纠"左"有更直接的指导意义。他们还致力于创作实践,为左翼文学创作做出表率,既提升左翼文学品位、显示左翼文学实绩,也是对偏离文学规律的创作现象的有效匡正。在"左联"时期,鲁迅除创作大量杂文外,还完成了《故事新编》的创作,为文坛提供了一种完全新颖的小说样式,其鲜明的革命内容和完美的艺术形式为左翼文学树立了榜样。同时他还积极鼓励其他左翼作家拿出有真正艺术价值的左翼文学创作来,其中对茅盾的鼓励和期盼是生动的例证。茅盾创作《子夜》的成功,使鲁迅感到由衷喜悦,给予了其热情评价。他在《致曹靖华的信》(1933年2月)中说:"国内文坛除我们仍受压迫及反对者趁势活动外,亦无甚新局,但我们这面,亦颇有新作家出现;茅盾作一小说曰《子夜》(此书将来寄上),计三十余万字,是他们所不及的。"[1] 他又对小说《春蚕》及由《春蚕》改编的电影给予好评,认为这个作品恰恰是革命文学作品从污浊的文坛中"挣扎起来"走向"进步"的标志。[2] 左翼文学理论和创作在其发展过程中尽管出现过不少失误,但基本上坚持了正确方向,也涌现了许多有很高艺术价值的作品,这同两位深知艺术规律的文学大家在理论和创作实践上的联手纠"左"、通力合作是分不开的。

这里有一个茅盾和鲁迅联手纠"左"的生动例证。茅盾曾作《"奴隶总管"解》一文,"奴隶总管"一词是鲁迅提出的,茅盾写作此文,显然是为呼应鲁迅。鲁迅批评"左联"的某些领导人"抓到一面旗帜,就自以为出人头地,摆出奴隶总管的架子,以鸣鞭为唯一的职业"[3]。茅盾对此亦有同感,遂作此文,批评了当时文坛所谓的"理论家""批评家"和"指导者","他们手里的鞭子就是'批评'","对于文艺工作者的工作不是说它'主题不正确',就是说它'世界观人生观不够前进',或者'尚欠前进的现实主义的创作方法'"等,一顿鞭子"没头没脑落到了工作者身上,受者始终不知道作

---

[1] 鲁迅:《致曹靖华的信》,《鲁迅全集》第12卷,人民文学出版社1982年版,第148页。
[2] 鲁迅:《电影的教训》,《鲁迅全集》第5卷,人民文学出版社1982年版,第293页。
[3] 鲁迅:《答徐懋庸并关于抗日统一战线问题》,《鲁迅全集》第6卷,人民文学出版社1982年版,第538页。

错在哪里";所以目前"要紧的是赶快洗伐了'奴隶总管'的性习,认真用功,认真工作"。①茅盾写作此文是在 1937 年,其时鲁迅已经过世,但他仍然痛切地感到倘若"奴隶总管"的"性习"不改,依然有那样的"指导者"和"批评家"在干预文坛,则革命文艺的前景仍十分可忧,显现出他一如既往的对"左"倾文艺思潮的批评,其中也流露出他对执掌批评话语权进行横加干涉者的强烈不满。基于茅盾"谨慎"为文的性格,此类文章在其文艺批评文字中并不多见,也许是其受到极左的困扰到了难以容忍的地步,遂有如此激烈的反弹。

当然,由于处在整体的"'左派'幼稚病"困扰时期,同时也由于 20 世纪 30 年代文化中左翼文化一直处于强势地位,唯我独大的气势必缺少对其他文化的兼容性,左翼文化也可能逐渐由开放走向封闭。在这样的时代文化氛围中,茅盾自然未能免俗。作为"左联"的一员,他毕竟已在自己"认准"的道路上行进,同主流意识形态贴得过于紧密,在文学观念、创作思想上也不能不受到左的思想的制约。诚如其所述,当时的"左"倾思潮对他也有"很大的影响",使其"受害不浅"。②综观茅盾发表于 20 世纪三四十年代直至新中国成立后的论著,总体上是采取政治与阶级的视角,文化思想缺少宽延性,已不复有"五四"时期的兼容并蓄,也不时留有"左"的印记,带上了那个时代所特有的局限。不过茅盾的可取之处是在于,他在可能的范围内和在可控的情况下,又尽可能表述自己的真实意见,对极左思潮做出纠正,从而为左翼文学拨正方向做出自己独有的建树。

二是注目社会、剖析社会的创作艰辛,与庸俗社会学倾向滋生的烦恼抗争。

正如当年的评论者所言,茅盾在文坛地位的被论定,主要是由于其创作一如既往地联系着现实政治,"抓住巨大的题目来反映当时的时代与社会"。这是茅盾创作的一个特色、一种优势。作为注重社会选择的作家,茅盾密切关注当代现实,注目社会、剖析社会的创作努力,以及尊重艺术规律以有效

---

① 茅盾:《"奴隶总管"解》,《茅盾全集》第 21 卷,人民文学出版社 1991 年版,第 272 页。
② 茅盾:《我走过的道路》(中),人民文学出版社 1984 年版,第 56、58 页。

把握现实、表现社会，在同时代作家中是罕有其匹的。茅盾的这一创作倾向、创作模式的形成，经历了较长时间的探索、实践，包含了作家对现实社会的关注和艺术要求的考量，其间充满艺术实践、艺术探索的艰辛，自不待言。

然而，在"社会选择"的命题下，如何卓有成效地表现社会，却存在并不相同的路径。文学表现社会，是革命作家的共同诉求，这一点似无太大异议，但在"革命文学"（普罗文学）盛行期间，庸俗社会学观念颇为流行，认为革命作家只要获得"无产阶级意识"便可创作出"革命文学"，生活积累、艺术技巧都是无关紧要的，于是一大批公式化、概念化的作品就此涌现。这是使茅盾颇感困惑与苦恼的。好端端的一个文学表现社会的命题，何以在一些作家的笔下竟会如此走样呢？为此，在革命文学论争期间及其后很长的时间内，茅盾一直在同庸俗社会学倾向展开交锋，他亦因此遭到激烈的批评。茅盾说，"对于从1928年开始盛行的这种'革命文学'的公式，我一直是不遗余力地加以抨击的"，"我的这种态度很引起了一些同志的不满，认为我是从'右'的方面来贬低和否定'革命文学'（普罗文学）。不过，我认为我是在坚持现实主义的传统"。①

仔细分析茅盾在"左联"前后同庸俗社会学倾向的交锋，的确主要是围绕是否"坚持现实主义传统"这个基点上展开的。分歧的主要缘由是：某些普罗文学作家从日本引进藏原惟人的"新写实主义"理论，借以批判茅盾的"旧写实主义"，茅盾对"新写实主义"一直甚为反感，一些普罗作家却奉若神明，双方的冲突便不可避免。而推行新写实主义的结果，便是庸俗社会学的盛行，事实证明茅盾对其的批评是适时的、合理的。

作为新写实主义的代表，藏原惟人提出的写实主义理论要点是：反叛旧写实主义，认为不能只强调"真实地"反映现实，尤应重视反映现实的"正确性"，主张把"正确性"置于真实性之上，即"用无产者前卫的眼光看世界"；主张艺术家要成为"真正布尔什维克的共产主义艺术家"，不能采用与无产阶级及其政党的需要完全脱离的题材写作；还要求文艺批评应以单一的价值——社会价值作为标准，对艺术价值多有忽视。由此看来，所谓的新写

---

① 茅盾：《我走过的道路》（中），人民文学出版社1984年版，第169页。

实主义,以否定旧写实主义为前提,抹杀了19世纪以来欧洲"正宗"现实主义创作积累的丰富经验,主张以先入为主的观念化代替对现实生活的细密描绘,否定现实主义的真实性原则,忽视作品的艺术价值,恰恰从根本上违背了现实主义精神。其所谓的"新",不是现实主义的前进,而是倒退。[①] 但我国的一些普罗作家却将新写实主义奉为圭臬,鼓吹写"尖端题材",强调文学的宣传性、鼓动性,甚至认为"直接的煽动的成分还应该加重,有搀入相当分量的标语和口号的必要"[②];某些带有新写实主义表征的文学创作,如只重"宣传的、煽动的"效应,"方程式"布置故事,"脸谱化"刻画人物的作品就流行一时。其代表作家有蒋光慈、阳翰笙等。而与之相对应的,则是随意轻薄一般的写实主义创作,将其作为"新写实"的"异端"排斥,茅盾的小说就被视为"旧写实主义"的典型予以重点批判。

茅盾创作于"左联"成立前后的作品,一度呈现被许多普罗作家群体"围攻"的态势,其被批判的主要"问题",便是所谓体现"旧写实主义"特征的创作。最有代表性的是李初梨发表的两万余字长文《对于所谓"小资产阶级革命文学"底抬头,普罗列塔利亚文学应该怎样防卫自己?——文学运动底新阶段》,此文对茅盾的文学观念进行系统的批判,其中涉及艺术形式问题,重点引用藏原惟人的新写实主义理论,批评茅盾的旧写实主义。文中说:"我们的写实有什么特征,能够区别于茅盾的写实呢?"概而言之,"茅盾的写实"是作品中"不把个人的主观混进去","是自己想能够如何忠实便如何忠实的时代描写";而"我们的写实"则强调"艺术是一种感情底组织化",作家是"作为一定的阶级的代表,去观察表现他的阶级的性质所能达到的范围内的东西"。于是从"组织化"和"阶级性"原则出发可以断定:前者是"小布尔乔亚写实主义",后者则是"普罗列塔利亚写实主义",小布尔乔亚写实主义自然是应被摒弃的。[③] 涉及茅盾的具体作品,许多评论对《野蔷薇》的旧写实主义特征批评最多,如认为这部小说"几乎全是人物的

[①] 参见王嘉良、徐美燕:《"跟进式"接受的积极效应与误读尴尬——对中国新文学接受日本现实主义思潮的反思》,《江汉论坛》2013年第1期。
[②] 钱杏邨:《一九三〇年一月创作评》,《阿英全集》,安徽教育出版社2003年版,第424页。
[③] 李初梨:《对于所谓"小资产阶级革命文学"底抬头,普罗列塔利亚文学应该怎样防卫自己?——文学运动底新阶段》,《创造月刊》第2卷第6期,1929年1月。

心理，但是太含有旧写实主义的风味，使人有时感到不快"①；"这集子里的五篇却使我们极不满意。就思想上说，这都是不健全的作品，就艺术上说，这也是很平淡的故事。作者的文笔也未尽脱章回体的意味，毫不曾获到新的技巧"②。他们所谓的"新的技巧"，便是新写实主义的创作方法，茅盾的创作不合于此，自然该被排斥，该受到批评。

  对于普罗作家的批评，茅盾自然给予了还击，诚如其所言："一直是不遗余力地加以抨击的。"其所坚持的基本原则恰是被"新写实"所抛弃的现实主义传统。人们不会忘记，在 20 世纪 20 年代末、30 年代初的革命文学论争中，茅盾集中攻击的目标是鼓吹新写实主义的徒有"革命"名字的"高头讲章"。他对蒋光慈的作品、对阳翰笙的《地泉》三部曲的尖锐批评，几乎都是针对"新写实"所宣传的主观化、概念化进行的，其中所指出的这类作品的一个重要失误点就在于：只是理智地得出结论，而不是让读者"被激动而鼓舞而潜移默向于不知不觉"，即未能用形象、用情感去潜移默化地影响读者。为此，他以更坚定的语气提出艺术作品所必须具备的两个必要条件："社会现象全部的（非片面）的认识"和"感情地去影响读者的艺术手腕"。③这样，茅盾对创作中的艺术思维特征已阐述得相当清楚了：既强调了作家自觉的社会要求和对社会现象的全面认识，同时也不忽略创作主要是用形象思维的"艺术手腕"，两者是缺一不可的。这两个必要条件恰恰是新写实主义所缺失的，这不啻是对其下了一剂猛药。茅盾认为，"一切'人为的艺术品'之创造，都经过一定的过程：社会人生种种色相通过了作家的主观作用（爱憎，取舍，解释，褒贬），而后再现出来，依靠形象化的手法，成为某一文艺的式样"④，任何消解了这样复杂过程的创作，都不能谓之艺术，这也是对那种简单化的粗暴叫喊的所谓"文学作品"的严厉批评。特别耐人寻味的是，茅盾在批评了新写实作品的"政治宣传大纲"加"公式主义的结构或脸谱主义人物"之"谬误"后指出："这个错误的倾向应该不再继续。将来伟

---

① 贺玉波：《茅盾创作的考察》，《读书月报》第 2 卷第 1 期，1931 年 3 月。
② 克：《〈野蔷薇〉》，载伏志英编：《茅盾评传》，现代书局 1931 年版。
③ 茅盾：《〈地泉〉读后感》，《茅盾全集》第 19 卷，人民文学出版社 1991 年版，第 332 页。
④ 茅盾：《如何辨别作品的好坏——答复"想搞文学"的青年的第二个问题》，《茅盾全集》第 23 卷，人民文学出版社 1996 年版，第 191 页。

大的作品之产生不能不根据三个条件：正确的观念，充实的生活，和纯熟的技术；然而最最主要的还是充实的生活。只有从生活中把握到的正确观念方是真正的'正确'，也只有从生活中体认出来的技术方是活的技术。"[①] 新写实强调正确性必须凌驾于真实性之上，茅盾却认为"最最主要的"还是"充实的生活"，这显然也是一种有针对性的批评。茅盾在"左联"成立以后，置身于左翼文艺运动中，对新写实主义提出尖锐批评，殷切期盼庸俗社会学现象不再继续，其于困惑中的"迂回而再进"，是很值得称道的。

三是"无党派人士"的自由自在心态与受到政治体制掣肘的焦虑与烦恼。

从 1927 年大革命失败脱党以来，茅盾的政治身份是无党无派，此后他长期以无党派人士的面貌从事文学与政治活动，但又始终坚持对理想与主义的执着追求，反映出他并不张扬的从善如流的品性，于是也就稳健地走在自己选择和认定的道路上。无党派人士的身份使他一直处在无拘无束、自由自在的精神和心理状态中，的确为他的文学活动和社会活动带来诸多方便。譬如，在"左联"这个"更像是政党"的组织中，他产生对其的许多不满而能够采取"消极怠工"的做法，保持了更多的自身"独立性"，从而能够避免或少犯"左联"推行"左"倾路线的错误；如果换了是个党员，有严格的组织纪律的约束，就未必能够如此。又如，无党派人士的身份在各色人等共处的政治环境中，有利于做团结各方人士的工作。茅盾在 20 世纪三四十年代编辑、出版大量报刊，往往应者云集，各方来稿源源不断，固然有其在文艺界有很高声望的因素，但若是他有非常显豁的党派色彩，恐怕也未必能够如是，至少会使一些深怕与中共沾边者退避三舍，如此等等。

新中国成立以后，茅盾政治上还算顺遂，官职、待遇都不低，而与此形成巨大反差的是，他就是避而不提党籍问题，似乎甘愿保持那个无党派人士的身份，似乎他对自己的"不明"政治身份毫无芥蒂。其实不然，党籍问题始终是他心底的隐痛，甚至可以说还有许多的烦恼。对于非常看重主义和信仰的人文知识者而言，他们可以不做职业革命家，可以不做高官，但难以接受的是自己的政治面目含混不清。这对于建党初期就是党员的茅盾来说，恐

---

① 茅盾：《关于"创作"》，《茅盾全集》第 19 卷，人民文学出版社 1991 年版，第 280 页。

怕更是如此。茅盾曾先后两次向中央提出恢复党籍的请求，但都未能如愿，这使其甚为不快。特别是1940年5月从新疆脱险到延安，那是他最接近于"回到组织"的一次。其时他刚摆脱封建军阀盛世才的魔爪，来到心向往之的革命圣地，不独心情大好，还受到延安各界的盛大欢迎，许多高层领导都曾是他的老同志、老战友，也对他热情接待；他自己则在鲁艺等地讲学，参加文艺活动，在延安一住近4个月，仿佛已融于这个革命集体中。在这样的情况下，他当然会再次提出恢复党籍问题。他向曾是老朋友的张闻天提出这一请求，张闻天的个人反应很积极，他称赞茅盾的愿望很好，表示将提交中央书记处讨论后给予答复。但不久以后张闻天告诉他的却是他意想不到的结果。茅盾在回忆录中写道："闻天来看我们。他告诉我，中央书记处认真研究了我的要求，认为我目前留在党外，对今后的工作，对人民的事业，更为有利，希望我能理解。对于党中央的决定，我没有再说什么。"① 对书记处的这个决定，茅盾显然有他自己的解读，他没有表示"无条件接受"，而是"我没有再说什么"，这分明使他感到了失望和失落。从此以后，无论是茅盾一方，还是组织一方，其党籍问题再无问津，尽管新中国成立以后那个"留在党外更为有利"的原因早已不复存在。而茅盾本人也似乎已安于无党派人士的身份，此后再也不想去触碰党籍问题。即使在1958年，当郭沫若、李四光、钱学森等许多高级知识分子纷纷入党之际，茅盾仍然无动于衷；虽有瞿秋白遗孀杨之华和弟媳张琴秋（沈泽民妻）等的劝说，"何不也趁此时机"，"把已经拖了三十年的党籍问题解决了"，茅盾的回答是："过去几十年我都在党的领导下工作，现在又何必非要这个形式不可呢？"② 对于茅盾新中国成立以后对党籍问题的态度与言说，李洁非著文认为，茅盾是强烈自尊之人，"当年脱党，内心必定自责颇深。以后，两次开口请求回到党内，却均不获准许。本来，已自惭自悔，而两次请求原谅似乎结果都是未得原谅（他很有可能会这么看），只能让隐痛埋得更深"；对于党籍问题，"茅盾以'形式'论之，貌似孤高超然，其实是一种遮饰，以掩盖内心的无望。对他来

---

① 茅盾：《回忆录二集·延安行》，《茅盾全集》第35卷，人民文学出版社1997年版，第380页。
② 韦韬、陈小曼：《父亲茅盾的晚年》，辽宁人民出版社2004年版。

说,这当然不是'形式'!作为自认为一辈子信念初不稍变的共产主义信徒,对于不能回到党内,茅盾视为最大遗憾。而过度自尊,又使他不能释怀于两次请求回归两次未果的刺痛,从而疑虑围绕那段往事是否已经形成关于他的'偏见'与'成见'。他就在遗憾和疑虑的夹击中,长久地咀嚼落寞"。① 此说信然。

对于茅盾而言,处在特定的政治气候和政治环境中,还有更难以排解的矛盾。如果说,对于个人政治身份上遭遇的不公或可隐忍的话,那么,受到政治体制掣肘而产生的矛盾与烦恼,实在是难以忍受,也给他造成不小的困境。这突出地反映在两个方面。一是官场环境的不适应与创作的受累。从本质上说,茅盾是不愿为官、也不善为官的,他的身份是作家,他擅长的是创作,可偏偏被摊上一大堆行政职务,置身于文山会海、迎来送往的官场中,这使他十分不适应。身为作家的使命感总是使他未忘情于创作。他曾上书周恩来总理,表达自己"既不作研究工作,也不写作,而我在作家协会又居于负责者的地位","精神上实在既惭愧又痛苦"的心境,希望辞去领导职务,或者得到创作假的机会。② 这样的心境表白,委实令人钦敬。然而偶获创作机会后,其心理期许却并没有得到应有的回报:1953年他曾写出一个以"镇反"为题材的电影文学剧本,1955年又写出一部反映工商业改造的长篇小说部分初稿,但这两个作品最后都以流产告终,未曾面世。缘由何在? 就在于其创作或是"奉命写作",或是为着"配合"当时政治形势的需要,并非建立在作者自身有积累、有创作冲动的基础上,焉有成功之理? 这样一位举世瞩目的作家,在新中国成立后的创作几乎一事无成,最典型地反映了特定政治气候和文化环境对作家创作的制约。二是日渐滋长的"左"倾思潮,使其在政治与文学两面都难有作为。1957年的"反右斗争"以后,国内的极"左"思潮愈演愈烈,对此,茅盾并非没有自己的想法甚至"痛苦",但大势如此,他也只能随波逐流。"反右"时他因作过批评教条主义、官僚主义的发言险些遭难,为弥补"过失",奉命写过几篇批判文章,明知"丁陈反党

---

① 李洁非:《寂寞茅盾》,《领导文萃》2012年第24期。
② 茅盾:《书信一集·致周恩来》,《茅盾全集》第36卷,人民文学出版社1997年版,第307、308页。

集团"并不成立也做了表态性发言。1959年盛行浮夸风的"大跃进",他也写过不少热情歌颂的文章。面对政治理念与现实情势并不协调的"矛盾性"现象,茅盾的"矛盾"是显而易见的。韦韬、陈小曼分析认为,"所有这些矛盾,使习惯于'独立思考'的父亲陷入了巨大的矛盾中","可以想见,假如父亲不'当官'而是个普通的作家,他很可能仿照1930年参加'左联'时的办法,——犯'自由主义'。可是现在不行,他必须以实际行动来维护党中央的声誉和威望,必须以大局为重,掌握好'投鼠忌器'这个原则"。[①] 此说容或有理,因为这毕竟是当时特定的时代环境使然,茅盾即使有再大的能量也无力与强大的极左思潮抗衡;但可惜的是,这一次茅盾面对"矛盾"并不是"迂回而进",而是"迂回而走"了,这多少反映了知识文人为"保全自己"而不愿有所作为的心理弱质。

四是性格个性因素中的优点与弱点有可能造成的"矛盾性"现象。

对茅盾性格个性的评价是宽厚待人,谨慎处世,几成定论。柯灵对现代文学"三座高峰"精神气质的概括是"鲁迅先生的博大精深,郭老的汪洋恣肆,茅公的谨严邃密"[②],有一定代表性。从本质上说,茅盾就是那种禀性理智、处事严谨、理性的人,其为文的"谨严邃密""谨严第一"[③](尤其表现在谨严、理性的现实主义写作中),与为人的秉持"谨言慎行"原则是一致的,都有同一的精神气质指向:理性、理智。这使其在复杂的文化环境中总是能处惊不乱,能巧妙地周旋于政治与文化之间,保持应有的心理平衡,或在碰到挫折与矛盾时能够"迂回而再进",其性格特色优势总是使其在面对复杂的"矛盾运动"时产生积极作用。

总体而言,比较政治色彩浓厚的作家、文学家"文化人",在政治和文化的关系处理上,茅盾还算得是努力避免和克服片面性的一个,这在很大程度上取决于性格个性。茅盾的"儒雅"风尚和并不激进的文学态度,显现着他为文不忘"救亡"的文人士大夫精神,但也不会只是扮演一个唱着革命高调的极左革命家的形象。左翼文学时期曾对激进的革命文学家的创作提出严

[①] 韦韬、陈小曼:《我的父亲茅盾》,辽宁人民出版社2004年版,第55页。
[②] 柯灵:《心向往之·悼念茅盾同志》,载《忆茅公》,文化艺术出版社1982年版,第283页。
[③] 茅盾:《谨严第一》,《茅盾全集》第21卷,人民文学出版社1991年版,第527页。

厉批评，新中国成立以后因提倡"中间人物论"而获罪，便都是适例。就性格个性说，其自谓"秉承慈训，谨言慎行"①，并非虚言，这可以在他的生活道路上找到印证。他有热情，但并不激进，参与各种论争，纯然是个人观念的表达，为文并非锋芒毕露，更不以名流自居对人取打压态势。"谨慎"的处世态度，总是使他显出谦让、随和的姿态，并以一己之力帮助、扶持他人，故而能获得普遍的尊重与尊敬。文艺界呼"茅公"而不名，这"近而不卑"的称谓就含有"对这位前辈亲切尊敬的感情"（柯灵）；他故世后，以真切、真挚心情追忆其扶持后辈的悼念文字难以计数，仅是《忆茅公》一书就收录了112位作家、文化人的悼念文章，人们从切身经历中表达对逝者的敬重，如"尊他为老师"（巴金）、"始终是我的老师"（丁玲）、"自己崇敬而又亲切的前辈"（臧克家）、"是我的老师，也是真正的知音"（姚雪垠）、"扶植了一朵百合"的"辛勤园丁"（茹志鹃），等等，这些都非夸饰之词。而就其毕生经历看，他经历了大波大澜，但似乎也没有太多的大悲大喜，不事张扬，不善夸饰，始终保持着一种平和的心态，即使遇到挫折，也只是将自己置于痛苦、矛盾的心狱中，"文革"中就保持了"十年沉默"②，表示他对这场文化大破坏的无声抗议，并不像有些文化人那样乱了方寸。凡此都足以说明，作为一个宽厚长者和"谨慎"处世且有自己政治主见的作家、文学家"文化人"，茅盾的确有其独立不羁的文化品性。

从性格个性而论，平和心态、谨慎处世是一种美德，但置身于激烈动荡的景状中，或在文坛充满人事纷争的情况下，这种性格也会带来麻烦：过分的"谨慎"常使其遇事优柔寡断，难免出现偏差；而在复杂的人际关系中力求平和、平衡，则又往往弄得左支右绌，两面不讨好。其在"矛盾运动"中的许多矛盾往往由是而生。李洁非论述茅盾在政治和个人生活中的两次"退却"，从其性格中找寻原因，说得非常透彻、在理。他认为，本质而论，茅盾"是那种安静、内敛、严谨、理性、不浪漫、不喜欢动荡乃至惧怕一切激烈局面的人。综观整个青年时期，血气方刚之下，受着青春的激发，他先后

---

① 茅盾：《我走过的道路》（上），人民文学出版社1981年版，第1页。
② 韦韬、陈小曼：《我的父亲茅盾》，辽宁人民出版社2004年版，第57页。

两次置身动荡景状。一次是政治,一次是爱情,而结果出奇地一致:都在矛盾达到顶点时,选择了退却。根因即在他的性格,委实不能适于这种'生活'"①。"政治"是指大革命失败后,他从革命阵营中的"退却";"爱情"则指其在亡命日本期间与秦德君的一段恋情,回国后即告结束。这两次"退却",分明都是他"理智"地审视了主客观情势的结果,他发现自己的性格个性实难以适应那种太过动荡、激烈的生活景状,必须行其所当行,止其所当止。对于这两次退却,在茅盾心头肯定是留下深刻记忆的。对前一种,他已多次表达了愧悔之意;对后一种,未见诸其任何文字,内中的是非曲直很难判断,但说其留下不少的遗憾,应该是大致不错的。

  与"谨慎"处世相关联的,是茅盾力求在各种人际关系中保持平衡,但往往不能取得预期效果,这也使茅盾甚为苦恼。20世纪30年代的上海文坛纷争不断,茅盾大抵采取的是团结"同道者"的态度,曾作文表示"个人间的小小嫌隙,在这大时代的压榨之下,都应焕然冰释";希望作家们"都具有广博的胸襟,可以尽量宽容和谅解他的同道者"。②这反映了茅盾待人处事的特有风格,亦无可厚非;问题是,"同道者"的纷争也有是非之分,倘只讲"谅解",不分是非,也会弄得两面不讨好。20世纪30年代中期出现的《译文》停刊纠纷、两个口号论证等,都发生在"同道者"之间。茅盾为了弥合双方裂缝,居间调停、折冲樽俎,可谓心力交瘁,但都不能如愿。这两次纠纷的另一主角都是鲁迅。对于左翼作家黄源被挤出《译文》,鲁迅当然有激烈的反应,认为《译文》的停刊是"资本家及其帮闲们"促成的③,茅盾曾与闻此事,亦深受其累;关于两个口号论证,茅盾采取的是"骑墙"态度,其写出的《需要一个中心点》《进一解》等文,"实际上并没有起到'纠偏'的作用,反而成了茅盾也赞成'国防文学'的证据"④,当时上海某小报就有文讥讽茅盾充当了"脚踏两只船"的角色⑤。这些自然也会使鲁迅不快。据冯雪峰回忆,鲁迅对茅盾就颇有微词:"近年来,茅盾对我也疏远起来了。

---

① 李洁非:《寂寞茅盾》,《领导文萃》2012年第24期。
② 茅盾:《作家们联合起来》,《茅盾全集》第21卷,人民文学出版社1991年版,第93、94页。
③ 参见鲁迅致萧军信,《鲁迅全集》第13卷,人民文学出版社1982年版,第226、227页。
④ 余连祥:《逃墨馆主——茅盾传》,浙江人民出版社2007年版,第174页。
⑤ 韦韬、陈小曼:《我的父亲茅盾》,辽宁人民出版社2004年版,第256页。

他没有搬家前，我们同住在一个里弄，有的事当面一谈就可以解决，可就不当面商量。"① 茅盾与鲁迅本是亲密战友，他们此前曾联手于左翼文艺阵营，写下过一段佳话，可因文坛纠纷，造成他与鲁迅的一度"疏远"，这是他很不愿看到的。尽管他其时与鲁迅的关系还算不上是冲突，只是心存芥蒂，日后依然往来如旧，但心头总是有一丝隐痛。所以直到晚年，他还对来访者说，他"对于'两个口号之争'有些实际情况不便于写"②，反映出他的矛盾心境。个人性格中的过分宽容和委曲求全，在复杂的人事纠葛中总是很难做到两全，这或许是"茅盾后"依然"矛盾"丛生的一个内在因素罢。

---

① 冯雪峰：《有关一九三六年周扬等人的行动以及鲁迅提出"民族革命战争的大众文学"口号的经过》，《雪峰文集》第 4 卷，人民文学出版社 1985 年版，第 511 页。
② 韦君宜：《敬悼茅盾先生》，载《忆茅公》，文化艺术出版社 1982 年版，第 272 页。

第三章　作家本色："文人从政"心态与独特呈现方式

　　在错综复杂的人生历程中，茅盾交替转换的是政治家、革命家与文学家的不同角色，其从事社会活动乃至于文学创作，必显露出显著的政治化倾向；于是对茅盾的评价，其文学活动和文学创作中甚深的政治因素的介入，就向来被人所关注及且饱受争议。倘若摒弃加于茅盾身上的诸种复杂性因素，其作家本色的定位被刻意淡化，评说其创作也只显露"政治化"的外壳，对其的评价势必偏离实际；而离开历史文化语境谈论文学与政治的关系，则更有可能造成对一种具有丰富内涵的文学创作的误读误评。事实上，过重"政治化"茅盾的认知，或对茅盾只作单一政治判断，以政治的涨落确定对作家的评价，已造成了对作家的"误读"：当政治文化高扬时茅盾有很高的地位，反之则一落千丈，这当然不可能准确评说茅盾。由此看来，对政治与文学复杂关系的简单化理解，既不符合内涵极其丰富的作家"个体"实际，就不可能有真切的茅盾形象展示，自然也不会有茅盾用文学介入政治所显示的实际意义的阐发，所以对此必须做出深入的论析与评判。

　　在 20 世纪中国复杂文化语境中，政治与文学联姻现象呈现着复杂状况，每个作家用文学介入政治又有其自身特点，这意味着理性审视茅盾处理政治与文学的关系十分必要。从政治文化视阈审视茅盾，有许多问题值得深究：诸如如何看待茅盾在复杂文化语境中形成的独特政治观念，其"作家角色"与中国的政治文化构成怎样的复杂关系，又如何评价其创作文本呈现的多重政治文化意义，等等，这都牵涉到对茅盾独异文学路径的理解，甚至也关涉到对以茅盾为代表的一部分政治色彩浓厚的作家如何把握政治与文学关系的独特意义认知。这里，重要的是要将茅盾放置在 20 世纪中国复杂文化语境中做出科学分析，特别是注重考察其显示作家本色的"文人从政"心态与独特展现方式，评估其文学创作所蕴含的多重政治文化内涵，从而达到对作家本体固有价值的还原，并借以厘清文学史上文学与政治交融的复杂理论问题，以实现文学史经验的有效总结。

一、"综合体"茅盾的作家、文学家本色定位

在文学与政治关系的命题上，讨论茅盾在复杂文化语境中对两者关系的处理，首先论定其作家、文学家的本色定位，至关重要。面对文学与政治关系的复杂命题，很可能出现的情况是对这两者关系割裂、分离的理解：文学是文学家的行为，政治是政治家的事，很难做到两者的自然融通；而文学家的过重政治介入，则往往成为其创作的致命弱点。对于茅盾这样曾充任多种角色、身份，且其革命家、政治家的身份又非常彰显的作家而言，出现上述理解似更在情理之中。对此种似是而非观点的辨析，除了对文学与政治的关系必须具有充足说服力的阐释外，还须有对茅盾"个体"状况的深切认知：尽管茅盾有着多重角色、身份，但其作家、文学家的本色定位始终是最重要的。这不仅关涉作为作家、文学家的茅盾介入中国政治文化是在怎样的一种文学自觉性的前提下进行的，同时也可说明：其用文学介入中国政治文化，始终有着他对文学自身规律的深刻理解，有着他对文学创作经验的深厚积累与积淀，有着他对文学特质与政治表达方式的独特体验与体认，而不只是对文学与政治关系的泛泛理解。准此，当能从一个重要方面认识文学家茅盾之参与政治的意义。

茅盾作为著名的中国现代作家凸显于 20 世纪中国文坛，以 1927 年为界：前期以"文学家"为重，后期以"作家"驰名。这两段或有交叉，前期主要充任文学编辑、文学评论家时，亦时有创作（主要是儿童文学）；后期以主要精力投入小说、散文等文学作品的写作，显然以创作为主，但仍有大量文学研究著述。这两者都做得十分出色，所以无论是"文学家"沈雁冰还是"作家"茅盾，都为新文坛所瞩目。

"文学家"和"作家"本没有严格区分，两者往往是通用的，我们在这里稍作区别，选取某个侧重点，只是为了论述的方便，以说明茅盾前后期在文学、创作两个方面各有所重的特点。其实，茅盾充当的社会角色，并非仅此两个。在其毕生的文化实践活动中，他还以文化研究的"综合体"身份呈现，即除文学以外，还表现出对哲学、历史、教育、社会学、心理学等其他人文社会科学的广泛兴趣，并留下大量著述，在其所有著作中占有不小比重。这里显露的恰恰是其作为人文知识者的角色，凸显于中国现代文化史上的意义。应该说，在20世纪涌现的庞大的中国现代作家队伍中，像茅盾这样兼具文学家和人文学者两种特色者并不多见。这源于其经受过系统的教育，和在长期的文化实践中取精用宏汲取中外文化成果的学术积累。从小学、中学到大学，他接受过完整、系统的学校教育，而且所进的学校还不是普通的中小学和大学，像嘉兴中学、湖州中学、北京大学等，堪称是当时的一流学校。接受众多名师、名家的指点，经受系统的专业知识学习，是其日后成为博古通今大家的不可或缺的条件。仅就文学而言，他也堪称是地道的"科班"出身，中学期间，即打下良好的国学功底；北京大学预科读的是文科，所学即为文、史、哲。从中学到北大三年预科，在其受业的老师中仅师从章太炎的"章门弟子"就有6位（黄侃、马裕藻、沈兼士、朱希祖、朱宗莱、钱玄同），其深厚的文史积累，乃至治学门径探寻、考据学功力培养等，莫不经由系统的学习与训练。加上其聪慧好学，日积月累，于学问之道日益精深。其在人文社会科学中逐渐向着文学一面倾斜，终成出色的作家、文学家，实根源于此。而环顾同时代新文学作家，能有如此学术素养和积淀的，的确屈指可数。

如果梳理茅盾的成才、成名之路，那么，他何以会对文学情有独钟，他作为作家、文学家的本色是如何逐渐显露并被社会确认，便可得到清晰呈示。

少年时用功，尤精于国文。茅盾与文学有缘，是始于童少年时期。他似乎天生对文学感兴趣，不怎么喜欢数学，其忆及少年时代读书时唯一需要补习的一门功课就是数学，一度对算学犹如"惊弓之鸟"[①]，而学国语却是得心

[①] 茅盾：《我的小学时代》，《茅盾全集》第11卷，人民文学出版社1986年版，第485页。

应手。童少年时期的生活印象对于一个作家来说往往"具有决定意义"[①]。此种选择性喜好,的确也决定了此后茅盾的文学道路选择。少年时期的茅盾便初显文学才华,他的"小学文课(作文)"之老到、圆熟,至今令人称奇。当年他的文课老师也可谓慧眼识俊,发现了这位超乎常人的奇才,给以极高评价:如评其《宋太祖杯酒释兵权论》,"好笔力,好见地。读史有眼,立论有识,小子可造。其竭力用功,勉成大器";评其《秦始皇汉高祖隋文帝论》,"目光如炬,笔锐似剑,洋洋千言,宛若水银泻地,无孔不入。国文至此,亦可告无罪矣";评其《文不爱钱武不惜死论》,"慷慨而谈,旁若无人,气势雄伟,笔锋锐利,正有王郎拔剑砍地之慨";评其《信陵君之于魏可谓拂臣论》,"笔意得宋唐文胎息,词旨近欧苏两家,非致力于古文字者不办"[②],如此等等。这样的评语即便称道成人文章也足够令人受用,而评说的却是一位年仅13岁的少年,除了说明少年茅盾的"早慧"以外,别无解释。尤需指出的是,他自小对小说有特别的喜好,爱看《西游记》《野叟曝言》等"闲书",是其阅读习惯。看"闲书"可把"文理看通",这似乎得到其家人的鼓励。"国文教师称赞我的文思开展,但又不满意地说:'有点小说调子,应该力戒!'这位国文教师是'孝廉公',又是我的'父执',他对于我好像很关切似的,他知道我的看小说是家里大人允许的。"[③]爱读小说,显然是又一种重要积累,这无疑为其日后走向小说家之路打开了通道。与茅盾"订为昆弟之交"的同班同学,后来成为商务印书馆编译所编辑的沈志坚曾有如此回忆:"当时他的国文成绩,已为全校冠军,教师张之琴先生尝抚其背道:'你将来是个了不得的文学家呢!好好地用功吧!'他听了这种奖励的话,益加奋勉。以异日之文豪自勉,便对我说:'我能著作一种伟大的小说,成一名家于愿足矣!你意如何?'"[④]看来,素有大志,当是茅盾成为小说家的重要驱动力。

[①] 〔苏〕高尔基:《论文学》,人民文学出版社1978年版,第12页。
[②] 茅盾:《小学文课》,《茅盾全集》第14卷,人民文学出版社1987年版,第364、424、425、402、414页。
[③] 茅盾:《我曾经穿过怎样的紧鞋子》,《茅盾全集》第11卷,人民文学出版社1986年版,第262页。
[④] 沈志坚:《怀茅盾》,转引自孙中田、查国华编:《茅盾研究资料》(上),中国社会科学出版社1983年版,第428—429页。

成年就职后，首先显露的是文学才华。茅盾的职业生涯始自1916年进入商务印书馆编译所担任助理编辑，其最早从事的是文学编译工作，也正是从这里，立即显露出他的文学才华。在商务印书馆期间，他颇得中国早期著名儿童文学作家、翻译家，被茅盾称之为"中国有童话的开山始祖"的孙毓修的赏识，孙常常交与其重要编译任务，便使其在儿童文学的著译中开始文学活动。有研究者认为，"沈雁冰的童话创作是他从事文学活动的最早尝试，同时明显地记录了中国艺术童话萌芽时期的基本风貌"[1]，此为确论。作为中国现代儿童文学的先驱者之一，茅盾的童话、寓言的翻译、编著、创作，对中国现代儿童文学确有"开启者"之功。如其编著的以儿童为主要读者对象的《中国寓言初编》（1917），是中国现代第一部寓言集；许多译作实是"译述"，即据童话内容编译和改写，用古代白话小说的通俗笔法写出，创造了中国童话初创期写作的一种路子。其于1918年至1920年接连写出的27篇童话，被辑为17册，由商务印书馆作为"童话"丛书出版，是他早期的重要创作成果；其中《大槐国》《狮骡访猪》《书呆子》等篇，一直为创作界所重视。这里显示的恰恰是：茅盾初登文坛，即出手不凡，这是其秉有文学才华的必然显现。而早期的创作，毕竟是初试锋芒，与后来的成就相比，几乎可以忽略不计（事实上，这方面的成就大多被忽略了），但其在创作领域曾经有过的尝试，终究也为他后来从事小说创作积累了不少经验。茅盾初登文坛可以总结的经验是：他后来成为成就卓著的小说大家，实非一日之功。

"五四"时骤得大名，亦系于文学。在"五四"文化场中，许多新文学先驱者都是以标志性文学业绩、文学成果显示其对中国新文学做出的重要建树，如陈独秀主编《新青年》策动文学革命，胡适以《文学改良刍议》首举改革义旗而"暴得大名"，鲁迅以第一篇白话小说《狂人日记》震撼"五四"文坛等。茅盾则以革新《小说月报》而骤得大名，他之能够从一个默默无闻的文坛小辈在"五四"新文坛迅速崛起，跻身于新文学运动前列，多半是缘于此。这是他登上中国新文坛的一次精彩出演。这以前，他的文学才华为馆方所赏识，又发表过一些鼓吹新思潮的文章，基于这两层因素终被选为改革

---

[1] 王泉根：《现代儿童文学的先驱》，上海文艺出版社1987年版，第47页。

旧《小说月报》的合适人选。这也许是一种偶然性机缘。然而，一切有所作为的人，总是能够重视机遇的作用，他接手革新《小说月报》任务后，即实施大刀阔斧改革，将这个原属"礼拜六派"的阵地顿时改变面貌，不独办刊宗旨大变，还将原有存稿悉数扫地出门，引得新文坛一片叫好。时任《时事新报·学灯》主编的李石岑，即发表文章称改革后的《小说月报》"披阅之下，欣喜欲狂"；并特别推崇"主其事者"沈雁冰："沈君性嗜文艺，复能寝馈其中，又得文学研究会诸贤之助，其所贡献与社会者，必匪浅鲜。"① 由此使沈雁冰声名大振。而刊物与新文学作家队伍的关系又非寻常可比。就如茅盾谈到文学研究会与其主编的《小说月报》，就有这样的体会："办杂志的人有两句经验之谈：起初是人办杂志，后来是杂志办人。文学研究会这团体也好像如此。起初是人办文学研究会，后来是文学研究会办人了！"② 原因何在？就在于它有《小说月报》等刊物和"文学研究会丛书"。作为文研会和《小说月报》这两个举足轻重的新文学团体、刊物的引领者和担纲者，茅盾在"五四"文坛所起的作用自然非同一般。茅盾以"文学家"身份介入"五四"文化，从此便成为新文学队伍中一个不可或缺的角色。

　　成为职业革命家，仍未忘情文学。茅盾对文学的情有独钟，也表现在常常依违于革命与文学两端，却始终保持着对文学的热切情怀。他在《几句旧话》一文中曾作过如此追忆：他于青年时期离开学校以后，在书馆充当编辑的职业需求使他和"文学发生了关系"；大革命高潮到来后，主要从事职业革命活动，"简直的和文学暂时绝缘"，然而在紧张的革命活动期间，那和文学曾经有过的"职业关系"又使他经常产生写小说的"创作冲动"，以致"思想常常为了意念中那小说的结构而烦忙"，"'非职业'的再度和文学发生了来往"；终于在大革命失败、"大矛盾"爆发之际，再也抑止不住汹涌的创作热情，于是就有了最初的创作——《幻灭》和《动摇》。③ 这段自述清楚地表明，对于有着深厚文学积累的茅盾，文学对他的诱惑力实在太大了，即使将自己整个儿地许身于革命，也是一个文人气质极重的革命家，他始终不会

---

① 李石岑：《介绍〈小说月报〉并批评》，《时事新报·学灯》1921年1月31日、2月1日。
② 茅盾：《关于"文学研究会"》，《茅盾全集》第19卷，人民文学出版社1991年版，第415页。
③ 茅盾：《几句旧话》，《茅盾全集》第19卷，人民文学出版社1991年版，第438页。

忘情于文学，最后终于把自己牢牢地固定在了文学岗位上。他在晚年的回忆录中写到过这样一段趣事，在大革命期间许多知识女性卷入了革命的浪潮，白天工作，晚上恋爱，革命队伍充斥浪漫气氛，各类"新女性"的音容笑貌给他留下深刻印象，不时萌动"描写她们的意思"，而相处日久，又听到许多"情节曲折"的恋爱故事，使他"写小说的愿望因此更加强烈"：

> 有一次，开完一个小会，正逢大雨，我带有伞，而在会上遇见的一位女同志却没有伞。于是我送她回家，两人共持一伞，此时，各种形象，特别是女性的形象在我的想象中纷纷出现，忽来忽往，或隐或显，好像是电影的断片。这时，听不到雨打伞的声音，忘记了还有个同伴，写作的冲动，异常强烈，如果可能，我会在这大雨之下，撑一把伞，就动笔的。①

这一段回忆应该是真切可信的，可以在茅盾的创作中找到印证。他后来投入小说创作，首先进入他艺术视野的便是时代女性，最早的几部作品《蚀》《虹》《野蔷薇》等都是以时代女性为主角。革命浪潮中依然未曾消退的文学情结，是驱动茅盾始终坚守文学岗位的内在动因；而丰富的革命实践经历，又厚实了其创作的生活积累，这样的良性互动关系保证其一开手创作即能获得成功。《蚀》三部曲中的《幻灭》《动摇》《追求》是其创作的"试笔"，"试笔"即造成轰动效应，恐怕很重要的因素是源于此。

综合上述，对"综合体"茅盾的评价，首要的是作家、文学家的本色定位，应该是确定无疑的。具体而言，在革命家与文学家之间，文学家是第一位的；在人文社会科学范围内，涉及多种社会科学理论探究并做出多方面建树，但"文学"是第一位的。

论说茅盾的角色定位，尤需指出的是，作为作家、文学家的茅盾，凸显于20世纪中国新文坛上，充当的还不是一般的角色，而是往往处于中国新文学研究和新文学创作的引领者地位；其显著的文学理论特色与创作优势，

---

① 茅盾：《我走过的道路》（中），人民文学出版社1984年版，第315页。

常常影响或主导着一个时期的文学风气与走向。透过茅盾丰富的文学理论与独特创作格调的揭示，我们看到，茅盾的理论视角伸展得相当广泛，取精用宏是其特色所在，由此构成广博、精深的理论格局，并不像人们想象的那样单一、浮泛，恰恰显示出其在20世纪中国复杂文学思潮中游刃有余的探求轨迹；而其对文学本质的探究，也自有其关注点与着眼点，比如他对文学与各种关系的处理，诸如文学与社会、文学与革命、文学与政治等，总有自己的独特理解，其可贵的是在于将此放置在中国特定文化语境中予以深入的理论阐释。如此说来，从文学家视角审视茅盾，既是对茅盾个体的一种深入认知，同时也蕴含着其在中国特定文化语境中一度引领文学风尚的某些复杂性因素。这是探讨茅盾的作家、文学家角色与20世纪中国政治文化构成复杂关系必须着重把握的。

探讨茅盾作为文学家、作家的本色定位，显示的是此种定位是在长期的文学实践中形成的，其文学理论特色与创作优势在20世纪中国文坛的引领意义亦可得到显著呈现。

作为文学家的茅盾，显露的是其宏观把握古今中外文学，并在世界文学的背景上审视中国文学现代走向的能力，特别是其学者型才具所展现的深厚的文学研究功力，更令人称道。这源于其取精用宏的学术积淀，从进入商务印书馆直至成为成就卓著的作家以前，他便编、著、译、述，样样来得，且学术视野伸展得相当广泛，30岁以前便有了著作10余部，涉及文艺理论、中外文学研究、神话研究等广泛话题。若是按照这样的学术思路走下去，茅盾成为一位中国文学史上的著名学者，是完全可以期待的。事实上，在他成为作家以后，学术研究依然不曾放弃，《创作的准备》《夜读偶记》《关于历史和历史剧》《神话研究》等著述，同样显出开阔的学术视野，且在理论探究上更见出深度与厚度。以往评说茅盾，将其学术著作均归属"文学批评"一类，揭示其作为文学批评家的特色，显然是不够全面的。梳理茅盾的文学研究成果，不计其大量发表的单篇论文（这部分数量是相当大的），单就其单独出版的文学研究著述看，便十分可观。为展示茅盾的文学研究路径及其研究成果的丰硕，笔者初步梳理了其于不同时期出版的文学研究论著，大略如下：

1. 文学研究著述：《中国寓言初编》(1917)、《文学小词典》(1921)、《文艺小词典》(1925)、《庄子（选注本）》(1926)、《淮南子（选注本）》(1926)、《楚辞选读》(1926)、《小说研究ABC》(1928)、《现代文艺杂论》(1929)、《近代文学面面观》(1929)、《创作的经验》(1933)、《创作的准备》(1936)、《文艺论文集》(1942)、《夜读偶记》(1957)、《关于历史和历史剧》(1962)、《关于曹雪芹》(1963)、《读书杂记》(1963)。

2. 外国文学研究：《近代戏剧家传》(1919)、《近代俄国文学家三十人合传》(1921)、《现代世界文学者略传》(1924)、《司各德评传》(1924)、《现代德奥文学者略传》(1925)、《大仲马评传》(1925)、《柴玛萨斯评传》(1927)、《欧洲大战与文学》(1928)、《骑士文学ABC》(1929)、《六个欧洲文学家》(1929)、《希腊文学ABC》(1930)、《西洋文学通论》(1930)、《汉译西洋文学名著》(1935)、《世界文学名著讲话》(1936)、《世界文学名著杂谈》(1980)。

3. 神话研究：《中国神话研究》(1925)、《神话杂论》(1929)、《中国神话研究ABC》(1929)、《北欧神话ABC》(1930)、《神话研究》(1981)。

这些著述，已不计其数量更大的单篇文学论文与评论，但用"洋洋乎大观"评说，仍不为过。这里显示的是作为文学家的茅盾，其文学研究的触角伸展得相当广泛，唯其研究面延展很广，对古今中外文学都有足够的审视，方能游刃有余地把握当今文学的发展趋向。茅盾文学理论的侧重点，显然是在当代，是为当代，即立足于当代新文学建设出现的新情况、新问题，做出适时的反应与评论，其在报刊大量发表的即时文学评论与批评，已充分说明这一点。但观照一个时代的文学，必须有开阔的知识背景，必须有强力的学理支撑，文学者应以眼光向外、取精用宏的姿态把握文学全局，方能对当下文学予以切实的批评与推动。正如其所言，"主张用文艺来鼓吹新思潮"，必须介绍、引进"西洋文学思潮史"，而介绍面之要求，"在切要二字之外，更要注意系统二字"。[①] 这可以解释茅盾何以在相当长时间内注重"西洋文学"

[①] 茅盾：《对于系统的经济的介绍西洋文学底意见》，《茅盾全集》第18卷，人民文学出版社1989年版，第20页。

研究，写出了诸如《西洋文学通论》《世界文学名著讲话》之类注意"系统"研究的厚重著作。又如其所言，研究文学的目的，实为"创造中国之新文艺，对世界尽贡献之责任"，"夫将欲取远大之规模尽贡献之责任，则预备研究，愈久愈博愈广，结果愈佳，即不论如何相反之主义咸有研究之必要"。① 由此又可解释茅盾何以对中国传统文学做过一番穷本溯源的研究，对西方文学又注重不同文学思潮、流派的介绍与研究；由此又可见其始终钟情于现实主义，始而认同现代主义后又予以抛弃，都是对西方文学思潮"愈久愈博愈广"研究之结果。从这里可以看出，文学家的茅盾对于文学的研究是下了大功夫的，他提出新的文学观念，包括文学观念的转换，都是有极大的理论自觉性的，既非盲从，也非趋时。即便是本章要着重讨论的他对于文学与政治关系的认知，当然也是如此，下文结合其理论表述和创作文本进行分析，对此可以得到合理的阐释。

作为作家的茅盾，因其文学积淀的深厚，必以厚重创作著称于世。其中最显露的特色是以出色的小说家的身份介入中国新文坛，并以独具一格的小说样式引领了现代小说潮流，拓宽了小说的表现疆域与艺术方法。他曾在多种创作领域，包括小说、散文、戏剧、儿童文学、诗歌（古体诗词）创作中一显身手，且各有成就；但最主要的是小说创作，在这个领域里他用力最多、创作量最大、成就最高，自然也影响最著：8 部长篇、5 部中篇、60 余个短篇，几百万言的皇皇巨著，记录了他的丰硕创作业绩，在文学史上产生深刻影响。中国现代小说创作"有两位杰出的作家：鲁迅在前，茅盾在后"② 的评价，最能恰切概括茅盾的小说创作成就及其在文学史上的定位。他确是继鲁迅以后执中国现代小说牛耳的作家，至少在下述两个方面，显示出其小说创作在"鲁迅以后"独步现代中国文坛。一是中长篇小说展现的大家风范和大家气魄。其小说的史诗性品格，审视生活的宏观意识，全方位表现社会的阔大气势，显示其驾驭社会的深厚功力；他把笔触伸展到现代中国社会的不同时期、不同社会阶层，用艺术雕刀刻绘了现代中国社会的历史长卷，如

---

① 茅盾：《〈小说月报〉改革宣言》，《茅盾全集》第 18 卷，人民文学出版社 1989 年版，第 56 页。
② 吴组缃：《〈子夜〉》，《文艺月报》第 1 卷创刊号，1933 年 6 月。

此规模和气派,在同时代作家中很难有人与之比肩。二是开创独特小说范式:社会剖析小说。茅盾是坚定恪守艺术社会学原则的作家,对文艺同社会的政治、经济、文化背景的联系,对文艺反映社会、变革社会的特有功能等,都有自己的理解。将此运用于创作实践,便形成了其独有的创作范式,即用艺术笔触大规模描写、解剖 20 世纪 30 年代社会现象。在茅盾引领下,注目现实、解剖社会一度成为文学风气,社会剖析小说一时形成"竞写潮",反映了此种范式切合了时代、社会的需求。就此而言,作家茅盾凸显于 20 世纪中国文学史上,既是以其独特文学样式选择、独创性文学成就显示其特有价值,也昭示着其文学特色、创作优势在很大程度上反映了中国现代文学潮流中一种重要文学类型的成就与特色。

从作家、文学家一面看茅盾,还有一个值得注意之处,就是对其文化人格和文学个性应该有更深入、拓展的认知。就茅盾的文化和文学积累言,用延展很广、积淀甚深概括,并不过分。其中不可或缺的因素是受到地域文化精神的熏染,在地域文化中汲取养分、储备知识、积累经验,这在其青少年时期的受教中表现尤甚,而这必使其终生受益,对其文化人格的形成产生潜在的深刻的影响。从这个意义上认识茅盾及其文化性格、文学个性,不妨说,其文化人格的形成,部分是受到浙西儒雅风尚的浸淫,在其身上明显烙有浙西文人的印记。从这样的地域文化背景上审察,对于解析茅盾的性格、个性密码必有所助益,从中或许可以发现茅盾除革命家、政治家身份以外的诸多"文人"特色,对其思想上、性格上许多复杂性、矛盾性的表征也许能得到合理的解释。

以地域文化视阈视之,浙西地域多水的自然地理环境与偏向温婉的人格、个性特征,是一种带有标志性的地域文化现象,这在文人身上反映尤甚。一般而言,浙西文人生活在吴文化圈内,受其儒雅风尚浸淫,温婉秀美的"水性"特质得到充分展露。是故属于吴文化圈的浙西独多风流倜傥的文人学士,所谓"吴兴山水发秀,人文自江右而后,清流美士,余风遗韵相续"[①] 之说者是。正以此故,浙西之地从来不乏产生对我国的文化和文学

---

① 转引自《浙江通史卷九十九·风俗上·湖州府》,文渊阁本《四库全书》。

做出重要建树的饱学之士与诗文大家，而且是世代相传，"余风遗韵相续"，中国现代作家中就涌现出一批颇有作为、影响甚大的浙西作家。而温婉秀美的"水性"特质，反映在文人与文学创作上，就会产生与之相对应的独特思维方式、审美趣味、艺术追求乃至气质秉赋。有意思的是，吴文化的余风遗韵竟然在新文学"浙军"身上也得到了部分的印证，浙西文人的文风在这个地域的新文学作家那里有程度不同的传承与延伸。一个再明显不过的证据是：体现"水性"文化特色的作家的文风大都偏于秀婉、飘逸，典型的作家如来自于杭嘉湖地区的郁达夫、徐志摩、戴望舒、施蛰存等；两浙作家中倾向于浪漫主义、唯美主义的也大多出于此地，"五四"时期以创作情诗著称的"湖畔诗派"亦出于此。这些作家当然并非传统的"清流美士"，他们的文化人格、创作风范显然都具浓烈的"现代"特质，然而其气质秉赋中的风流儒雅、多愁善感，艺术追求上的轻巧灵动、韵味盎然，乃至文学创作中的诗意审美化倾向，等等，显然都烙有产生在同一文化背景中的传统浙西文人的印记。

　　同中有异的是革命色彩浓厚的茅盾。茅盾一生在政治与文学的交错中度过，其文化选择与艺术思维习惯与上述浙西作家很不相同。但他既然也来自于浙西杭嘉湖地区，其受水乡文化浸淫的文化个性与文学创作风格也必然会有所显现，也不可能不受浙西文化与文风的影响。就其性格、个性说，茅盾遵行的是谨言慎行的处事态度，这可以在他的生活道路上找到印证。他有热情，但并不激进，即使参与各种文学论争，其为文也并非锋芒毕露，故作激烈之态。他经历了大波大澜，但似乎也没有太多的大悲大喜，始终保持着一种平和的心态，即使遇到挫折，也只是将自己置于痛苦、矛盾的心狱中，或者干脆保持"沉默"，并不作激烈的抗辩，更没有"金刚怒目"式的一面，这同浙西文人的儒雅风尚就较为接近，恰恰与"两浙文人"中另一个体现显著"浙东性"的现代作家鲁迅形成鲜明的对照。而就其创作看，尽管他将时代风云、社会变动尽收笔底，但现实主义文学的敏于观察、细腻分析及委婉、曲折的人物行为、心理描写，仍使其文风不失温婉的品格。他热衷于将自己小说的人物选定在女性世界中，又以曲折入微的笔致表现多姿多彩的女性心理，这在现代男性作家中并不多见。这与"水性"文化特质倒是颇为吻合。试看其创造大量的"时代女性"形象便可知端倪,从中显示的不仅是茅盾的细腻委婉品性,甚至还能看出其不乏多情、浪漫的一面。对此,美国学者夏志清的一段评述,对我们颇有启迪。他曾用南北文学的地理区分概念,对中国现代文学中分别代表南北两地作家的茅盾与老舍的不同创作风格做出比较:"在许多方面,他们两人恰恰形成一种有趣的对照。茅盾用的是经过润饰的文学辞藻;老舍擅长纯粹的北京土话。借用历来对南北两地不同感受的说法,我们可以说,老舍代表北方,重个人,直截了当,幽默;茅盾则代表较为女性的南方,浪漫、多情、忧郁。茅盾以其女性画廊而闻名;老舍的主角却几乎全是男子,尽可能避免浪漫的主题。"[①] 这段评述,从一个角度评论作家,也许并不全面,但他论述茅盾运用文学辞藻的精雕细刻、善于塑造女性形象以及作品往往显露浪漫多情的色调等,倒是与茅盾的创作较为贴合。夏志清把茅盾作为南方作家的代表加以评论,或许有些意外,但至少可以说明茅盾文化人格与创作品性体现出诸多江南水性文化特色是有一定说服力的。由这一点延伸开去,可以看到,浙西水性文化培养了茅盾敏于世变、细腻委婉的文化心理结构和注重观察、思考、分析的思维习惯,从而使其坚持的现实主义自然趋向于批判、分析一端,形成"社会剖析"小说的独特品格,显示出地域文化影响同作家独特创作倾向、创作风格的形成的紧密关联性。的确,地域传统文化有着极强的渗透力,它一旦作为精神性的东西世代传承,你即使想努力改变它也总是改变不了。革命作家茅盾与具有"水性"文化性格的茅盾在同一层面上显示,可能并不是一个特例,也许正是一种值得重视的文化现象。

从作为文学家与作家的角色、定位看,尽管茅盾的革命色彩浓厚,政治意识强烈,但这一切都不会改变茅盾的文人本色及其用文学介入革命与政治所采取的独特方式。他的深厚的文学积淀及其在文学研究、文学创作中的深情投入,必有其对文学艺术本质的独到理解与发现,其创作也必会有自己的一副笔墨,显现出自己的文学个性。"文学家"与"政治家"结合的茅盾,

---

[①] 《西方关于中国现代文学的一场重要论争》,尹慧珉、尹宣译,转引自李岫编:《茅盾研究在国外》,湖南人民出版社1984年版,第735页。

显现出其用文学介入现代中国社会的诸多特色，由此形成现代中国文学中一种重要的文学类型。此种类型便联系着我们所要讨论的有关文学与社会、文学与政治之类的命题。

二、典型范式：潜行于政治与文学之间

就茅盾作为作家、文学家"文化人"的本色定位进行探究，我们已经指出，尽管茅盾有着革命家、政治家、文学家等多种角色，但从本质上看他是一位文人，是一位执着于用文学方式参与革命、参与政治的文人。在用文学表现人生、实现自己的人文理想上，他同其他现代作家没有太大区别；他同许多作家的区别是在于：社会参与意识特别强烈，政治介入文学的观念也非常显露，无论其史诗性的宏大叙事，抑或是注重社会剖析的社会科学理论参与创作，都显出显著的政治性或意识形态性。甚至可以说，他将政治融于文学并取得显著创作业绩，在中国现代作家中具有相当的代表性。从这个意义上看，把茅盾作为一个"典型"解剖，探讨文学与政治的关系，恐怕是再恰当不过的了。

然而，文学与政治的结合呈现着复杂状况，作家、文学家表现的政治与革命家、政治家所讲的政治在性质、内涵与表现形式上也会有许多不同。由是，探究茅盾处理文学与政治的关系，分析其创作文本所呈示的独特政治文化内涵应该是一个重要视点，而他以文人参与政治的独特性、复杂表现与独特参与方式，似更值得注意。诚然，茅盾有着政治家、革命家的身份，他是一位老资格的共产党人，这比之于同样称为"革命家"的鲁迅，其革命色彩显然要浓厚得多。或许正以此故，这位"革命家"文人游移于政治与文学之间的复杂、痛苦的心理体验，人们少有理解。我们上文阐述"茅盾时"及"茅盾"前后的复杂心态变化，可见其"从政"经历、角色转换、对政治的投入程度等，或时有变化，但不变的是他的文人本色。事实上，茅盾"从政"的文人心态，不只表现在革命突变时期，即便在其他时候，也常常表现出对政治、对革命力不从心的一面，而文人本色又使他较一般政治型作家有更多的对于文学的牵挂，这是由革命家的沈雁冰立即转化为小说家的茅盾

的直接动因，其自名"茅盾"，实非一时之念，乃贯穿于整个革命生涯和文学实践活动中。这既是革命情势的突变使然，亦取决于茅盾个人的气质、秉赋、"职业习惯"与兴趣爱好。也正以此故，茅盾的"从政"内涵与方式便有了自己的特色。如果将这些复杂因素放置在20世纪中国文化背景上分析，考察文学家与政治的关联状况及其表现形态，那么茅盾的独特"从政"内涵与方式就会逐步显露出来。

在中国独特政治文化生态中形成的"作家角色"，注定了政治与文学有着无穷的缠绕。"五四"新文化运动摧毁了中国传统的政治秩序和文化秩序，知识分子赖以安身立命的精神立场崩溃了，便对新的文化精神、意识形态产生强烈的需求，政治化诉求便成为现代知识分子寻求重建文化秩序和精神支柱的自觉行为。中国是带着浓重的忧患情绪进入20世纪的，传统文人"修、齐、治、平"的入世心理给中国新文学注入了功利性和政治化的因子，而中国作家在对移入的外来文化思潮中，又对意识形态性和政治功利性产生天然敏感，于是，政治理念的强调和政治话语的流行，便构成中国新文学的一种鲜明底色。"五四"以来的文化精英，无论是与文学发生若即若离关系的陈独秀、李大钊、瞿秋白，还是典型的新文学作家鲁迅、郭沫若、茅盾等，都有极强的社会参与意识和政治敏感性，他们作为新文学的领军人物，其创作范型与理论话语（包括政治话语）对整个新文学都会施加深层的影响。此种背景状况，决定着中国新文学与政治有着不可分割的联系性。正如美国学者安敏成所说，"要理解现代中国文学中对理论力量显而易见的夸大，必须考察新文学诞生其中的文化危机语境以及为中国知识分子所热衷的一种特殊的文学借鉴"；"新文学无疑是产生于一个多灾多难的时代，个人以及整个民族都处于连续不断的动荡与混乱之中"，这就决定了"中国的两种革命——政治的与文学的——在历史中都呈现出一种必然的趋向"。[①]

应该说，安敏成指出的"必然的趋向"是符合中国革命与新文学发展实际的，这已有大量事实可证，但尤需注意的是，在这必然趋向的背后，也

---

① 〔美〕安敏成：《现实主义的限制——革命时代的中国小说》，姜涛译，江苏人民出版社2001年版，第2页。

会呈现出另一种复杂状况。由于中国新文学作家对文学的理解和自身的文学积累、积淀不同,承担的社会角色各异,介入政治的程度有深浅之别,他们在政治与文学之间的周旋会显出不同的特色,于是就会在中国特有的政治文化中出现不同的"态度类型"。中国新文学领军人物对文学与政治关系的理解与处理,就存在不同的"态度类型",倘若与其他类型作比较,则茅盾的"特色"就会显露。这里,仅就茅盾与中国新文学几位领军人物介入政治的态度与方式做简略的比较分析,就可以看出,同是在文学与政治的交错中,茅盾与本质上是政治家的陈独秀,以及本质上是文学家的鲁迅,存在着很大的差异。在这差异中,不难发现作为革命家"文人"的茅盾的确有着自己独特的"从政"态度与方式。

以政治家与革命家的身份介入文学的类型,陈独秀可推为典型一例。从本质上说,陈独秀不是一个纯粹的文学家,其担负的主要角色是政治家与革命家。他之所以被纳入中国现代文学史视野,最主要的功绩是策动"五四"文学革命,同时引进西方文学新潮,对新文学理论建构有所贡献;其于新文学初起时发表的《偶像破坏论》等"随感录"式散文,充满激情与文采,亦对新文学起推助作用,所以历来被作为"《新青年》作家群"之一而予以评说。然而,本质上是革命家、政治家,使陈独秀对文学的认知与参与必不同于一般文学家,其不但对新文学建设的参与是有限度的,即便是作为"文学家",也因其文学著述单薄而略嫌勉强。就新文学革命而言,政治家陈独秀介入文学,主要体现在社会革命、政治言说一面。早在"五四"文学革命前,他引入西方文艺思潮,侧重点便在对中国社会变革有益的写实文学。如《现代欧洲文艺史谭》[①]一文,介绍了欧洲文艺近代以来渐趋写实主义的大势,以使中国作家从中汲取教益。其于1917年写成的发动"五四"文学革命的《文学革命论》一文更是文学政治化的宣言:"今日庄严灿烂之欧洲,何自而来乎?曰,革命之赐也。……故自文艺复兴以来,政治界有革命,宗教界亦有革命,伦理道德亦有革命,文学艺术,亦莫不有革命,莫不因革命而新兴而进化……"[②] 在他看来,新文学运动的发生也是借助政治之力开始的,文学

---

① 陈独秀:《现代欧洲文艺史谭》,《青年杂志》1915年第3、4号连载。
② 陈独秀:《文学革命论》,《新青年》第2卷第6号,1917年2月1日。

革命与政治革命、社会革命等应有同一的价值取向。在此文中，他将力倡的新文学概括为"国民文学""社会文学""写实文学"，对新文学做出注重社会功利性的定位，显然也出于一个政治家的眼光。文学革命后，他依然持续这一思路，强调了文学的社会选择，如对"输入外国文学的精神"要求，重在"写实主义""析理精密""社会化"三条。[①]这三条就一直为后来注重社会化的作家所重。此后，随着政治意识的逐渐强化，在对各种外来文化思潮的选择中，陈独秀将具体目标锁定在一种"主义"（马克思主义）上，新文学的政治文化要求就更明晰了。《新青年》移沪后出版的第1期即刊登了他的《谈政治》的社论，旗帜鲜明地表达了他拥护马克思主义的政治立场，宣布"承认用革命的手段建立劳动阶层的国家，创造那禁止对内外一切掠夺的政治、法律，为现代社会第一需要"[②]，标志着他已完全用政治眼光审视一切事物，并将政治要求提到创造"现代社会第一需要"的程度。此后随着社会革命的深度介入，他便逐渐淡出新文学界。政治家陈独秀对中国新文学建构是做出了重要贡献的，其政治视野内的文学言说，自然赋予了文学更多的政治内涵。就其影响而言，中国新文学作家产生强烈的政治化诉求，中国新文学中有一种文学与政治紧密结合的传统，新文学的主导倾向逐渐向着政治性、阶级性方面倾斜，陈独秀的作用不能低估。

中国新文学领军人物中，对文学与政治关系的理解与处理，鲁迅提供的是另一种"态度类型"。与政治家陈独秀相比，鲁迅本质上却是个文学家。通常对鲁迅的评价是三个"家"：革命家、思想家、文学家。从宽泛的意义上说鲁迅是"革命家"也无不可，但就参与革命实践而言，称其为革命家就比较勉强，就如其所言，他始终未曾在革命的"漩涡中心"，这与陈独秀之"从政"，甚至与一度成为职业革命家的茅盾，都有很大的不同。但若称鲁迅是"思想家"，却是确定无疑的，其作为伟大的启蒙主义思想家，提出精辟的思想，对改造"国人的灵魂"产生重大作用，其"思想"的原创和独创，在新文学作家中是无与伦比的。从这个意义上可以说，鲁迅对政治介入文学

---

① 陈独秀：《我们为什么要做白话文？》，《晨报》1920年2月12日。
② 陈独秀：《谈政治》，《新青年》第8卷第1号，1920年5月。

的理解，是一个"思想家"型的文学家对政治与文学关系的独特认知，他更多的是从思想、理性层面把握政治与文学。20世纪30年代的鲁迅，成为左翼文艺的一面旗帜，投身革命文学，认同阶级性理论，应该说是有鲜明政治倾向性的；说鲁迅与政治无缘，恐不合事实。但值得注意的是鲁迅对文学与政治关系的理解，是以一个文学家的眼光对两者关系的审视，考虑更多的是文学自身的规律性。比如他说过："我每每觉到文艺和政治时时在冲突之中；文艺和革命原是不相反的，两者之间，倒有不安于现状的同一。惟政治是要维持现状，自然和不安于现状的文艺处在不同的方向。"[①] 这里说的是文艺和政治的不同一性，强调的是文学自身的独立性。他认为单纯的政治观念并不能解决文学问题，倘若采用"维持现状"的政治家们的政治看待文学，则只能使文学走偏方向。又比如说："各种文学，都是应环境而产生的，推崇文艺的人，虽喜欢说文艺足以煽起风波来，但在事实上，却是政治先行，文艺后变。倘以为文艺可以改变环境，那是'唯心'之谈，事实的出现，并不如文学家所豫想。"[②] 这是对片面夸大文艺政治功能的批评，"政治先行，文艺后变"之说，是强调了政治环境的改变需倚重文艺，文艺却不是与政治同步行进的。鲜明的政治倾向性使鲁迅对现实政治状况有尖锐、激烈的批评，但基于对文艺自身规律的尊重，鲁迅并不主张用单纯政治观念解释文艺、运用于文学创作，尤其反对把文艺看作是简单的政治宣传。正如其所言："我以为一切文艺固是宣传，而一切宣传却并非全是文艺，正如一切花皆有色（我将白也算作色），而凡颜色未必都是花一样。革命之所以于口号，标语，布告，电报，教科书……之外，要用文艺者，就因为它是文艺。"[③] 这一段话，包含了鲁迅对早期普罗文学把文学视为单纯政治宣传，出现大量标语口号式作品的批评，从中可以看见一个本质上的文学家对文学与政治关系的准确把握。唯有鲁迅这样深知艺术本质的文学家引领左翼文坛，才能使左翼文学在文学与政治关系的处理上有效避免或少走弯路。

与上述两位作家相比较，一直处在"文学与政治的交错"中的茅盾，提

---

① 鲁迅：《文艺与政治的歧途》，《鲁迅全集》第7卷，人民文学出版社1982年版，第113页。
② 鲁迅：《现今的新文学的概观》，《鲁迅全集》第4卷，人民文学出版社1982年版，第133页。
③ 鲁迅：《文艺与革命》，《鲁迅全集》第4卷，人民文学出版社1982年版，第78页。

供的是又一种"态度类型"。一度热衷于政治的茅盾,没有并不深陷政治"漩涡中心"的鲁迅式的超脱,却容易与政治家陈独秀接近。这当中,陈独秀导引其走上政治之路特别值得注意。据茅盾自述,他对这位"五四"新文化运动的旗帜性人物,早就心仪已久,但促使他们走到一起,则主要源于共同的政治道路的选择,而对其影响极为深刻的是陈独秀发表的《谈政治》等文。《新青年》移沪出版,使茅盾得以与陈独秀相识,陈独秀的敏锐识见给当时热心接纳新思潮的茅盾以极大的启示与激励,特别是《谈政治》一文给予的激励:"社论《谈政治》简明扼要地阐述了马克思主义的基本原则。笔锋凌厉,一望而知出自陈独秀的手笔。"[①] 他对于陈独秀政治态度的激赏是溢于言表的。自此以后,茅盾遂有逐渐走向职业革命家的选择。但茅盾之"从政",既没有陈独秀那样的投入,也不如陈独秀那样的专一,其始终游移与于文学与政治两途,注定不可能成为单纯的政治家与革命家;他对于文学与政治的思考,也不会只是单纯政治家、革命家的思考,必定会有重视文学一面的考量。尤其是成为职业作家以后,茅盾把握了文学创作规律,对文学与政治关系的认知,会逐渐向着鲁迅一面接近。在左翼文艺阵营中,他与鲁迅联手同"左"倾文艺思潮和庸俗社会学倾向的斗争,表明作为文学家的茅盾在文学与政治关系的处理上亦有同鲁迅相近的独到理论建树。这同样表明,政治意识显露的革命家茅盾确实有着不同于一般政治家、革命家的特色,确实有着自己把握文学与政治关系的独特方式。

那么,面对文学与政治相生相克的复杂难题,作为作家和文学家的茅盾是怎样有效把握两者之间的复杂关系,如何潜行于文学与政治之间的呢?

如果联系特定时代文化语境,我们可以看到,在政治与文学之间周旋的茅盾提供了中国特有政治文化中形成的一种堪称典型的范式:在革命高扬年代投身政治,革命受挫以后又专注于文学,此种态度类型在现代中国极具代表性。鲁迅对20世纪30年代中国无产阶级文学的兴起有过非常精辟的分析。他认为革命文学的发展,自然是"由于社会的背景",但其发展并不在革命高涨期,恰恰是在革命挫折期。"当从广东开始北伐的时候,一般积极的青

[①] 茅盾:《我走过的道路》(上),人民文学出版社1981年版,第170页。

年都跑到实际的革命工作中去了,那时还没有什么显著的革命文学运动,到了政治环境突然转变,革命遭了挫折,阶级的分化非常鲜明,国民党以'清党'之名,大戮共产党及革命群众,而死剩的青年们再入于被迫压的境遇,于是革命文学在上海这才有了强烈的活动。"所以他得出结论:"这革命文学的旺盛起来,在表面上和别国不同,并非由于革命的高扬,而是因为革命的挫折。"①鲁迅的这一论述,主要是就创造社作家的"转变"(包括文学观念的转变与实际工作的转变)以及革命文学所以产生的缘由而言,揭示了政治文化环境的变化是促成文学变革的重要因素,这无疑是十分正确的。美国学者安敏成承续鲁迅的话题,对此做了更有启发意义的阐释。他认为:"现代中国文学不仅仅是反映时代混乱的一面镜子,从其诞生之日起一种巨大的使命便附加其上。只是在政治变革的努力受挫之后,中国知识分子才转而决定进行他们的文学改造,他们的实践始终与意识中某种特殊的目的相伴相随。"②如此评说中国知识分子在政治变革与文学改造之间的游走而其目的又始终如一,当是对一部分知识分子革命家从政与从文相结合特点的精当概括。而此种知识分子的典型代表,正是茅盾。因为实际的情况正是这样:在大革命进程中,茅盾也是参与到实际的革命工作中去的,而且还置身于革命斗争的旋涡中心,只是在革命遭受挫折后,他遂从战场上退下来专注于文学,这与鲁迅所说的状况无异。茅盾的独特性是在于其政治意识的强烈有甚于其他作家,无论是搞政治还是搞文学,他都受到"一种巨大的使命"的驱使,其实践活动"始终与意识中某种特殊的目的相伴相随",这就使其从政与从文的相通性显得十分突出。所以革命剧变时期从政与从文的形式转换,并不能完全改变茅盾看取文学与政治的态度。因为对于茅盾而言,政治与文学的价值是等量的,社会政治环境变迁带给他的,只是身份与角色的转换,而其与革命、政治意识则始终相伴相随,这就注定了政治在其文学理念、文学创作中也是不离不弃的。

---

① 鲁迅:《上海文艺之一瞥》,《鲁迅全集》第4卷,人民文学出版社1982年版,第296、297页。
② 〔美〕安敏成:《现实主义的限制——革命时代的中国小说》,姜涛译,江苏人民出版社2001年版,第3页。

联系茅盾交替展开的从政与从文实践活动,当能清晰呈现茅盾作为知识分子革命家潜行于文学与政治之间的某些典型性特征。审视茅盾的文学与政治交错的途程,就其从事的主业分析,大致上可分为三个阶段。在这三个阶段中,政治的与文学的两种革命交错进行,而各有侧重点,但都紧紧围绕"改造中国"这一"革命"命题。

第一阶段,自踏上文学道路至卸任《小说月报》主编,以文学为主业,可定位在以文学改造的方式介入中国革命。他是从进入商务印书馆编译所开始,即走上文学之路的,此时除在商务印书馆从事编译工作外,又主编《小说月报》,与郑振铎等组建文学研究会,并以著名的文学批评家的角色影响"五四"文坛。这一阶段的茅盾,已接受马克思主义并加入中国共产党,并有了文学的政治意识自觉,但观其此时从事的主要工作是文学,他也是以文学家的姿态凸显于中国新文坛,因而就其介入革命的意义而言,自然是以文学改造的方式为重。其从事的文学活动与革命的关联,主要表现在其文学选择一开始就确定在社会选择上,重视文学的社会功能,于是就有革新《小说月报》、组建文学研究会、倡导写实主义、提倡"为人生"文学之举,期望文学对于变革人生、变革现实、变革社会有所助益。顺着这样的思路发展,随着革命形势的日渐高涨,其逐渐走向文学与社会革命的融合,便是顺理成章。1923年2月发表的《"大转变"时期何时来呢?》一文,便是受到革命高涨形势的鼓舞写就的,标志着他其时用文学介入社会革命的意识已日渐显露。此时他已意识到文化产品所提供的"应该是积极的艺术,应该是能够唤醒民众、激励人心、给他们以力量的艺术",所以他认为现今文坛消极不振的现状必须改变,渴望有一个"大转变"时期的到来。这样的文学改造的方式,显然是合于当时的革命节拍的。

第二阶段,自1923年卸任《小说月报》主编后,茅盾已摆脱了繁杂的编辑事务,有了更多精力投入实际革命工作,遂踏入"文学与政治的交错"之路。此时文学活动仍是其工作中的重要部分。他虽已摆脱了因《小说月报》引起的纠纷,但工作岗位依旧在商务编译所,尽管工作性质是"打杂",仍承担着文学编译任务。检视其此阶段的文学业绩,依然十分可观,例如在其学术上有重要建树的《庄子》《楚辞》《淮南子》等的编选与校注,《司各特评传》《大仲马评传》等的写作，以及为《小说月报》撰写206条《海外文坛消息》等，都是在这一阶段完成的；此外他依旧关注文坛现状，写下不少文艺批评文字。然而，随着革命意识的日渐增强，当革命高潮来临，有望用实际革命行动改革中国政治时，在文学与政治交错中的茅盾，便呈现出前者逐渐向后者倾斜的趋向，介入实际革命的日渐增加，终至完成由文学家向着职业革命家的转换。从1923年茅盾担任中共上海地方兼区执行委员会委员（长）、国民运动委员会委员长等职务后，主要工作转向共产主义宣传、国民运动、普及民众教育等，革命工作、政治活动遂成为其主业。他所说的"过去白天搞文学，晚上搞政治，现在却连白天都要搞政治了"，指的就是这一时段。后来他奔波于广州、上海、武汉等地，从事职业革命工作，则职业革命家的特点已显露无遗。这一阶段虽然也可称为有着文学与政治的交错，但毕竟是用革命方式改造中国占据了主导地位，是以实际的革命实践活动参与了中国的政治变革。

  第三阶段，大革命失败后，茅盾的身份角色发生转换，可谓之在"政治变革的努力受挫"后，转而决定用文学改造介入革命与政治。革命遭受挫折后，茅盾结束了职业革命家的生涯，做成了地道的文学家。但一个曾与革命深深结缘的文学家，其心头刻下的是深重的革命烙印，又加以不改革命信仰初衷，一旦回到文学岗位，自然会依旧显现出对革命、对政治的热忱，只不过改换了方式：过去是实际革命方式，现在是文学改造方式。茅盾投入文学创作后的第一部作品《蚀》三部曲，便是对刚刚逝去的那一场大革命从兴起到失败全过程的描写，展现了革命时期人们复杂的思想状貌；稍后写出的《虹》，又是对知识分子参加革命的心路历程探索。其在当时的文坛崭露头角，显现的是曾经的革命家和现在的文学家的结合，对中国革命道路的思索，于是就有其在文坛产生的强烈反响。20世纪30年代以后，茅盾改换了创作路子，将目光转移到对当代社会现象的大规模描写和解剖，但探索的依然是中国社会的现实问题和中国革命未来发展走向，与现实政治的联系比过去更为紧密。从中显现的正是茅盾用文学改造方式介入革命与政治的始终如一性。在"一种巨大的使命"驱使下，茅盾改造中国的意愿是始终不变的，也有着多种改造路径，而采用文学改造方式则无疑是他最重要的方式，也是影响最大的方式。

三、知识文人的复杂样态与茅盾的"文人从政"心态

审视茅盾的文学与政治的交错历程，我们看到的是一个人文知识者对革命的执着追求，看到其在复杂文化语境中的艰难选择和复杂心境。应当再作探究的是，处此文化语境，茅盾是以何种角色、何种姿态介入中国特有的政治文化，并做出自己的相应建树。

综观20世纪中国文学现象，随着社会矛盾、阶级矛盾的日趋尖锐化，社会思潮、政治思潮对文学的影响与冲击也与日俱增，因此中国新文学作家中的政治化倾向是特别浓重的；他们总是同现实政治有着密切的关联，他们的创作就会形成对社会问题、社会现象的政治性阐释。这里所说的政治，并不是传统的把政治理解为一定社会的政权设施、政治制度等，也不是今天流行的新政治理论，把政治作为"日常生活意识形态"（米·巴赫金），或者认为"一切事物都是社会的和历史的，事实上，一切事物'说到底'都是政治的"[①]（弗·杰姆逊），或者如米利特所指认的政治是基于两性关系的"人类某一集团用来支配另一集团的那些具有权力结构的关系和组合"[②]，主要是指一种文化观念，即政治文化：考量"一个民族在特定时期流行的一套政治态度、信仰和感情"的政治文化，以及政治文化在民族历史进程中"形成的态度类型"[③]。就此而言，中国新文学作家基于国家、民族在"特定时期流行的一套政治态度、信仰和感情"，对社会现象、社会问题做出不同的政治性阐释，就成为一种普泛性现象，它会体现在不同类型人的身上，会在各个历史时期都有所呈现。

从社会文化背景看，20世纪中国的文化演进过程是知识分子寻求文化秩序和精神支柱的过程，文学与政治的关系就备受关注。梁启超的政治功利

---

① 《后现代主义与文化理论——杰姆逊教授讲演录》，唐小兵译，陕西师范大学出版社1986年版。
② 〔美〕凯特·米利特：《性的政治》，钟良明译，社会科学出版社1999年版。
③ 〔美〕加布里埃尔·A.阿尔蒙德、小G.宾厄姆·鲍威尔：《比较政治学：体系、过程和政策》，曹沛霖等译，上海译文出版社1987年版，第29页。

性文学观"欲新一国之民,不可不先新一国之小说","欲新政治,必新小说"①,对后来的新文学一直有深重影响;而后新文学作家从不同角度阐释文学与政治的关系,于是这种对文学政治功利性的推崇,几乎构成了现代文学的一种重要格局。然而,文学与政治的关系却不是在同一层面上展开的。由于作家的政治态度、信仰的不同,中国新文学作家对社会现实的政治阐释也会显出不同的态度类型。以20世纪"30年代文学"为例。一方面,有所谓"红色的30年代"的"政治朝圣"热潮:从20世纪20年代末开始,世界资本主义爆发了一场严重的经济危机,百业萧条,社会动荡不安,"西方文明或是陷入严重的经济和社会危机,或是面临深刻的精神和价值危机",而其时苏联的红色政权因经济复苏政局稳定给人们带来希望,这使社会主义体制"赋予了世俗生活以神圣的意义,使得全体人民具有了同一感和目的意识,整个社会因而凝聚成了某种共同体"。②在此背景下,认同红色的苏联一度形成一股潮流,许多作家也因此而纷纷"左"倾,要求政治介入文学形成一种普遍性的思潮,中国的左翼文学运动亦由是得以大规模展开。另一方面,是抗拒左翼的"右翼文学"的产生,显出政治与文学联姻的又一种态度类型,而且作为反证,恰恰证明了强化文学的政治化色彩在当时已成为一种风气。20世纪30年代初在国民党操纵下的一些文人,提倡过所谓"民族主义文学",表示要奉行三民主义文艺政策,这同样是对文学的一种政治阐释。司马长风认为:"民族主义文艺运动也无非把文艺当做政治斗争的手段,与左派的区别只在'民族主义'与'无产阶级'名词不同。"③张道藩就认为"文艺为生活意识的表现",要求"不写无意义的作品""以民族的立场来写作""目的在辅佐革命"。④张道藩等人提出文学以三民主义为指导思想,刚好与马列主义为指导思想的左翼文学针锋相对,其强调的"民族立场""辅佐革命"等,实质是以民族代言人、"革命者"的资格为国民党的一党专政发言,同样带有强烈的政治倾向性,要求文学与政治联姻的意愿也一样十分

---

① 梁启超:《论小说与群治关系》,《饮冰室合集·文集之十》,中华书局1989年版,第6页。
② 程映红:《政治朝圣的背后》,《读书》1998年第9期。
③ 司马长风:《中国新文学史》中卷,香港昭明出版社1978年版,第20页。
④ 张道藩:《我们所需要的文艺政策》,《文艺先锋》第1卷第1期,1942年9月1日。

鲜明。只不过其所主张的政治，是逆历史潮流而动的，因而所谓的"民族主义文学"在当时就没有市场。当然也还有另一种现象：文学与政治的疏离，这恰恰会受到人们的批评。抗战时期，民族政治压倒一切，不谈政治的文艺思想就被认为是落伍的思想。如朱光潜提倡文学创作中的"心理距离说"，当即就受到巴金的质问："我不知道以青年导师自居的朱先生要把中国青年引到什么样的象牙塔里去。"① 在这个时代，文学政治化被认为是必须的，也正由此，内与外的合力促使着20世纪中国文学通向政治，政治文化一度成为文学内部的权力机制，一度占据了现代文学叙事的主导地位。

当然，中国作家对政治的介入也呈现着复杂状况，远非人们想象的那样整齐划一、简单明了。尽管20世纪中国文化决定着中国作家同政治保持着这样那样或深或浅的关联，但基于不同的文化立场、角色定位，他们与政治的关联仍存在很大差别。特殊的历史文化语境总是决定着人文知识者担当适合于自己的角色，也决定着作家文人的文学创作心态。稍作研究，便可发现中国20世纪文化的复杂样态，已造就知识文人看待政治的多样形态类型。这当中，有属于所谓不问政治，纯粹书斋型的：包括皓首穷经于纯学术的文人，作家队伍中则有与政治保持一定距离的京派作家，如沈从文、朱光潜等；有基于不同政治态度、信仰和感情而形成不同政治取向的作家，所谓现代作家队伍中有左、右翼之分即在此；有具有鲜明政治倾向性、对实际革命活动介入甚深，兼具革命家、文学家双重身份的，如陈独秀、瞿秋白等，本文论述的茅盾亦属此类；自然也有政治意识明晰，与革命文艺阵营保持密切联系，但并未参加实际革命活动的作家，如长期来同茅盾保持良好关系的人生派作家郑振铎、叶圣陶、胡愈之等，即属此类。在如许类别的作家文人群体的参照中，不难看出茅盾从政的特色，特别是他的"文人从政"的独特心态。

作为革命家型的作家文人，茅盾有着极强的社会责任感和历史使命感，他显然不同于远离革命、远离政治的作家，始终保持着同革命与政治的联系：在条件充足的时候，宁可舍文学而就政治，当革命遇到挫折，亦需保持

---

① 巴金：《向朱光潜先生进一个忠告》，《中流》第2卷第3期。

与革命、与政治"在场"而非"离场"的状态。然而，他这位曾经的职业革命家，这位有强烈政治信念的文人，却与一种以政治为职业，在政治舞台上擅长于作组织号令、亲冒矢石、英勇搏击的革命家型又很不相同。他属于另一种革命家型的文人：有对主义与信仰的执着坚守，并为鼓吹自己的政治信仰而不遗余力；但他不是那种只会冲锋陷阵的革命家，对于革命的方式又有自己的独特理解，所以常常会显出文人气息特别浓厚的革命家特色。

把握茅盾作为文人的革命家特色，当然可以从多方面做出论证，这里仅就茅盾特别赏识同是革命家型文人瞿秋白的例证中找到某些合理解析。

作为新文学领军人物之一，瞿秋白是一个典型的文人气息特别浓厚的革命家。他是一个本色当行的作家、文学家，"五四"初年即在文坛崭露头角，在文学创作、文学翻译、文艺理论等方面均有卓越建树，20世纪30年代初期退出中共领导岗位后又引领左翼文艺队伍，在文坛的影响可谓特别昭著。就文学贡献而言，他显然超过同是文人革命家的陈独秀。而作为职业革命家，瞿秋白的革命经历又非一般知识文人所可比拟，他长期居于中共高层，还一度主持中央工作，成为中共最高领导人。像这样的革命家型文人该是出类拔萃的，其于革命、于政治的理解应该是毫无"破绽"直线行进的，其从政心态当然应该表现出革命者毫无曲折波澜、一往无前勇猛进击的姿态。然而，问题就偏偏发生了。他在临终前写出的《多余的话》，剖明其从政心迹，表示他对于马克思主义信仰，始终"无从改变"，但自己终究是个"积习未改"的"文人"，自信搞文艺差堪胜任，然而"自己的政治能力非常薄弱"却要担负几年"政治领袖"的职务，"确实是一个'历史的误会'"。[①] 这一番颇遭致非议的"多余的话"，确乎道出了一类革命文人在革命剧变时期的真实心态。就如熟知瞿秋白为人的丁玲所说：这是一位"多感的文人"的坦率自我解剖，作者在"用马克思主义的利刃，在平静中，理智地、细致地、深深地剖析着自己的灵魂，挖掘自己的矛盾"，而其"在文学与政治上的矛盾"，本来就"不容易得到理解"，后人对其的误解必在所难免。[②] 看来，面

---

① 瞿秋白：《多余的话》，《瞿秋白文集》第7卷，人民出版社1991年版，第708、696页。
② 丁玲：《我对〈多余的话〉的理解》，《光明日报》1980年3月21日。

对特殊的历史文化语境,对于那些投身于文学与政治旋涡中的文人的复杂心理,的确需要细细领会。

值得玩味的是茅盾对这一类革命文人从政心态的理解。1979年前后,在"文化大革命"结束,拨乱反正之际,学术界曾就瞿秋白的《多余的话》展开过一场热烈讨论,对瞿文肯定者有之,否定者亦有之。茅盾也发表过《关于重评〈多余的话〉的两封信》,表述自己的意见。他并不认同对此文否定评价的看法,明确表示"我对于《多余的话》中他所谓搞政治是'历史的误会',深有体会","感到他是诗人气质极为浓厚的人,对他以犬耕自喻,只能认为是冷静的自我解剖"。① 两年后,当他撰写回忆录时,又对这一问题做出更完整、全面的阐说:

> 事隔多年,在"文化大革命"中,在秋白因为《多余的话》而重新被打成"叛徒"之后,我又重读了这篇自述。我看不出有什么叛变的事实。秋白不过是在走上刑场之前,真诚地坦率地解剖了自己,他一面高呼口号慷慨就义,一面却向人们毫无保留地暴露了自己的弱点和内心的痛苦。他不想成为完人。他不想在自己死后在人们心中树立一个虚假的伟人形象,他却希望后人以他为前车之鉴。他慨叹于自己由于"历史的误会"而被推上了政治风云的尖巅。这使我想起三十年代的一件事。他那时写给我和鲁迅的短信中,有一次署名"犬耕",我和鲁迅都不解其意,问他。他说,他搞政治,就好比使犬耕田,力不胜任。他又进而解释道,这并不是说他不能做共产党员,他仍是共产党员,信仰马克思主义,坚定不移。他又说,他做个中央委员,也还可以,但要他担任党的总书记诸如此类领导全党的工作,那就是使犬耕田了。他这自知之明、自我解剖的话,曾使我肃然起敬。②

无需多加引证,茅盾对瞿秋白从政心迹的理解,已是一目了然。他始

---

① 茅盾:《关于重评〈多余的话〉的两封信》,《历史研究》1979年第9期。
② 茅盾:《我走过的道路》(中),人民文学出版社1984年版,第292页。

终认为，瞿秋白对马克思主义信仰坚定不移，但又深感自己搞政治的力不胜任，于是就"向人们毫无保留地暴露了自己的弱点和内心的痛苦"，"他这自知之明、自我解剖的话，曾使我肃然起敬"。读着这样的文句，总使人感到他与瞿氏有么一种惺惺相惜之感，发见这两位同样带有诗人气质的革命家在文学与政治纠缠上的心灵相通和某种精神上的共鸣。这里，笔者无意于将瞿氏"多余的话"与茅盾的思想作简单类比，只想指出：茅盾对瞿秋白从政心迹的宽容理解，可以说明作为同是革命家型的文人，茅盾也有文人介入政治的独特感受与理解。他并不认为，文人从政，非要走上"政治风云的尖巅"，给人们树立一个政治上的"完人"或"伟人"的形象，他从战场上退下来，不再做职业革命家，是否也有放弃"犬耕"式的从政路径，选择自己力可胜任方式的考量？这并非没有可能，不妨说，这是茅盾借瞿氏之话表达的一种自知之明和自我解剖。

作为人文知识者和革命家文人，瞿秋白的从政心态以及为人为文、对革命做出的贡献，的确能在相当知识分子中引起广泛的心理共鸣。对于此种独特从政心态，并非所有政治家、革命家都能深切理解的。对瞿秋白评价的几次升沉变迁，已经提供了例证，其中不乏诬枉之词。而对瞿秋白能作宽容理解的恰恰是一班心灵相通的文人。鲁迅曾以"人生得一知己足矣，斯世当以同怀视之"一联赠秋白，这是鲁迅表述的绝无仅有的对至友的如此信赖。据茅盾回忆录所述，瞿秋白蒙难后，耗尽心力与财力，集资整理、出版其遗作《海上述林》的，恰恰是鲁迅、茅盾、郑振铎、叶圣陶、陈望道、胡愈之等一班"文人"。个中显现的恐怕不只是朋友之间的情谊而已，实在也还有政见相通、对文学与政治关系的理解相近的人文知识者之间的精神沟通。而茅盾与瞿秋白的关系，特别值得一说。

茅盾与瞿秋白的交往亦由来已久，瞿秋白堪称是其人生历程中少有的至交之一。他们的相识相交，既源于文学，亦缘于政治。就文学一面讲，瞿秋白深厚的文学功底为他所信服，所以其创作总是征求瞿的意见，《路》和《子夜》两部书稿都是吸收瞿的意见后定稿的，瞿对《子夜》的评价更使其心悦诚服。就政治一面讲。他们有缘相识，并不是因文字之交，恰恰是在共产党创办的上海大学的教务会议上。其时瞿任上大教务长，茅盾在中国文学系和英国文学系任教，共同做着培养中国革命优秀人才的工作。置身于同一革命阵线中，他们便有了频繁交往，且因同为文学家文人，20世纪30年代瞿在上海领导左翼文艺运动，彼此之间性、习相近，就有了更多共同语言，也更能理解各自的性格与心境。即使在茅盾一度离开革命队伍，同一阵营中的人对他多有误解时，能对他抱有热切关注与理解的人中就有瞿秋白。瞿秋白能充分理解茅盾于大革命失败后身份角色的转换，但不相信他会就此离开革命队伍，所以曾向上级组织反映，应恢复茅盾的党组织生活。"秋白后来告诉我，上级组织没有答复，而他自己正受王明路线的排挤，也无能为力。他劝我安心从事创作，并举了鲁迅的例子。"[①] 文友之间的相识相知，恐怕莫此为甚了。瞿秋白一生也经历过从文学到政治，又从政治复归文学的历程，这与茅盾的从文、从政经历亦颇近似，这样就使茅盾对瞿秋白"在文学与政治上的矛盾"也就有了更深切的体验。

从上述茅盾对革命家文人瞿秋白从政心境的理解，不难看出他自己的"文人从政"心态。他既有对主义、信仰的坚定持守，又有文人中的精英知识者对政治的独立思考精神；至于在激烈的阶级对抗中冲锋陷阵，甚至做出超越常规的极左行动，则既非其所长，也非其所愿，甚至还会产生一种极其痛苦的心理感受。他所希望的介入政治的方式，是愿意以自己所长，不断追随时代前进的步伐，坚持不懈地追寻社会进步与解放的真谛，从政的方式既可以是参与实际革命斗争，也可以是用文学的方式。以此心态从政，既保持了大多数中国文人勇于历史承担的品格，又有文人式的对于政治的独特参与方式。

因了上述缘故，作为一个曾对中国的革命与政治作过深入探究又介入甚深的人文知识者，茅盾对政治介入文学的方式便会有自己的独特理解与把握。

"从牯岭到东京"、从职业革命家到职业文学家的转变，这是他对自己人生的一次全面和理智的估衡，也是他第一次审视政治时与主流意识形态未能保持完全一致。他审度自己的性格、个性，深知自己并非"一个慷慨激昂

[①] 茅盾：《我走过的道路》（中），人民文学出版社1984年版，第15页。

之士","素来不善于痛哭流涕剑拔弩张的那一套志士气概"①,适合担当的还是作家文人的角色。然而,对革命的曾经的深情投入,注定他不会只做一个纯粹书斋型的文人,不屑于去当一个远离政治远离现实社会的作家,他愿意与现实政治保持一定距离,但又始终坚持与政治"在场"而非"离场"的身份。这时,小说创作便成了他沟通文学与政治的有效手段。沉迷于小说虚幻世界的建构,宣泄自我心灵的痛苦和创伤,他获得了前此未曾有过的艺术创作的快感;而置身事外又介入其中的对政治(革命)问题的探讨,透过文学形式表现出来,又确乎表达了他对政治的独特思考,其中包括与当时激进革命家判然有别的思考。正是因了这样独立不羁的摸索与探求,茅盾对大革命从兴起到失败的过程做了认真的反思,写出了不同于当时的主流意识形态又浸透了自己深切心灵体验的《蚀》等作品,留下了真切反映这段历史的珍贵艺术记录。从这个意义上说,他一度"停下来思考",便是一种颇为难得的独立思考精神,的确会闪现出思想的光芒。从茅盾对文人从政的思考看,在他那里,无论是参与实际革命斗争,还是采用文学的方式,都可以是从政的有效方式,关键是在于坚守理想、信仰,并为坚持自己的信仰而不懈奋斗。就此而言,他介入革命与政治,在相当程度上表现为一个人文知识者对理想与主义的执着追求,并通过自己擅长的方式为实现此种追求而努力。他并不认为自己真有那么一种"治国平天下"的本领,可以成为振臂一呼、应者云集的英雄,当然也不是出于希求通过介入政治的方式谋取个人权位的利害打算,他认为自己适宜担当的角色是作家,是文人。"左联"时期,他一再要求辞去"左联"行政书记的职务,主要的考量是自己没有兴趣也没有能力驾驭"左联"全局,心甘情愿当一个作家;中华人民共和国成立以后担任文化部长、作协主席等一干职务,他依然多次要求辞职,认为自己不适合于做官,适于他的还是当一个作家。但不论处于何种状况,不变的是他对主义的坚定持守。中国的许多知识分子在"五四"大潮的裹挟下,对各种主义兼收并蓄,最后认同某种主义,是出于对其作深入"研究"以后,终于认定实现此种主义是改造中国唯一有效的路径,乃有其对主义的坚定信仰与坚定持

---

① 茅盾:《从牯岭到东京》,《茅盾全集》第19卷,人民文学出版社1991年版,第180页。

守。据茅盾说，1920年7月上海共产主义小组成立时，很多人原先是带有"研究"性质参加小组的，后来听说这就是共产党，那他们不能参加，缘由是他们还要坚持自己原来信奉的思想与主义。① 而茅盾对共产主义确实是做了认真的切切实实的研究，才有对其的坚执信念，不但同那些名为"研究"实取观望态度的人截然不同，便是同后来不时出现的动摇者亦判然有别。人文知识者确立自己的信念，那是建立在对信念真谛真切理解的基点上的，所以信念一旦形成，就很难改变。茅盾一生经历了那么多曲折与矛盾，但他对自己选定的信念始终如一，这便是一个人文知识者从政的可贵之处。

置身于激流中的政治抉择——既不乏介入革命激流的政治热情，同时又显出更阔大的政治文化视野，表现出对现实政治、社会现象的更深邃的思考，是茅盾成为左翼作家以后对文学介入政治的基本态度。此种态度使其文学中的政治含量有更宽泛的内涵，带有相当程度的对阶级文学的超越性。20世纪30年代的中国左翼文人，大抵和政党政治有着密不可分的联系，而政党政治"为的是要保证社会革命获得胜利和实现这一革命的最终目标——消灭阶级"②，由是，左翼作家趋向于政党政治、阶级政治的目标，亦无可厚非。但茅盾对左翼文学只表现单一政治目标，似乎并不满意。他对"左联"的态度即是一例。身为"左联"作家的他，却对"左联"的决议"多半是直觉的不赞成"，尤对"左联"不重创作，热衷于搞"飞行集会"之类很不以为然，他对"左联"的评价"说它是个文学团体，不如说更像个政党"，隐隐透露出不满情绪③。这不能说他已放弃了左翼文学的立场，实在是他对政治介入文学有他自己的理解。在他看来，文学（包括左翼文学）参与政治，应有更广泛程度的参与，那种以为"惟有描写第四阶级生活的文学才是革命文学"，

---

① 据《茅盾回忆录》说：上海共产主义小组成立时，发起人中本来还有张东荪和戴季陶，可是刚开了一次会，张和戴就不干了。张东荪所持的理由是：他原以为这个组织是学术型研究组织，现在说这就是共产党，他不能参加，因为他是研究系，他还不打算脱离研究系。戴季陶不干的理由是怕违背了孙中山的三民主义。参见茅盾：《我走过的道路》（上），人民文学出版社1981年版，第175页。
② 马克思：《国际工人协会共同章程》，《马克思恩格斯选集》第2卷，人民出版社1972年版，第138页。
③ 茅盾：《我走过的道路》（中），人民文学出版社1984年版，第52、56页。

必将使文学走进"一条极单调的仄狭的路"。① 因之，就有他寻求拓宽文学表现政治路径的独特思考，也不难领会其创作所蕴含的独特意义。

四、文学家茅盾介入政治的独特呈现方式

关于文学与政治的关系，茅盾有过很多论述，其中最值得注意的是从文学家的角度对此的阐释。20世纪30年代初，他曾写过一篇题为《文学家可为而不可为》的文章。此文论及文学与政治的关系，论及知识文人在复杂社会现实中应该采取何种态度，这对于审视茅盾的文学观与政治观，看待其自觉的社会角色选择，是颇有启迪的。文中写道：

> 有两种人要做文学家。
> 　一种是自命风雅的人，觉得政治是龌龊的，做生意是卑鄙的，而有涯之生恰值有闲之年，于是笑傲风月，寄感遣愁，做做文学家罢。这一类的清高文人，其实很少真能"清高"者；所谓身在山林心萦魏阙的人，古来就很多，现在是更不用说了。
> 　又一种是相反的。他们知道你不管政治，政治却要管你；他们知道在万般商品化的社会里，文学也有商品化的危险，而且已在逐渐商品化了；他们知道文学不是个人得意时作消遣失意时发牢骚的玩意儿，文学是表现时代，解释时代，而且推动时代的武器；他们要做文艺家，正因为关心着政治的腐败，社会的混乱，以及文学商品化的危险。
> 　这两种人，是两种人生观，两种世界观。在现代中国，这两种人同时出现于文坛。而且在现代中国，因为政治的腐败，斗争的剧烈，所以这两种人的前者自然而然会成为保守派，成为现状维持者，成为麻醉剂，烟幕弹；而后一种人就会走上了前进的路，成为现状的反抗者，成为革命化。②

---

① 茅盾：《欢迎"太阳！"》，《茅盾全集》第19卷，人民文学出版社1991年版，第165页。
② 茅盾：《文学家可为而不可为》，《茅盾全集》第19卷，人民文学出版社1991年版，第443页。

在此文中，茅盾论述的两种文学家：讳言政治的"清高文人"与不避政治、"关心着政治"的文艺家，是用政治文化视角对现代中国文坛存在着两种对立状况的精到理论概括。在茅盾看来，文学家之参与政治，并非可有可无，亦非权宜之计。因为"你不管政治，政治却要管你"；因为"在万般商品化的社会里"，文学已被"商品化"，失却了其自身的固有价值；因为远离政治、太过个人化的文学表达，已同"表现时代，解释时代，而且推动时代"的文学要求相距甚遥。凡此种种，皆不足以适应文学的变革需求，对此的救治之道，便是做一个"关心着政治的腐败，社会的混乱，以及文学商品化危险"的文艺家，以使自己"走上前进的路，成为现状的反抗者，成为革命化"。

应该说，在这篇仅千余字的论文里，由于论述并未充分展开，也许对全面理解茅盾的文学观、政治观并不足够；同时，由于此文的写作是在20世纪30年代初中期左翼文艺思潮与各种错误思潮激烈争斗时期，明显烙有特定时代印记，文中对文学政治化的强调，以及将偏离政治的文学一概举为"保守派""麻醉剂""烟幕弹"之类的论说，显然是出于左翼的眼光，激烈批判有余，具体分析不足。但在此文中，茅盾基于对当时社会现状的分析，从一个作家文人的使命感出发阐述文学与政治，对文学偏离政治的可能性与危险性亦有精当剖析，不失为一篇颇有见地的文章。文中举出的两种文学偏离政治的倾向，有可能导致的危险性：一是因"自命风雅"把文学看成是个人消遣的"玩意儿"；二是远离政治，却融合在"万般商品化的社会里"，会出现"文学的商品化危险"。如此论析，揭出了一些作家讳言政治的真实意图，由此必导致真正意义上的文学的变色变味，触及了当时文学创作的许多弊端；同时这也是对一种具有普遍性意义的文学现象的观照与分析，即便在今天，仍不乏警示意义。更重要的是，从中可以概见茅盾把握文学与政治关系的基本态度，而这正可以在其社会实践和文学实践中找到鲜明印证，因此此文所论，也就成为我们探究其处理文学与政治关系的一个重要理论视角。

由于茅盾有着处理文学与政治关系的鲜明态度，其注目当代社会、注重社会分析的文学创作模式，也露出显著的政治化倾向，故此点多为人们论及，且常予以诟病。笔者以为，笼统而不加区分地谈论文学与政治的关系，并不是对艺术问题的准确阐释；倘若一联系与政治保持密切关联的作家，立即引起对其创作的反感，就会形成对此类文学的偏见。正如瞿秋白在《鲁迅杂感选集·序言》中引用卢那察尔斯基在《高尔基作品选集序》中所说的："象牙塔里的绅士总会假清高的笑骂：'政治家，政治家，你算得什么艺术家！你的艺术是有倾向的！'对于这种嘲笑，革命文学家只有一个回答：'你想用什么骂倒我呢？难道因为我要改造世界的那种热诚的巨大火焰，它在我的艺术里也在燃烧着么？'"[①]这段充满政治激情的精妙语言，历来为人们推崇，就在于它阐述了一个简单明白的道理："倾向性"并不是艺术之病，革命文学家也不否认文学的政治倾向性，但与政治结合的文学并非不是艺术，只不过那是燃烧着政治激情的艺术。由是，凡是对那些充满政治热情，对政治确有独到见地而又进行严肃认真创作的文学家的认识，都应作如是观。

当然，问题也没有如此简单。政治介入文学，政治倾向性的艺术表达，毕竟存在着复杂状况。倘若文学表现的社会政治内涵是单一与单调的，必导致创作陷于空洞与枯燥；如果创作中的倾向性表达只是单纯的政治说教，也会与艺术要求相距甚远。所以对作家在文学创作中的政治表达或文学表现政治，必须提出政治与艺术的完美结合的要求。以此论说茅盾创作中的政治介入，同样需要提出这样的要求。这不是说茅盾的创作已达到了政治与艺术的完美结合，与这要求相对照，或许还有相当距离；但不能不指出的是，注意到茅盾在政治文化介入过程中有自己的独特介入方式，其创作在处理政治与文学关系上有其独特呈现方式，注重政治内涵的艺术表达，那么就可发现，在中国现代作家中，茅盾是努力避免片面性，力求做到政治与艺术完美结合的作家之一。张光年在阐述茅盾的革命实践与文学活动时，曾对其这两者关系的处理有过论说，他认为茅盾毕生"以对共产主义事业的坚贞信念与艺术上的精益求精的精神从事文学活动。文学家与革命家，在茅盾身上得到完美的结合"[②]。此说颇应引起我们重视。

---

① 瞿秋白：《鲁迅杂感选集·序言》，载《鲁迅杂感选集》（瞿秋白编录并序），上海青光书局1933年初版，上海文艺出版社1980年重印。
② 张光年：《文学家与革命家的完美结合——在纪念茅盾诞辰九十周年大会上的讲话》，《茅盾九十诞辰纪念论文集》，作家出版社1987年版，第6页。

第三章 作家本色:"文人从政"心态与独特呈现方式

论述茅盾的政治文化态度,不可不谈其文学创作,因为作家的文化选择、观照视角毕竟主要是在文学实践活动中显现出来的。基于茅盾的文人从政心态及其对文学与政治关系的独特认知,便有其体现政治与文学联姻的创作,由此亦显示出人文知识者看待文学与政治关系在创作中的独特呈现方式。考量其创作意义也不可割断整体的文化背景,以及作家独具的文化态度与政治眼光。倘若联系20世纪中国的文化语境,作家介入政治是一种普泛性的文化需求,同时也联系茅盾以文人心态从政的实际,他对于政治介入文学,常常显出作为一个人文知识者而不单纯是政治家对政治的思考,那么,对其与政治联姻的文学创作也应有积极的评价。要而言之,下述三个方面是论其创作应予特别强调的。

其一是拓宽政治文化内涵,延展文学对政治的多向度渗透。

政治介入文学,容易出现的弊端,是政治叙事的过于单一或单调,作家在一个既定的政治理念支配下进行创作,作品只成为诠释单一理念的政治传声筒,这既使政治叙事显得枯燥乏味,也必欠缺文学应有的丰富内涵。茅盾的政治叙事,与此很不相同。观照茅盾创作显露的政治化倾向,最适宜的研究视角是阿尔蒙德的"政治文化学"理论。"政治文化是一个民族在特定时期流行的一套政治态度、信仰和感情。政治文化是由本民族的历史和现在社会、经济、政治活动进程所形成。人们在过去的经历中形成的态度类型对未来的政治行为有着重要的强制作用。"[①] 按此理解,茅盾堪称是典型的特定时期中国政治文化的文学表达者。这固然取决于特定政治文化需求对茅盾的召唤:他过去的革命经历及其面对的复杂文化环境,势必对其文学创作中的政治介入产生重要的强制作用。设若茅盾没有以往那种对社会选择的执着追求,没有那一段充满政治热情的职业革命家生涯在时时唤起他的政治热忱,就不会成为职业文学家以后依然一如既往表现出对政治文化的关注,至少不会刚返回文学岗位,就立即着手于用文学形式介入现实政治。另一方面也须看到,茅盾的政治叙事的确包含着丰富复杂的政治文化内涵。其创作注目于当代社会的解剖,且将笔触延伸到社会活动的各个侧面,是一种特定时期政

[①] 〔美〕加布里埃尔·A.阿尔蒙德、小G.宾厄姆·鲍威尔:《比较政治学:体系、过程和政策》,曹沛霖等译,上海译文出版社1987年版,第29页。

治文化的整体性呈现。这源于作家对现实主义精神的坚定持守和对特定时代精神、时代情绪的把握。库尔贝曾经说过:"一个时代只能够由它自己的艺术家来再现。我的意思是说,只能由活在这个时代里的艺术家来再现它。"① 茅盾就充当了这样的时代精神的表达者。其对时代精神的表达,不限于一个固定视角,并不如人们想象的那样只是单一阶级政治的阐释,而是延展到"本民族的历史和现在社会、经济、政治活动进程"的多个侧面,实现了文学对政治的多向度渗透,从而使政治叙事变得并不简单。

审度其创作的两个基本主题,无论是前期作品对大革命历史经验的总结(如《蚀》《虹》《野蔷薇》等),抑或是后期以《子夜》为代表的大规模描写和解剖当代社会的创作,无一例外都联系着多样政治活动进程,这是其创作区别于其他作家的重要标识。他似乎天生对狭小的文学格局不感兴趣,只是热衷于解剖整体社会的宏阔叙事,于是就有其创作对中国民族"当代史"的精彩演绎。在特定的时代语境中,将政治叙事机制融进创作,虽然"当时他们是不太完美的","然而那是完美的开始"②。对茅盾而言,也可说,他并不是那种刻意寻求艺术独立性的作家,政治文化叙事使其在艺术创造性上或有所失,但其以一个作家的历史担当精神承负起民族政治表现者的角色却是独步文坛,这是其创作的独特历史价值所在。茅盾创作的最显著特点是对历史价值的追求,对"史诗"创作传统的遵从,力图用宏大的历史叙事把握阶级、民族、国家乃至个人的现实动向与发展趋势,书写的不再是片断的个人灵感、情绪,而是全民族的集体记忆与情感。从这个意义上说,其创作具有体现崇高风格的史诗格调追求还是颇切合的,尽管其提供的文本同真正意义上的史诗还相距甚远。作为人文知识者的作家,面对变动不居的文化潮流,任何时候都不可或缺的是应有的历史担当精神,任何时候都需有关注现实、关注时代的热忱,这应是茅盾创作给人们的重要启示。

其二是强化理性思维参与创作,显现人文知识者阐释政治的独立思辨精神。

在政治叙事中,为凸显政治理念,理性参与必不可少。茅盾的创作素来

---

① 〔法〕库尔贝:《给学生的公开信》,《西方文论选》下卷,上海译文出版社1979年版,第221页。
② 转引自梁山丁:《受欢迎的缪斯》,《烛心集》前言,春风文艺出版社1989年版。

以理性化著称,他甚至直言其创作总是"从一个社会科学命题开始的"[①]这样颇为"出格"的主张。这里面有属于个人经验乃至写作习惯之类的东西,但从更开阔的背景上看,却是茅盾作为人文知识者的作家思考政治问题的一种特有习惯与方式。上文曾阐述过,茅盾对哲学、经济、教育、历史、社会学等社会科学理论表现出浓厚兴趣,并做过深入的理论思考,这可以在其留下的一系列理论著述中得到佐证。因此他作为人文知识者,不只是文学也包含在人文内涵里给出的角色定位,实在也是他一个地道的人文科学、社会科学研究者而应得的称号。这样的多重角色,这样的学识积累,不但使其在长期的革命实践中往往形成对政治问题的独立思辨精神,对复杂的政治现象做出自己的独立判断;更重要的是,当他后来用文学表现现实政治时,也会有自己的理性思索,而获得政治问题的真知灼见,不可能像一般政治家那样只是止于政治现象的表象分析。所以他十分重视作家的社会科学理论积累,诚如其自述的:一个作家"不但须有广博的生活经验,亦必须有一个训练过的头脑能够分析那复杂的社会现象;尤其是我们这转变中的社会,非得认真研究过社会科学的人每每不能把它分析得正确"[②]。文学创作中的理性参与,也是一个复杂的理论问题,茅盾的创作存在复杂状况,这里暂置不论。只想指出一点,从政治叙事角度看,注重科学分析浓厚了创作的理性色彩,使其作品中表达的政治文化理念愈益显露,也愈见其审视政治的独立思考精神。

这可以举出茅盾许多小说(如《子夜》《林家铺子》《春蚕》等)透过社会经济结构的解剖来探索中国社会根本性问题的例证。例如,"资本主义道路在中国走不通"是一个尖锐的政治命题,但茅盾通过对社会经济问题的切实思考与研究,从经济视角表现它,便使其有独到的发现,小说表现的侧重点与提出的社会政治问题就见得非同一般。《子夜》中贯穿始终的是一条明晰的经济线路,作品描写的公债市场、金贵银贱、厂经跌落、银根吃紧,等等,便是与社会变动息息相关的一个个经济问题;而主人公吴荪甫办民族工业失败,破产出走,给他以毁灭性打击的,并不是工厂罢工、农村暴动,而是公债市场上的投

---

① 茅盾:《我怎样写〈春蚕〉》,《茅盾全集》第 23 卷,人民文学出版社 1996 年版,第 215 页。
② 茅盾:《我的回顾》,《茅盾全集》第 19 卷,人民文学出版社 1991 年版,第 406 页。

机失败，这就把外资入侵、民族经济崩溃导致社会弊端丛生的根源揭露无遗。茅盾的理性分析，显然比单纯强调阶级斗争理论的政治家高明得多，以此把握创作，必使小说的政治批判达到应有的对社会的认识深度和批判力度。

其三是调动多种现实主义叙事技巧，实现文学对政治的艺术表达。

论及茅盾创作的叙事，也应指出，政治文化、理性思维作为非文学因素与文学性构成矛盾，其在创作中的参与应是有限度的，作家必须审慎地对待政治理性在创作中的介入，尽力实现文学对政治的艺术表达。在这方面，茅盾所独具的现实主义表现功力，起到了重要作用。韦勒克就曾谈到现实主义的先天命运——政治性与文学性的冲突，但他也指出："在现实主义中，存在着一种描绘和规范、真实与训谕之间的张力。"[①]这说明，作家如果能突破政治阐释时规范和训谕的制约，也能获得真实艺术描绘的现实主义张力，从而有效克服理性思维给艺术带来的损害。茅盾基于其对本真现实主义精神的理解，在处理理性与艺术的关系时颇有值得称道之处。比如注重观念的形象化表达，理性在艺术形式中的介入是采取渗透而非直接表露的方式。他曾多次谈到"'人'——是我写小说时的第一目标"，应当"把'人物'作为本位，尊为第一义"，这表明他对理性思维主要是寄寓在"人"（或者说是形象）身上完成，是有清楚认识的。因而尽管其小说常以主题制胜，但"观念"并不是被单独"复制"，而是透过人物的复杂命运逐步透露出来，其作品给人印象最具体、最深刻的还是那些独具个性的人物形象（如吴荪甫、赵伯韬等）。他还十分重视多种现实主义技巧的娴熟运用。就如普实克所说，茅盾"所用的是欧洲正宗的现实主义方法"，其创作特点是"隐去故事叙述者的一切痕迹"，"不带主观色彩的描写"，使用经过润饰的文学辞藻等。[②]这使其小说的政治叙事不具有明显的主观色彩，又能有效运用规范的现实主义手法，包括精细的叙事、饱满的结构，以及驾驭众多人物的能力，使作品理性的参与能自然地融汇在整体的艺术表现中。这便是一个政治色彩浓厚的作家，能在文学创作中准确处理政治与文学关系的独特价值所在。

---

① 〔美〕R. 韦勒克《批评的诸种概念》，四川文艺出版社 1988 年版，第 232 页。
② 〔捷〕普实克：《论茅盾》等文，转引自李岫编：《茅盾研究在国外》，湖南人民出版社 1984 年版，第 736、625 页。

第四章　创作文本：政治文化内涵与其多重意义生成

从特定历史文化语境中解读茅盾，我们看到，文学家茅盾潜行于文学与政治之间，所呈现的是以担负文学家与革命家、政治家的多重角色凸显于现代中国文坛的意义，其与政治文化的关联，相当程度地映现出20世纪中国文化的诸多特点，从而显出置身其间的这位颇具特色的文学家参与政治的独特方式及其蕴含的丰富文化内涵。

探讨茅盾用文学介入政治所蕴含的丰富文化内涵，可以有多个视角的透视，但最重要的是对作家创作文本的深入解读与透辟分析。因为文学创作作为作家思想、心灵的结晶，最能体现作家是用何种思想文化观念支配其创作，其在特定文化背景下生成的整体文化思想，包括独特的政治理念、政治态度，都会在创作中逐一透露出来；作家把握政治的独到发现及其独特呈现方式，也总是显现在创作文本中，从中可以获取远比单纯阐释作家政治思想更为切实可靠、更具实际效应的东西。因此，从政治文化视阈审视茅盾的创作，尤需关注的是其政治文化理念的独特性与其通过创作表现政治文化的独创性。这里，联系茅盾以文人心态从政的实际和作为人文知识者表达政治文化理念，至关重要。如上所言，茅盾对政治介入文学，常常显出作为一个卓有建树的人文知识者而不单纯是政治家对政治的思考，其对现实政治总是显出独立判断和不随流俗的一面，也不会只是止于政治现象的表象分析，而是灌入了一种清醒的理性分析精神。基于此，遂有其创作文本具有开阔、丰富的政治文化内涵，有其对中国现代政治文化的深层开掘与独到发现。透过对茅盾创作文本丰富的政治文化内涵的剖析，不难看出其创作处理文学与政治的关系确有独到之处，对其作简单化理解实不可取。

一、"政治文化"视阈中的文学政治化倾向

政治介入文学，是中国新文学的一个突出表征。因为在相当程度上和相当长时间内，中国新文学创作直面的是现实社会革命，许多作家本身就同政治有着割不断的情缘，其创作总是同反映社会问题包括政治制度变革紧密相关，势必带有浓厚的政治倾向性。诚如李欧梵所指出的，从中国现代作家"感时忧国"的精神出发的现实批判可以概括为"社会—政治批判"。[①] 然而，文学与政治联姻，毕竟呈现着复杂状况，它注定将不停地被后人以各种方式言说；在文学命题内，因政治的强化有可能削弱艺术表现也历来成为人们诟病带有明显政治化倾向文学的理由。我以为对其做简单化处理不利于文学历史经验的总结，重要的是对中国新文学的这一突出表征和重要形态，做出准确、科学的评价。

政治化倾向作为一种被接受、被阐释的文学现象，在不同的接受者和阐释者那里有着认同和诠释的差异，这种差异是如此广泛，以至于对同一个作家、同一类型的作品会做出截然相反的判断。在各类文学形态中，恐怕没有哪一种像具有较强政治功利性的文学创作那样遭受过这么多的非议甚至于攻讦。公允地说，此种类型的文学能作为经典文本传留于世的确实不多，但并不能就此认为文学与政治是毫无关系的，文学与政治联姻是不可思议的；相反，文学无法远离政治，无法拒绝政治的渗透。卡尔·鲍海姆有言，"艺术、文化和哲学由于是由当时社会和政治力量所塑造的，所以只不过是那个时代主要乌托邦思想的表达"[②]。社会政治力量塑造文学和文学成为特定时代乌托邦思想的表达者，这在所有文学特别是现实主义文学中会得到显著的呈示。"当作家转而去描绘当代现实生活时，这种行动本身就包含着一种人类的同情，一种社会改良主义和社会批评，后者又常常演化为对社会的摒斥和

---

① 〔美〕李欧梵：《现代性的追求》，生活·读书·新知三联书店 2000 年版，第 229 页。
② 〔德〕卡尔·鲍海姆：《意识形态与乌托邦》，商务印书馆 2000 年版，第 227 页。

厌恶。在现实主义中，存在着一种描绘和规范、真实与训谕之间的张力。这种矛盾无法从逻辑上加以解决，但它却构成了我们正在谈论的这种文学的特征。"[1] 韦勒克在这里就谈到了现实主义的先天命运——思想性与文学性的冲突。他显然是排斥文学的政治功利性的，但他也不得不承认，"描绘和规范、真实与训谕"正是现实主义自身特有的一种张力。而规范和训谕往往和政治性紧密相关，尤其是在不排斥教化（训谕）功能的现实主义文学创作中，一旦使教化成为一种带有鲜明政治倾向性的教化，就会形成对社会问题、社会现象的政治性阐释，于是就有可能产生带有思潮性的文学现象，"政治化"现实主义文学便是如此形成的。

在中国新文学现实主义思潮的形成过程中，政治思潮的影响力始终不能低估，而在特定时期还表现出强力显现的态势。这同这个时期特定的社会政治环境以至于国际大背景密切相关。20世纪依旧是现实主义文学得到发展的时期，政治对文学的渗透也依旧彰显，尤其是政治化思潮特别浓重的"红色的30年代"。这显然是在世界资本主义经济和精神双重危机压迫下形成的，于是就有所谓"政治朝圣"的热潮。"所谓政治朝圣，主要发生于三十和六十年代，是西方文明或是陷入严重的经济和社会危机，或是面临深刻的精神和价值危机的时代，西方知识分子因而转向其他社会寻找替代"，而社会主义体制"赋予了世俗生活以神圣的意义，使得全体人民具有了同一感和目的意识，整个社会因而凝聚成了某种共同体"。[2] 从这个角度可以解释当时西方的知识分子何以认同"红色的苏联"一度形成一股潮流，许多作家也因此而纷纷"左"倾；同时也可以理解一大批中国作家走向左翼，掀起了中国现代文学史上规模和声势最壮的无产阶级文学运动，文学的政治化和阶级性的强化达到了前所未有的程度。鲁迅在20世纪30年代"由个性主义向集体主义"转化（瞿秋白语），重视文学的阶级性、政治性要求，成为左翼文艺运动的一面旗帜，当是最典型的例证。

然而，从深层次考量，中国新文学作家对政治的认同，还不仅是个别作

---

[1] 〔美〕R. 韦勒克：《批评的诸种概念》，四川文艺出版社1988年版，第232页。
[2] 程映红：《政治朝圣的背后》，《读书》1998年第9期。

家的行为，而且带有一定程度的普泛性；他们在创作方法上选择现实主义，在文化观念上选择政治倾向性，有着特殊的政治文化学意义。而此种现象的生成，则关联着本民族的政治文化生态及作家的创作心态。中国新文学的现实主义选择，就联系着特定的政治文化背景。用文学革新社会，是中国近现代知识分子的集体情结。新文学产生前夜，现实主义就已受到青睐，文学与政治的关系也备受关注。梁启超鼓吹"小说界革命"，欲以改良国民和社会，率先引进西洋"写实派"小说，便是基于其姿态鲜明的"小说救国论"（"欲新政治，必新小说"）。这种对文学政治功利性的极力推崇，就成为中国新文学的一种重要创作机制。"五四"新文学诞生，为中国全面接受现实主义提供了必备条件，而对现实主义功能的理解，则明显向着服从于政治性、群体性、阶级性一面急剧倾斜。整个20世纪前半期，中国处在内忧外患、战乱频仍的社会文化环境中，对于深受阶级压迫、民族压迫的中国人民（尤其是身处底层的劳动者）来说，政治生活远较其他社会生活（包括个人精神生活）更受关注。没有阶级和民族的解放，遑论个性解放？以此之故，中国新文学在"启蒙"与"救亡"的双重变奏中，总是呈现出"救亡"压倒"启蒙"的态势。而当20世纪30年代阶级矛盾、民族矛盾日益加剧、社会危机更趋尖锐化之机，强化文学的社会意识与政治意识，更是顺理成章。

从作家主体一面说，政治文化生态中形成的作家创作心态，注定了政治与现实主义文学有着无穷的缠绕。政治化诉求是现代知识分子寻求重建文化秩序和精神支柱的自觉行为。"士志于道""明道救世"是中国知识分子素来的传统，在现代社会则将其转换为创建现代民族国家的新主题，而且新文学处在一个社会危机频频的话语场中，社会历史处境将最终决定作家忧民患世的创作心态。在这样的政治文化生态中，便注定关注政治不会仅仅是少数作家的行为，还有可能成为作家的普遍心态，不谈政治的文艺思想反而有可能被认为是落伍的思想。如抗战时期朱光潜提倡文学创作中的"心理距离说"，当即就受到巴金的质问："我不知道以青年导师自居的朱先生要把中国青年引到什么样的象牙塔里去。"[1] 像巴金这样政治化理念并不很强的作家尚且如

---

[1] 巴金：《向朱光潜先生进一个忠告》，《中流》第2卷第3期。

此，政治观念强烈的作家就更不论了，政治文化对作家创作心理、创作思想的制约力莫此为甚。

作为特别注重社会选择而又与现实革命斗争联系紧密的新文学作家，茅盾的人生经历及其文学创作同政治的关联自然超过一般作家。在其早期文论中，论及文学的特质，就不排斥文学以外的因素，诸如社会思潮、政治思潮、思想思潮等等。比如他认为新旧文学家的区别是在于，"旧文学家是有了文学上的研究就可以动动笔的，新文学家却非研究过伦理学、心理学（社会心理学）、社会学的不办"；介绍西洋文学，"先得研究他们的思想史，他们的文艺史，也要研究到社会学人生哲学"[①]，强调了文学是诸种因素的综合，不可偏废社会科学、思想思潮对文学的影响。又比如他非常看重环境对文学生成的作用，但"环境不是专限于物质的，当时的思想潮流、政治状况、风俗习惯，都是那时代的环境，著作家处处暗中受着他的环境的影响"[②]，就显出要求作家把握精神因素的环境在创作中的运用。《文学与政治社会》一文，是专论文学与政治关系的，此文中他列举大量文学史例证，论证文学总是要"趋向于政治的或社会的"，例如19世纪俄国文学"几乎都是政治的或社会的"，缘由就在其时"俄国政治的腐败，社会的黑暗达到了极点"，作家的创作就有显著的"政治意义和社会色彩"；匈牙利文学更甚，"全部的匈牙利文学史就是匈牙利的政治史；除了作者的社会的背景，匈牙利文学就没有背景"；挪威亦然，"19世纪末挪威的文人没有一个不热心政治问题社会问题的，就因为那时代的挪威人的全心灵都沉浸在政治独立这个问题里"。[③] 这样鲜明的文学与政治交融的观点，显然对茅盾文学思想的形成产生重要影响，甚至也会影响到其人生道路的选择。茅盾自述其早年的经历，便是在文学与政治的交错中度过，担负了政治家与文学家的双重角色。他完全走向文学，并以小说家名于世，已是在大革命失败以后，其第一部小说《蚀》三部曲便是其亲历大革命实践的真实情感记录。这种文学与政治结缘的形态类型，典型地反映了中国知识分子在革命高扬年代投身政治，革命受挫以后又专注于

---

① 茅盾：《文学家的责任是什么》，《茅盾全集》第18卷，人民文学出版社1989年版，第9、10页。
② 茅盾：《文学与人生》，《茅盾全集》第18卷，人民文学出版社1989年版，第279、280页。
③ 茅盾：《文学与政治社会》，《茅盾全集》第18卷，人民文学出版社1989年版，第279、280页。

文学的状况。对于像茅盾这样抱有历史参与意识的作家而言，政治与文学的价值是等量的，投身政治与从事文学并无本质的差别，他们时而专注政治，时而转向文学，只是身份与角色的转换，而政治意识则始终伴随在他们担负的各种角色中，这就注定了其从事文学创作也不会疏离政治，其各种创作文本中显露政治倾向、政治色彩也便成为一件无须掩饰、无须回避的事情。

然而，茅盾毕竟是一位担负了多重角色的文化人，其将政治融于文学，的确又有其独到之处。特殊的历史文化语境决定着人文知识者担当适合于自己的角色，同时也决定着作家文人的文学创作心态。茅盾对政治、社会科学、社会革命都抱有浓厚的兴趣并做出相应的建树，可视为是文化的"综合体"，但就其一生的业绩看，最重要的应是作为一个作家、文学家的角色定位。而其个人的气质、秉赋与特长，又使他即便从事职业革命，也是一个文人气质极重的革命家。他在成为职业革命家时"简直的和文学暂时绝缘"，但仍经常产生写小说的强烈创作冲动，这是他在大革命失败后由革命家立即转化为小说家的直接动因，而革命家与文学家的交替换位，又形成其创作独到的政治文化介入方式。基于文人心态的从政，茅盾创作的政治文化介入程度有深浅之别，他常常表现出对政治、对革命力不从心的一面，而文人本色又使他较一般政治型作家有更多的对于文学的牵挂，于是就造成了他在政治与文学的周旋中的复杂性与矛盾性。而这种矛盾性的呈现，体现在文学创作中，就既显示出他为文不忘救亡的文人士大夫精神，但也不会只是扮演一个唱着革命高调的极左革命家的形象。其创作文本的矛盾内涵，常常产生政治要求与个人表达的背离，形成他对政治、对文学的独特体认，则又显现出其小说政治叙事的一种特有张力。

另一方面还须看到，茅盾是作为一位人文知识者而并非一般政治家凸显于中国文坛，既有对主义的坚定持守，又有文人中的精英知识者对政治的独特理解；以此心态从政，保持了大多数中国文人勇于历史承担的品格，又有文人式的对于政治的独特参与方式，其中特别显现的是作为一位人文知识者驾驭文学与政治的理性思辨精神。20世纪的中国文化人，尤其是精英知识分子，他们都有着各自的文化接受和积淀，其基于对历史和现实的深切审视及其长期知识积累所形成的一整套观念系统，总是显出独立判断和不随流俗的一面,也总会显露出以自己的眼光去观照政治的独特姿态与视角。茅盾擅长于对事物做理性的分析,以及具有开阔的思想文化视野,使他习惯于对社会政治现象做取精用宏的分析与透视,这就为其创作文本的政治倾向赋予了多重政治文化内涵。

鉴于上述理解,对茅盾创作文本的政治叙事及其蕴含的复杂性与独特性,确实应有充分的认知,而对其创作文本政治内涵的多重性及其产生的多重效应,则需要加以分门别类的考察与分析。细细分析茅盾的创作,不难发现它也包含了多重政治文化内涵,于是其创作的政治化倾向便有了生成多重意义的可能性,这为文学与政治联姻提供了有效经验;当然政治介入文学,并非在所有情况下总是有效的,也会有难以避免的失误,同样值得认真总结。

二、"民族政治"与现代民族国家想象

在现实主义文学中,政治对文学的渗透带有普遍性,但也有程度上的差别。我们这里所说的"政治化"倾向文学,指的是明确标举文学为一定的政治路线服务,对社会现象做出旗帜鲜明的政治阐释,政治化程度甚深的文学类型。关于文学创作的政治叙事,笔者依据中国新文学中的"政治化"现象,曾提出存在着两种最基本的形态:"阶级政治"的阐释与"民族政治"的阐释。[①] 政治是指"阶级与阶级之间的斗争","其表现形式为阶级、政党、社会势力和社会集团"[②] 的活动,这是偏重于阶级政治的阐释。而阿尔蒙德的政治文化学理论则强调:政治文化是由本民族的历史和现在社会、经济、政治活动进程所形成,表达的是一个民族在特定时期流行的一套政治态度、信仰和感情,按此理解,则政治文化主要应表现为"民族政治"的阐释。事实上,这两种政治阐释,在我国新文学中都不同程度地呈现,而民族政治阐释又以其更宽泛的内涵,成为多数新文学作家的选择。

如果说,阶级政治阐释具有一定的阶级限定性,那么民族政治阐释以其

---

① 参见王嘉良:《文学与政治联姻:现实主义的张力与限制》,《文学评论》2009年第5期。
② 《辞海·语词分册》(下)"政治"条,上海辞书出版社1977年版,第1551页。

民族视野的拓展就有着较大的普泛性与包容性。政治文化作为"一个民族在特定时期流行的一套政治态度、信仰和感情"的呈示,决定着民族政治话语的不可或缺,中国新文学的"社会—政治批判"也不会限于单一的阶级政治话语。事实上,新文学作家在"走向现实"与"政治批判"聚合的历史过程中,表现出强烈的创建现代民族国家的乌托邦构想,这为他们用文学变革社会提供了一个共有的"阿基米德点"——用民族视角观照社会、批判社会,于是由政治批判演绎的国家意识、民族意识、平民意识伸展了现实主义的张力,它可以体现在不同政治倾向、不同阶级立场的作家身上,避免了政治批判仅止于单纯的意识形态纠缠,从而大大深化了现实主义的表现内涵。

20世纪初的"中国"是一个备受践踏的语词。"四万万人同一哭,天涯何处是神州"[①],正是处于风雨飘摇之中的苦难民族命运的写照。在这一片土壤上诞生的中国新文学,也不得不承受着种种外在的压力,面对着种种血与泪的经验和体认,在诸如"五四""五卅""九一八""一·二八""七七"等这样一些刻印着民族耻辱与民族奋起的语符中备受苦难与艰辛。即使在今天的历史叙述中,我们依然能从过去频繁使用的"瓜分""丧权辱国""国难当头""民族危亡"等语词中感受到那一时代的紧张和压力。当生活安定的我们指责20世纪前期阐释"民族政治"的文学束缚太多,竟至于把抗战文学称之为中国新文学的"凋零期",作家们"将抗日宣传与文学创作混为一谈,使文学创作一度陷入窒息状态"[②],恰恰暴露了我们生活经验的限制和民族记忆的缺失,以致无法理解那种时代给予的切肤之痛。正如詹姆森在《处于跨国资本主义时代中的第三世界文学》中对轻视第三世界文学的指责:"如果规范的目标在于限制我们的审美同情心,通过阅读一小部分有选择性的本文而发展我们丰富微妙的感性知识,不鼓励我们阅读其他任何本文或以不同的方式来阅读,那么,这便是人文的贫困。"[③]今天对"民族政治"文学的排斥和狭隘理解也应该接受这种批评。

政治化诉求是现代知识分子寻求重建文化秩序和精神支柱的自觉行为,

---

① 《谭嗣同全集》(上),中华书局1981年版,第167页。
② 司马长风:《中国新文学史》下卷,香港昭明出版社1978年版,第1、2页。
③ 参见张京媛主编:《新历史主义与文学批评》,北京大学出版社1993年版,第231页。

在现代社会则将其转换为创建现代民族国家的新主题,这无疑是一项全新的使命。梁启超有言:"且我中国畴昔,岂尝有国家哉?不过有朝廷耳。我黄帝子孙,聚族而居,立于此地球之上者既数千年而问其国之为何名,则无有也。"① 从这个意义上来看,有学者认为:"中华民族作为一个自觉的民族实体,是近百年来中国和西方列强对抗中出现的。"② 正是在西方殖民主义冲击之下,给中国造成了一次又一次的民族危机,建构现代民族国家也就成了现代知识分子特别是人文知识者的强烈意愿。由是,新文学作家在对历史与现实的"政治批判"中,表现出强烈的创建现代民族国家的乌托邦构想,便为他们用文学变革社会提供了一个重要视角,即用民族视角观照社会。"民族情怀"在民族危机加剧的情势下会加倍张扬,缘由就在于民族感情对于中国作家来说是一种强劲的凝聚力,因此民族政治在一个特定时期内可以成为最重要的政治。因而,就"民族政治"的强烈显现而论,抗战文学无疑是民族政治介入文学的一次最集中的显现。其特殊意义是在于:作为体现民族政治阐释特质的一种文学形态,作家们造就全新的创作格调,建构文学联系时代,与人民、民族的命运攸切相关的文学价值观念体系。然而,中国新文学同民族政治联姻,并非显现于一个特定时期,却是贯穿在其发展全程中。新文学也是"民族的文学",这是"五四"以来作家们的共识;"救亡"成为中国新文学的一条主线,就其特指意义言,所指恰恰是20世纪前半程的中国整体上的民族存亡性质,于是拯救民族危亡便始终成为中国新文学作家一个驱之不去的民族性命题。而民族政治阐释演绎的国家意识、民族意识伸展了政治叙事张力,它可以体现在不同政治倾向、不同阶级立场的作家身上,避免了政治批判仅止于单纯的意识形态纠缠,从而大大深化了文学的表现内涵。

  作为文学家与政治家一身而二任焉的茅盾,其用文学表达的政治观念呈现着复杂状况,但民族政治阐释无疑占着极重要的位置,这因对茅盾的政治叙事存在狭隘理解,更需要特别强调。同20世纪初的大多数人文知识者一样,茅盾最初产生浓厚的政治参与意识和强烈的国家责任感,来自于维新文

---

① 梁启超:《少年中国说》,《梁启超选集》,上海人民出版社1984年版,第122页。
② 费孝通等:《中华民族多元一体格局》,中央民族学院出版社1989年版,第1页。

化的影响;接受其维新派父亲的遗训,"振兴实业,挽救国家"成为其牢固的信念①;后经"五四"和大革命实践,政治视野大为拓展,但建构现代民族国家依然成为他政治理想中的重要组成部分。能够充分说明这一点的正是他的小说文本。其小说展开的宏大叙事和厚重历史感,在中国现代小说中无出其右。此种宏大性,不独表现在小说的规模与气势,更重要的是反映在小说主题中:从国家、民族的视角审视现代政治文化,政治叙事与现代民族国家想象的勾连,同探索振兴民族之路的紧密联系。

"民族政治"的叙事内涵,突出地反映在政治文化作为"一个民族"在一个时期流行的"一套政治态度、信仰和感情"。20世纪前半期的中国,始终处在积贫积弱的地位,国人对于民族政治的普遍期盼,是热望建立一个独立、富强的民族国家。此种"政治态度、信仰和感情",当然也为茅盾所具有,因而其小说在宏大叙事中展现人们对于国家的感情、理想以及为此做出的选择与追求,便成为其一以贯之的表现思路。这在其第一部小说《幻灭》中,就已见出端倪。大革命鼓动起来的是人们的政治热情,小说中一位非常热心政治、最喜欢读政治性杂志的黄医生,面对大革命迅速发展的形势,感觉异常兴奋,还发表了他的"爱国论":"中国一定有抬头的一日。只要有一个名副其实的共和政府,把实业振兴起来,教育普及起来,练一支强大的海陆军,打败了外国人,便成为世界一等强国。"这里依稀可见茅盾早年的政治理想,当然这也是民主维新以来中国民众的一个朴素的政治愿景。茅盾在写《幻灭》时,政治观念已有很大变化,当然不会简单认同这样的政治理想,但他在小说中确切地表现了普通民众对于大革命的热望,这在相当程度上表达了普遍的民族政治理念。这是茅盾小说中借普通民众之口,初次表述的民族政治"态度"。由于民族情结一直根植于茅盾的创作思维中,民族政治的表达自然会有更大的拓展与延伸,此后其创作探索着多种社会问题,但最突出的一个问题,依然是国家的前途、命运,探索着现代民族国家的走向,且把民族政治的阐释提到相当的理性高度。

在茅盾小说中,最能够充分说明他用民族政治叙事把握现实、驱遣笔下

---

① 茅盾:《我走过的道路》(上),人民文学出版社1981年版,第51页。

人物的,是他在文学史上强力凸显的对民族资本家艰难命运的描写。

《子夜》等作品有极强的意识形态性,关乎主义、道路之类的政治性命题,但细察作品的深层内核,探讨的其实是国家、民族命题,既非简单的阶级纷争,当然也不是单一的阶级政治话语。《子夜》展现了 20 世纪 30 年代广阔的社会生活,但集中表现的却是民族资本家"强国梦"的破灭。小说主人公吴荪甫认为:"中国民族工业就只剩下屈指可数的几项了!丝业关系中国民族的前途犹大!——只要国家像个国家,政府像个政府,中国工业一定有希望的!"吴荪甫生发出类似于《幻灭》里黄医生的感慨,表露的是一个特定社会类型——民族资本家对国家的期盼和责任,即希冀以"工业强国"实现其抱负和愿望。这一理想为茅盾所认同,所以他对吴荪甫们为实现强国梦而做的苦斗、拼搏与挣扎,给予了肯定的描写,予以重重谴责的却只在阻挠强国之路的买办资产阶级及其附庸帝国主义势力。《子夜》而外,还有作于抗战时期及稍后的《第一阶段的故事》《走上岗位》《锻炼》和话剧《清明前后》等,都是以民族资本家为主角。这些作品描写的民族资本家,身份不同,角色各异,但他们都因国家有难、时局艰危,发展民族工业艰难竭蹶,但依然在做着挣扎、苦斗。就如《清明前后》中的更新机器制造厂老板林永清所说的:"中国的工业家,命运注定了要背十字架。"这里显现的便是茅盾着力探索民族资本家发展民族工业艰难性的一条清晰思路。

在中国现代作家中,像茅盾那样对中国的民族工业显示出浓厚的研究兴趣并在创作中加以着力表现的,的确也是绝无仅有。其创作涉及民族工业中的丝绸业、运输业、制造业等诸多行业,拥有一个庞大的民族资本家(或曰企业家)"家族",这个"家族"的成员散布在中国现代史的各个时期,其中有 20 世纪 20 年代的轮船公司老板王伯申(《霜叶红似二月花》),30 年代的丝厂老板吴荪甫(《子夜》)、绸厂老板唐子嘉(《多角关系》)、橡胶厂老板何耀先(《第一阶段的故事》),40 年代的机器厂老板严仲平(《锻炼》)、林永清(《清明前后》)等。如此壮观阵容,实为罕见。由此看来,茅盾选择民族工业作为主要表现对象,的确有深意存焉:他是将其作为透视民族经济的一个重要侧面加以浓墨描绘的,这势必使其创作的民族性命题以及民族政治话语的表达趋于深化。

在我们的以往研究中，因习惯于为人物作阶级身份的定位，给这类人物的恰当称呼是"资本家"，于是用民族资本家的两重性就轻而易举地完成了对这类人物的思想倾向、性格特征的分析。然而实际情况远比这要复杂得多。问题的关键是在于作家把握这一个特定时代里的独特阶层人物的命运与作为时，抱有怎样的政治态度，采用了何种独特的表现视角：是"阶级政治"视角，还是"民族政治"视角？

看来，的确需要对茅盾笔下的民族资本家形象的理解调整研究视角。就一般意义而言，论说茅盾为中国新文学提供的民族资本家形象系列，从人物的身份与性格的两重性着眼，揭示作家在一个独特形象领域里的成功创造，也无不可。但如果换一个角度，即从经济视角去评估这类形象的特质，又可以获取新的认识。由于茅盾是从民族经济的一个重要透视点去表现民族工业的，那么作为民族工业的具体经营者——民族资本家，也便成为作家借以观照经济问题的一个载体，它同一般意义上描写资本家的思想、性格、品性、行为就有了很大不同。欧洲批判现实主义作家在表现资本主义经济关系时，侧重描写的是资本家的为富不仁、贪欲金钱、唯利是图的品性和荒淫无度的生活方式，这是基于他们批判资本主义腐朽性的需要。茅盾对社会经济问题的高度关注，是立足于展示"社会经济结构"图，对置于这个结构图中的命运多舛的民族资本家，就采用了完全不同的态度。他是从体现现代经济状况的视角去表现民族工业和民族资本家，侧重表现的是其作为现代企业和企业家的侧面，而不是腐朽的经济制度和腐朽的资本家的特点。因而，对于民族资本家，他更多的是抱有热切的同情，投以赞许的目光，甚至不惜热情褒扬的笔墨。这对于常常用阶级眼光打量世界的左翼作家而言，应该说是极为独特的。茅盾在表现这类企业主——资本家时，其侧重点往往不在"资本家"的一面，恰恰是在"企业家"的一面。恰如《子夜》里吴荪甫和他的同行汇聚在其客厅里高谈阔论时，彼此的称呼是"企业家"或"实业家"一样。在这些人物中，除一两个人（如王伯申、唐子嘉）或表现得较为软弱，或有些德行问题，其余都是十分正面的。他们的经验才识、风度气量都堪称上乘，他们都有振兴民族工业的"事业心"和管理现代企业的经验，在当时堪称一流"干才"。茅盾在这些人物身上显然倾注着不少激赏之情，从而使我们的的确确看到了一批很有作为也很有能耐的企业家形象。

其实，这是同茅盾由看待民族工业问题进而上升到国家问题、民族问题紧密相关联的。20世纪30年代，我国的民族工业有了长足进展，积累了较好的基础。然而由于时代没有提供顺利发展的条件，民族工业的发展始终处在艰难竭蹶之中。当茅盾站在时代的高度去观照民族经济时，他不能不面对这样一个事实：中国民族资本家的命运是同中国民族经济的衰落紧紧联系在一起的，正因国内军阀混战、政治黑暗，外国资本飞扬跋扈，他们办企业所经受的艰辛与磨难远甚于通常意义上的资本家。《清明前后》中更新机器制造厂老板林永清所说的，"中国的工业家，命运注定了要背十字架"，这话几乎可以用来概括茅盾笔下所有民族资本家的共同命运。在30年代，吴荪甫、唐子嘉们面对军阀混战、外资挤压的现实，虽有振兴民族工业的愿望，却终于是壮志难酬；在抗战时期，何耀先、严仲平、林永清们也志在报效国家，愿意为抗战竭尽绵力，但终因"政治不民主，工业就没有出路"，他们同样屡遭挫折，难有作为。正是基于这样的事实，当茅盾用艺术的笔触去描绘他们时，同情的天平自然会向他们一边倾斜，状写其行为，也必然是对其办企业的艰辛历程多于对其一般生活的描写，通常资本家所具有的唯利是图、贪婪成性、纸醉金迷、荒淫无度等，很难在这些希冀有所作为的资本家身上找到。《子夜》中的吴荪甫在生活上就不是很放荡的，他一心扑在事业上，无意于家庭情爱，以至于连漂亮的吴少奶奶都感到寂寞难耐，颇生出些红杏出墙的意思。恰恰相反，作家倒是很愿意将"法兰西性格"一类品性移植其身，从而使我们的的确确看到了一批很有作为也很有能耐的"企业家"形象。吴荪甫的事业心及其才干、魄力和管理现代企业的经验，在当时工业界中堪称一流，故而在同业一片叫苦连天之际，唯独他的企业"景况最好"，而且还雄心勃勃谋求更大发展，令同业歆羡不已。林永清的经验才识、风度气量也堪称上乘，为支援抗战，他将机器厂从上海迁到重庆，苦撑了七年，不但没有停工，而且还有所发展。这些工业界的"骑士"，倘若能赶上一个好的时代，其发展前景是未可限量的，只可惜他们生不逢时，现实没有为他们提供伸展才能的空间，到头来一个个遭受败绩，饮恨而退。然而他们虽然失败了，但仍是失败了的英雄。吴荪甫便是颇有英雄气概的一个。当年朱自清先生评《子夜》时就认为正是这一点使许多读者产生了对吴荪甫们的"同情与偏爱"①。美国学者夏济安甚至认为,茅盾"对自己笔下的男主角的赞赏几乎不加掩饰,这个工业资本家吴荪甫即使倒台崩溃,也落得像个巨人"②。

这似乎颇为出格,也于理相悖,因为它不符合对人物做阶级定性的分析;但描写的确很精彩,在这些人物身上展现的独特色彩是那样鲜明。实际上头绪已经理出:当茅盾全面解剖社会经济现状时,其艺术视点不能不落在广泛的社会背景上,尽可能揭示经济衰落的种种内在与外在的原因;然而当其从民族工业的"一角"切入中国现代社会、民族经济解剖时,他又必须把笔力重点移到当时唱着民族工业"主角"的人物身上,而且正是通过这批"强有力"的人物却无能为力这一悖论的出色描绘,深刻透视了整个社会经济衰败的深层次原因。而透过对他们行为模式、心理动因的出色描绘,则对这一阶层人物的命运、性格做了合情合理的表现。由此看来,从民族政治、经济视角看问题,的确可以深化我们对茅盾笔下的民族资本家(或曰企业家)的认知。

那么,茅盾何以如此执着于民族资本家艰难命运的描写?这可以有多种意义解读,但有一点很明显:恰恰联系着他一以贯之的关于建构现代民族国家这一宏大主题的思索。对于选取何种人物表现国家和民族的命运,茅盾有他自己的思考,"应当凭那题材的社会意义来抉择",尤强调须"触到社会的经济组织"。③选取民族资本家,无疑切中了那个时代社会经济组织中的重要部位。20 世纪 30 年代,我国的民族工业已经成为当时民族经济的重要构成。因此,当茅盾从民族政治视角探索国家命运时,民族工业的兴衰必然成为他的关注对象,他必须把笔力重点移到当时唱着民族工业"主角"的人物身上,在他的一系列作品中为我们提供了一批很有作为、也很有能耐的民族资本家形象。由此显示的是,茅盾表现民族资本家,其侧重点是在"民族"的一面而非"资本家"的一面,展示的是其作为"工业家"而非腐朽的资本

---

① 朱自清:《〈子夜〉》,《文学季刊》第 1 卷第 2 期,1934 年 4 月。
② 〔美〕夏济安:《关于〈子夜〉》,转引自李岫编:《茅盾研究在国外》,湖南人民出版社 1984 年版,第 560 页。
③ 茅盾:《创作与题材》,《茅盾全集》第 19 卷,人民文学出版社 1991 年版,第 358、359 页。

家的特点，故而对其抱有更多热切的同情，甚至不惜以热情褒扬的笔墨。作家的写作意图实际上已很清楚：表现民族资本家的艰难命运，实际上是借此折射出建构现代民族国家的艰辛。许多民族资本家会有背负沉重的十字架之叹，就在于他们怀有建构现代民族国家的责任，才会倾诉出难堪重任的无助、无奈的感慨。在这类小说中，茅盾对于民族资本家成败之路的探索，关注的是国家需要通过什么样的路径才能进入"现代"以达到自立自强，小说中发展实业、振兴经济对一个国家、民族重要性的强调，显然都是一个个民族政治命题，这就使小说的意义有了更深层次的开掘。

基于政治叙事内涵的拓宽，民族政治阐释也赋予了茅盾小说多重政治文化色彩。政治文化是由"本民族的历史和现在社会、经济、政治活动进程所形成"。可见在民族政治框架内，政治包含着多种成分，需要作家开阔的视野予以观照与表现。这倒颇切合茅盾的主张。他曾指出："文学家所欲表现的人生，决不是一人一家的人生，乃是一社会一民族的人生，要研究全社会、全民族，描写全社会的病根。"[①] 其小说的宏大叙事，就落实在"全社会、全民族"的叙写上，涉及政治、经济、战争、革命、知识界、教育界等多种领域，其文化思想也呈现出多样性，包括政治文化、经济文化、教育文化等，这一切都可以在他不同类型的小说中做出解读。如他在20世纪30年代创作的《子夜》《林家铺子》和"农村三部曲"等，抓住这一时期社会动荡、经济破产的社会现象，写出半殖民地半封建社会经济危机引发的社会危机。其中的经济文化思想尤为深刻：外来资本的侵入和政治动乱，使城市的工业萎缩，农村产出的工业原料没了销路，又导致农民破产，而农民的贫困造成购买力锐减，市镇商铺也就纷纷倒闭，从整体上揭示20世纪30年代经济衰败的深层原因。《霜叶红似二月花》意在完整表现"五四"至大革命全程，小说已完成部分表现了辛亥革命后到"五四"前夕的社会如即溃之堤，预示变革大潮的到来，全景式地展示了"一社会一民族"在一个特定时期的历史景观。茅盾小说的历史广度和社会深度在同时代作家中是无以比肩的，用民族政治文化视角透视，就在于他对"本民族的历史和现在社会、经济、政治

---

① 茅盾：《现在文学家的责任是什么》，《茅盾全集》第18卷，人民文学出版社1989年版，第9页。

活动进程"做了全方位的表现。

三、"阶级政治"与革命、阶级的言说

"阶级政治"阐释是政治化现实主义文学的最基本形态，其所由形成直接根因于20世纪前半期中国激烈的阶级对抗现实。20世纪20年代前半期，社会的阶级对立状况甚为分明，新文学作家已经提出了文学的阶级性命题。至20年代末，两大阶级的生死对抗激烈展开，遂有声势壮阔的无产阶级文学运动，文学的阶级性被置于压倒一切的地位。40年代的解放区文学，强化了文学的阶级性，毛泽东在延安文艺座谈会上的讲话中指出："在现在世界上，一切文化或文学艺术都是属于一定的阶级，属于一定的政治路线的。"这里把文学的"阶级政治"阐释做了更明确的规范。由是，就政治化程度而言，20世纪30年代的左翼文学和40年代的"工农兵文学"，这是中国新文学发展进程中无可回避的现象，阶级取代"个人"成为文学注目的焦点，社会革命和阶级解放愈来愈成为时代主题，大多数作家身不由己被卷入风云突变的时代旋涡中，有许多则在动乱中颠沛流离，深化了他们对民族和阶级苦难的认知；于是，融汇在阶级解放的洪流里，作家们以严肃、敏锐的现实视角和强烈、凝重的社会批判理性，集中关注现存社会及其政治制度的弊病，决然否定其合理性，激励人们为建立光明合理的新社会奋起抗争，就构成了一个时代文学的主潮。

阶级文学主潮的形成，阶级政治一度成为一个时代的话语中心，无疑取决于它与时代思潮的契合。它曾一度盛行，与其说是它的理论完备性，毋宁说是它的适时性。阶级政治观因其鲜明的意识形态性和政治倾向性，使文学承受了过多非文学的因素，曾遭致许多强调"艺术独立"的作家的责难。但问题的独特性恰恰就在这里：在20世纪30年代，阶级政治观念正是不断承受来自各种理论的挑战而日渐强固起来，而且每次论战都是以其取得更大优势而告结束。这只要审视围绕阶级文学观的几次重要论战便可见端倪。例如创造社、太阳社与鲁迅等"五四"作家的论战。革命文学的倡导者提出了超越"五四"文化秩序的命题，认为"五四"作家已经"落伍"，"阿Q时

代"已经"死去",现在是到了表现"阶级意欲"的时代了。这未必是精当之论,他们提倡阶级文学观,也没有将阶级论说清楚,然而论争的结果却是"阶级意识觉醒了起来,前进的作家,就都成了革命文学者"①,连鲁迅本人也被"挤"进了阶级论者的队伍。原因无他,盖在于特殊的时代政治环境促使了文学功能认识的转化,"阶级论"似乎已有了"无可置辩"的正确性。又如左翼作家与新月派的论争。新月派作家基于其文学独立、自由的立场,当然不能容忍阶级政治论,于是当左翼作家揭出文学阶级论的旗帜时便首先发难予以阻遏。今天看来,梁实秋主张文学可以表现"普遍的人性"并非没有道理,左翼作家只讲阶级性不准讲人性的观点倒反见出文学观念的偏狭,但在当时阶级观念几乎成为一种主流话语时,梁实秋以颇为激进的全盘否定阶级性的姿态参与论争,便注定必处于下风,最后获胜显然在左翼作家一边。"这场论战在当时的直接作用,是扩大了阶级论的影响,推动了无产阶级文学的发展。"②在特定的时代语境中,阶级政治阐释总是显得所向披靡、无懈可击,当时并非处于政治权力中心的左翼作家却获得了无可置疑的文学话语权,这恰恰证明此种观念在中国这个特殊社会环境中还是颇有生存土壤的,它也的确存在着诸多适应新文学发展潮流的合理性因素。在阶级对抗最激烈的年代里,文学的阶级性似乎是不证自明的,鼓吹与阶级政治无关的纯文学观就会显得特别背时。左翼作家的政治敏感,实际上是对一种时代情绪的把握。时代情绪的表现也源自作家对现实主义精神的持守,库尔贝曾经说过:"一个时代只能够由它自己的艺术家来再现。我的意思是说,只能由活在这个时代里的艺术家来再现它。"对左翼作家适应时代性的努力也应作如是观。

　　阶级政治文学文本作为特定时代的产物,也烙印着时代特质,呈现出复杂的价值取向。它们是在阶级对抗最激烈的年代产生,作家们带着强烈的革命义愤从事创作,其文本意蕴显示出作家强烈的入世精神和对现世使命的承诺,理所当然会与特定的时代精神相呼应。20世纪30年代的时代语境是民众的政治热情普遍高扬,人们对专制制度的失望一变而为改革旧制度的共

---

① 鲁迅:《且介亭杂文·〈草鞋脚〉小引》,《鲁迅全集》第6卷,人民文学出版社1982年版,第20页。
② 吴中杰:《中国现代文艺思潮史》,复旦大学出版社1996年版,第196页。

同心理期待，因而关注社会变革的风气特别浓厚。作家们（特别是左翼作家）的现实关怀途径是"用被压迫者的语言"来"抗议和拒绝社会"①，他们以"被压迫者"的姿态反映强烈的政治制度变革要求，实际上是以民众参与意识显出对国家前途命运的关注，作品集中批判战乱频仍、军阀割据、政治腐败、经济崩溃的社会现实真相，就必然会引起社会的普遍心理共鸣。革命文学作家在文学领域里首先举起反抗的旗帜，就颇激动了一部分前进青年，所以尽管蒋光慈等普罗作家的小说在艺术上较为粗糙，但它们仍是青年读者中流传最广的读物。早期普罗文学反映了阶级政治文学在其初始阶段的特点。作为表现革命性、阶级性主题的首创者，此类小说对时代思潮的敏锐感知是难能可贵的；然而同样由于其是"首创"，阶级文学的创制毕竟前无先例，文学创作如何把握阶级性和文学性的关系，欠缺可资借鉴的经验，就不可避免地显出种种艺术弱质。而且，阶级政治文学有着自己的价值取向，同所谓的与政治完全隔绝的"纯文学"不在同一个层面上，也应对其做出有所区别的艺术价值考量。鲁迅为叶紫的《丰收》作序指出，这些作品不是"为艺术而艺术"的，也称不上是永久的艺术，它写出的都是一些极平常的事情，"因为极平常，所以和我们更密切，更有大关系"；由此也就确立了其价值："这就是作者已经尽了当前的任务，也是对于压迫者的答复：文学是战斗的！"②这既是对叶紫作品的切中肯綮的评价，也可说是对这一种类型阶级政治文学基本特质的精当概括。

　　从政治文化观念审察茅盾的创作，也必然涉及阶级政治视角。阶级政治是政治体系中的重要部分。"到目前为止的一切社会的历史，都是阶级斗争的历史。"马克思主义已对此作过经典阐述。20世纪的中国民族危机深重，阶级矛盾与阶级斗争也空前尖锐、激烈，人们渴望建立一个平等、公正、自由、幸福的理想社会，因此包括政治制度变革在内的社会革命与斗争就从未间断。中国新文学处在这样一个社会危机频频的话语场中，社会历史处境将决定作家忧民患世的创作心态，也注定新文学创作与阶级政治有割不断的情缘。

---

① 〔美〕马尔库塞：《工业社会和新左派》，商务印书馆1982年版，第136页。
② 鲁迅：《且介亭杂文二集·叶紫作〈丰收〉序》，《鲁迅全集》第6卷，人民文学出版社1982年版，第220页。

茅盾始终坚持马克思主义信仰，又一度处于革命斗争的旋涡中心，当他从革命的战场上退下来开始小说创作，转而用文学去表现社会革命时，当然不失强烈的阶级政治理念，也注定其创作与阶级政治有割不断的情缘。而且，"人们在过去的经历中形成的态度类型对未来的政治行为有着重要的强制作用"，也决定着其"过去"形成的"阶级政治"理念在"未来的政治行为"中的延续。于是，其创作中显现的对于改变国家和社会命运的乌托邦理想就脱离不了"革命"二字，革命、阶级言说在其小说中占着很重要的分量：《蚀》三部曲是对刚刚逝去的一场大革命运动的思考，小说中对革命的广阔背景描写及革命从兴起、高潮到失败的展开过程，都有清晰的呈现；20世纪30年代写出的《子夜》《林家铺子》、农村三部曲等，是表现革命低潮时期复杂的社会矛盾与斗争，阶级矛盾与阶级斗争的尖锐性同样有深切的表现。而且，受制于20世纪二三十年代政治文化思潮的影响，其坚持阶级政治理念，大抵不失左翼的眼光，于是就有通常左翼作家对时代政治的观照：倡言阶级斗争和无产阶级革命，推动旨在实现政治制度变革的社会革命。

然而，中国的社会政治结构、阶级关系毕竟呈现着复杂状况，20世纪30年代前后流行的"左"倾政治文化观念也多有对中国革命实际分析的偏离，因此一味遵奉流行思潮并不能实现对阶级政治的准确把握。茅盾表现阶级政治的可取之处就在于：基于他对社会现实的深入思考，同时也基于他对政治与艺术关系的妥善处理，其小说关于革命与阶级的言说，并没有与当时的主流意识形态保持完全的一致，在许多方面倒是显出与其的疏离与悖逆，由是遂有他同当时的"革命文学家"的论争，还因此遭到"左"倾路线的排挤。当时他曾对体现极"左"倾向的早期普罗文学中的"政治宣传大纲"加"公式主义的结构或脸谱主义的人物"及"'方程式'地去布置故事"之类弊端提出过尖锐的批评[①]，便在于强调用文学阐释阶级政治的复杂性，表现出他对把握这一复杂命题的清醒认识。这一思想贯穿在其创作活动中，就有下述他对阶级政治的独到表现，并产生远较一般普罗文学创作更为深切的艺术效应。

强调阶级关系是一种复杂的社会关系，革命也不是以两个阶级的生死对

---

① 茅盾：《〈地泉〉读后感》，《茅盾全集》第19卷，人民文学出版社1991年版，第334、335页。

抗形式呈现，由此使茅盾对阶级政治做出更深层次的探究。基于对中国"特别国情"的认知，茅盾对中国资产阶级和无产阶级的看法并没有搬用一般的马克思主义原理，其见解显然超越了只讲阶级对垒的普罗文学作家。当他把心仪的民族资本家作为"工业救国"的代表表现时，就显出他开始超越道德和阶级政治的评判，使并不代表阶级主导力量的人物登上历史前台，于是我们看到了不是作为阶级标签而是作为个人奋斗典型的吴荪甫，是一个明知失败也要抗争到底的悲剧英雄。就如美国学者夏济安所说："他对自己笔下的男主角的赞赏几乎不加掩饰，这个工业资本家吴荪甫即使倒台崩溃，也落得像个巨人。"① 同样，对革命历史进程的理解，茅盾注意到的是革命自身的曲折性与人们介入革命的复杂心态，于是就有对革命的深入思考。譬如，状写大革命，在许多普罗作家笔下，革命、阶级斗争就如黑与白那么简单，小说中"我／敌、是／非、正义／邪恶、进步／落后、革命／反革命"截然分割的二元对立设置，用对抗的形式解决其中的敌我矛盾，这显然太过简单和幼稚。反观《蚀》三部曲，就突破了一般革命小说写革命的简单模式，侧重于表现阶级性冲突的曲折性和复杂性，以及追求革命理想过程中人的心理冲突。例如《动摇》写大革命盛况，固然有北伐誓师大会的宏伟场面描写，有对迈着"堂堂步武"的农民自卫军的褒扬，但也不掩饰革命的另一面——制造"红色恐怖"造成农民心理的扭曲和对社会的破坏。时代女性"躬逢其盛"激发起来的"革命情绪"，也呈狂热之态：孙舞阳竟然在大会上发表演说，赞扬南乡农民的"共妻"行动为"妇女觉醒的春雷""婢妾解放的先驱"，并以城市不能效尤为憾："进步的乡村，落后的城市，这是我们的耻辱！"这样的"激进"言辞与举措，显然是扭曲了革命，这无疑为大革命的失败埋下了伏笔。唯其对于革命有如此清醒的理性的分析，遂有茅盾对大革命从兴起到失败过程的真切表现。

用阶级政治理念阐释现代政治生活，还有茅盾对当代中国社会革命的进程与走向的思考，这也是其创作一直关注着的重要话题之一。而有意从阶级关

---

① 〔美〕夏济安：《黑暗的闸门》，转引自李岫编：《茅盾研究在国外》，湖南人民出版社1984年版，第560页。

系的变化去表现复杂社会关系的变动,则集中反映在他于"左联"初期写出的几个作品中。这就是三篇取材于历史和传说的短篇小说,以及两部反映学校生活的中篇《路》和《三人行》。这些作品的形成存在着复杂状况:或是为遵奉"左联"对左翼作家提出的表现阶级斗争的要求,并未经自己深思熟虑;或因生活经验不足,写作太过仓促,都不算太成功。但值得注意的是,作者"有意为之"表现阶级政治,正映现出茅盾对文学反映阶级政治的重视程度,从这些作品中可以理解茅盾表现阶级政治的独特视角,其阐释阶级政治也会在此类文学创作中取得不同的成就与弱点,这些都有待我们作细心的考察与分析。

三篇取材于历史和传说的短篇小说是《大泽乡》《豹子头林冲》和《石碣》。这三个作品描写的内容都与农民起义有关:大泽乡举事,是中国历史上第一次农民暴动;《水浒》故事中的水泊梁山"聚义",历来也被视为是写农民起义的。这恰恰联系着一种现实背景:20世纪30年代初期,共产党领导的以农民为主体的工农红军在赣闽两湖地区日益壮大,中国革命在经历大革命失败的低潮后又复声威大振,茅盾用历史叙事方式折射现实的意图是一目了然的。以往茅盾在思想苦闷、心境不佳时,也曾写过一个反映现实革命题材的小说《泥泞》(1929)。由于是道听途说的素材,又加以对革命前景的迷茫,此作未能正确反映大革命失败后共产党领导的武装革命斗争依然在激烈开展的现实,这也许使他颇感后悔,因此受到革命形势的鼓舞后,写出与现实革命斗争相呼应的作品,是他其时的必然选择。但写现实题材,仍受制于与革命现状的隔膜和其他一些因素,显然难以适应其心理期许,他只能把眼光投向历史。正如其自述《大泽乡》创作动因时所说的:"正面抨击现实的作品受制太多,也想绕开去试试以古喻今的路。《大泽乡》中用'始皇帝死而地分'这句话,就想暗示蒋政权必败,当时的中华苏维埃政府必胜,农民将分得土地。"[①] 茅盾就是按照这样的阶级分析思路去处理历史题材的,不但是《大泽乡》,便是另一个作品《豹子头林冲》,也对人物进行了阶级分析,这样,就含有不同于一般历史文学的独特表现视角,而阶级政治的过度介入,则明显使作品留下缺憾。

---

① 茅盾:《我走过的道路》(中),人民文学出版社1984年版,第59页。

《大泽乡》中把陈胜、吴广及九百戍卒写成被秦国征服的失掉了土地并被降为奴隶的六国农民，两个军官则上升到处于统治地位的"富农阶层"，这样，农民造反就是一场围绕土地问题而展开的阶级斗争。《豹子头林冲》中的人物与《水浒》故事相比较也改换了面貌，八十万禁军教头林冲，出身贫寒，其被逼上梁山，走上反抗斗争道路，是源于贫困阶级的本性使然；他与有着显赫地位的杨令公之后的杨智发生冲突，在愿不愿意上梁山上展开一场你死我活的搏杀，也含有不同阶级、地位的人物之间较量的因素。这样的分析与表现，从本质上说也许没有偏离人类的历史都是阶级斗争的历史的分析，但历史现象是复杂的，并非只用一种阶级分析的方法就可把复杂的历史问题厘清，今天看来，这两个作品都有把复杂历史事件和人物作太过简单化处理之弊。不但把陈胜、吴广起义归因于"土地问题"很是勉强，就是将林冲与杨智分属两个不同阶级营垒的人物，也缺少说服力，所以作品的表现不能算是很成功。小说中对人物关系作如是处理，茅盾似乎也不太有把握，他曾有过这样的表述，他对历史作这样的看法与处理，是个颇为复杂的历史学命题，是否妥当，还需"请史学家下一断语"，由此体会到"写历史小说是不容易的"。为写作《大泽乡》，他曾埋头古纸堆中，对战国历史、经济发展及典章文物等作过一番扎扎实实的考证与研究。茅盾以一个学者型作家的思考，应当能写出更有分量的作品，但由于过分强调历史文学与现实关系的对应，只拘泥于对历史作简单的阶级分析，不能不说留下太多的缺憾。此后茅盾就再也没有创作历史小说了。但这两个历史小说（还包括此后写出的取材于《水浒》的《石碣》），毕竟反映了茅盾参与现实政治的强烈意愿，尤其是小说精到的叙事技巧，以及将壮阔历史浓缩在尺幅之间伸缩自如的表现能力，还是受到人们的称赞。诗人柳亚子在20世纪30年代初写作的《新文坛杂咏》（10首），咏茅盾的一首中就独独赞赏他的历史小说："篝火狐鸣陈胜王，偶然点缀不寻常。流传人口《虹》和《蚀》，我意还输《大泽乡》。"[①]柳亚子将其历史小说的价值置于现实题材小说之上，一方面说明其"偶然点缀"的历史小说的艺术表现确有值得称道之处，另一方面恐怕还在于小说借

[①]《柳亚子诗选》，广东人民出版社1981年版，第322页。

古喻今反映现实取得的艺术效果，至于作品以单一的阶级分析处理历史人物留下的缺憾，毕竟是难以掩饰的。这也说明，阶级政治话语并非不可以参与历史题材写作，但如果欠缺对历史现象的透辟分析，只是将历史与现实作简单的对应，把阶级分析看成是看待历史、映照现实的唯一可用的手段，文学创作恐怕很难取得成功。

《路》和《三人行》的写作背景，也同于《大泽乡》等作品的创作。其写作意图，"就是想指出在这样的政治军事形势下青年的出路"①。这两部作品，在茅盾创作中没有占据很高地位，历来评价不高是可以理解的。但如果换一个视角看问题，从中察见茅盾对革命、阶级的言说有着自己的独特思考，不妨说也有所收获。这两个作品都是写现实斗争的，反映了茅盾试图直接介入现实政治的努力。对这两部作品，茅盾比较满意《路》，不大喜欢《三人行》，甚至认为其是"失败之作"。个中原因，是由于《路》的写作，部分地运用了作者早年在学校时参加学潮的经历，不乏生活实感，故而叙述的故事、描写的人物大抵有血有肉。茅盾在述其偏爱《路》的缘由时说过一段颇耐人寻味的话："我个人认为：有思考力的读者读完一篇小说，掩卷而后，尚在猜想书中人物将来的悲欢哀乐，这小说就算是耐咀嚼的，而不是一览无余的。"②那么，茅盾所说的这部小说"耐咀嚼"之处何在呢？这只要分析一下作品的内容，便可以察出底细。《路》写国民党政权下学校教育的腐败，学生与之展开错综复杂的斗争。小说展现了现实的阶级政治的复杂性，作品描写的政治场景并非一览无余，不但那个动辄以"本党革命"自吹的总务长并非无能之辈，便是与之抗争的学生也有着多样类别，常常在内部窝里斗，这就使斗争（革命）变得异常艰难，终于使主人公火薪传在曲折的斗争中明白了革命道理，"时代给我走的，是一条狭路"，"只有向前进。前进还有活路"。这个作品没有直接写正在激烈进行的"政治军事形势下"的革命斗争，但作品中有地下党员的形象，有地下党员对进步学生引路作用的描写，显见是与现实革命斗争遥相呼应的。作品只把现实革命斗争作为背景

---

① 茅盾：《我走过的道路》（中），人民文学出版社1984年版，第65页。
② 茅盾：《我走过的道路》（中），人民文学出版社1984年版，第67页。

呈现，具体描写的只是一场学潮，从小见大，可以概见当时正在重新燃起的政治、军事热潮，作品又融进其时作者独特的心理感受，即在革命高潮继起时进一步坚信革命前景的政治理念，其政治叙事的精细之处，的确能让读者细细咀嚼。

反观《三人行》，就远逊于《路》。这个作品写 20 世纪 30 年代初的实际革命斗争，通过三个出身不同家世的人物对革命道路的选择，探索现实革命斗争问题。作者并无这方面的经历与经验，就难以避免概念化之嫌，这可能是这个作品"失败"的重要因素。但若是从作家把握阶级政治的深刻程度考量，概念化之病还不是最主要的。瞿秋白当年曾对《三人行》提出过严肃的批评，他不但认为这个作品写三种人物的"生长和转变"缺乏"现实生活"的依据，因而"这篇作品甚至于反现实主义的"；更重要的还在于，"作者的革命的政治立场，就没有能够在艺术上表现出来"，作品不但让"小资产阶级的市侩主义占了胜利"，也"对于虚无主义无意中做了极大的让步"。① 考量瞿秋白的意思，是指作品虽有明确的政治立场，但由于艺术表现的不足，不但政治立场没有得到明晰的表达，很可能还会造成适得其反的效果。对于瞿秋白的批评，茅盾心悦诚服，表示无条件接受其批评。这个作品足以留给茅盾思索的是，"革命的政治立场"在文学作品中的表现并不能一蹴而就，阶级政治在文学中的介入也非仅凭主观意念就可取得理想效果，作家必须有对政治理念的深邃思考，并做到文学与政治的真正融合，创作方能取得成功。这也许就是茅盾日后重视社会科学理论的掌握，能对现实政治问题有清醒的理性分析精神，又能对政治叙事以有效的艺术把握，使其在民族政治和阶级政治的艺术表现中都能取得长足进展。

四、对文学表现"小资产阶级"阶层的关注

对文学表现"小资产阶级"阶层的关注，包括注重"小资"的个性化叙事，由此形成所谓"小资产阶级文学"，是茅盾探讨和表现阶级政治的一

---

① 易嘉（瞿秋白）：《谈谈〈三人行〉》，《现代》创刊号，1932 年 5 月。

个重要特色,显示出茅盾小说特有的政治叙事张力。在20世纪30年代及至以后,文学关注小资产阶级阶层因茅盾的首创而得以流行,并产生持续影响,甚至所谓的"小资产阶级文学"还曾被冠以"茅盾主义文学"(钱杏邨语)的雅号而被批评,足见人们对其的重视程度。由此不妨说,对茅盾的表现"小资产阶级"的文学观点及其以小资产阶级为主要表现对象的政治叙事,并不单纯是一个文学理论问题,还因牵扯着其他政治问题而应给以科学的准确的评价。

把描写"小资产阶级"定位在"阶级政治"的命题上,是在于它讲的也是"阶级文学",而且它还是在倡导无产阶级文学运动中提出的,是无产阶级革命文学论争中的产物。钱杏邨是茅盾提出表现"小资产阶级"主张的主要反对者之一,他将茅盾的这一主张概括为:"以《从牯岭到东京》为理论的基础,以《幻灭》、《动摇》、《追求》为创作的范本,以小资产阶级为描写的天然对象,以替小资产阶级诉苦并激动他们的热情为目的的'茅盾主义文学'。"① 这一概括,带有讥讽的成分,而述其某些表征,倒大体上符合实情。茅盾表述的文学应着重表现小资产阶级的观点,确是在《从牯岭到东京》一文中率先提出的,主要是为回应无产阶级文学倡导者对他的批评,表述了自己对于如何表现阶级文学的理解。他表示,对于"新的文艺应该是无产阶级文艺"的主张无可非议,但何谓"无产阶级文艺",目前"还不见有极明确的介绍或讨论","表现于作品上时,却亦不免未能适如所期许",这是倡导无产阶级文学的重要失误。他分析造成此种失误的缘由之一是"现在的'新作品'在题材方面太不顾到小资产阶级了",而包括"小资产阶级青年""小商人,中小农,破落的书香人家"在内的小资产阶级人数甚众,占着"几乎全国十分之六",文学不能不去表现它;而且革命阵营本身就聚集着"小资"群体,其距离所谓的"无产阶级化"还路途遥远,更需要认真对待。为此,他旗帜鲜明地提出文学应该重视描写小资产阶级的主张,"现在为'新文艺'——或者勇敢点说,'革命文艺'的前途计,第一要务在使它从青年学生中间出来走入小资产阶级群众",应该"质朴有力的抓住了小资产阶级生

---

① 钱杏邨:《从东京到武汉》,载伏志英编:《茅盾评传》,现代书局1931年版。

活的核心的描写"。① 茅盾的这一观点在随后不久写出的《读〈倪焕之〉》一文中继续有所生发,并把问题阐释得更为全面。他认为,提出文学"应该以小资产阶级生活为描写的对象"那样的意见,无非是说一个作者"应该拣自己最熟习的事来描写","就是要使此后的文艺能够在尚能跟上时代的小资产阶级广大群众间有一些儿作用"。他明确表示,"我并没说过要创造小资产阶级文艺","武断我是主张创造小资产阶级文学,又发见了新大陆似的说明小资产阶级文学不能成立",那只是"卖膏药式的喇叭"。同时又进一步阐述了文学表现小资产阶级的积极意义,说明没有理由将其轻易否定:"如果我们能够平心静气地来考量,即使是无例外地只描写了些'落伍'的小资产阶级的作品,也有它反面的积极性。这一类的黑暗描写,在感人——或是指导,这一点上,恐怕要比那些超过真实的空想的乐观描写,要深刻得多罢!"②

综合上述意见,不难看出,茅盾对文学表现小资产阶级,确实有他自己的独特理解。首先需要强调的是,茅盾提出的这些观点,也是在"阶级文学"层面上展开的,并没有构成与无产阶级文学的根本对立,只不过在唤起人们对一个特殊阶级、阶层的关注,所以他一再强调并不意在"创造小资产阶级文学"以与无产阶级文学对立。然而,在许多激进的批评家看来,当左翼文艺阵营正在大力倡导无产阶级文学时,茅盾却揭起另一面"小资产阶级文学"的旗帜与之分庭抗礼,当然是不能被容忍的。在强调阶级对立的左翼文化思潮中,确有一部分"唯我独革""唯我是无产阶级"的批评家,一旦文学关注"小资",就被视为是"异端",所以茅盾提出文学应表现小资产阶级,在当年就被指为是"不愿意走到无产阶级队伍里"的表现,"分明指示一条走向资产阶级底出路"。③ 这当然是源于非此即彼的截然的阶级对立论,显然并不符合实际,只能把一个人数广大的阶层推到无产阶级的对立面。其次,茅盾提出的理论,从创作主体和接受主体两个方面阐述文学表现小资产阶级的可能性与必要性,是非常有说服力的。就创作主体言,目前的作家,包括革命文学作家,大多数出身于小资产阶级,他们有对黑暗现实的

---

① 茅盾:《从牯岭到东京》,《茅盾全集》第 19 卷,人民文学出版社 1989 年版,第 187、190 页。
② 茅盾:《读〈倪焕之〉》,《茅盾全集》第 19 卷,人民文学出版社 1989 年版,第 214、215 页。
③ 克兴:《小资产阶级文艺理论之谬误》,《创造月刊》第 2 卷第 5 期,1928 年 12 月。

真切认知，即使"落伍"于无产阶级，也仍有"深刻"的"黑暗描写"，因此在"无产阶级化"尚未达到之际，这个作家群体的重要性是显而易见的。就接受主体言，当时文学的接受对象不是普通工人和农民，并不如无产阶级文学倡导者所期望的那样，恰恰是包括"小资产阶级青年""小商人，中小农，破落的书香人家"在内的小资产阶级群体，因此文学"走入小资产阶级群众"也是其势不得不然。既然以"小资"群体作为主要读者对象，那么，"抓住了小资产阶级生活的核心的描写"也不是多余的。

事实上，茅盾所表述的文学应关注小资产阶级阶层问题，在整个新文学中都有很大的适用性，因为他所指出的同样是一种普泛性现象，在新文学中不乏其例。即便在20世纪30年代，茅盾的上述观点，就非空谷足音，茅盾被目为"小资产阶级文学家"，也非绝无仅有，至少鲁迅就曾有过这样的待遇。在1929年的革命文学论争时，据一位评论者分析，当时的文坛存在三个派别：即创造社的"无产阶级文学派"、语丝社的"小资产阶级文学派"、新月社的"资产阶级文学派"。[①]鲁迅是语丝派的"首领"，当然也是"小资产阶级文学家"了。但鲁迅似乎并不介意这个称谓，并不如有人称其为"封建余孽"那样产生强烈的反弹。因为在鲁迅看来，"小资产阶级作家"的称呼并不算怎样出格。"现存的左翼作家，能写出好的无产阶级文学来么？我想，也很难。这是因为现在的左翼作家还都是读书人——智识阶级，他们要写出革命的实际来，是很不容易的缘故。"所谓"读书人——智识阶级"，实在是与小资产阶级相去不远的，由此可以断定，左翼作家其实大都是"小资产阶级作家"。鲁迅还认为："在现在中国这样的社会中，最容易希望出现的，是反叛的小资产阶级的反抗的，或暴露的作品。因为他生长在这正在灭亡着的阶级中，所以他有甚深的了解，甚大的憎恶，而向这刺下去的刀也最为致命与有力。"[②]鲁迅对"反叛的小资产阶级"作家的肯定，恰与茅盾的观点暗合。这或许可以证明，茅盾同情、肯定小资产阶级作家也是有"同道"的。

由此看来，茅盾从分析客观情势出发，提请人们注意对文学表现小资产

---

① 得钊：《中国文艺界述评》，《列宁青年》第1卷第11期，1929年3月。
② 鲁迅：《上海文艺之一瞥》，《鲁迅全集》第4卷，人民文学出版社1982年版，第300页。

阶级的关注，是其"阶级政治"考量中最值得注意的部分。正是有此理念，遂有其创作文本中大量的小资产阶级描写，显出其阶级政治叙事的独到之处。

关于茅盾小说的小资产阶级的思想、生活描写，钱杏邨认为是"以《幻灭》《动摇》《追求》为创作的范本"，这说得不够全面。其实何止是《蚀》中的这三个作品提供了"范本"，《蚀》以后的《虹》及短篇集《野蔷薇》等，几乎都是以小资产阶级为主角；即便是以后写出的以都市生活为背景的长篇小说《子夜》《锻炼》等，依然有非常出色的知识女性、都市青年、大学教授、青年学生等各色小资产阶级人物的描绘。试看《子夜》，小说用力描绘的自然是充当"主角"的各色民族资本家，但作品中作为"配角"出现的各类"小资"人物的描写同样十分出彩。比如吴荪甫的漂亮太太林佩瑶，本是知识女性，曾有自己的理想与情感需求，但为追求舒适生活，一脚踏入富家豪门，而全身心投入事业的丈夫又对女人缺乏温情，她只做着毫无情爱的家庭"怨妇"，其懊恼、空虚、落寞之态表现得淋漓尽致。又如经济学教授李玉亭，其主要兴趣似不在大学讲堂上，只出没于豪门吴府，周旋于大小资本家间，其经济学识明显打上了铜钱印记，展现了在经济搏斗场域中或一类型知识文人的独特心态与行为。这类"配角"的设置，起着衬托人物、凸显主题的作用：由林佩瑶的感情失落反衬出吴荪甫对事业的专注，从李玉亭的学识移位中映现出知识文人的精神变异，作品表现的经济命题无形中得到强化；而就具体人物描写言，这些颇具个性的"小资"人物同样是作品中不可或缺的存在，设若没有这些活动在主人公周围人物的丰富情节与生动表现，《子夜》恐怕要逊色得多。看来，小资产阶级知识分子的确是茅盾擅长表现的一个社会群体，他在多种题材的创作中，关注着小资产阶级的命运与生活，情绪与心态，并将其作为重要表现对象，或精心描绘，或随意点染，大抵能做到血肉饱满、情态逼真。

相比之下，茅盾似乎并不擅长正面描写革命斗争，特别不善于表现作为革命"主角"的工人、农民、革命者，《三人行》中写革命者的概念化，《子夜》第四章写农运场面的"半肢瘫痪"以及罢工运动中写工人、革命者的平面化，就都是适例。这源于作家的生活熟习程度，他对于"小资"阶层人物面貌、个性的熟知，写来便得心应手；也联系着作家独特的政治叙事视角，他认为把握了小资产阶级"生活的核心",在某种意义上就能反映出革命的某些本质方面,非要唱"革命"高调才算是真正的革命文学。正是有此生活实践与创作理念,就有茅盾将创作笔力集中于小资产阶级的观照,从而使其小说显出特有的政治叙事张力。

正如茅盾自述的,最初促动他投入创作的,是由于他"经验了动乱中国的最复杂的人生一幕",在大革命失败后看到了各种各样的矛盾,"尤其清楚地认识到小资产阶级知识分子在这大变动时代的矛盾"。[①] 据此可以理解,他是着眼于"大变动时代"的特征去描写小资产阶级的,他所用力表现的并非一般小资产阶级的生活,恰恰是透过"小资"们的生活抓住了时代的"核心的描写"。在大革命年代,茅盾几乎每天都与这些小资产阶级青年生活在一起,对他(她)们介入革命和革命活动中的行为和心理是再也熟悉不过了,其作品就侧重于表现他们在大变动时代的心灵搏动、心理矛盾,再现了革命年代"小资"青年特别是知识女性为实现政治理想而介入革命的种种复杂表征,其政治叙事就有了丰富、深入的内涵。作品通过各类人物的性格、心理解剖,告诉人们阶级的革命的形势成为"小资"们走向革命的推助力,但政治风潮对个人的影响,远非像公式化的革命著作里写的那样简单,革命形势的复杂多变,必造成"小资"行为与心理的复杂多样性。《蚀》写那些带着幻想投入大革命的时代女性,就把握了她们或亢奋或消沉或颓废的种种精神状态,用作品的题名概括即是,革命高潮到来的狂热和革命一时远去的"幻灭",经受不住"大变动时代"革命发展太快、变动太大而产生的"动摇",革命遭受挫折以后精神一蹶不振又做着无所作为的"追求"。茅盾曾经谈到,大革命时期的某些时代女性,是"颇以为不进革命党便枉读了几句书"的,对革命"抱着异常热烈的幻想",但她们并没有真正理解革命,充其量只能说是在革命的"边缘上张望"。于是她们在革命高潮时徒有盲目的乐观,革命低潮时虽仍有对革命的追求,但既想追求革命的路向光明,又想追求单纯感官刺激而陷于堕落,这便是"小资"青年在"追求"中找不到属于自己位置的真切写照。作家以解剖心灵的犀利的刻刀,剖析着小资产阶级知识分子

---

① 茅盾:《从牯岭到东京》,《茅盾全集》第19卷,人民文学出版社1991年版,第177页。

在革命过程中"透露出各人的阶级的'意识形态'"①，把她们置身在狭小天地里所表现出来的情绪、思想描绘得淋漓尽致，这对于透视那个时代里经受不住革命挫折的小资产阶级的"时代病"，不能不说具有深刻的典型意义。作品表现大革命失败后"小资"们陷入生存与心灵的双重困境，曾引发读者强烈的精神共鸣。以至于连对茅盾作品多持批评态度的钱杏邨也不能不认为，"《幻灭》是一部描写革命时代及革命以前的小资产阶级女子的游移不定的心情，及对于革命的幻灭，同时又描写青年恋爱狂的一部具有时代色彩的小说。全书把小资产阶级的病态心理描写的淋漓尽致"，"描写只是后半部失败了，至于意识不是无产阶级的，依旧是小资产阶级的"。②这位革命文学家不能满意茅盾的创作，感到非常遗憾的是在于他未能适时追赶无产阶级文学潮流，去写出"新兴"的"无产阶级文学"作品，但当他看到茅盾在自己熟习的小资产阶级题材领域里耕作，小说确有对时代色彩和"小资"的"病态心理"的精细把握，也不能不指出小说确有可取之处。

其实茅盾小说表现小资产阶级所取得的独到成就，也无需革命文学家做部分肯定，尤其是当此种肯定又在缺乏"无产阶级意识"的理论比照下立即予以否定，使得其对作品的价值判断弄得莫衷一是。这恰恰证明了这样一点，对表现小资产阶级的政治叙事不能套用空洞的阶级、政治理论去看待一个特殊阶级、阶层的复杂表现，而政治叙事的精到与否，也不是由单纯的意识决定的，重要的还需看作家是否有真正的艺术创造。茅盾描写小资产阶级人物当然也非尽善尽美，但确有其精到之处：基于对小资产阶级阶层的深切关注与用力透视，他对这个阶层人物的独特面貌及其在特定历史时期所呈现的独特心理与心态有深入机理的把握，创作中又着力于体现个性化的独特形象类型的创造，尤对其笔下人物的心灵刻写用力甚多甚深，遂有其十分出彩的小资产阶级人物形象的创造。茅盾小说创造的小资产阶级时代女性形象在中国现代文学史上凸显出独特价值，正是由于政治叙事与人物的个性化叙事紧密结合，其小说的政治叙事显示出独到的艺术魅力。

---

① 茅盾：《写在〈野蔷薇〉的前面》，《茅盾全集》第9卷，人民文学出版社1985年版，第524页。
② 钱杏邨：《茅盾与现实》，《太阳月刊》1928年3月号。

这可以其政治叙事中观照小资产阶级阶层,创造"特异型"的"时代女性"为例说明。茅盾当年就谈到,描写小资产阶级的时代女性,"人物的个性是我最用心描写的,其中几个特异的女子自然很惹人注意",这些女性不一定称为"革命的女子,然而也不是浅薄的浪漫的女子。如果读者并不觉得她们可爱可同情,那便是作者描写的失败"。① 这些"特异女子"如《蚀》三部曲写到的慧女士(《幻灭》)、孙舞阳(《动摇》)、章秋柳(《追求》)等。她们不同于通常见到的软弱型女性,在社会压迫面前并没有太多的忧愁,而是敢笑敢骂、无所顾忌,大有惊世骇俗、卓然不群的气势;她们也不同于某些在革命浪潮中保持不断进击态势的刚毅型女性,而是在激荡的时代潮流中缺乏明确的革命目标,在革命挫折面前更消退了前进的勇气,表现出另一种形式的脆弱,即在生活方式上显得轻率放纵、浪漫不羁,尤以追求官能刺激、性的解放而见出别具一格。这可以说是一群性格特殊、行为也特殊的特异型女性。这样的惊世骇俗的女性,我们曾在丁玲创造的"莎菲女士"一类形象中看到,但茅盾创造的形象显然比这有很大的突破与超越。一方面,她们是一群真正裹挟在大革命浪潮中的女性(并非如莎菲那样只在恋爱自由中追求个性解放),她们身上有着大革命时期特定时代生活的投影,包含了深刻的社会历史内容;另一方面,就表现小资产阶级的特性而言,充分描写了其思想和性格的复杂性:知识女性思想活跃而又游移不定,性格果决、刚毅时而又很单纯、脆弱,这正反映了一般小资产阶级知识分子的强点与弱点。这样的分析与表现,显然是以往只写女性追求个性解放的作品难以企及,恰恰是曾亲历过大革命浪潮的茅盾,有着对那些并非浅薄的浪漫女子的深切体认,加以其对"小资"女性秉性的细密而独到分析,从而能给以有力的艺术表现。

透过此类"特异型"女性,我们看到,茅盾正是在充分表现小资产阶级知识分子的矛盾心理和复杂性格上显示了自己的创作特色。概括"特异型"女性思想性格的特异性,有着如许表征:一是表现了狂热性和幻灭感集于一身的小资产阶级情绪。在大革命高潮中,这一类女性都曾躬逢其盛,为

---

① 茅盾:《从牯岭到东京》,《茅盾全集》第19卷,人民文学出版社1991年版,第179页。

革命潮流所吸引,大大激发了昂扬的"革命情绪",甚至还表现出极端的狂热性。慧女士和孙舞阳身处革命高潮时的武汉或湖北某县城,就一度为"悲壮热烈"的场面所感染,狂热的情绪很被刺激了一阵子。特别是孙舞阳,甚至比革命的领导者还要激进,竟然在大会上发表演说,赞扬南乡农民的"共妻"行动为"妇女觉醒的春雷""婢妾解放的先驱"。这种近于失去理智的出格言论,正暴露了这些人在革命潮流冲击下的晕头转向。然而,在革命的低潮期,她们又是另一番面目,情绪跌落到了最低点。二是刚强性与脆弱性相混合的小资产阶级秉性。章秋柳曾自问是否已成为"似坚实脆的生铁"——这一比喻事实上正是这一类人性格本质的形象写照。在外表上,她们是坚强的,"肉体是女性,而性格是男性"是对她们的美称。她们懂得怎样利用自己美艳的身体去报复那些不无邪念的世俗男子。但报复男子,是以精神自戕为代价的,最终受损的仍是她们自己。外表的"男性性格",不可能完全掩藏内在的女性弱点,原因就在她们是"似坚实脆"的一群,并没有很大的力量同社会抗争,在本质上还是十分虚弱的。三是"颓废的冲动"和"向善的焦灼"相交织的独特情感和性格。在这类女性身上,放纵、浪漫的颓废行为总归是弱点,因为这于社会无益,也于自己无益。但正如她们中的一员章秋柳所说,"我们含着眼泪浪漫、颓废,但是我们何尝这样甘心,浪费了我们的一生!我们还是要向前进"。的确是这样,作为有一定的知识、觉悟的小资产阶级知识分子,浪漫、颓废并非是她们的本心,自甘堕落更不是她们的本质。在她们那里,前进的愿望、向善的品性并未泯灭,只不过无力抗拒社会的压迫,无法救治社会的创伤,心头的焦灼才以"颓废的冲动"的形式表现出来。因此在本质上,她们虽称不上是"革命的女子",却也不是"浅薄的浪漫女子"。这个类型的女性形象,就历来受到读者的喜爱,也一直获得人们的好评。

  茅盾以小资产阶级为表现对象的政治叙事,不限于早期作品《蚀》与《虹》等,而是贯穿在其创作全程中的。正同他执着于表现民族资产阶级,透过这个阶级艰难命运的描写探索民族问题一样,小资产阶级也是他重要表现对象之一,借此探索的则是一部分介入革命或与革命相关联的小资产阶级青年的种种发展表征。可以说,小资产阶级人物是他小说创作中的第二大人物形象类型，由此见出其创作的侧重点和政治叙事的侧重点。我们看到，茅盾对知识分子革命道路的探索，是以《蚀》开其端，但在以《蚀》为起点的延长线上，涌现着一长串"时代女性"形象，让她们承担各种不同角色，说明着小资产阶级知识分子参加革命的可能性与必然性。《虹》写梅行素在"五四"潮流激荡下的觉醒，就是把人物置身在时代的主潮中去表现的，让她经历"五四"巨变，接受新思潮洗礼，而后又参加了"五卅运动"，经受种种考验后终于成长为一个革命者，人物的活动同时代的潮流紧紧地粘连在一起，时代女性当然也是名副其实的时代的产儿了。然而，只写到梅行素们在大革命高潮中的表现是远远不够的，因为此后的路还长，对她们的考验也更严峻，于是就有20世纪30年代初写出的《路》。《路》写杜若参加蒋管区白色恐怖笼罩下的学生运动，其刚毅性格和对青年学生的影响与指导，在时代女性形象中都是特别突出的，尤其是这个形象表现了知识女性在革命失败以后继起的特点，更值得注意。《锻炼》写严洁修、苏辛佳，已将时代女性置于抗战的大洪流中了，她们都直接参与了"八·一三"事变后上海军民抗战活动，革命女性已与高昂的民族精神融为一体了。茅盾从不同侧面描写小资产阶级知识分子在革命途程上的表现，体现了他对这一问题的高度关注，也包含了他在革命道路继续探索中的思考和发现。

此外，茅盾在短篇小说创作中也无例外地表现出对小资产阶级知识分子心灵的解剖。譬如《野蔷薇》集中的一些短篇，大都披着"恋爱的外衣"，粗心的读者也许会把它们看成是一般的爱情小说。其实这类作品写爱情，并没有像张资平的"三角""四角"恋爱小说那般肉麻、有趣，只是写了一些非常"平凡"的事情，恋爱一点也不热烈。作品正是通过对不同类型的人物的解剖，透视出革命以后人们不同的思想状貌。恋爱描写背后所蕴含的革命仍在生长、创造的思想，通过对小资产阶级软弱性的批判所提出的革命需要继续唤醒这一部分人的"重大问题"，尽管蕴藏很深，读者经过仔细体会依然可以领悟到。《色盲》中的主人公林白霜决心排除恋爱问题上的烦恼，"将鼓起勇气来承受那失败，他将没有懊丧，也没有悲哀"，最后终于怀着"兴奋而坚定的情绪"走向未来。这里所展现的就是小资产阶级知识分子曲折多变的思想情绪，他们的复杂心灵常常在争斗之中，而争斗的结果，并非一概走向歧途,的确也有思想意识日渐清醒起来的。还值得一提的是,在茅盾建构的庞大的小资产阶级"家族"中,也有与革命无关的成员,如《第一个半天的工作》中的黄女士,《夏夜一点钟》里的某女士等。对这类人物的用力重点是对人物做透骨剔肌的心灵解剖,揭示其性格和心理弱质。这两个人物都是身处小职员地位的知识分子。她们在公司里看到和碰到的是上司和同事们猥亵的眼光和无端的侮辱,但是为了混一口饭吃,只得忍气吞声,甚至甘愿受辱。作品如是描写,主要表现为作家对小资产阶级知识分子身上弱点的批判,艺术效果是显而易见的。对"小资"而言,让他们看到自己的心理局限,摆脱沉重的精神负荷,何尝不是一个有实际意义的话题。

五、政治视野中的"个人想象空间"拓展

论及政治叙事的艺术功能,需要注意的一个现象是,政治叙事往往与"个人化"表达发生冲突,从而有可能造成作家创作个性的丧失。"五四"话语中强调的"个人性",到阶级斗争空前激烈的 20 世纪 30 年代应有怎样的变化,答案似乎只有一个:从个体走向群体、融于群体。这种创作主体的转换固然是适应时代要求之所需,它给革命文学带来更开阔的生存、发展空间,但也会产生负面效应。"革命固然要使政治权力深入到每一个角落,但'全能政治(totalism)'的趋势就潜伏在其中。如果政治权威长期深入到社会的每一个领域中,就会限制个人创造力的发展。"[①] 文学创作亦如是:群体性对个体性的压抑和控制成为一种定式之后,艺术上的创造力便逐渐萎缩了。新文学自诞生之日起,就是与个性解放紧密相联的。"我是我自己的,他们谁也没有干涉我的权利!"(鲁迅《伤逝》)、"不得自由我宁死"(淦女士《隔绝》),是"五四"作家笔下最经典的个性解放宣言。高扬个体意识是"五四"文本最突出的特征,坚持个性化写作是包括注重社会意识的作家在内的作家们大体相同的追求;然而,随着阶级解放要求的不断张扬,这种个体意识在阶级意识的挤压下呈逐渐萎缩之势,尤其是左翼作家的创作。文学向政治化

---

① 薛涌:《知识分子与中国政治》,《读书》1986 年第 9 期。

方向的运作，创作主体的个人主义立场转变为集体主义立场，作家的思维方式也必随之发生变化，不再在创作中表现个人的感受、个人对社会人生的理解，而是表现阶级的立场和对社会的阶级分析，就难以避免创作的公式化和概念化。

作为同样置身于集体主义营垒中的一员，茅盾的创作显然也保持同20世纪30年代时代潮流下整体创作倾向的基本一致。其加入左翼文艺阵营后，日渐开阔的艺术视野使其扩大了表现范围，将目光注视到社会生活的各个侧面，以宏大叙事表现社会现实和现实政治的发展动向，显现出其创作融汇在集体主义洪流中的走势。在文学理念上，受到其时盛行的"左"倾思潮的影响，在看待诸如个人主义、集体主义关系问题上也有不正确的表述，这突出表现在他对"五四"文学的评价上。因服从于当时左翼的主流意识形态，他对"五四"的认识改变了过去的看法，做出了并不恰切的评判。例如1931年八九月间，他写出《"五四"运动的检讨》和《关于"创作"》两文，对"五四"新文化运动和"五四"文学做了很不恰当的评述。他认为，"'五四'是中国新兴资产阶级的运动"，"又因为这个新兴资产阶级并没有发育得完全，所以它的意识不能正确"，这个判断显然不符合"五四"和"五四"文学的基本精神；与此相对应，他对"五四"文学成就的估价也不合实际，认为其成绩"惨淡贫乏"，只产生了"向下没落的资产阶级文学"，"在这些文学作品中，没有发扬踔厉的新兴阶级的气概，没有乐观，只是苦闷，彷徨，颓废"，这样的评价，当然也与"五四"文学成就相去甚远。这两篇文章是茅盾在担任"左联"行政书记期间写出的，是"左联"一个时期文学的总结，并不完全代表个人观点，但作为执笔者，当然要负主要责任，至少说明他当时在思想上是认同或接受此种观点的。茅盾在晚年回忆录中写道："这个估价显然是把'五四'时期的文学成就相当贬低了。这说明，虽然我写此文时力图使立论客观持平，实际上我还是受了当时（一九二八年以来）的极左思潮的影响。"①

然而，需要指出的是，在受"左"倾思潮影响的左翼作家中，茅盾毕竟

---

① 茅盾：《我走过的道路》（中），人民文学出版社1984年版，第74、75页。

是受影响较小的作家,在左翼文学背景上,无论是文学观念还是创作实绩,他都有自己的一种独立思考,因而会显出与别的作家很不相同的特色。缘由就在于,置身于集体主义营垒中的茅盾,往往表现出较多的"独立性":对于文学本质独特的思考和独特的行事风格。就文学观念言,他对左翼初期流行的无产阶级文学观念,一直不予认同,还与之展开激烈论辩,尤对"左联"最初提出的理论纲领表示"多半是直觉的不赞成"。此种状况,在其后因"左"倾思潮依然流行,他也没有多大改变,仍坚持对其错误的持续不断的批评。就如上述总结"五四"以来文学经验的文章中,他虽对"五四"的文学成就评估有误,但当他面对左翼文学初期流行着种种"'左'倾幼稚病",使创作走偏方向,也感到难以忍受,故而对正在开展的左翼文艺运动也有尖锐的批评。他指出左翼文学成就不高,其病就在违背文学创作规律,"在创造社太阳社等等小集团取消而成立为'左翼作家联盟'以来的一年半的时期内,所产生的少量的作品还是非常浅薄,人物结构——甚至题材,都还不脱'公式化'的拘束","把创作理解为'政治宣传大纲'加'公式主义的结构或脸谱主义的人物',也何尝不是谬误呢!这个错误的倾向应该不再继续"。① 就创作实绩而论,茅盾是"左联"作家中潜心于创作,提供了丰厚创作成果的作家之一,堪称是当时"左联"一度批评过的典型的"作品主义者"。这反映了在"左联"前期激烈的论辩中,茅盾独特的处事风格:他并不认同"左联"作家应放弃创作从事所谓"实际革命斗争"的主张,但与其做无谓的争论,还不如用扎扎实实的创作,以自己力所能及的工作给以回应。所以就有这样的现象发生:"我在加入'左联'的头半年,很少参加'左联'的活动,也没有给当时'左联'的刊物写文章,只是埋头搞自己的创作,或者什么都不做",十足成了一个"作品主义者。"② 此种现象的形成,表明茅盾欲以卓有成效的创作实践推动新兴文学运动的意愿,因为他认为,光提口号,没有创作,再好的文学主张,也于事无补。他在《关于"创作"》一文中就指出,当年"为人生的艺术"是一个很不错的口号,但"文学研究

---

① 茅盾:《关于"创作"》,《茅盾全集》第19卷,人民文学出版社1991年版,第279、230页。
② 茅盾:《我走过的道路》(中),人民文学出版社1984年版,第58页。

会提倡'人生艺术'的一部分人却只以批评家的身份来呼号而不以创作家的身份来实行",所以取得的成就很有限;现在,无产阶级文学倡导者,"亦因为本来不从事于文学,所以文学技术不够,结果便是把他们的'革命生活实感'来单纯地'论文'化了",同样见不出无产阶级文学推广的实效。① 由是,遂有茅盾在左翼文学期间专心致志于创作实践,并以自己的创作实绩显示左翼文学的成就,力求探索出一条左翼文学的艺术表达路子。

重视创作的个性化,尽力拓展个人想象空间,使政治叙事包含丰富内容、渗透多样艺术元素,以保证具有一定限定性的左翼创作能较多克服片面性,使其能循着艺术表现的路径行进,这是茅盾创作的政治叙事提供的一条有效经验。

茅盾探索的左翼文学创作路子,自然不失政治眼光,当然也是一种政治叙事。此种叙事,是在一种"有限制"的政治视阈内观照事物、品评现实,显现出一种有所选择、有所取舍的艺术价值取向,也许并不能为人们普遍接受;而一旦审视现实的眼光发生偏差,对现实的政治判断有误,或作家的艺术表现能力不足,只陷于空洞的政治说教,则会使政治叙事陷入尴尬——虽有政治热情,却不能提供政治与艺术俱佳的文学作品。以此论说茅盾的艺术探索,其政治叙事也是在一条艰难的艺术道路中行进,难保创作不出现偏差。综观茅盾的与革命、阶级、政治言说紧密相关的作品,明显可以看出其创作成就很不平衡的现象,精粹作品不少,平庸之作亦有之,有些则连他自己都认为是"失败之作"。个中映现的正是政治叙事探索的艰难,这或许也是我国的左翼文学虽经作家们的不断探索实践,但总体艺术价值不高的缘由所在。不过,仍然需要指出的是,在所有左翼作家中,茅盾应算是探索政治叙事较有成就的作家,其艺术探索虽有难以避免的局限,但也有其他作家不可企及的优势,因而其不少政治叙事作品往往有独到的艺术表现,从而为左翼文学创作提供了经验。这固然取决于茅盾深厚的文学素养积累,其对艺术自身规律的把握,总是注重多种艺术元素的运用进行政治叙事,因而常常能克服因政治的过重介入给创作带来的局囿;而尤其不能忽视的一个因素,是

---

① 茅盾:《关于"创作"》,《茅盾全集》第19卷,人民文学出版社1991年版,第272、278页。

其政治叙事的独特思考方式和表现方式,尽管他经常从政治视野看待现实、观照人物,但总有他个人对现实政治的独特考量,其创作中的政治叙事并不排斥个性化叙事,于是在政治叙事中尽力拓展个人想象空间,凸显了作家个人对政治的独到发现,伸展了政治叙事的内涵和外延,使创作取得较为理想的艺术效果。

政治叙事的宏大叙事特性,注定此种叙事必须充分尊重作家个体的自主性和创造性,唯此,方能避免因政治话语的千篇一律导致创作的概念化,或在政治视野大势有可能出现偏差时,能保持自己对政治的独立判断不致使创作失误。在左翼作家中,茅盾不乏自主性和创造性发挥,创作中有更多个人想象空间的拓展,这恰是其颇值得称道之处。从现象上看,这同他在左翼文艺阵营中保持了较多的"独立性",甚至"常犯自由主义"不无关系。这就有可能使其用政治视野观照当时的革命潮流时,与其时声势极盛的极左思潮的鼓吹者发生视角的偏差,融合了自己对政治环境的独立判断,这倒使其创作避免了诸多极左因素的干扰。但就文学创作层面看,更重要的还在于他对创作中"个人性"因素的强调。对于"五四"话语中涌现的"个人性"话题,茅盾曾做过具体分析,坚信作为人的"个人",价值在"人",即便与政治融合,个人性也应当得到尊重。如果联系茅盾有关"五四"话语个人性问题的论述,这一点可以看得更清楚。尽管他对"五四"运动和"五四"文学做了资产阶级性质的评价,但与此性质相关联的"个人主义""个性主义"却不乏科学分析态度。他认为,"个人主义(它的较悦耳的代名词,就是人的发现或发展个性),原是资产阶级的意识形态之一,故在新兴资产阶级的意识形态对封建思想开始斗争的'五四'时期而言,个人主义成为文艺创作的主要态度和过程,正是理所必然。而'五四'新文学运动的历史意义,亦即在此"[①]。这里表述的就是对"个人主义"的肯定。而从艺术创造特点说,也还有另一种个人性应予关注。他认为:"典型性格是阶级性的,这句话有点问题,为什么呢?因为在'阶级性'这个术语以外,我们知道还有一个术

[①] 茅盾:《关于"创作"》,《茅盾全集》第19卷,人民文学出版社1991年版,第266页。

语，就是'个性'。"①在茅盾看来，文学表现阶级性，必须同表现人物的个性相联系，它必须是一种艺术表达，这就阶级政治文化介入小说创作而言，实在是很有必要的提醒。于是我们看到，茅盾小说中的人物始终存在着作家政治化的理性分析和个人化的感性倾诉相交织的特点，政治化的茅盾思维清晰，让人把握小说的宏观价值取向，而个人化的茅盾则尽力拓展个人想象空间，将感情倾注于人物，着意于创造时代中保持独特个性的"个人"。

创作中个人想象空间的拓展，无疑深化了茅盾小说的政治叙事内涵。在前期作品中，从《蚀》开始的小说，茅盾都描写了个人走入时代，但并非个人与时代的简单融合，而是充满了人生矛盾：有的是幻灭、动摇，与时代的要求相悖；有的是满怀热情而又痛苦彷徨，无法把握自己也无法把握时代。此类作品是在茅盾思想痛苦、矛盾期间写出的，此时他尚未真正融于群体之中，笔下人物的个人性特征是非常突出的，人物思想波动正反映了时代之下个人的无所适从，反映了大时代的政治风潮对人的心灵撞击之深。茅盾后期小说表现"阶级政治"，最值得玩味的是《霜叶红似二月花》。这只要看作者原来的意图——"打算写从'五四'到一九二七年这一时期的政治、社会和思想的大变动，想在总的方面指出这时期革命虽遭挫折，反革命暂时占了上风，但革命必然取得最后胜利"②，就可想象出这是一部革命性、政治性很强的小说。然而实际的成书与创作意图却是反差甚大。这部小说最终并未完成，创作意图没有完全实现，是一个因素；但就已完成部分看，所谓要表现革命与反革命激烈交锋的内容，在作品中也很难寻觅。小说所展现的生活图画就是来自茅盾作品所常见的江南水乡城镇。人们从中看到了20世纪20年代农民的贫困和愚昧，土财主的欺诈和横行，以及小县城里的守旧势力、土豪劣绅、破落的世家子弟、无力回天的"新派"人物等形形色色的人物。斑斓的色彩，勾画了一个时代的轮廓；而富有地方特色的风俗画，则活现了江南社会的风情、世态。有人称这部作品具有"《红楼》风韵"，恐怕正是就它对社会"世相"的透骨剔肌的刻画而言的。这个作品值得称道之处，就在

---

① 茅盾：《谈"人物描写"》，《茅盾全集》第22卷，人民文学出版社1993年版，第335、336页。
② 茅盾：《霜叶红似二月花·新版后记》，《茅盾文集》第6卷，人民文学出版社1984年版，第250页。

于它突破了阶级政治的规范,将阶级斗争置于幕后、隐于深层,侧重于表现"人"的独特个性,以个性化政治叙事凸显出那个时代复杂的社会政治内涵。作品重点描写的年青开明地主钱良材,在其身上隐隐透出作者的精明能干的"卢表叔"的身影,而"大家闺秀"张婉卿形象则明显烙有其母亲陈爱珠的印记,显见作者对笔下人物的一种赞赏态度。特别是作品着力描写的钱良材,的确是一个不失为"好人"的独特地主绅士,这个地主没有《子夜》中吴老太爷的守旧、冯云卿的贪财,却有着开放的心态,追求良好的愿望,真诚地想为农民办事,但又与农民有深深的隔膜,其理想与抱负也不得伸展。这在茅盾小说中是一个独特的形象类型,茅盾将其置于"五四"的背景,在他身上体现了"五四"思潮在年青人心中的涟漪,所以给以了正面描写;但他又有作为地主绅士的局限,其思想和性格的多面性显示了个人在社会变动下转型的艰难,预示着后来这一片"红似二月花"的"霜叶",未必能经受得起风霜雨雪的锤打,最后"还是要凋零"——这当然已是"后话",作品中尚未来得及表现。这部小说的政治叙事,将阶级政治与个性表达相融合,显然超越了一般表现阶级政治的小说。

  茅盾小说拓宽政治叙事内涵的另一个表征,是将人性、人道内涵纳入于创作,伸张了作品的表现空间,深化了对人的多面性、复杂性的认知。作为从"五四"走来的新文学作家,茅盾曾浸淫在"五四"文学的浓烈氛围中,表现出对人性、人道主义问题的关注,其早期文论中就有不少有关表现人性、人道主义、个性解放之类的论述。然而,在20世纪三四十年代,由于对政治叙事作狭隘理解,左翼作家的创作明显强化了阶级意识,人性、人道主题则一度被放逐。茅盾并没有刻意追逐潮流,其创作中的个性化叙事恰恰表现出不随流俗的一面。正同左翼文学虽在理论上高扬了阶级意识、排斥人道主题,但理论宣传与创作实际并不能完全达成一致,其创作关注的依然是"人"的苦难,"五四"文学弘扬的人道关怀精神仍在不少左翼创作中得以延续,茅盾的创作亦有同样表现。许多左翼作家的创作并非遵循划一的阶级性理论,他们对苦难的审视,就不是绝对的阶级对立理念,倒是大抵停留在贫富差异、善恶对立、社会恶势力横行等因素上,内中就蕴含着对反人性、反人道现象的激越批判声音。茅盾创作的阶级政治阐释,有其独特的视角,并不注重表现无产阶级与资产阶级两大阶级的生死对抗,倒是对人性的多侧面性多有关注。20世纪30年代,他把笔墨延展到乡村、小镇,用力表现下层人民(包括苦难农民、小商人、小市民等)的苦难命运,就不乏出色的人道主义描绘。如《林家铺子》写"大鱼吃小鱼,小鱼吃虾米",《当铺前》写发生在当铺面前的惨绝人寰的一幕,并非都是阶级性审视的结果,但写来直烙人心,能唤起读者对"不幸的人们"的人道主义同情。他对人物性格的刻画,也并非全是阶级眼光,而是有着人性复杂性的深刻透视;除了时代性、社会性因素外,还从普遍的国民性弱点、落后的文化习俗等视角切入,写出普通农民、市民自身的人性弱点和精神弱质所在。如《春蚕》中用相当篇幅展开对老通宝式的迷信与愚昧的描写,从而大大丰富了人物的性格内涵。唯其有对人性的多重观照,小说表达的改造农民、改造社会的政治命意也能得到有力表现。

　　茅盾作品中突出人性层次,表现人的需求的多面性,表达作者对生活在社会底层人民遭受物质贫困和精神荒芜的同情和关怀的最出色的作品,是《水藻行》。这个作品是应日本《改造》杂志的约稿而作,"是专门写给外国读者的",意在向外国读者提供一个"真正的中国农民形象",中国农民并不如其他小说所写的"那个样子"。① 如此创作目的,决定了这篇小说的写作,必有其独特表现视角,其政治叙事也必有独到之处。作品侧重描述的是一个农村家庭越出传统伦常观念的性爱关系:无家无室、体格健壮的财喜寄居在染病在身的堂侄秀生家,日久天长,他与同样具有健壮体格、充满青春活力的秀生妻子相爱了,并导致秀生妻子怀孕。这场情感纠葛在一个奇特"家庭"中掀起的波澜,既有对传统伦理观念的挑战,更多的是对于一个"人"正当生理欲求的肯定。在财喜的观念中,健康和劳动是男女相悦相恋的理由,是天经地义的,他与秀生妻基于人性本能的自然情欲应无可厚非。在这里,茅盾对一个普通农民复杂精神世界的透析,完全是从人性的视角观照,写出正常人性的合理性,使得这个不乏刚毅性的男性形象特别令人可爱,作家表现农民在情感世界里的追求也更令人可信。从人性视角开掘人物性格,

---

① 茅盾:《我走过的道路》(中),人民文学出版社1984年版,第353、355页。

表现人性中的善良、同情、谅解、愧悔等诸种复杂因素，能大大丰富人物的性格表现，而表现农民的新道德观，不仅使描写的人物蕴含深刻的人性深度，成为有血有肉的形象，而且也给人们以发人深思的伦理思考。这篇小说突破了左翼文学写农民往往只做阶级性分析的局囿，赋予人物以丰富复杂的人性内涵，写出了一个被茅盾称之为"真正的中国农民形象"，"他是中国大地上的真正主人"，无疑是其创作中的一个成功创造。

政治叙事写作，不可或缺的是艺术创造因素的运用。茅盾创作中的政治叙事与个性化叙事的融合，从艺术创造角度讲，是取决于作家秉有的艺术素养，并将长期积累的艺术经验有效地融进创作中，就有可能避免政治叙事因过重理性渗透而带来的艺术局限性。现实主义作家强调创作的有目的性和思维自觉性，政治叙事对此的要求更甚，但逻辑思维和形象思维并非完全割裂、殊死对立的，关键在于作家有效调动艺术手段，促成艺术转化。别林斯基在谈到中长篇小说创作的特点和优势时指出，"长篇和中篇小说现在居于其他一切类别的诗的首位"，因为"和其他任何类型的诗比较起来，在这里，虚构与想象、艺术构思与单纯但须真实的自然摹写，可以更好地、更贴切地融汇在一起……才能在这里感到无限的自由，其中结合了一切其他类别的诗：既有作者对所描写的事件的感情的吐露——抒情诗，也有使人物更为鲜明而突出地表达自己的手段——戏剧因素"。[①] 可见，叙事文学要求伸张广阔的叙事空间，包括作者真情实感的尽情流露，故事的编排、设计，戏剧因素的发掘，都显示出表达的无限自由性，这既给作家的才能发挥带来了充分的自由，同时也为政治叙事拓展个人想象空间提供了条件。因此，在小说的政治叙事中，作家是否调动了艺术思维，虚构与想象等艺术才能发挥如何，往往是决定创作成败的关键。作为擅长于驾驭中长篇创作的小说大家，茅盾的多数创作达到了较理想的艺术效果，很大程度上是借助于他的多种艺术手段的运用。这里，有属于一般的艺术构思、形象塑造等艺术因素的运用，也取决于茅盾创作的独特个性。从表现重大的社会主题出发，茅盾所选择的描写对象都同他自己的实际生活距离较远。他所着重描绘的两个形象系列——

---

① 〔俄〕别林斯基：《别林斯基论文学》，新文艺出版社1958年版，第200—201页。

时代女性和民族资本家,很少有属于他个人生活圈子以内的人物。在这种情况下,仅凭个人的一己生活体验就远不能济事了。然而,正如茅盾所说的,"生活经验是重要的,但也不可以为除了自己实实在在'经验'过的范围以外,便一字也不能写,我们要知道'经验'之外,还有'想象'。有许多心理状态,作家是没有经验过的,就要靠想象"①。这大体上说明了想象与经验的关系,而超越于经验的想象力的运用,正是其创作获得成功的一个不可或缺的因素。

茅盾创作中出色的时代女性形态、心理、性格的描写,当是典型例证。对时代女性生活、命运的关注,是茅盾创作的一个侧重点,这反映了其政治叙事试图透过对一个重要社会类型的分析、解剖,揭橥出社会心理、时代心理的某些表征,所以描写时代女性的作品占了很大比重。在中国现代男性作家中,能以如此笔力集中到女性形象描绘的,茅盾恐怕是较突出的一位,由此显示出其创作的一个重要特色。然而,以一个男性作家写女性,总有许多生理上、心理上的隔膜,要做到精确表现,委实不易。这当中,除了作家自身生活经验的运用外,借助于发达的"想象力"就必不可少。茅盾对女性心理、性格的分析与刻画,包括对女性独特情感、情欲需求的描摹,对女性隐秘心理的揣摩,有许多就是"凭想象而得之"。凭借充足的想象力,茅盾笔下的女性描写,就有许多大胆的甚至"越轨"的笔墨,有些连当时的女性作家都未必敢涉足,但却也有令人称奇的艺术效果。如短篇小说《诗与散文》,写主人公桂奶奶既有情欲需求,又有对真实爱情的追求,当她发现青年丙并非其真实所爱后,在与其一段缠绵后,就把他一脚踢开了。小说切入女性心理堂奥展现其独特的情感世界,透过极富想象力的细密笔墨状写人物,使一个敢作敢为的时代女性形象挺立在读者面前。又如长篇小说《虹》,作品的成功描写是在上半部,尤为精到的也是细腻的女性心理解剖。时代女性梅行素受到新思潮感染,不愿嫁给庸俗商人柳遇春,但又无力抗拒,在跌进"柳条笼"前一刻,她既不打算为贞操所左右,又怀着莫名恐惧的少女特有心理进入柳家,终于在新婚夜毫无抗拒、莫名其妙地做了"人妇"。小说对少女

---

① 茅盾:《谈"人物描写"》,《茅盾全集》第22卷,人民文学出版社1993年版,第340页。

的复杂心境、情态、欲求的剖析，都有极为传神的笔墨。另一个例证是长篇小说《腐蚀》。这也是一个颇具独特性的艺术作品，因为小说完全是在作家从未涉足、非常陌生的生活领域里展开，茅盾敢于给他十分陌生的国民党特务分子生涯以艺术表现，仅凭听人讲过的部分材料。但作品描写那个"不是女人似的女人"赵惠明的独特个性和复杂心理，写她时而刚愎自用，时而又柔情如水，又是何等惟妙惟肖。这些作品使构思得以升华为艺术形象化，重要的因素是取决于作家十分发达的艺术想象力。政治叙事要求作家涉及多个政治生活领域，尽可能拓宽艺术表现空间，而有限的生活经验又不足以应付表现宽阔生活面的要求，唯有凭借作家活跃的思维能力，充分展开合情合理的艺术虚构以及由此及彼、由表及里的艺术想象活动，完成艺术形象的创造，方克有济。在这里，倒是见出了茅盾政治叙事独到的艺术功力。

茅盾的个性化叙事，还有一种是在经历巨大的心灵痛苦和心理矛盾后，创作从其心理的矛盾处入手，在政治事件的叙述中融合了自己的独立思考，使政治叙事产生意想不到的收获。在这种情况下，文本的"矛盾"内涵，蕴含着社会、时代的政治要求与作家个人表达的背离，个人的见解时或表现出摆脱过重社会要求的困扰而显出作家自己的独到发现；此种个人性也因其是茅盾思想矛盾性的集中显现，矛盾性的背后，隐伏着作家投入创作时的心理苦闷，甚至是心理痛苦，将这些转化为艺术创造力量，往往会闪现出特殊艺术效果。

在艺术创造层面，个人的心灵苦闷和心理矛盾抒写，常常是作家获得艺术灵感、进行卓有成效创作的重要因素，是故有文学创作是作家"苦闷的象征"之说。将浓重的矛盾、苦闷、痛苦等思想情绪渗透于创作中，这是作家个人性、创作主体性在作品中深层介入的表征，由是作品往往有感染人的艺术效果。文学创作中经常会出现这样的"悖论"现象：作家创作的成功，并不都是在"顺境"中，当一个作家处在文学大势中左右逢源，感到能熟练地驾驭生活进行创作时，反而会因为生活素材的过于充裕而觉得无所适从，而没有经过深思熟虑或未经痛苦的心灵"折磨"，创作大抵难以避免平庸；与此相反，当一个作家身处"逆境"，对错综复杂的情势难以把握，经历了苦闷、焦灼、烦躁、痛苦的心灵搏斗，产生了种种"矛盾"缠身、难以摆脱的心理困扰，这种时候恰恰有作家对难于把握的错综复杂情势的苦苦思索、用心探究，于是就有其对社会生活现象的独到发现，并将其灌注了浓厚情绪感受的内心体验、思想见地传递给读者，在读者中产生强烈的精神共鸣，从而使创作获得成功。此种"悖论"性、"矛盾"性现象，在茅盾身上得到显著体现。

作为经历了"矛盾"人生、充满了"矛盾"心态的中国现代作家复杂样态的典型呈现者，茅盾一生与"矛盾"有缘，其创作文本的"矛盾"内涵恰恰构成政治叙事的一个鲜明特色。茅盾产生思想的"矛盾"性，同他在政治道路上的一波三折，如大革命失败后的迷茫、消沉，从日本回国后与当时的"左"倾领导者不能协调等，有密切关系。他对政治介入很深，但实际的政治却极为复杂，而他又是个懂得艺术规律的作家，懂得传达个人体验对于创作的重要性，所以当一段时间占主导的政治文化潮流出现偏差，或者政治要求与艺术表现发生冲突，他就会处于矛盾的意识和情绪中，创作中就会充分展露此种意识和情绪，而作品表现的思想、观念则有可能会越出政治要求，或者表现出同政治的若即若离，取得另一种艺术效果。

《蚀》是最典型的例证。这是茅盾的第一部小说，小说表达的思想、情绪和政治理念，恰恰是作家"茅盾时"心态的充分展露。这部作品的形成，得之于作者亲历大革命实践的切身经验与感受，大革命的失败在他心头郁结了太多的"孤寂"与"悲哀"，将此内化为深层的心理体验，就有"幻灭的悲哀，人生的矛盾，消极的心情"；而他不能也不愿按当时流行的"革命不断高涨"的理论去写作，便有小说基调的低沉。特别是第三部《追求》，所有人物的"追求"都失败了，悲哀的氛围特别浓重。三部曲原先的构思思路是表现人物"幻灭—动摇—追求"的心态历程，但实际的表达恰恰相反，倒是表现了人们"追求—动摇—幻灭"这样倒退的情绪，可以说是把革命"低潮期"人们的心绪（包括作家自己当时的心绪）表现得淋漓尽致。这样的艺术表现，正如我们前面分析的，的确存在着复杂状况。小说中过于低沉的基调，以至于让人们就此看不到革命的前景，或是一病；但若是从另一个角度看问题，即作品表达的政治理念与当时流行的政治观念的反拨，表现了茅盾对大革命失败及其成因的独特思考，则又自有其独到之处。从政治叙事角度看，小说中唯其有浓厚的个人因素的介入，其表达的政治理念方才不随流俗而有自己的独特见地，而作品基于其切身体验传达的情绪感受，确实也在相当程度上感染了读者，产生独特艺术效果。

对《蚀》三部曲的评价，历来有不同的说法，反映了人们对这部内涵丰富的作品观照视角的不同。其中，夏志清的评说颇值得注意。他对这部作品的评价，有些观点笔者并不赞同，但其阐说作家主体性因素对作品的介入，却很能引起我们思考。他对茅盾的创作多有批评，唯独对《蚀》做了很高评价，认为"在中国现代的小说中，能真正反映出当代历史，洞察社会实况的，《蚀》可算是第一部"，其成功之处就在于，作家是"站在小说家的立场，说了小说家应说的话"。① 夏志清的这个评述，是基于其鲜明的意识形态性，他强调《蚀》的成功是因作家抛弃了政治的立场、党派的立场，只采取"小说家的立场"，显然并不准确，因为小说表达的政治观念还是强烈的，作品描述大革命从兴起到高潮到失败的全过程，不可能没有对其的政治判断，只是其判断没有与当时主流政治文化保持一致；但他指出这部小说中个人立场、"小说家立场"的重要作用，"小说家立场"在其创作中产生出显著的艺术效应，却是颇有道理的。事实上，对这部内涵丰富的作品，确实应给予深层探究、准确评价。因为实际的情况正是这样：革命家的沈雁冰成为小说家的茅盾，小说家的茅盾之所以为"茅盾"，恐怕没有比这部作品表现得更充分的。这里重要的是，小说家茅盾以自己的独特眼光观察世界，并且将内心体验凝聚为灌注了浓厚情感的艺术审美感受，就使其创作的政治叙事显出独到的艺术力量。

---

① 〔美〕夏志清：《中国现代小说史》，复旦大学出版社 2005 年版，第 102、104 页。

第五章　20世纪文化语境与茅盾的
　　　　持守现实主义

对于茅盾的评论，与20世纪中国文化语境相关联的另一个问题，是其作为典型的现实主义作家的角色定位，其本人也确乎长时期"独尊"现实主义，于是，茅盾与现实主义就是个绕不开的话题。而围绕这一话题展开对茅盾的评价，却因现实主义在中国命运的起落不定而发生变异：当现实主义地位坚挺时，茅盾被尊为现实主义大师，就有至高无上的地位，而随着新时期文学多元化的来临，现实主义独尊地位的解体，对茅盾的评价即随之发生倾斜，其成为"重写文学史"[①]首先发难的对象，就是明证。反差如此之大，恰恰反映了现实主义在我国20世纪文学的流布中呈现出复杂性：选择现实主义的必要性及对其的过度阐释、过分张扬造成的局限性。茅盾作为典型的现实主义作家，其典型性也正是在这一特点上得到鲜明呈现。在笔者看来，茅盾对我国现实主义文学的发展是做出了重要建树的，其对现实主义的独尊也会在文学创作中产生正负效应，重要的是需将其放置在复杂文化语境中分析，趋于极端化的评论并不可取。因为离开历史文化语境谈论现实主义的是非功过，离开作家的整体文学思想评说其现实主义创作，毕竟并不科学。

一、现实主义：复杂文化语境中的审慎选择

茅盾钟情于现实主义，几乎毕生都在为张扬现实主义而呼号，其文论中

[①] "重写文学史"的口号于1988年由《上海文论》提出，被首批重评的作家有茅盾、丁玲、赵树理、柳青等，他们都属现实主义作家。

阐述现实主义理论的完备性罕有其匹，其创作也一直遵循着他所信奉的现实主义原则，称其为典型的现实主义作家，并不过分。然而，考量茅盾对现实主义的择取，却并非是一种随意性的选择，而是经历了一个从不自觉到自觉直至坚定持守的过程，从中显现的恰恰是20世纪中国文化语境中现实主义的独特命运，从中也不难理解茅盾选择、接纳、推行现实主义的曲折历程及其必然性与合理性。

对于文学思潮的择取路径，人们很少注意到茅盾的最初选择并非现实主义而是新浪漫主义（现代主义）。从世界文学思潮走向看，20世纪的先进文学思潮是现代主义，对此，我国的新文学者也是有所认识的。新文学创建之初就曾流行一种文学"进化论"观念，认为一个时代有一个时代的文学，文学思潮也是循着"进化"之路行进的，一种思潮在一个历史阶段里显出进步性，但随着时代的变迁便逐渐趋于"老化"，随即被另一种新兴的文学思潮所取代。如18世纪的浪漫主义和19世纪的现实主义便都是各领风骚一个世纪，20世纪就该是现代主义的天下。我国新文学先驱者陈独秀在其早期文学观念中即信守此种理论，认为文学思潮的走向应是循着"古典主义—浪漫主义—现实主义—新浪漫主义（现代主义）"之路行进，20世纪最先进的文学思潮是新浪漫主义。[①] 值得注意的是，茅盾也曾对此理论表现出浓厚兴趣，在陈独秀发表论文六年以后，还不约而同地描述过"西洋的文学史"经由"古典—浪漫—写实—新浪漫"的递进过程，并肯定此种"进化"是"把文学的使命也重新估定了一个价值"。[②] 基于此，遂有其对被视为20世纪文学主潮的新浪漫主义（现代主义）的一度倾力宣传与提倡，甚至断言："能够帮助新思潮的文学该是新浪漫的文学，能引导我们到真确的人生观的文学该是新浪漫的文学……今后的新文学运动该是新浪漫主义的文学。"[③] 如此表述，很难与后来"固守"现实主义的茅盾联系在一起，但其早期的文学思想确乎是在探寻与选择之中，因而有一段时间曾向现代主义倾斜，亦无足怪异。

不过，茅盾对现代主义思潮的推崇，只持续了一段极短暂的时间（大约

---

① 陈独秀：《现代欧洲文艺史谭》，《青年杂志》1915年第1卷第3号。
② 茅盾：《新文学研究者的责任与努力》，《茅盾全集》第18卷，人民文学出版社1989年版，第66页。
③ 茅盾：《为新文学研究者进一解》，《茅盾全集》第18卷，人民文学出版社1989年版，第44页。

三四年光景），随后即以极大热情转向对现实主义的倡导。因为后来的事实表明，文学思潮的演进并不如人们想象的那样简单，是以一种思潮"取代"另一种思潮的单一线性方式行进，其间呈现着复杂的走势；而现实主义思潮的形成，又有其稳定发展的一面，它并不因为别的文学思潮兴起而自动退出历史舞台，相反，因其与社会文化思潮的契合，它还会显现出继续张扬的势头。于是其选择偏重在现实主义一头，便是顺理成章的。同一个茅盾，对新浪漫主义的热情礼赞有之，后来又将其指为没落的"世纪末"文学思潮予以严峻批判者亦有之，现实主义成为其长时期持守的文学思潮。由此看来，茅盾对于文学思潮确乎不是一种随意性的选择，恰恰是其对各种思潮经过反复比较、筛选以后做出的抉择，其抉择的依据正是 20 世纪中国文化语境的独特性，以及现实主义思潮在我国的时代适应性和现实需求性，而这也正是我们研究中国新文学现实主义所必须切实面对的。

探究茅盾在 20 世纪中国复杂文化语境中着重选择现实主义，下列因素不可忽视。

首先，是基于 20 世纪现实主义文学思潮的整体背景。从 20 世纪世界文学思潮走向看，尽管此时现代主义思潮勃兴，但世界文学依然是现实主义和现代主义两种文学思潮互争雄长，世界文学思潮依然是一个多元并存的格局，不但现代主义没有形成一统天下的局面，现实主义也照样呈现出强劲的发展势头。不仅在 20 世纪的中国，现实主义是主潮，即便在欧洲、在苏联，它都有长足进展，特别是在苏联，现实主义还长期处于正统地位。这里固然取决于现实主义本身的生命力，也有 20 世纪现实主义的内涵已大为拓展的因素，各种形态的现实主义创作频频出现，这为人们充分把握此思潮提供了足够的理论空间。就如罗兰·加洛蒂所说的，20 世纪已是"泛现实主义"的时代，"现实主义是无边的，因为现实主义的发展没有终期。人类现实的发展也没有终期。现实主义没有确定的码头，没有最终的港口，即使是以大卫、库尔贝、巴尔扎克或者斯丹达尔这些威名赫赫的名字命名的港口，也非最后的停泊所在"[①]。此说虽曾遭非议，但指出现实主义应呈现出"没有确

---

① 〔法〕罗兰·加洛蒂：《关于现实主义及其边界的感想》，《现代文艺理论译丛》1965 年第 1 期。

定""没有终期"的开放性姿态，赋予现实主义以新的意义解释，却还是颇有道理的。因此对于 20 世纪世界文学思潮的判断，无视现实主义的存在及其影响力，显然是不够科学的。日本学者筱田一士研究 20 世纪世界文学，有一个颇为引人注目的观点："把 20 世纪小说看成是现代主义和现实主义两派根据小说创造的原点而针锋相对相互竞争的文学"，为此他排出"世界 20 世纪十大小说"，在十部小说中就既有现代主义作品又有现实主义作品，中国作家茅盾的《子夜》也赫然在列。他认为《子夜》"是探求 20 世纪的全体小说（建构整体社会结构的全社会小说）的实验小说。从这个意义说，《子夜》在同时代的世界文学上具有先验性的存在"，"以想象全社会的想象力而言，茅盾在同一时代的中国作家中可谓最杰出的存在"，从而"重新确定了《子夜》在 20 世纪世界文学上的辉煌的位置"。[①]这当然只是一家之言，正像中国当代学者将茅盾革出"中国 20 世纪十大小说家"之列也是一家之言一样。然而由此可以启引我们思考的是，现实主义文学思潮与文学创作作为 20 世纪文学显示出无可置疑重要性，是为许多作家理论家所认同的，不独将其随意轻薄并不可取，就是缺乏对其做深层次探讨，从中总结出有益于文学发展的经验与教训，也很难说是对 20 世纪文学思潮的完整把握。如此说来，茅盾比一般作家用力更多的对于现实主义的倡扬，便与当时世界文学大势并行不悖，很难说其持守现实主义有着怎样的不合理性。

其次，中国的"特别国情"是滋长现实主义的适宜土壤。一种思潮在某个地区特别流行，总是同这个地区特定的生存环境和社会政治文化背景密切相关，现代主义和现实主义在不同地区的风行亦然。20 世纪的中国，似乎并没有为现代主义提供足够的生存空间，倒是为现实主义的滋长提供了适宜土壤。中国人面对的问题显然同西欧各国完全不同，其间存在着对现代主义需求的巨大时间落差：如果说，欧洲物质文明的高度发展，为文学做深潜的精神探索，以至于表现人的精神"危机"提供了可能，现代主义是一种可取的选择；那么，20 世纪的中国积贫积弱，人们的温饱问题都没有解决，何谈精

[①]〔日〕是永骏：《茅盾小说文体与 20 世纪现实主义》，《茅盾研究》第 5 辑，文化艺术出版社 1991 年版。

神上的"孤独"与"荒凉","形而下"显然比"形而上"更能引起人们的关注,重在对社会、对现实积极参与的现实主义自然也容易为人们所接受。正如当年周作人在谈到文艺思潮选择时所指出的:"中国的特别国情与西欧稍异,与俄国却多相同的地方,所以我们相信中国将来的新兴文学,当然的又自然的也是社会的人生的文学。"[①] 中国的"特别国情"无疑是文学思潮选择不可或缺的背景,多难中国的生存状况,阶级解放、民族解放的独特需求,在20世纪前半期的中国表露无遗,正缘于此,从"五四"到20世纪三四十年代,坚持现实主义的新文学作家占了最大比重,现实主义在中国有着最广阔的"市场"。茅盾坚定持守现实主义,所依据的也是中国国情的适应性,及其适于现实社会发展的需求。他分析现实主义在现代中国的各个时期,一直呈现着向前发展的走势,"其间虽因客观的社会政治形势之屡有变动而使写实文学的指针也屡易其方向,但作为基础的政治思想是始终如一的,——这就是民族的自由解放和民众的自由解放",因此,坚持现实主义的精神也始终不变;于是也就有现实主义在与各种思潮的竞争中所显示的强劲生命力:"'五四'以来短短的文艺已经从事实上证明,有以浪漫主义出发的,有以未来主义象征主义出发的,甚至也有以不知是什么主义出发的,但时代的客观的需要是写实主义,所以写实文学成了主潮。"[②] 这也许就是其毕生坚持现实主义写作的重要前提,理论的自觉遂有其创作的坚守。

再次,是现实主义精神与中国文学传统及中国作家的传统文化心理结构的契合。作为文学思潮,现实主义是在中国新文学中显出强大声势的,但作为创作方法,写实文学却一直存在于中国传统文学中。用写实的方法进行创作,在创作中体现了积极参与现实的精神,也可说是传统文学的主导倾向。这是由中国知识分子的传统文化心理结构决定的。中国传统文化是儒、释、道三家并存,而以儒家文化为正统。传统士人历来就有参与现实的精神,所谓"修、齐、治、平"乃是读书人的伦理规范。由此也便有了文学参与社会、参与现实的传统。我国的现代作家(特别是第一代作家)固然大都眼光向外,

---

① 周作人:《文学上的俄国与中国》,《小说月报》第12卷号外,1921年9月。
② 茅盾:《浪漫的与写实的》,《茅盾全集》第21卷,人民文学出版社1991年版,第389页。

勇于接受世界文学新潮,但他们除了精通西学外,同样也有深厚的国学根底,这从鲁迅、茅盾等新一代学人的学识储备中不难看出。由于对传统文学精神的承传已不自觉地内化在他们的意识深处,涉及文学思潮的择取,他们秉承前人遗教,重在现实主义一头,便是势所必然。从社会文化背景来看,五四运动摧毁了中国传统的政治秩序和文化秩序,知识分子赖以安身立命的精神立场崩溃了,便对新的文化精神、意识形态产生了强烈的需求。20世纪的文化演进也可以说是中国知识分子寻求文化秩序和精神支柱的过程,所以新文学作家大抵有着开放的文化心态去吸收各种新思想,而中国是带着浓重的忧患情绪进入20世纪的,忧患情绪成为中国新文学的天然底色[①],因而注重入世精神的现实主义思潮也成为他们的一种必然性选择。论述茅盾的文学思潮选择路径,其由深厚的传统文化积累所形成的文化知识储备,同样是造就此种必然性的重要因素。我们在上文曾论述过茅盾整体文化思想构成中传统文化占有重要分量,这是在其青少年就打下的底子。青少年时期的茅盾聪慧好学,能运用古代文化典籍做纵横捭阖的评述,我们在其少年时代作文中,看到他评说天下大事的少年老成,可以分明感受到传统文化对他影响之深。传统文化,特别是传统文化中的儒学文化,其核心内容是经世致用,是讲究修身、齐家、治国、平天下,这无疑对茅盾成年以后形成强烈的社会参与意识,自觉承负起崇高的历史使命感和社会责任感,会产生潜在的深刻的影响。

复次,是地域文化精神的驱动。对于茅盾而言,其文化思想构成,还有传统文化中的"新质"储备,这源于特定地域文化精神的滋养。新文学的"新质"滋生固然得益于外来文化思潮的滋养,但中国文学在近现代化过程中逐步累积的"新质"储备因素也不可忽视。现实主义文学思潮的形成亦然:除了中国文学受外来思潮的影响做出的自我调整以外,还有就是作为与"大传统"对立的"小传统"提供的精神养分,即作为"小传统"地域的浙江区域文化场恰恰提供了一种新陈代谢的新质储备机制并将自身也纳入了"新质"的范畴。两浙文化传统养成了务实的现代精神,使这个区域文化

[①] 参见谢冕:《辉煌而悲壮的历程》,谢冕、孟繁华主编"百年中国文学总系"之"总序一",山东教育出版社1998年版。

场域当然具备传统所具有的适宜现实主义生长的条件，同时还存在着"大传统"所不具备的现实主义生长的得天独厚的优势。梁启超特别推崇浙东学术，就认为浙东学术的代表人物，"抛弃明心见性的空谈，专讲经世致用的实务。他们不是为做学问而做学问，而是为政治而做学问"，即使他们的理想一时难以实现，也"宁可把梦想的'经世致用之学'依旧托诸空言，但求改变学风以收将来的效果"。[1] 这一概括极为精到，也点出了浙东学术独特的价值所在。浙东先贤王阳明就秉持"五经亦史""随时变易"的文化史观，阐明事与道、史与经的统一关系，对儒家经典以有力的挑战；清代章学诚更提出叛逆性的"六经皆史"的命题，试图打破千百年来的尊经传统。[2] 对"史"的强调与尊崇，其内隐的是两浙文人的崇实精神，昭示出他们与现实主义审美规范的一致性。浙东理学鼓吹的经世致用思想，还直接呼应着时代社会的变革。明清之际，由于资本主义的萌芽，浙江地区重商言"利"之风日炽，黄宗羲提出"工商皆本"思想[3]，显出与中原腹地的"农本"思想的根本对立，"小传统"地域人们思想的开阔性和务实精神由此得以进一步张扬。于是就有清代浙东著名学者章学诚的大声疾呼："文章经世之业，立言亦期有补于世。否则古人著述已厌烦多，岂容更益简编，撑床叠架为哉！"[4] 其对文学的"经世"功用就有了更深切的体认。"经世"是与"治国"相对应的，对文学来说，经世致用就是强调文学的功利性要求。文学的功利性内涵已经被现代人所置换，更多地承担的是社会救亡的功能。这些传统积淀的因素，为新文学作家的现实主义接受创造了先机，浙籍作家自然更得风气之先。探究茅盾对现实主义的独特选择，地域文化精神的驱动因素不可忽视。茅盾的创作具有丰富的文化含量，其创作的乡镇、小县城背景往往渲染出杭嘉湖水乡的浓重氛围，吴越文化造就的人格、气质，乃至提供的环境、背景，都是鲜明昭著的。然而对于茅盾来说，强烈的社会参与意识又总是使他的创作紧紧联系着时代与社会的脉动，这更关联着他对地域人文精神和传统文化思想

---

[1] 梁启超：《中国近三百年学术史》，《梁启超论清学史二种》，复旦大学出版社1985年版，第106页。
[2] 王凤贤、丁国顺：《浙东学派研究》，浙江人民出版社1993年版，第217、391页。
[3] （明）黄宗羲：《明夷待访录·财计三》。
[4] 《文史通义·与史余村》。

的吸纳。最突出的是维新文化思潮的直接影响。就近代中国维新文化思潮的流布看，浙江地域无疑是维新文化氛围最浓重的省份之一。甲午中日战争前后，当维新思潮在全国蔓延时，浙江便涌现一大批维新人士，他们上承黄宗羲、龚自珍等浙籍文化先驱的遗绪，又回应全国维新运动，在传播新文化、新思潮方面曾做出过有声有色的表演。个中翘楚者，便有汤震、汪康年、章太炎、张元济等人，他们大都是茅盾的同乡杭嘉湖地区人。因此，在19世纪末20世纪初，处在传统文化的浸润之中，又置身在一个充溢着"维新"的文化氛围里，青年茅盾便有可能直接或间接地从地域人文传统中获得新的文化滋养。中西交融形成的维新文化，与亟待改造的中国社会现实与社会思潮相契合，很容易为中国近现代知识分子所接受，并将其同近现代文化思潮融合，产生出积极的思想文化效应。20世纪的中国文学，现实主义一路领先，内中就蕴含着中国新文学作家积极入世精神的张扬。茅盾便是彰显此种精神的突出代表。

最后，中国作家强烈的现实主义使命意识，也来自马克思主义的影响。马克思主义的基本精神是承负改造社会、改造现实的历史使命，这同文学思潮中的现实主义精神最为切合。坚持现实主义，可以说是马克思主义文艺观的核心，恩格斯的现实主义理论一直被认为是对现实主义的最经典性阐释。中国新文学作家对马克思主义理论的认同，也是从新文学开创期就开始的，李大钊在《什么是新文学》中提出新文学应以一定的"主义"和"学理"为指导，开始将马克思主义的理论指导引入中国新文学建设，此后许多革命文学作家也一直为此而努力，至"左联"时期，马克思主义理论（包括现实主义理论）的翻译、介绍达到高峰，解放区文艺和新中国成立以后的文学更是将马克思主义文艺思想规范化。由是观之，马克思主义文艺思想渗透在20世纪中国文学的全程中，必使现实主义在中国有着十分显赫的地位。另一方面，中国新文学接受外来文艺思潮，苏俄文学的影响不能低估。作为坚持马克思主义意识形态的社会主义国家，苏联文学对中国新文学有着极大的影响力，苏联的各种现实主义文学理论几乎都被介绍到中国，特别是在苏联长期居于正统地位的社会主义现实主义。从20世纪30年代开始被引入中国后，也一直被认为是最理想的文学思潮而接纳与推行，新中国成立以后更使之成为一种官方意识形态，要求所有的作家一体遵行。在这种情况下，现实主义就不只是一种思潮，而且还成为一种原则、一种规范，它在 20 世纪中国文学思潮中的影响之大，是完全可以想见的。茅盾同马克思主义与苏俄文学的关系，贯穿在其一生的艺术实践中。他的马克思主义文艺观日渐深化，对现实主义的持守也日益坚定。比如，他从提倡一般的写实主义到推崇"高尔基的现实主义"，认为它"和以前的文艺上的现实主义有'深'与'浅'之差，有'动的'与'静的'之分"，由此足证"现实主义与作家对这世界与人生所取的一定的态度（人生观）"紧密相连[①]，强调了确立正确人生观、世界观对于深化现实主义的必要性，便包含了马克思主义分析，可以看出马克思主义文艺观与其现实主义文学观有着不可分割的联系。他接受外国文学的影响，当以苏俄文学为最。前期的首选是以托尔斯泰为代表的俄罗斯文学，这有其写于"五四"前的长篇文言论文《托尔斯泰与今日之俄罗斯》可证；后期则大力推崇并主张积极引进的，是"创造出人类的地上乐园，而且在反法西斯战争中拯救了人类命运，推动了历史前进的苏联文学"[②]。基于这样的对于国外现实主义文学的引进、接受思路，便决定着茅盾现实主义文学观的理论特色，包括注重现实主义的社会功利性与政治倾向性，强调现实主义的民族特性与借鉴文学的关系，等等。

二、现实主义在我国的曲折流变与茅盾的选择之路

尽管现实主义在 20 世纪的中国是一股最强劲的文学思潮，但它自 20 世纪初从西方传入以来，中间有一个漫长的传播和接受过程，人们对其基本特质的认识也在不断变换与调整中，因而中国的现实主义文学思潮也有一个生成与演化的过程。其最初的命名是"写实"（或写实派、写实主义），直至 1933 年 4 月，瞿秋白将"写实主义"的"realism"改译为"现实主义"[③]，"现

[①] 茅盾：《高尔基与现实主义》，《茅盾全集》第 23 卷，人民文学出版社 1996 年版，第 308 页。
[②] 茅盾：《近年来介绍的外国文学》，《茅盾全集》第 23 卷，人民文学出版社 1996 年版，第 114 页。
[③] 瞿秋白在《马克思、恩格斯和文学上的现实主义》（《现代》第 2 卷第 6 期，1933 年 4 月）一文的注解中表明，把过去一直译为"写实主义"的"realism"改译为"现实主义"，从此"现实主义"一词得以风行。参见杨慧：《"现实"的诞生——再论瞿秋白对马克思主义文学理论的译介》，《中国现代文学研究丛刊》2008 年第 3 期。

实主义"一词遂在中国得以风行,遂有了相对统一的"现实主义文学""现实主义思潮"的提法。当然区别并不仅仅在称谓,重要的还在于对此种思潮内涵理解的不同,由此会衍生出多种形态的现实主义。在现实主义命题范畴内,中国新文学界就曾先后出现过写实主义、自然主义、新写实主义、现实主义、社会主义现实主义等多种形态,证明了中国新文学的现实主义思潮经历了曲折流变。值得注意的是,上述诸种形态,都与茅盾发生或深或浅的关联,说明其现实主义选择之路并不平坦,其最终确立的现实主义文学观念,是在对各种现实主义形态进行反复的比较、选择以后形成的,这是我们审视其现实主义理论独特性应予重点关注的。

探讨茅盾的现实主义选择之路,需注意到:基于现实主义概念的宽泛性和不确定性,他对现实主义的理解,同样经历了从概念含混到归于统一、从观念歧异到渐趋一致的演化。其与现实主义的各种形态发生关系,并对此做出不同的意义阐释,正映现出他探索现实主义文学道路的曲折与艰辛,同时也显示出其现实主义文学观有着较为丰富的内涵。

1. 茅盾与"五四"写实主义

写实主义在我国的传播,并不始自"五四"。西方现实主义文学思潮在中国的传入,要早于新文学的发生,即在新文学发生"前夜"就有"写实"文学的输入。文学"革新"社会,是中国近现代知识分子的集体情结。近代启蒙初潮,梁启超鼓吹"小说界革命",欲以改良国民和社会,由此掀起翻译和学习外国小说热,于是一些19世纪批判现实主义作家(如狄更斯、巴尔扎克、契诃夫、托尔斯泰等)的作品便由林纾、伍光建等人译介进来。与此同时,最早涉及"写实"这一概念,便由梁启超写于1902年的《论小说与群治之关系》一文中提出。该文中,他将西方小说分为"理想派小说"与"写实派小说"两种;而小说注重"摹写其情状""和盘托出,彻底而发露之"的,则谓之"写实派小说"。[①] 此种小说后来就被大量介绍。考究其时注重引进西洋写实小说的缘由就在于,此类小说"或对人群之积弊而下砭,或

---

① 梁启超:《论小说与群治之关系》,《新小说》1902年第1卷第1号。

为国家之危险而立鉴,揆其立意,无一非裨国利民"①,看重的便是小说"裨国利民"即改良国民和社会的功效。在此基础上衍生的社会谴责小说,痛揭黑暗现实,鞭挞整个官僚制度,并将其当作一个巨大的社会祸根进行揭露,显出鲜明的社会批判色彩。鲁迅指出其"揭发伏藏,显其弊恶,而与时政,严加纠弹"②,在相当程度上肯定了其价值。然而社会谴责小说作家在改良主义思想的指导下,纯粹从政治功利出发,"必实有其事而后作",因而有"实录"社会现象而"绝未知社会之病根"的弊端。③ 所以,这类小说无论是过度的政治情绪宣泄,抑或是对现状的纯"客观"描写,都同严格意义上的现实主义存在不少差距,其取得的现实主义成就也就很有限。从这个意义上可以说,在新文学诞生以前,虽有"写实文学"概念的输入,但并无现实主义的理论自觉,更鲜有现实主义创作实绩。

"五四"新文学创建期,现实主义得到更广泛的传播,译介西方现实主义文学作品蔚然成风。上述译介19世纪欧洲批判现实主义的作家作品,真正形成高潮,是在"五四"以后。与译介同步行进的,则是现实主义文学的大力倡导。当时最流行的文学思潮是写实主义,并将其与新文学的建构联系在一起。这源于新文学首创者的积极倡导。陈独秀的《文学革命论》,首举文学革命大旗,其提出的"三大主义"中其一便是"推倒陈腐的铺张的古典文学,建设新鲜的立诚的写实文学"。另一个首创者胡适的《文学改良刍议》,侧重于文学形式的改革,没有论及文学思潮选择,但他后来写出的《易卜生主义》一文,极力推崇欧洲的写实主义代表作家之一的易卜生,却在新文学界产生很大影响。他认为,"易卜生的长处,在于他肯说老实话,能把社会种种腐败龌龊的实在情形,写出来叫大家仔细看";并指出:"易卜生的人生观,只是一个写实主义。"④ 正因胡适此文的表述,"易卜生主义"一度成为写实主义的代名词,写实文学也有了更具体的参照。连而及之,易卜生的"问题剧"创作为中国写实文学提供了范例,一时,我国新文坛的"问题剧"、

---

① 衡南劫火仙:《小说之势力》,《清议报》1901年第68册。
② 鲁迅:《中国小说史略》,《鲁迅全集》第8卷,人民文学出版社1982年版,第282页。
③ 成之:《小说丛话》,《中华小说界》1914年第1卷第3—8期。
④ 胡适:《易卜生主义》,载《中国现代文论选》第一册,贵州人民出版社1982年版,第246页。

"问题小说"创作蔚然成风,为我国新文学提供了第一批写实主义文学成果。

但很难想象的是,对于"五四"时期的写实主义,茅盾在成为左翼作家后的20世纪30年代,对其做了几乎是否定的评价。他将这一时段的文学称之为"《新青年》时期的所谓写实主义文学";对此种文学的基本估价是,"始终没有提出明确的新文学的内容论,在各方面都可视作'五四'的代表人物的胡适之曾经努力鼓吹过易卜生的写实主义,因为易卜生主义是'只诊病源,不开药方',也就是胡适之后来的'多研究问题,少谈主义'。而这也正反映了本身中包孕着极大矛盾的中国新兴资产阶级的动摇和妥协";至于文学成果,"《新青年》的所谓写实主义文学运动没有什么可以说得起的收获"①,"'五四'期中带些'壮健性'的文学作品,只有鲁迅的《呐喊》"②。这样的评价,显然是当时作为左翼作家的茅盾基于"无产阶级立场"的考量,他将"《新青年》时期的文学"定位为"中国新兴资产阶级文学",用并不准确的阶级性判断去评估一个时段的一种文学思潮——写实主义,其片面性是显而易见的。

这里就发生了一个问题:作为新文学初期即登上新文坛的茅盾,同是"'五四'中人",同样亲历了写实主义在中国新文学的发轫过程,他何以会对写实主义做出如此基本否定的评价?是他原先就对写实主义存有看法,抑或原先并非如此是后来转身太快?这个问题似不能做出简单的回答,需要进行切实的具体的分析。

回到"五四"现场,我们看到,茅盾在"五四"时期对写实主义的提倡的确是有限度的。总体来看,他对写实主义和写实文学也一度钟情,曾主张积极引进,但说他曾大力倡导,以为新文学非写实主义莫属,也言过其实。一般认为,在"五四"作家中,文学研究会是一个主张写实主义的文学团体,作为文学研究会重要理论家之一的茅盾,也必然是大力推崇写实主义的,这一结论其实是有待商榷的。俞兆平论述中国新文学写实主义的引进与流变,经过详尽考证,认为提倡写实主义最力者是胡愈之:"对文学写实主

---

① 茅盾:《关于"创作"》,《茅盾全集》第19卷,人民文学出版社1991年版,第268、271、272页。
② 茅盾:《"五四"运动的检讨》,《茅盾全集》第19卷,人民文学出版社1991年版,第241页。

义介绍、研究最为深入、详尽的,当数俞之1920年1月发表的《近世文学上的写实主义》一文。"①俞文称"五四"时期对写实主义最为关注的作家是胡愈之,没有举茅盾为代表,此说甚为有理。考量茅盾于"五四"时期发表的一些文学论文看,他对写实主义有过不少积极、正面的评价,但也指出其存在不少弱点,故对其不予大力倡导是可以理解的,而他对我国新文学初期一度流行的写实主义理论确实亦有比较辩证的看法。这里特别需要说明一点,茅盾当时写出的一些文章往往将写实派与自然派并提,强调了引进写实派的必要性;据此许多研究者认为,这是茅盾以为两派的观点基本相同,说的是同一概念,以此足证其对写实主义的推崇。笔者以为,此说未为确论,茅盾对写实派与自然派的不同点曾有清晰的认识与表述,其早期文论的重点是在介绍自然主义(当然是他当时所理解的"自然主义"),这恰恰反映了他对可纳入现实主义范畴的一种文学思潮的独特看法,不能就此证明当时他介绍、推崇的重点就是写实主义。这一点我们将在下文专门论说,此处不赘。

综观其时茅盾对写实主义的基本态度,可以概括以下几点。

首先,基于"取精用宏"借鉴西方文学的态度,阐释引进写实主义的必要性。

茅盾于"五四"时期取精用宏、兼收并蓄看取西方文学思潮,是十分突出的,由是遂有其立足国内文坛有选择有重点地接纳西方文学思潮的考量。在他初涉新文坛、革新《小说月报》以前,就积极倡言引进西方文学思潮,而引进西潮的基本态度是:应根据新文学建设需要,对各种思潮有所选择地引进与吸收,首选目标是写实派和自然派文艺。这在其1920年1月写出的两篇文章中可以见出其态度。《我对于介绍西洋文学的意见》一文认为,对西洋文学固然要进行系统的介绍与研究,但神秘派、表象派之类文学"一般人还都领会不来",而中国目前又无真正的写实文学,"所以现在为着要人人能领会打算,为将来自己创造先做系统的研究打算,却该尽量把写实派自然派的文艺先行介绍"②;在《"小说新潮"栏宣言》中,他更明确指出,"欲创造

---

① 俞兆平:《科学认知与人文理解交错中的中国文学写实主义》,《学术月刊》2006年第4期。
② 茅盾:《我对于介绍西洋文学的意见》,《茅盾全集》第18卷,人民文学出版社1989年版,第3页。

新文学，思想固然要紧，艺术更不容忽视"，而艺术是需要"探本穷源"的，断不能"唯新是摹"，所以为适应现实需求和读者需求计，"中国现在要介绍新派小说，应该先从写实派、自然派介绍起"。① 这两篇文章都阐述了新文学介绍、引进西方文学思潮的必要性，认为写实派和自然派最适宜于首先提倡，理由是这两派小说能易于为当时中国读者所接受，适应了现实需求，又合于文学"进化的次序"（即写实在先，新浪漫在后），所以引进西潮必须有先后之分。至于在首选目标中，他将写实派和自然派并重，并无专擅写实派之意，则是看到了单提写实派对于造就真正意义上的写实文学会有很大不足。关于后一点，这两篇论文尚表述不详，在以后的文论中将有更完整的阐述。

如果说，上述两文还不是专论写实主义，那么，到一年以后写出的《〈小说月报〉改革宣言》，便有他对提倡写实主义态度的清晰表述。这篇文章是他以新文学改革者的身份提出革新文学的主张，当更能反映出他的新文学建设者的立场。此文对提倡写实主义文学有专门表述。文中列出六条革新文学的理论主张，其第三条云："写实主义的文学，最近已见衰歇之象，就世界观之立点言之，似已不应多为介绍；然就国内文学界情形言之，则写实主义之真精神与写实主义之真杰作实未尝有其一二，故同人以为写实主义在今日实有切实介绍之必要；而同时非写实的文学亦应充其量输入，以为进一层之预备。"第二条中也说到"即不论如何相反之主义咸有研究之必要"，"故对于为艺术的艺术与为人生的艺术两无所袒"。② 这是茅盾从世界文学的背景上对中国新文学接受写实主义的审视。如所周知，茅盾当时持守的是文学进化论观念，他看取西方文学的"进化"路径是古典—浪漫—写实—新浪漫，认为其时西方文学已进入"新浪漫"阶段，故写实主义已见衰歇之象，所以写实主义并不是最先进文学思潮，但中国目前尚未有对写实主义"真精神""真杰作"的认知，所以有切实介绍的必要，而这样做并不意味着对其他主义的排斥。这表明，他当时主张首先介绍写实主义，并不是写实主义本身是否先进，主要的考量是在于它的现时适应性。

---

① 茅盾：《"小说新潮"栏宣言》，《茅盾全集》第 18 卷，人民文学出版社 1989 年版，第 12、13 页。
② 茅盾：《〈小说月报〉改革宣言》，《茅盾全集》第 18 卷，人民文学出版社 1989 年版，第 56 页。

其次，茅盾对写实主义的评价，应注意到介绍的必要性和其自身存在局限性两个侧面。

由于这时期茅盾的理论重点是在提倡自然主义，对写实主义没有专文论述，有关写实的主张散见在其他文字中，故难以概括其系统观点，但从零星表述中依然可以探寻其对写实主义的基本评价。他于1922年作有一篇《"写实小说之流弊"？》，对写实主义论述较详，那是对学衡派健将吴宓作《写实小说之流弊》的批评，反驳了吴宓视黑幕派与礼拜六派小说为写实主义从而指认写实主义的流弊之不能成立。此文以西方写实派理论，特别是以俄国写实派大家果戈里、屠格涅夫、托尔斯泰、陀思妥耶夫斯基为例，阐说写实派作品的特点，对吴文的反驳颇有说服力。文章阐述西方成功的写实文学经验是"把人生看得非常严肃"，"作品里的描写非常认真"，不受宗教伦理哲学"任何训条的拘束"等，大抵切中肯綮，与此相较，吴宓把礼拜六派小说等称为写实派，实是大谬不然。从此文也可以看出两点。其一，茅盾推崇写实派，是推崇"真正的写实派"，尤以俄国的写实小说为重，"西洋写实小说中，固然有使人抑郁沉闷的作品，但非所语于俄国的写实小说"，"俄国自果戈里以下的写实文学是'新'写实主义，和法国的是不同的"，由此可以见出其对写实主义的高要求。其二，茅盾对于吴宓在文中慨叹"吾国之新文学家"竟然"以写实小说为小说中之上乘"，也给予了批驳，认为这并不符合事实，新文学作家的"著作俱在"，可以证明。① 这恰恰反映了茅盾对待写实主义的基本立场：肯定其当下的适应性，但并不是指艺术上的特长，更谈不上称写实主义为艺术中之"上乘"。

联系茅盾其时发表的其他一些论文，他谓之写实主义并非艺术"上乘"，会看得更清楚些。翻检他对写实文学的零星论述，可以发现其对写实文学的艺术弱点和局限性有不少批评。概而言之，一是写实文学重视客观描写，其病是缺少想象和精神（灵魂）渗透。《〈欧美新文学最近之趋势〉书后》一文认为："艺术之至高格，在兼观察与想象而能谐和，写实文学偏重观察而

---

① 茅盾：《"写实小说之流弊"？》，《茅盾全集》第18卷，人民文学出版社1989年版，第303、304、305页。

摒弃想象,虽于现实能适合,使表现(文学)不至与实在(人生)冲突,而其弊则在丰肉而枯灵,此写实文学在艺术上未能完全无缺也。"① 二是写实文学重视忠实反映生活,弱点是缺少理想的支撑。他在《艺术的人生观》中指出,"讲到写实派的观念","他们主张照着物体的真相,老老实实描写出来;所以很反对浪漫派的作品,以为是过分。其实过分的浪漫,固然是艺术上所不许,过分的写实,也是'失之不及',因为艺术作品决不能完全不带一些理想,没有一些意匠的"。② 三是单一的写实路径不足以适应新文学的多样需求。例如,对于人们这样的一种提问,"写实主义对于恶社会的腐败根极力抨击,是一种有实力的革命文学,表象主义办不到,所以应该写实,不是表象",他的回答是:"这些话我通通承认,但我们提倡写实一年多了,社会的恶根发露尽了,有什么反应呢?可知现在的社会人心的迷溺,不是一味药所可医好,我们该并时走几条路,所以表象该提倡了。"③ 这里表述的,便是对单一的写实主义不足以完全承担社会功能的忧虑,特别是就救治社会人心而言,写实主义并非最有效药剂。茅盾提出上述文学主张,是有其时他正在提倡新浪漫主义文学的背景,所以对写实主义的局限看得较多,或者主张将写实主义与表象主义等同时提倡、推广,但他并非独尊写实主义的态度是表露无遗的。

再次,茅盾对写实主义评价不高,也有"五四"写实文学创作实绩不显的因素。

对于创作落后于理论的现象,无论是作为批评家时期的沈雁冰,还是作为作家以后的茅盾,都有过很多论述。也许是对"创作"的要求甚高,茅盾对于各个时期的文学创作都有过尖锐的批评,有的是从文学思潮视角批评创作偏离文学新潮,有的侧重艺术技巧揭示创作的存在问题。他对于写实主义思潮与写实文学脱节的批评,指出写实文学没有提供显著创作实绩,贯穿在整个新文学时期,这应该是他对写实主义评价不高的一个重要因素。这样

---

① 茅盾:《〈欧美新文学最近之趋势〉书后》,《茅盾全集》第18卷,人民文学出版社1989年版,第45页。
② 茅盾:《艺术的人生观》,《茅盾全集》第18卷,人民文学出版社1989年版,第18页。
③ 茅盾:《我们现在可以提倡表象主义的文学么?》,《茅盾全集》第18卷,人民文学出版社1989年版,第28页。

的批评，在他成为作家以后，表现尤甚。倘说茅盾在20世纪30年代初，对"《新青年》的写实主义文学运动"做出除鲁迅以外"没有什么可以说得起的收获"的评价，还只是一种概括性的论断，那么，到他于1935年为总结中国新文学第一个十年文学成就的《中国新文学大系·小说一集》写"导言"时，就有了更完整的表述。此集论述的对象主要是体现现实主义倾向的小说，包括《新青年》时期和后来的写实派小说。茅盾在该"导言"中指出：回顾中国新文学第一个十年的成果，与外国文学相比较，"好像没有开过浪漫主义的花，也没有结写实主义的实"；具体论述写实主义创作现象，则认为尽管理论家们已提出不少写实理论，但真正体现写实主义的作品却为数甚少，某些可称为写实的创作，"在文学上并没有积极的表现，只成了冷观的虚弱的写实主义的倾向"。① 如此批评，显然都是从文学思潮的角度，对照写实主义理论做出的判断。"没有结写实主义的实"和只有"冷观的虚弱的写实主义的倾向"，这是其对中国新文学写实主义创作的基本估价，如此评估必然使其对写实主义的总体看法不佳。

其实，茅盾的如是评价，不独反映在后期，在其早期文论中亦可找到不少。他于编辑《小说月报》期间，曾作有许多即时性批评文章，如《春季创作漫评》（1921）、《评四、五、六月的创作》（1921）、《一般的倾向——创作坛杂评》（1922）、《读〈小说月报〉第十三卷第六号》（1922）等，都表达了对"创作坛"欠缺好作品的失望。他在文中谈到：输入国外文学思潮，原是期望于指导国内创作有益，但"国内创作坛简直寂寞到极点了！每个月内各报各杂志上发表的创作文学本来数目不多，好的更少；我们向来的预料——国内有创作而无批评家——竟料不着，原来现今不特无真正的批评家，连被批评的材料都没有呢！"② 这或许有些苛责，但用真正的写实派理论进行比照，这样的批评也未尝没有合理性。说到具体创作，如农村题材小说，他也认为缺少足够的"表现力"，"描写劳动者的作品显然和劳动者的实际生活不符"，因此综观整个创作界，除鲁迅的《风波》《故乡》外，别的好

---

① 茅盾：《中国新文学大系·小说一集·导言》，《茅盾全集》第20卷，人民文学出版社1990年版，第466页。
② 茅盾：《春季创作漫评》，《茅盾全集》第18卷，人民文学出版社1989年版，第80页。

作品也"寻不出"了。①这印象，对于茅盾而言，也许是刻骨铭心的，所以十几年以后仍有其对写实文学创作成就不高的评价，这势必会影响其对写实主义的态度。

综观上述，不难看出茅盾对西方传入的写实主义思潮，存在着复杂、矛盾的心态，这当然源于这股思潮自身形态的错综复杂性，遂有他对其的审慎接受态度。但他对写实主义并不显出热衷倡导的姿态，并不意味着他对中国文学产生重大影响的文学现实主义的放弃，恰恰相反，他的介绍、研究仍偏重在现实主义一头，只不过将重点移到了与现实主义倾向相近的另一种思潮——自然主义上。研究茅盾交替宣传、介绍写实派与自然派，进而将重点放在自然主义上，可以看出其看待现实主义的复杂、动态的历程，这有助于深入探究茅盾对中国新文学现实主义精神内质的把握，由此亦显示出新文学现实主义走过的并不单一的路径。

2. 茅盾与自然主义

审视茅盾早期对于具有现实主义倾向的文学思潮的介绍与提倡，自然主义显然重于写实主义。他在新文学第一个十年就是以倡导自然主义而驰名的，即便在从事创作后，人们仍没有忘记"自然主义者"茅盾。20世纪20年代末期，当他的《蚀》三部曲问世后，西方的评论者中就有人称他为"自然主义者的领袖"，说他的作品"是为中国中等阶级而创作的'左拉主义者文学'"②。同时代的中国作家、评论家中也多有从自然主义视角评说茅盾作品的。如徐蔚南评《幻灭》：读完《幻灭》之后，"深深地感得著者的努力"，"著者受着南欧自然主义文学的影响很多，但是没有牵强的情态"。③ 直至60年代，美国学者夏志清仍把茅盾视为自然主义作家，称其文艺批评文章"局限于自然主义的观点"，评论其《子夜》的创作，是"偏重于自然主义的法则"等。④

---

① 茅盾：《评四、五、六月的创作》，《茅盾全集》第18卷，人民文学出版社1989年版，第134、136页。
② 杨昌溪：《西人眼中的茅盾》，载伏志英编：《茅盾评传》，现代书局1931年版。
③ 徐蔚南：《〈幻灭〉》，载伏志英编：《茅盾评传》，现代书局1931年版。
④ 〔美〕夏志清：《中国现代小说史》，复旦大学出版社2005年版，第98、12页。

茅盾本人对自然主义的态度，可见诸其在20世纪20年代发表的诸多文学评论中，尤其是在总结第一个十年新文学的《关于"创作"》一文中表述得最清楚。他把"五四"以后新文学时期的现实主义倾向文学分为两个阶段：一是"《新青年》时期的所谓写实主义文学"，二是"'人生的艺术'与自然主义"；前者以陈独秀和胡适为代表，后者则"由文学研究会一部分人所主张"，并特别指明："自然主义的呼声也有文学研究会一员的沈雁冰发出。"[①] 茅盾的夫子自道，最清楚不过地表明：倡导自然主义文学确是相当一部分文学研究会作家的主张，而文学研究会作家中倡导此种主张则首先由他发声，自然主义在其心目中的分量于此可见一斑。

当然最能说明问题的还是茅盾当年大量发表的关于自然主义的文学论文。翻阅其时茅盾论述文学思潮论文，其倡导重点显然在自然主义上。与介绍写实主义的零星表述不同，他对于自然主义大多是专文论述，仅是以"自然主义"见诸标题者就有：《自然主义与中国现代小说》《"文艺上的自然主义"附志》《自然主义的论战——复周赞襄》《自然主义的论战——复史子芬》《自然主义的怀疑与解答——复周志伊》《自然主义的怀疑与解答——复吕芾南》《"左拉主义"的危险性》等；此外还有以论述自然主义为重点的《文学作品有主义与无主义的讨论——复周赞襄》《一年来的感想与明年的计划》等文章。其中一万两千余字长文《自然主义与中国现代小说》，对自然主义的来源、艺术特点、进步性与局限性及其与中国现代文学的关系等，做了系统的阐释，历来被视为中国新文学文论中的一个代表性文献。由上述文章做印证，称其时茅盾钟情于自然主义，恐不过分。

然而，就文学思潮而论，自然主义与写实主义是有严格区分的，自然主义并不能纳入现实主义的思潮范围内。自然主义形成于19世纪下半叶，它部分地继承了19世纪上半叶由巴尔扎克、福楼拜等创立的现实主义观点，将真实和客观性作为创作的首要条件，但其文学观念与表现方法却与现实主义判然有别。例如它主张巨细无遗描绘现实，排斥虚幻想象，给人一种实录生活和照相式的印象；用生物学原理审视人的心理、性格、情欲和行为，重视人

---

① 茅盾：《关于"创作"》，《茅盾全集》第19卷，人民文学出版社1991年版，第268、272、273页。

的感觉和本能的抒写，注重探究人物生理上的奥秘及人的气质特点和变态心理；要求作家用科学家的态度把握现实，拒绝做一个政治家或哲学家，认为文学应当保持绝对的中立和客观，对所描写的人和事采取无动于衷的态度，如此等等。这样说来，它同现实主义的理论分野应当是非常清晰的。那么，一贯主张客观、真实反映现实的茅盾，何以会认同与现实主义反差甚大的自然主义的呢？是否他当时尚未分辨清楚自然主义与写实主义的不同，而将这两个概念"混用"了？看来，这也需要做具体的深入的分析。

综合茅盾对自然主义一词的使用与理解，情况的确比较复杂。说他对自然主义和写实主义两种思潮的歧异分辨不清，恐不合事实。因为自始至终他对这两派都是分而论之的，没有将其"一锅煮"，而且这两派文学的相近点和不同点他都有清晰描述，前者的代表作家是左拉，后者的代表作家是巴尔扎克、托尔斯泰等，他都给予了泾渭分明的阐释与评价。由此看来，茅盾阐说自然派和写实派，根本不存在我国早期文学思潮研究中对某些思潮认知有误的现象，当然也不存在他对这两股思潮的误读，恰恰相反，从他对自然派和写实派的清楚辨析中，正映现出他对国外文学思潮做过一番穷本溯源的研究，由此遂有其辨析、区分各种思潮的功力。关键节点是在于：茅盾对自然主义也有个认识过程，而从他对自然主义态度的变化中，我们看到了他是逐渐发现自然主义创作的长处，并有意识地汲取自然主义的某些优长以充实、丰富写实文学，由此恰恰形成了茅盾对现实主义精神的独特理解。

在最初阶段，茅盾曾表述过可首先引进写实派、自然派，但没有具体阐述这两派文学的长处何在，应以何者为重，只是止于一般性的提倡。当他一度钟情于新浪漫主义时，甚至还对自然主义持相当排斥的态度。比如写于1920年9月的《为新文学研究者进一解》一文中说：自然主义"在文学思潮进化中自然有相当的贡献，但决不能靠他去创造最高格的文学"，因为"自然派只用分析的方法去观察人生表现人生，以致见的都是罪恶，其结果是使人失望，悲闷，正和浪漫文学的空想虚无使人失望一般，都不能引导健全的人生观。所以浪漫文学固然有缺点，自然文学的缺点更大"；甚至认为，"一般青年未曾彻底了解新思想意义的中国提倡自然文学，盛行自然文学，其害更甚"。①这里所述，与他后来大力倡导自然主义反差甚大，尤其是得出推行自然主义文学"其害更甚"的论断很难想象是出于茅盾之口。这当然与他其时一度看好新浪漫文学有关，从中也可看出，他对自然主义的弱点也有清醒认识，正同他对写实文学的弱点也有所认识一样，所以他并不如人们想象的那样曾经毫无保留地推崇写实主义，当然也不会毫无保留地钟情于自然主义。

到1921年底，茅盾对自然主义的看法起了很大变化。是年12月10日出版的《小说月报》第12卷第12号上，他刊发了晓风的译作《文艺上的自然主义》，并作有《〈文艺上的自然主义〉附志》一文。文中说："今日已不是自然主义初发生时代的时代了，自然主义在文学上的地位已经确定，似乎不用多所怀疑。"因此这篇《文艺上的自然主义》发表虽然迟了些，"然而其中的议论，给现在国内青年看了，还是对症发药"。②这篇文章表述的观念，表明茅盾对自然主义已从一般性的提倡转向为积极的倡导，这既是受晓风译作的影响，同时也看到了自然主义的发展趋势及其对于国内文坛的适用性。此后不久，他写出的《文学作品有主义与无主义的讨论》一文，表明他已在进一步审视文学上的各种"主义"，并揭示了自然主义在当时中国推广的必要性："自然主义在世界文坛上，似乎是过去的了，但是一向落后的我们中国文学若要上前，则自然主义这一期是跨不过的；而况描写不求忠实，乃中国文人之通病呢！"③这里表述的也是其曾经持守的"文学进化论"和国内文坛"需要说"兼而有之，但其积极倡导自然主义的态度已是无可置疑。从此时到整个1922年及其稍后，他的用力重点都在介绍、推崇自然主义，还卷入了一场自然主义的论战，接连写出一组介绍、推崇自然主义的文章，旗帜鲜明地表达了他对自然主义理论的认同，认为当今文坛最需要的就是自然主义。

这里涉及茅盾对于自然主义概念的理解，以及他对自然主义和写实主义关系的认知。在此时写出的文章中，他确曾表述过自然主义和写实主义相

---

① 茅盾：《为新文学研究者进一解》，《茅盾全集》第18卷，人民文学出版社1989年版，第38页。
② 茅盾：《〈文艺上的自然主义〉附志》，《茅盾全集》第18卷，人民文学出版社1989年版，第145、146页。
③ 茅盾：《文学作品有主义与无主义的讨论》，《茅盾全集》第18卷，人民文学出版社1989年版，第157页。

近的说法。他在回答一位读者关于"文学上的写实主义与自然主义相异之点"的提问时指出,"文学上的自然主义与写实主义实为一物;自来批评家中也有说写实主义与自然主义之区别即在描写法上客观化的多少,他们以为客观化较少的是写实主义,较多的是自然主义",这是就这两种"主义"都重视"客观描写"一点上指出两者的相近;接着又引用西方评论家的解释指出,"写实派作者观察现实,而且努力要把他所得的印象转达出来,并不用理性去解释,或用想象去补饰。自然派就不过把这手段更推之于极端罢了","自然主义都从曹拉(即左拉。——引者)起,故或称自然主义为'曹拉主义'";"写实派"的代表则是巴尔扎克、福楼拜等人。[1] 茅盾的这段即兴式的解析,也许不十分严谨,"实为一物"的说法就把两者的概念弄含混了;但综观全文,他对自然主义和写实主义这两种思潮的"相异之点"(包括文学观念、表达方式的相异与代表作家的不同)已做了清晰的表述。审度其意,他将自然派与写实派并提,是在于在"写实"("观察现实""客观描写")一点上两者的相近或趋同,但并不意味着这两者是同一个东西;恰恰相反,这两者的区别是明显的,而唯有用自然派的优长去克服、弥补写实文学的缺失,才能充实、完善写实文学。如果联系茅盾是在理论自觉的意义上阐释自然主义,且是有针对性地揭示写实主义的不足和自然主义的理论优势,那么这一点就会看得很清楚,由此使茅盾致力于自然主义的倡导对于丰富现实主义的意义也会得到显著呈现。

综观茅盾论述自然主义的理论优势,下述几点最能反映出他对现实主义精神的把握。

第一,吸收自然主义的"科学精神",深化文学对社会问题的表现。茅盾纵览世界文学发展走势,早就意识到,文学表现现实,光有冷静、客观的反映是不够的,还需有科学精神的参与。他认为文艺创作有三种功夫必不可少:"(一)就是用科学的眼光去体察人生的各方面,寻出一个确是存在而大家不觉得的罅漏;(二)就是用科学的方法整理、布局和描写;(三)是根据

---

[1] 茅盾:《自然主义的怀疑与解答——复吕芾南》,《茅盾全集》第18卷,人民文学出版社1989年版,第211页。

科学（广义）的原理，做这篇文字的背景。"① 这以后，他对于时代精神支配政治、哲学、文学的观念更为强烈，因而文学的求真、求实与科学认知有了更直接的关联，"科学的精神重在求真，故文艺亦以求真为唯一目的。科学家的态度重客观的观察，故文学也重客观的描写"②。基于如此认识，他在研究各种文学思潮后，发现自然主义是最注重科学实证精神的。他认为，"自然主义是经过近代科学的洗礼的；他的描写法，题材，以及思想，都和近代科学有关系"，左拉、莫泊桑等自然派作家的创作莫不如此；因而我国的"社会小说"作者切不可仅凭"直觉"写作，"应该学自然派作家，把科学上发见的原理应用到小说里，并该研究社会问题，男女问题，进化论种种学说"。③ 他在另一篇倡导自然主义的文章中还指出，现在的小说创作必须强调两点："第一，要实地精密观察现实人生，入其奥秘，第二，用客观态度去分析描写。""因为现代的小说，不比从前，——实在也因为现代社会里的人的常识不比从前了，——往往涉及好几种科学的学说、哲学的思想了。"④ 这是对科学精神渗透于文学创作的更具体的阐述。他还认为，文学创作坚持科学态度并非权宜之计，"自然主义的真精神是科学的描写法"，"我觉得这一点不但毫无可厌，并且有恒久的价值；不论将来艺术界里要有多少新说出来，这一点终该被敬视的"。⑤ 事实证明，"恒久价值"的看法确为茅盾所坚持，此说就贯穿在茅盾的整体文艺思想中，后来他坚持用社会科学理论指导创作，用创作揭破现实、分析现实，成为他现实主义理论和创作实践的一个重要特色，此种特色之形成，实在是他早期文艺思想的延伸与发展。

第二，部分认同自然主义对于"恶"的描写，以期凸显客观描写"写真"的一面。自然主义主张"实录"生活，不避丑恶反映现实。茅盾对自然主义的这一特点，曾有所批评，认为自然派作家所见"都是罪恶，其结果是

---

① 茅盾：《对于系统的经济的介绍西洋文学底意见》，《茅盾全集》第18卷，人民文学出版社1989年版，第23页。
② 茅盾：《文学与人生》，《茅盾全集》第18卷，人民文学出版社1989年版，第271页。
③ 茅盾：《自然主义与中国现代小说》，《茅盾全集》第18卷，人民文学出版社1989年版，第238页。
④ 茅盾：《自然主义的论战——复史子芬》，《茅盾全集》第18卷，人民文学出版社1989年版，第197页。
⑤ 茅盾：《"左拉主义"的危险性》，《茅盾全集》第18卷，人民文学出版社1989年版，第286页。

使人失望",也对他们"专在人间看出兽性"表达过不满。然而,当他从艺术的"真实性"原则去看待自然主义的这一特点时,又认为不能笼统地反对其对于"丑恶"的描写。例如在《自然主义的论战——复周赞襄》一文中,就反驳了"反对自然主义的丑恶描写者"。文中指出:"我们先要问:'人世间是不是真有这些丑恶存在着?'既存在着,而不肯自己直说,是否等于自欺?再者,人间既有这些丑恶存在着,那便是人性的缺点;缺点该不该改正?要改正缺点,是否先该睁开眼把这缺点认识个清楚?"他要求作家睁开眼睛看现实,审视人性的缺点,反对文学的瞒和骗,正是对现实主义固有特质的强调。他还认为自然主义的这一特点正是对旧浪漫主义的超越:"近代的自然主义文学所以能竞夺旧浪漫主义文学的威势,原因即在理想美化了的表面,终有一日要拉破,绣花枕里的败絮终有一日要露出来,事实如此,无法否认。"①他在两个月以后写出的另一文中,又重申了这一观点,认为丑恶现象是客观存在,"专怪自然主义者泄漏恶消息,是不对的";并进一步分析了自然主义的丑恶描写在艺术上的意义,对反对者的驳斥也更为有力:"忘了该诟骂的实在人生,却专去诅咒那该诟骂的实在人生的写真,并且诅咒及于写真的器具(那就是客观描写与实地观察两法),未免太无聊了。"②综合上述观点,我们看到,茅盾对自然主义的弱点的确有缺乏批判的一面,如对其把"客观描写"强调到极端,用"生物学"原理表现人性恶等,未给以足够的审视与批评;然而,考虑到写真、求实一直是茅盾追求的艺术目标,所以他对自然主义一个方面的特色予以认同与强调,也就毫不足怪了。并非全部搬用自然主义理论,只是汲取其有利于艺术"写真"、有利于深化"客观描写与实地观察"部分为我所用,这对于丰富现实主义无疑是有所助益的。

第三,引进自然主义文学是纠正国内创作弊端,变革中国新文学创作现状所必须。分析茅盾于1921年下半年以来大力主张引进自然主义,很大成分是基于国内创作现象的考量。"五四"落潮以后,新旧文学的交战依然

---

① 茅盾:《自然主义的论战——复周赞襄》,《茅盾全集》第 18 卷,人民文学出版社 1989 年版,第 192、193 页。
② 茅盾:《自然主义与中国现代小说》,《茅盾全集》第 18 卷,人民文学出版社 1989 年版,第 242、243 页。

激烈,新文学创作并不能令人满意。为茅盾所最不能接受的是这样两种文学现象:一是旧文学的"文以载道"依旧流行,把圣经贤传上的格言作为文章的立意,全无新文学的气息;二是把文学当成吟风弄月、消遣个人意绪的器物,消失了文学应承担的社会功能。因此,引进客观写实、有益"社会"的自然主义来克服国内创作弊端实是当务之急。茅盾著文指出:目前的新文学创作中,"以文学为游戏为消遣"和"但凭想当然,不求实地观察"是造成中国文学不能进步的两个"主要原因","而要校正这两个毛病,自然主义的输进似乎是对症药","不论自然主义的文学有多少缺点,单就校正国人的两大病而言,实是利多害少"。[1] 在分析国内创作现象时,他特别注重小说创作现状的剖析,说明引进自然主义的必要性。当时文坛流行的小说创作,虽已有小说形式革新的倡导,但多数创作依旧沿用旧式章回体的形式结构和思维方式,不能客观精细地观察人生,与现代小说的艺术要求相距甚远。茅盾具体分析了当时文坛流行的三种旧派小说,认为这三种小说有三层错误:一是以"记账式"的叙述法作小说,二是"不知道客观的观察,只知主观的向壁虚造",三是"游戏的消遣的金钱主义的文学观念"。如果这三层错误不革除,是很难造就真正意义上的"现代小说"的,"而要排去这三层错误观念,我以为须得提倡文学上的自然主义"。[2] 如此说来,其提倡自然主义,无疑是改变文坛现状的一服重要药剂。

第四,汲取自然主义技法上的长处,纠正中国现代创作界的毛病。茅盾也承认自然主义文学存在着描写个人被环境压迫无力反抗而至于悲惨结果,在读者中容易产生不良影响,因此主张"要自然主义来"但"并不一定就是处处照他",应该是有选择地引进、吸收,特别需强调侧重于技术层面的接纳。他对于周作人所说的"专在人间看出兽性来的自然派,中国人看了,容易受病",亦有同感;但同时也赞成周的"以自然主义的技术药中国现代创作界的毛病"的观点,提出不必完全遵循自然主义观念,可以是有选择的吸收:"我们现在所注意的,并不是人生观的自然主义,而是文学的自然主

---

[1] 茅盾:《一年来的感想与明年的计划》,《茅盾全集》第18卷,人民文学出版社1989年版,第150页。
[2] 茅盾:《自然主义与中国现代小说》,《茅盾全集》第18卷,人民文学出版社1989年版,第233页。

义。我们要采取的，是自然派技术上的长处。"① 他所说的自然主义技法上的长处，当指对现实的深入观察，精细的描写法，对人性的细腻解剖等，这对于纠正我国创作之病，确是大有裨益。在另一篇文章中，茅盾更是激赏自然主义的这一特长，对其可谓推崇备至，"文学上的自然主义经过的时间虽然很短，然而在文学技术上的影响却非常之大"，"现代的大文学家——无论是新浪漫派，神秘派，象征派——哪个能不受自然主义的洗礼过。中国国内创作到近来，比起前两年来，愈加'理想些'了，若不乘此把自然主义狠狠的提倡一番，怕'新文学'又要回原路呢！"② "狠狠的提倡"用语，恐怕莫此为甚了，茅盾期望通过自然主义的引进可以救正新文学凌空蹈虚、不切实际之病，为使中国文学乘势而上开了一剂猛药，其期望借鉴自然主义技法以丰富、拓展我国的现实主义文学思潮，已溢于言表。

当然，茅盾也没有将自然主义的选择贯穿始终。此后，随着国内整体文学思潮与社会思潮的变化，茅盾就很少再提自然主义，直至 20 世纪 30 年代以后"现实主义"一词流行，"自然主义"完全淡出他的理论视野。不过需要指出的是，茅盾一度钟情自然主义，并不是在于自然主义思潮本身，而是在于汲取自然主义的某些表现特点，以弥补我国写实主义文学的不足，根本精神是在丰富、充实现实主义，这是应予特别强调的。

3. 茅盾与新写实主义

论及茅盾的现实主义文学思潮的选择，还有一段曾与"新写实主义"结下的因缘。20 年代前中期，我国新文坛还流行过"新写实主义"。这股与传统写实主义理论产生重大变异的文学思潮，因注入诸多反现实主义的因素而使其暴露很多弱点。茅盾与这股思潮的关系是颇富戏剧性的：从最早引进"新写实主义"名称，到后来站在"新写实主义"的对立面被太阳社作家重点批判，从又一个重要侧面反映出其现实主义文学观的独特性。

"新写实主义"的创作雏形最初形成于苏俄。十月革命后，由于苏联一

---

① 茅盾：《自然主义的怀疑与解答——复周志伊》，《茅盾全集》第 18 卷，人民文学出版社 1989 年版，第 206 页。
② 茅盾：《最后一页》，《茅盾全集》第 18 卷，人民文学出版社 1989 年版，第 328 页。

度经济困难,纸张匮乏,定期刊物或报纸的文艺栏只有极小的地位,加以其时生活节奏加快,于是就产生了一种适合于此种精神节律和实际困难的被人们称之为"电报式"的文体,并冠以"新写实主义"的名号。当时茅盾正在为《小说月报》撰写"海外文坛消息",当他捕捉到这一文坛新讯息后,就将其及时介绍给了中国读者。他在题为《俄国的新写实主义及其他》一文中,介绍了此种文体产生的背景,列举了一些有代表性的作家作品,分析了主要创作倾向,着重指出:这些"小说作家不能不用最经济的方法写他们的故事,结果遂成了新式的特别的风格。这种新式的风格,可称为电报式。凡是可省的字,统统都省去;可节略的心理描写,也统统省去;删尽枝叶,只剩下骨干","这种奇特的文风,现在有人称之为新写实主义"。① 从其介绍文字看,他当时对此种所谓"新写实主义"并无好感,在他看来,小说创作"删尽枝叶,只剩下骨干"的写法肯定产生不出好小说。正如他后来重提五十几年前的话题所说的,"我当时就是这样理解'新写实主义'的,我以为把它照样移植到中国来是值得怀疑的,至多是个'待试验的问题'"②。事实也是如此,这样的"新写实主义"创作很难得到推广,所以也没有形成一股文学思潮,此种样式的小说也没有在中国产生怎样的影响。

然而,在20世纪20年代后期出现的另一种"新写实主义",却是既有创作、又有完备理论的文学思潮,它对中国新文学产生了重大影响。此种思潮,当然不是茅盾介绍的那种"新写实主义"的"发展",而是另有"创造"。其理论的创造者是日本作家藏原惟人。他早年曾在苏联学习,接触了无产阶级文化思潮,1926年回国后即投入无产阶级文艺运动,相继发表《无产阶级文艺和"目的意识"》《无产阶级文艺运动的新阶段》《无产阶级现实主义之路》等宣传"新写实主义"理论的文章。其提倡的文学理论,有不少来自苏联,但"他也有自己的创造","新写实主义"理论即为他所"首倡",为此使他"不仅在国内执左翼文坛牛耳,还饮誉于国际"。③ 作为"新写实主义"的代表,藏原提出的写实主义理论的确别具一格。其理论要点是,反叛

---

① 茅盾:《俄国的新写实主义及其他》,《茅盾全集》第31卷,人民文学出版社2001年版,第333页。
② 茅盾:《我走过的道路》(中),人民文学出版社1984年版,第25页。
③ 马良春、张大明主编:《中国现代文学思潮史》下册,北京十月文艺出版社1995年版,第532页。

"旧写实主义",认为不能只强调"真实地"反映现实,尤应重视反映现实的"正确性",因此主张把"正确性"凌驾在真实性之上,即"用无产者前卫的眼光看世界";主张艺术家要成为"真正布尔什维克的共产主义艺术家",文学要成为党性文学,不能采用与无产阶级及其政党的需要完全脱离的题材写作;他还要求文艺批评应以单一的价值——社会价值作为标准,对艺术价值多有忽视。从藏原的理论看,他提倡的新写实主义,以否定"旧写实主义"为前提,不但否定了日本先期的现实主义成果,也抹杀了19世纪以来欧洲"正宗"现实主义创作积累的丰富经验;它主张以先入为主的"观念化"代替对现实生活的细密描绘,否定现实主义的"真实性"原则,忽视作品的艺术价值,恰恰从根本上违背了现实主义精神。其所谓的"新",不是现实主义的前进而是倒退。

但不幸的是,对藏原提出的这种有违现实主义精神的"新写实主义"理论,中国一部分作家几乎全盘接受了。其时中国正在开展无产阶级文学倡导运动,一部分无产阶级文学的倡导者(特别是太阳社作家)从日本引进所谓文学新潮,就非常乐于接受与运用此种理论。这是由于藏原"用无产者前卫的眼光看世界"的理论正好契合这些作家曾有革命经历、"唯我独革"的思想,他们的理论鼓吹就会自觉接受"新写实主义"。1928年7月,太阳社作家林伯修即在《太阳月刊》上引进、译介了藏原的代表作《到新写实主义之路》。① 此为"新写实主义"理论引入之始。此后,藏原的《再论新写实主义》《普罗列塔利亚艺术底内容与形式》又相继在太阳社刊物上登载,太阳社作家勺水、钱杏邨等又紧紧跟上,发表多篇译介文章,于是中国文坛鼓吹"新写实主义"的热潮由是形成,新写实主义遂成为中国左翼作家最流行的术语。这股热潮持续了很长时间,"左联"成立以后还有相当长时间的延续,如1930年5月现代书局还出版了藏原的系统表述其理论的《新写实主义论文集》,可见其在中国受到的重视程度。于是,"新写实主义"就成为一部分作家批判"旧写实主义"的主要理论武器。

太阳社理论家钱杏邨率先运用藏原的"新写实主义"理论,用"旧写实

---

① 〔日〕藏原惟人:《到新写实主义之路》,林伯修译,《太阳月刊》1928年停刊号。

主义与新写实主义最主要的相异之点",批评茅盾、张天翼的小说只是"一种观照的东西",还不是"普罗列塔利亚斗争的武器"[1],就显出排斥异端、随意轻薄一般写实主义创作的倾向。随后又有一些作家、批评家跟上,用所谓的"新写实主义"理论批评茅盾的《蚀》三部曲等作品,茅盾遂成为反对"新写实主义"、坚持"旧写实主义"的典型被批判。如蒋光慈批评茅盾的创作,"以为'总是凭藉客观的观察为合于通例'",这是"旧写实主义与自然主义的理论",所以没有什么"新的发现和新的启示"。[2]贺玉波作《茅盾创作的考察》,对茅盾的《蚀》《野蔷薇》《虹》等作品有较系统的分析,其中有正面的评价,但也指出其不足,"几乎全是人物的心理,但是太含有旧写实主义的风味","至于技巧却是客观的旧写实主义,因之在描写方面发生了许多令人不十分满意的地方"。[3]而用"新写实主义"理论对茅盾创作提出尖锐批评的,则是钱杏邨、李初梨等作家。钱杏邨作《从东京到武汉》,李初梨作《对于所谓"小资产阶级革命文学"底抬头,普罗列塔利亚文学应该怎样防卫自己？——文学运动底新阶段》,此二文均为长篇大论,且都有专节论述新写实主义,茅盾作为新写实主义的主要批判靶子已是非常明显。钱杏邨断言:"我们所说的新写实主义是无产阶级的写实主义,我们所提出的写实主义,不是为茅盾先生所想的,所崇拜的,所依据为创作的路的资产阶级写实主义。"[4]李初梨则基于反对小资产阶级文学的立场,称茅盾坚持的写实主义是"小布尔乔亚写实主义",与革命文学家所主张的新写实主义即"普罗列塔利亚写实主义"相去甚远;"他们不能纯粹地站在布尔乔亚汜的立场,也不能积极地移于普罗列塔利亚的立场,与其思想和行动上不断地动摇于这两个阶级的中间","他们这种社会生活反映于他们的文学,就成为小布尔乔亚写实主义"。[5]

---

[1] 钱杏邨:《现代日本文艺的考察》,《阿英全集》,安徽教育出版社2003年版,第169页。
[2] 蒋光慈:《论新旧作家与革命文学——读了〈文学周报〉的〈欢迎太阳〉以后》,《太阳月刊》1928年第4号。
[3] 贺玉波:《茅盾创作的考察》,《读书月报》第2卷第1期,1931年3月。
[4] 钱杏邨:《从东京到武汉》,载伏志英编:《茅盾评传》,现代书局1931年版。
[5] 李初梨:《对于所谓"小资产阶级革命文学"底抬头,普罗列塔利亚文学应该怎样防卫自己？——文学运动底新阶段》,《创造月刊》第2卷第6期,1929年1月。

对于创造社、太阳社作家用新写实主义理论对茅盾的批判，开初没有引起茅盾的注意，甚至还有对太阳社等作家所持的新写实主义理论的误读，误以为这些作家所说的新写实主义，就是他几年前介绍过的新写实主义，倘若以这样的理论批评他的创作，那简直不值一驳。他的第一篇反击"革命文学家"批评其创作的文章《从牯岭到东京》就留下了这样的痕迹。此文中，他曾用很长的一段文字为自己申辩，指出钱杏邨等太阳社作家用"电报体"的所谓新写实主义批评他的创作是完全站不住脚的。① 这至少可以说明，在太阳社作家大力鼓吹藏原惟人的新写实主义时，茅盾竟对此一无所知，这正好表明藏原的理论在中国文坛流行时，茅盾并未受到过影响，当然也就没有可能会用新写实主义理论去倡导无产阶级文学运动。恰恰相反，他此后写出的许多评论文字，正好构成对新写实主义理论的批评，明确表达了他反对新写实主义的立场。

茅盾没有写过专文批判新写实主义，但许多文章表达的观点，正是与新写实主义理论针锋相对的。比如《读〈倪焕之〉》批评了钱杏邨主张"力的文学"等观点，明确表示"我不赞成那时他们热心的无产文艺——既不能表现无产阶级的意识，也不能让无产阶级看得懂，只是'卖膏药式'的十八句江湖口诀那样的标语口号式或广告式的无产文艺"，"说得不客气些，他们的议论并不能比我从前教学生的讲义要多一些什么"。② 《关于"创作"》一文认为，"太阳社的理论是最失败的"，其所宣传的新写实主义，"无非是空洞地铺张'革命文学'之不能不是宣传与煽动"；"他们的作品的最拙劣者，简直等于一篇宣传大纲"。③ 《〈地泉〉读后感》对推行新写实主义以后，给左翼文坛造成的严重危害有更严厉的批评，其批评所及，不仅仅是一部作品，而是涉及对一段时期、一种文学风气的批评。他认为，《地泉》这部显现着严重公式化、概念化的"失败"之作之所以值得讨论，是在于它非常"浓厚地"代表了"那时候同类作品的许多不好倾向"，"因为作为一种'风气'或文学现象来看，则本书的缺点不是单独的，个人的，而实是 1928 到 30 年顷大多

---

① 参见茅盾：《从牯岭到东京》，《茅盾全集》第 19 卷，人民文学出版社 1991 年版，第 192 页。
② 茅盾：《读〈倪焕之〉》，《茅盾全集》第 19 卷，人民文学出版社 1991 年版，第 211 页。
③ 茅盾：《关于"创作"》，《茅盾全集》第 19 卷，人民文学出版社 1991 年版，第 279、278 页。

数（或者竟不妨说是全部）此类作品的一般的倾向，——这是一个值得讨论的问题了"。[①] 这里所述，便显示出茅盾对包括鼓吹新写实主义理论在内的导致革命文学走偏方向的问题严重性的估量，于此亦可见他的必须清算错误思潮给文学造成危害的鲜明态度。

茅盾与新写实主义的对立，反映出作为左翼作家的茅盾对现实主义问题认知的独特性。这自然有其早期无产阶级文学倡扬时比较注重艺术规律揭示的因素，但也确实反映出他在左翼作家中较多表现出艺术独立性的一面，由此使他有可能较少受到左倾文艺思潮的影响，并在一定程度上给以抵制与拒斥。

4. 茅盾写实主义文学观的深化

如上所言，茅盾集中精力倡导写实主义、自然主义的时间不算太长，从1923年以后，在他的文论中就很少再有自然主义的话题了。这是基于两个原因：一是从1923年1月起，他已离开《小说月报》编辑工作，摆脱繁杂的编务，不再审读大量来稿，即时性的文学批评就减少了，类似于思潮选择的讨论（如自然主义论战）就很少介入。二是茅盾此时已加重了社会革命实际活动的参与，如其所言，已处在"文学与政治的交错"中，其文学思想也随着革命情势的发展而变化，其看取文学思潮的重点也会随之发生转化。其中的一个重要特点是，他对写实主义文学观已有所强调，并已注入了新的内涵。

这里涉及茅盾文学思想中的一个重要内涵："为人生的艺术"观的形成与深化。

茅盾在《关于"创作"》一文中曾表述过，第一个十年时期，他最重要的文学主张是"'人生的艺术'与自然主义"。这意味着其提倡的文学观是有两个侧重点的，但这两者既不矛盾，也不等量齐观。不妨说，"人生的艺术"是目标，"自然主义"是手段，提倡自然主义的目的是汲取其有益养分，更有利于推行"人生的艺术"。他在该文中曾这样分析倡导"人生的艺术"的必要性："'为人生的艺术'当初由文学研究会一部分人所主张。文艺的对象应该是'被侮辱者与被践踏者'的血泪：他们是这样呼号着"；此种呼号顺

[①] 茅盾：《〈地泉〉读后感》，《茅盾全集》第19卷，人民文学出版社1991年版，第332页。

应了"五四"写实文学继续前进的需要,当时"社会上'父与子斗争'之日渐剧烈,以及文学上'人生艺术'的要求,都透示了这个消息"。①这表明,茅盾文艺思想的重点显然是在实现"文学上'人生艺术'的要求",提倡写实派、自然派都是为着实现这一艺术目标所做的努力。如所周知,"为人生的艺术",曾是文学研究会的主张,作为文学研究会发起人之一的茅盾当然是信奉文学"为人生"的,其早期文论中便有大量"为人生而艺术"主张的阐述。当文学越过"五四",要求其继续前进,而血与泪的人生依旧充斥于社会时,笼统的自然派与写实派的争论不足以应对文学反映现实人生,倒不如展开扎实的文学批评,继续呼吁人们对现实人生的充分关注,以实现文学为人生的艺术目标,于此就有其"为人生的艺术"观的日渐强化。

从1923年起,茅盾对自然主义的态度有所变化,不变的是他对文学为人生的强调,并且加重了对文学偏离现实人生的批评。因为茅盾不能不面对这样的事实,虽然由他和他的同仁力倡自然主义,但人们对这一倡议反响甚微,文坛的面貌并未改观,依旧是积重难返。正如其所感叹的,自然主义的"呼声"由他"发出"后,"这在当时也不过是众声嘈杂中的一响,更没有人去注意了",因为"当时的文坛正愉快地走上了热情奔放的天才的灵感主义之路","什么自然主义的手法原是不合事宜而且太使人扫兴了"。②这使他意识到,单纯的手法之争并不是最重要的,重要的是要使人生艺术落到实处,所以此后虽然没有放弃以往的文学思潮选择路径,但有关写实派和自然派的议论已逐渐淡出了他的评论视野,转而对于为人生艺术的更有力度的阐释与弘扬。这自然取决于当时的社会大背景:时代与社会思潮要求于文艺的是承担"为人生"的重大责任。从1923年至1925年,茅盾接连写出《"大转变时期"何时来呢?》以及十余篇"杂感""杂谈"之类的文章,注目于现实人生,专力于人生艺术的倡扬。他指出:"我们自然不赞成托尔斯泰所主张的极端的'人生的艺术',但是我们决然反对那些全然脱离人生的而且滥调的唯美的文学作品。我们相信文学不仅是供给烦闷的人们去解闷,逃避

---

① 茅盾:《关于"创作"》,《茅盾全集》第19卷,人民文学出版社1991年版,第272页。
② 茅盾:《关于"创作"》,《茅盾全集》第19卷,人民文学出版社1991年版,第273页。

现实的人们去陶醉;文学是有激励人心的积极性的。尤其在我们这时代,我们希望文学能够担当唤醒民众而给他们力量的重大责任。"① 在诸多杂谈类文章中,或揭出当下文学"由社会的倾向转入个人的倾向这一种形势",表达对充斥文坛的偏离人生、"发个人牢骚的作品"和"无病呻吟消遣玩世的作品"的批评②;或强调了其"为人生"文学的审美观,即文学需追求"美",更应重视"善"与"真",批评了那种浅薄的"唯美论"所谓的"世间只应有'美',不应有'善'与'真',为了'美'的缘故,'善'与'真'都当被屏斥"③的错误观念;或表示应有积极的人生态度,要弃绝颓废、感伤文学:"伤感的文学在艺术上是没有地位的!如果我们永久落在伤感主义的圈子里面,那么,新文学的前途真可深虑呢!"④ 这表明茅盾其时已完全放弃了对新浪漫主义文学的追求,对自然主义文学只重个人情绪渲染的倾向也有所批评,而其"为人生"的文学观也注入了新的内涵,不再认同托尔斯泰式的笼统的"为人生",而是将目光注视下层社会,更注重表现"被侮辱者与被践踏者"的血泪人生,显示出其与现实人生的紧密贴合。

顺着这样的思路发展,茅盾的"为人生的艺术"观也必会在调整中转换与进展,而其主导倾向则是不再提倡自然主义,倡导本真意义上的写实主义已成为其主流。自1924年邓中夏等提出"革命文学"口号后,茅盾把目光注视到了"无产阶级革命文学"一边,并开始对其的介绍与研究,其"目的"就是为"清理一番自己过去的文学艺术观","用'为无产阶级的艺术'来充实和修正'为人生的艺术'"⑤,同时也使其在现实主义精神把握上较过去有所突破。1925年3月写出的《现成的希望》已透露出这样的意向,文中指出"描写无产阶级生活的文学,自近代俄国诸作家——特别是高尔基——而确立"⑥,表明其对无产阶级文学已有一定的认知。同年5月写出的长篇论文

---

① 茅盾:《"大转变时期"何时来呢?》,《茅盾全集》第18卷,人民文学出版社1989年版,第414页。
② 茅盾:《杂感》,《茅盾全集》第18卷,人民文学出版社1989年版,第358页。
③ 茅盾:《杂感》,《茅盾全集》第18卷,人民文学出版社1989年版,第367页。
④ 茅盾:《什么是文学——我对于现文坛的感想》,《茅盾全集》第18卷,人民文学出版社1989年版,第389页。
⑤ 茅盾:《我走过的道路》(上),人民文学出版社1981年版,第233页。
⑥ 茅盾:《现成的希望》,《茅盾全集》第18卷,人民文学出版社1989年版,第496页。

《论无产阶级艺术》，则标志着其对无产阶级文学探索的深入，尤其从现实主义视角去考量，此文应显出其独特价值。

应该说，如何看待无产阶级文学，国内文学界此前尚无先例，当然没有完整的理论可资借鉴，茅盾是借鉴苏俄理论阐释无产阶级文学，内中不乏"无产阶级文化派"的观点，自然不无瑕疵。今天看来，此文当然不是建设无产阶级文学经验的完整表述，但其中提出的许多观点却对于推动我国现实主义文学思潮的发展是有益的。这里，关键是他对现实主义固有精神的理解。经过长时期对写实派和自然派理论的探究，他逐步积累了从艺术层面把握各种文学思潮的经验，能够从尊重艺术规律的意义上揭示深化写实主义文学的有效举措。《论无产阶级艺术》一文，就提出过这样一个艺术产生的"方程式"："新而活的意象＋自己批评（即个人的选择）＋社会的选择＝艺术"。对于这个公式，茅盾的具体解释是：

> 新而活的意象，在吾人的意识里是不断的创造，然而随时受着自己的合理观念与审美观念的取缔或约束，只把那些美的和谐的高贵的保存下来，然后或借文字或借线条或借音浪以表现之；但是既已借文字线条音浪而表现后，社会的大环境又加以选择，把适合于当时社会生活的都保存了或提倡起来，把不适合的消灭于无形。此种社会的鼓励或抵拒，实有极大的力量，能够左右文艺新潮的发达。①

茅盾提出的这个"方程式"，显然是特定历史背景下的产物，他在艺术产生的三个要素中，强调了社会选择的重要性，甚至认为社会的力量"能够左右文艺新潮的发达"，自然是在指明无产阶级文学这一"新潮"在社会力量作用下产生的必然性。但值得注意的是三要素中的前两项，"新而活的意象"和"自己批评（即个人的选择）"，却是对于艺术本质和创作主体的重视，这同无产阶级文学思潮只重社会观念和阶级意欲相比，就显得别具一格、难能可贵。他如此阐释意象，"意象可说是外物（有质的或抽象的）投射于我们的

---

① 茅盾：《论无产阶级艺术》，《茅盾全集》第 18 卷，人民文学出版社 1989 年版，第 505 页。

意识镜上所起的影子","将编制好的和谐的意象用文字表现出来,就成了文学"。①这是对文学构成要素的准确阐述,不但揭示了文学是客观外物作用于作家意识的结果,而且还是通过"和谐的意象"来表现,揭示了创作的根本要素。个人选择的阐释,则是突出了创作中作家主体的重要性,认为文学创作是随时受着作家"自己的合理观念与审美观念的取缔或约束",显现出对创作中作家主体作用的充分尊重,这也同某些无产阶级文学倡导者主张用观念支配创作是判然有别的。很显然,茅盾曾从自然主义理论中汲取某些长处,这对于其文学的艺术本质阐释是大有助益的。还需指出的是,这个"方程式"还显出他对艺术的形象思维特征的清晰认知。他所说的意象,是指外界丰富的社会生活现象在作家头脑中所形成的表象,意象的不断创造,就凝聚为形象,是属于形象思维的范畴。所谓合理观念与审美观念的约束,则是指两种思维的交错作用,从审美的角度言,即尽力选择意象中的美的和谐的高贵的部分;从合理方面去要求,则是在理性认识的指导下,对意象进行分析综合、选择舍弃,其原则又是以是否合于当时的社会生活为度,尽可能选取那些能充分反映社会本质的材料进行艺术概括。这样,在整个创作过程中,主要是运用形象思维,同时也借助逻辑思维,在思维规律的认识上是并无片面性的。茅盾的这一认识,在他从事创作活动以后,是表现得更为明显,坚持得愈益充分的。人们不会忘记,在20世纪20年代末30年代初的革命文学论争中,茅盾集中攻击的目标是徒有"革命"名字的"高头讲章"。他对蒋光慈的作品、对阳翰笙的《地泉》三部曲的尖锐批评,几乎都是围绕概念化进行的,其中所指出的这类作品的一个重要失误点就在于:只是"理智地"得出结论,而不是让读者"被激动而鼓舞而潜移默向于不知不觉",即未能用形象用情感去潜移默化地影响读者。为此,他以更坚定的语气提出艺术作品所必须具备的"两个必要条件",即"社会现象全部的(非片面)的认识"和"感情地去影响读者的艺术手腕"。②这样,茅盾对创做中的思维特征已阐述得相当清楚了:既强调了作家自觉的社会要求和对社会现象的全面认识,同时也不忽略

---

① 茅盾:《告有志研究文学者》,《茅盾全集》第18卷,人民文学出版社1989年版,第525页。
② 茅盾:《〈地泉〉读后感》,《茅盾全集》第19卷,人民文学出版社1991年版,第332页。

创作主要是用形象思维去把握的"艺术手腕"。这在当时的无产阶级文学倡扬中委实并不多见，正显示出对各种文学思潮做过深究的茅盾的艺术所长。

在"为人生的艺术"的命题范围内，茅盾经历了从写实主义、自然主义的探索，进而到更具理想色彩的无产阶级文学的探究，的确是迈出了重要一步。每一步的跨出，都在使人生艺术更趋合理与完善。他在写出《论无产阶级艺术》后不久，又作有《文学者的新使命》一文，文中"断言"："文学于真实地表现人生而外，又附带一个指示人生到未来光明大路的职务，原非不可能；或者换过来说，文学的职务乃在以指示人生向更美善的将来这个目的寓于现实人生的如实表现中，亦无不可。"这标示着他对于人生艺术又有了更高的追求，即将"为人生"的表现寓于更美善的理想之中。文学创作者既然不能像早期写实主义者那样仅仅是纯粹客观、欠缺理想地描摹对象了，文学在表现现实人生中，负载着指引人生向着美与善的将来的历史使命前行的创作方法，必是他所深切期待的。不过，茅盾此时并未忘记表现现实人生的基点是"现实"："文学者决不能离开了现实的人生，专去讴歌去描写将来的理想世界。我们心中不可不有一个将来社会的理想，而我们的题材却离不了现实人生。"① 他所希望于文学的，仍是脚踏实地的现实主义。

经过长时期的探索、实践，茅盾的"为人生"文学观逐渐退隐，"现实主义文学"主张则日趋稳定。从20世纪30年代后期开始，他频繁使用"现实主义"一词评说文学现象和文学创作，显示出同主流文学观的一致；直至40年代初写出《现实主义的道路》一文，更表现出对现实主义斩钉截铁、无可置疑的赞颂。他认为现实主义在中国的"主潮"地位是毋庸置疑的，"中国新文学20年来所走的路，是现实主义的路"；尽管其间因剧烈的社会变动曾产生各种各样"主义"，但不幸都"被时代遗忘了"，"现实主义屹然始终为主潮"。他强调现代文学的各种文学思潮论争都是围绕现实主义而展开的："'人生艺术'的论争也罢，'文艺自由'的论战也罢，'大众化'的论战也罢，'主题积极性'的强调也罢，反'公式主义'也罢，——总之，一切都围绕着一个轴。而现实主义便是这轴！""都是为了现实主义的更正确地被

---

① 茅盾：《文学者的新使命》，《茅盾全集》第18卷，人民文学出版社1989年版，第539、540页。

把握，都是为了现实主义的胜利。"① 这显示出他对现实主义概念解释的宽泛性，而由宽泛性所蕴含的对现实主义精神的理解也必呈现出复杂性。茅盾本人持守的现实主义，无论是前期还是后期，都显出此种复杂性，这是需要认证分析对待的。

三、坚定持守现实主义及其产生的正负效应

从上述文学思潮选择之路中，我们看到，对于现实主义的执着追求，确是茅盾文学理论和文学思潮观念中的重要特色。就此而言，如果要在中国现代文学史上找到一个比较典型的现实主义作家，恐怕最容易想到的便是茅盾。茅盾在理论上信守现实主义是人所共知的，其创作也是一种典型的现实主义范式。冯雪峰曾经指出，在中国现代文学的现实主义创作中存在着两个传统，一个是以描写"老中国儿女"为重、注重历史批判的"鲁迅传统"，另一个便是以反映当代社会为主的"茅盾传统"，并由此形成用文学表现时代性和社会性的茅盾创作"模式"。② 此为确论。由此昭示的意义是，茅盾作为中国现实主义作家的一种典型代表，正是在现实主义的当代性和社会批判性上显出其特色的。而茅盾在理论上和创作实践上对现实主义的有效把握，恰恰反映了此种类型的现实主义较为成熟的一面。

考察茅盾的现实主义理论与创作实践较为成熟，同其现实主义的接受源头颇有关系。普实克认为茅盾"所用的是欧洲正宗的现实主义方法"③。追溯茅盾的文学理论接受源及其对外来文学思潮的选择、消化过程，大体上可以看出其所吸纳的文学思潮逐渐走向同欧洲"正宗"现实主义的认同。他最初也受到过文学进化论的影响，从他当时对欧洲文艺思潮演进之路的描述看，同陈独秀在《现代欧洲文艺史谭》中的口径基本一致，即认为欧洲文艺思潮的演化轨迹是：古典主义—浪漫主义—现实主义（自然主义）—新浪

---

① 茅盾：《现实主义的道路》，《茅盾全集》第22卷，人民文学出版社1993年版，第171、172、173页。
② 冯雪峰：《中国文学中从古典现实主义到社会主义现实主义的发展的一个轮廓》，《文艺报》1952年第15期。
③ 转引自李岫编：《茅盾研究在国外》，湖南人民出版社1984年版，第736页。

漫主义。不过，广泛涉猎欧美文学，对欧洲文艺动向紧密追踪，从而对中国新文学对外来思潮选择做出准确判断，显然不是心悬政治革命的陈独秀所能做到的，因而分身乏术的陈独秀对新文学思潮不可能有更深层次的探索。在这一点上，正好显示出当时主要做着文学理论工作的茅盾的优势，他对世界文学新思潮的广泛涉猎有可能比陈独秀有着更为开阔的取精用宏的眼光。在"五四"文学期间，茅盾对文学新潮的领悟要胜于同时代的理论家，在文论领域，可以说他早就是个先锋派。他最初推崇新浪漫文学，认为这是文学进化之路上最先进的文学，因而曾提出中国新文学应逐渐趋向新浪漫。但茅盾从来都是注重社会实际的理论家，其后即清醒地看到，中国文坛不是缺少"浪漫"和"高蹈"，而是看不到对社会生活客观真实的描写，为此，他曾经不惜冒险抓了一剂猛药，大力提倡自然主义来矫正新文学的弊病。他希望通过提倡自然主义的"客观的观察法"和"细致的描写法"，能够使文学开阔地反映社会生活。即便是提倡新浪漫主义，也同现实主义有着内在的联系。茅盾推崇的新浪漫主要作家罗曼·罗兰、巴比塞、法朗士等人，当时也被称为"新理想主义"，其实是20世纪欧洲"行动着"的现实主义的代表，他们的创作有鲜明的政治进步倾向，奋力抨击资本主义制度，揭露社会丑恶，追求理想的人性和与生活战斗的积极力量。某种程度上，将自然主义与新浪漫主义这二者有机结合，也许更合茅盾的心意，这样文学既描写全社会的黑暗，又能以"理想作个骨子"，这也合乎新文学发展的客观需要。这就决定了茅盾的选择会逐渐向欧洲正宗现实主义一面倾斜。

从哲学、美学上看，茅盾接受的现实主义内涵同欧洲的哲学、文学思潮也有着密切的关联。他对现实主义的接受，起初主要集中在丹纳等的实证美学，和对巴尔扎克、托尔斯泰等欧洲批判现实主义作家作品的研磨上。丹纳以严密而系统的理论建构了"种族、环境、时代"三要素决定文学的理论框架，其思想源头是十八九世纪的科学实证哲学——建立在经典物理学和进化论的基础上，代表了科技革命带来的新的"美学感觉"，这就是"力的运动"和生物体与环境关系中的"进化"概念。[①] 在20世纪20年代前期，茅盾

---

① 〔美〕丹尼尔·贝尔：《后工业社会的来临》，商务印书馆1984年版，第211页。

对丹纳理论的介绍和应用在中国作家中也许是最突出的，在不少文章中引用过丹纳理论。但茅盾并非丹纳忠贞不二的"信徒"，他对于丹纳的理论只能说是有所借鉴的吸收。钱穆认为"中国人主通"，最主要的特质就是对外来文化"常抱一种活泼广大的兴趣，常愿接受而消化之"，并尽可能"融合协调，和凝为一"。[①]茅盾对丹纳理论的接受也应作如是观。丹纳的理论固然在解释现实主义时有其积极性因素，但它还有自然科学的机械决定论的桎梏，这对19世纪早期现实主义及自然主义也带来了弊病。普列汉诺夫这样批评其缺陷，丹纳不能理解"'自然科学的'唯物主义"，"一个社会的人的行动、意向、趣味和思想习惯，不可能在生理学或病理学中找到充分的说明，因为这是由社会关系决定的"；"他们对于以整个社会生活的革新为目标的新思潮的盲目无知，使他们的观点变成错误、狭隘和片面"，结果使现实主义"陷于绝境"。[②]这种批判代表了马克思主义唯物辩证法对现实主义的要求。茅盾在20世纪20年代初就接受马克思主义，他对文学的认识就不会只是简单搬用丹纳理论，必然会有习得马克思主义理论后的一些更深层次的思考。在长篇论文《文学与人生》中，他参考了丹纳的理论，指出文学是社会人生的综合表现，所涉及的关系层有人种、环境、时代，但更强调社会背景，尤其是社会思潮和时代精神对文学的制约与影响；他在阐述"三要素"后又增加了"作家人格"这层要素，突出了文学创作中作家主体的作用，避免了丹纳理论强调纯客观和宣扬"自然科学"的唯物主义的弊端。对文学的时代性，他后来又做了更深入的阐发，认为文学是时代精神的缩影，强调时代性有两个要义，"一是时代给与人们以怎样的影响，二是人们的集团的活动又怎样地将时代推进了新的方向"[③]，指出文学的社会化和时代性是紧密相连的。他曾批评早期现实主义"是客观地观察而没有主观地批评"[④]，不免贫乏；撷取了"自然科学"的现实主义科学精神，重求真、重客观，而在思想上又尊辩证唯物观念为导师，重视现实主义的"社会关系"解剖，强调了现实主义的社

---

① 钱穆：《现代中国学术论衡》，岳麓书社1986年版，第249、205页。
② 《普列汉诺夫美学论文集》，人民文学出版社1983年版，第237、238、242、239页。
③ 茅盾：《读〈倪焕之〉》，《茅盾全集》第19卷，人民文学出版社1991年版，第209、210页。
④ 茅盾：《"五四"运动的检讨》，《茅盾全集》第19卷，人民文学出版社1991年版，第240页。

会批判功能。

就茅盾接受外国现实主义文学思潮而言，其特别看重现实主义的社会批判意识，也与他借鉴欧美却倾心于俄国文学有关。茅盾在多篇介绍、评论外国文学的文章中，以俄罗斯、匈牙利、挪威、保加利亚等国文学为例，"证明文学之趋于政治的与社会的"必然性，指出"政治独立是他们的知识阶级中人脑子里唯一的观念"，"匈牙利文学简直是借文学来作宣传民族革命的工具了"。① 由于对俄国文学包括被压迫民族文学的浓厚兴趣，这使他有可能超越丹纳，而更多关注现实社会的斗争。他始终并未完全放弃新浪漫，他赞赏巴比塞、罗曼·罗兰、法朗士，因为他们能"补救写实主义之丰肉弱灵之弊"，"补救写实主义之全批评而不指引"，"补救写实主义之不见恶中有善"。② 而能够对灵与肉两面做到较完善结合的则在俄国文学中，尤其是托尔斯泰和高尔基的创作。茅盾在《托尔斯泰与今日之俄罗斯》中考察了托尔斯泰的现实主义与俄国社会革命的密切关系。他也赞叹高尔基"第一个把无产阶级所受的痛苦真切地写出来，第一个把无产阶级灵魂的伟大无伪饰无夸张地表现出来，第一个把无产阶级所负的巨大使命明白地指出来给全世界人看"③。这使茅盾的现实主义理论既有巴尔扎克一类欧洲批判现实主义作家的诸多特点，也吸纳了高尔基开创的现实主义新质。

从上述粗略引证可见，茅盾借鉴国外现实主义文学思潮，侧重点是在现实主义的社会批判性一面，这无疑会对他日后独特的现实主义视角的形成并造就为典型的社会批判型现实主义作家施加深层影响。在坚持社会批判方面，茅盾的现实主义理论的确形成了自己的鲜明特色。20世纪20年代初，作为同是文学研究会成员，茅盾和周作人、郑振铎等曾一起提倡"为人生"的写实主义，但可以发现茅盾提倡的"为人生"和周、郑二人尤其周作人是有差异的。概括地说，周作人的"人的文学"观理解的"人生"，是基于"个人主义的人间本位主义"，其落脚点在个人，认为"文学始终是个人

---

① 茅盾：《文学与政治社会》，《茅盾全集》第18卷，人民文学出版社1989年版，第278页。
② 茅盾：《〈欧美新文学最近之趋势〉书后》，《茅盾全集》第18卷，人民文学出版社1989年版，第48页。
③ 茅盾：《论无产阶级艺术》，《茅盾全集》第18卷，人民文学出版社1989年版，第500页。

的"。① 茅盾强调的"人生"是"社会",认为"文学家所欲表现的人生,决不是一人一家的人生,乃是一社会一民族的人生",要研究全社会、全民族,描写全社会的病根,"使文学成为社会化"。② 可见两者所认识的人生内涵是不尽相同的。再则,茅盾强调的"为人生"侧重在批判人生,即揭示人生中丑恶的一面以匡正之,这种强烈的社会功利目的不仅和周作人不同,就是和郑振铎也在理论侧重点上有所差异,后二者更倾向于"表现",尤其是"情感的表现"。茅盾也谈到情感在文学创作中的作用,但他首先强调文学的时代特征和社会背景,认为"现在社会内兵荒屡见,人人感着生活不安的苦痛,真可以说是'乱世'了",因此"'怨以怒'的文学正是乱世文学的正宗"③,可见其理论重心落在社会批判上,感觉"为人生"这个口号已过于笼统。在30年代,他于社会批判中又强化了理性批判意识,对文学只表现个人情感已颇为不满。在《致文学青年》一文中就"很反对那些没有深切的人生意义和社会价值的个人情感的产物"④,要求文学青年从深处分析社会,认清社会矛盾。在《我们这文坛》中更明确提出要对社会矛盾进行"严密的分析、严格的批判"⑤的理性批判精神。注重社会批判和理性批判,正是茅盾倡导的现实主义同"人生派"现实主义很不相同的地方,由此也显示其独特性所在。

综观茅盾的文学思潮选择之路,大体上反映出上述现实主义文学思潮的接受背景。他早期一度倾心新浪漫主义(现代主义),对现实主义(目前要求)和现代主义(发展方向)曾有过清晰论述,这表明他选择文学思潮是经过精心考量的。然而,不能不指出的是:选择以后是"固守",甚至对其他文学思潮采取排斥态度,遂使其文学思潮选择显出偏狭性一面,其持守现实主义也会产生负面效应。这多少反映出在20世纪中国文化语境中,包括茅盾在内的新文学作家对接受世界文学思潮以及对现实主义认知与理解的种种特点。

---

① 参见周作人:《人的文学》《平民文学》《新文学的要求》,载《周作人批评文集》,珠海出版社1998年版。
② 茅盾:《现在文学家的责任是什么?》,《茅盾全集》第18卷,人民文学出版社1989年版,第9页。
③ 茅盾:《社会背景与创作》,《茅盾全集》第18卷,人民文学出版社1989年版,第116页。
④ 茅盾:《致文学青年》,《茅盾全集》第19卷,人民文学出版社1991年版,第222页。
⑤ 茅盾:《我们这文坛》,《茅盾全集》第19卷,人民文学出版社1991年版,第353页。

中国的各种新文学思潮，无论是现实主义还是现代主义，都是外来文学思潮作用下的产物。正如郑伯奇所说：新文学第一个十年时期引入西方文学思潮，就把"西欧二百年中的历史在这里很快地反复了一番"①。快速接受的后果，是在显出一种气魄与胆略的同时，也可能潜藏一种危机，即对于外来思潮缺少一个从容消化的过程，并没有弄清楚其精神实质所在，学点皮毛，拿来就用，难免不变形走样。茅盾之所以放弃他一度钟情的现代主义文学，其中一个重要原因就在于这股思潮在中国"移植"后，产生了许多貌合神离、半生不熟的所谓现代派作品，这与其倡导现代主义的初衷相去甚远，不免使其大失所望，认为这"简直是等于向瞽者夸彩色之美，彩色虽然甚美，瞽者却一毫受用不得"②。然而，令茅盾始料不及的是，借鉴现代主义所产生的"食而不化"的问题，也同样发生在移植现实主义文学思潮上。他自己在"固守"现实主义后，就始终没有走出"独尊"现实主义的怪圈。而且此种"独尊"，还是在缺少对现实主义深入理解的情形下进行的。平心而论，对现实主义的理解，同现代主义因其"艰深"难学不易把握颇不相同，写实手法在传统文学中也大量运用，在接受上没有造成很大的困难，因此即使有所"走样"也往往习焉不察，但事实上，细究中国新文学中可以称之为现实主义的文学理论与创作，因是对外来思潮的快速引进，便同本真意义上的现实主义有着很大的差距。中国新文学作家最初从西方引进现实主义文学思潮，在理论上还是相当模糊的，现实主义与自然主义不分，"写实主义"与写实手法混用，表明其时还没有完全从思潮意义上去理解与把握它。茅盾在当时就认为："文学上的自然主义与写实主义实为一物。"③这显然不够准确。"现实主义"这个名词直到20世纪30年代才被广泛使用，说明到这个时候才有大规模的现实主义文学运动。而且此时对本真现实主义理论尚缺少研究，而对于20世纪的新兴现实主义理论（包括像卢卡契、布莱希特这样的西方现实主义者的文学理论）则影响甚微，明显见出我国的现实主义同西方现实主

---

① 郑伯奇：《中国新文学大系·小说三集·导言》，上海文艺出版社1981年影印本，第2页。
② 茅盾：《自然主义与中国现代小说》，《茅盾全集》第18卷，人民文学出版社1989年版，第240页。
③ 茅盾：《自然主义的怀疑与解答——复吕芾南》，《茅盾全集》第18卷，人民文学出版社1989年版，第211页。

义的若即若离状况。这当然显现着 20 世纪中国文学思潮的特色，但从严整的现实主义去要求文学，也不能不说留下了诸多缺憾。

另一方面也需看到，现实主义的选择，似乎也同意识形态、政治气候相关。一个毋庸置疑的事实是，现实主义思潮与左翼文学思潮有着特别的切合性，中国的现实主义作家中左翼作家又占了很大比重。左翼思潮要求文学承负改造社会、改造现实的历史使命，这同现实主义精神最为切合，现实主义自然也最能为左翼作家所推崇。"现实主义"这一名称即为左翼文艺运动的领导者瞿秋白所首创[①]，它是在 20 世纪 30 年代初期左翼文艺界大规模介绍马克思主义思想时被引入中国的，自此以后，它就被抬到君临一切的地位，建国以后更使之成为一种官方意识形态并要求所有的作家一体遵行。在这种情况下，现实主义就不只是一种思潮，而且还成为一种原则、一种规范，它在中国有着最广阔的"市场"，是完全可以想见的。韦勒克在 20 世纪 60 年代就指出过由于主流意识形态主宰文学使现实主义在苏联和中国特别兴盛的事实："在苏联及其所有卫星国家，我想甚至连中国在内，'现实主义'或者确切地说'社会主义的现实主义'被官方规定为唯一许可的文学创作方法。关于现实主义的确切含义、历史和未来，人们进行着无尽无休的争论，发表的文章汗牛充栋，其范围之广超过了我们在西方可以想象的程度。"[②] 正由于此，经过意识形态的介入，现实主义就失去了原初意义，且以其强劲势头把自己置于威权地位，否定舍我之外的文学样态，就产生了负面效应。

在这种特定的时代境遇中，不失强烈政治理念的茅盾持守现实主义，也见出两面性。一方面，他对 30 年代盛行的"左倾"文学思潮并不完全认同，尤对早期普罗文学"跟进"式追随所谓"新写实主义"之类创作多持批评意见；但另一方面，他又对 20 世纪的现实主义已呈现出开放性、多元性态势缺少理解，不能容忍"写实"以外的其他创作方法的追求，当然也不会再对新浪漫主义感兴趣。自 20 年代后期以降，茅盾完全否定了原先曾一度钟情的新浪漫主义文学，对现代派创作从内容和技巧两方面都做了批判：如指出

[①] 参见瞿秋白：《马克思、恩格斯和文学上的现实主义》，《现代》第 2 卷第 6 期，1933 年 4 月。
[②] 〔美〕R. 韦勒克：《批评的概念》，中国美术学院出版社 1999 年版，第 214 页。

象征主义、唯美主义等"资产阶级的'新'文学"是"畸形社会"的产物,是"资产阶级文艺没落期的玩意儿"[①];认为"贫血的乃至抽筋拔骨的作品如果想从技巧方面取得补救,一定也是徒劳的。世纪末的欧洲文学就不免只是涂脂抹粉的骷髅"[②]。如此这般评价现代派文学,显然都是其独尊现实主义后从阶级、政治因素做出的考量,当然是十分片面的。新中国成立后,意识形态主宰文学,社会主义现实主义一统天下,茅盾对现实主义的"独尊"更有所发展。最突出的例证,是用社会主义现实主义理论解释文学思潮,把一部自古至今的中国文学史描述成"现实主义与反现实主义斗争"的历史,把现实主义推到至尊地位,而包括浪漫主义、现代主义的"反现实主义"文学,则都存在"程度不同的反人民、反现实"的倾向,"在政治上说来,它们实在起了剥削阶级的帮闲的作用"。[③]如此表述,显然有新中国成立后左倾文学思潮盛行的背景,但由于茅盾"独尊"现实主义,这恐怕也是其文学思想合乎逻辑的发展,其因时代需要而牢牢固守现实主义,终于日渐走上"封闭"之路。

这样说来,茅盾持守现实主义,的确并非无懈可击。这里,问题并不在于茅盾选择了现实主义——这显然无可厚非,问题是在于其"独尊"现实主义,终使其持守的现实主义见出两面性:文化思潮的切合性与非我族类的排他性。茅盾对现实主义的专注与执着,无人可及,这是一种可贵的品质。但"坚守"的背后是"排他性"的形成:对其他文学思潮采取排斥的态度,使其文学观念日见偏狭与逼仄。由此使我们看到:在茅盾这里,一个作家对现实主义本真意义的理解,和一个政治家基于政治需要对现实主义的强调,两者是融而为一的,于是就有其坚持现实主义的两面性。正由于此,中国文学一旦走出封闭面对世界,人们以开放的姿态看取世界文学潮流,不再服膺于原先的独尊现实主义,甚至表现出对这种"独尊"的反感,是完全可以理解的。从这里也可看到:现实主义在中国一枝独放并非都是合理的,而

---

① 茅盾:《关于"创作"》,《茅盾全集》第 19 卷,人民文学出版社 1991 年版,第 276 页。
② 茅盾:《杂谈文艺现象》,《茅盾全集》第 23 卷,人民文学出版社 1996 年版,第 54 页。
③ 茅盾:《夜读偶记——关于社会主义现实主义及其他》,《茅盾全集》第 25 卷,人民文学出版社 1996 年版,第 121 页。

将其"定于一尊"更不是中国文学发达的征候。茅盾早年主张引进包括新浪漫主义在内的多种文艺思潮,是含有反对某种文艺思潮"定于一尊"的考虑的。他曾指出,"如果也承认'定于一尊'是宣告艺术的死刑,则对于近代文学里繁星似的流派,当不反对,当以为这些流派都是构成更美的艺术国底分子"①。但不幸的是,受制于特定历史时期的文化语境和意识形态,茅盾也终于以"独尊"一家的姿态走入了自己曾经反对过的文学思潮选择路径,时代因素对作家的困扰与制约,恐怕莫此为甚。

四、现实主义的"创造原点"意义与重要建树

当然,中国新文学中的现实主义是一种复杂性的存在,上面粗略分析茅盾对现实主义的态度,只是一个视角的探究,不可能涵括茅盾现实主义文学思想的丰富内含,应予以切实面对的是在特定历史语境中作家对现实主义的可能性选择及其做出的相应建树。因为就我国现实主义发展而言,的确需要打破其"定于一尊"的地位,但这并不意味着现实主义本身是毫无价值的,它在中国现代文学发展进程中的作用是无足轻重的。事实当然并非如此。新时期以来,由于过去对现实主义的过度张扬,人们对其由敬畏而入于冷漠,研究一度处于冷落状态,致使我国现实主义文学所具有的丰富形态和复杂表征并未做出应有描述,一些现实主义作家在各种"限制"中所可能做出的创造性贡献也未有切中肯綮的评述,现实主义创作也从独尊走向放逐,这当然不是正常现象。

对茅盾的现实主义贡献也可作如是观。事实上,作为典型的现实主义作家,茅盾毕生为现实主义而呼号,对现实主义理论曾做过深究,又有丰厚的创作实绩,必定能为中国新文学的现实主义发展做出自己应有的贡献,这的确需要做出认真的探求与梳理。如果从20世纪中国文化语境考量,联系世界文学潮流和中国新文学现实主义的曲折道路,那么茅盾为完善我国现实主义做出创造性价值就会得到鲜明呈现。正如筱田一士指出的,20世纪世界文

---

① 茅盾:《近代文明与近代文学》,《茅盾全集》第18卷,人民文学出版社1989年版,第167页。

学仍是两大流派的竞争而非为现代主义所专擅,指出20世纪现实主义小说仍具有"创造的原点"价值,指出在中国现实主义小说家中能够有资格用自己的作品同世界对话的作家是茅盾,这都具有无可争辩的正确性。

现实主义的"创造的原点"价值,应是指遵循本真意义上的现实主义创作方法所做的艺术创造,主要是对现实主义初起时欧洲现实主义文学大师创作方法的成功运用。捷克汉学家普实克曾经指出,茅盾"所用的是欧洲正宗的现实主义方法","也可以说他是将欧洲古典现实主义创作方法运用于本国文学创作的一个典型"。[①]此说颇能引起我们思考。在20世纪文学思潮背景下,中国现代作家对现实主义的理解也许欠缺更开阔的视野,但从理论与创作上比较接近于欧洲正宗现实主义,毕竟靠近了原初意义上的现实主义,正是在这一点上显示茅盾独具的眼光。茅盾之接受具有"创造的原点"价值的欧洲正宗现实主义文学思潮,主要取决于他从理论自觉性和创作实践自觉性两个层面把握现实主义,这就使其持守的现实主义创造了为别的作家所难以比拟的成就。

在理论层面上,茅盾是中国现代作家中对现实主义理论做过深究而又有自己独特见地的少数作家之一。就如其颇为自信地说的:"对于布尔乔亚的文学理论,我曾经有过相当的研究。"[②]茅盾对现实主义的接受起初主要集中在丹纳等的实证美学,和对巴尔扎克、托尔斯泰等欧洲批判现实主义作家作品的研磨上,表明他对原初意义上的现实主义有较为深切的理解与认知,这是其能自觉接纳欧洲正宗现实主义的优势所在。中国新文学产生在20世纪初,此时的现实主义与前相较已有完全不同的呈现方式,概念的内涵已大为拓展。加洛蒂认为20世纪是"泛现实主义"或"无边现实主义"的时代,正在于其时名目繁多的现实主义创作,有许多其实是偏离现实主义的。当时多数中国作家(特别是左翼作家)对国外现实主义文学的吸收,就有近距离观照的偏差。所谓近距离,包括时间距离与空间距离两个方面。时间上的舍远就近,是指大量吸收的是近期(20世纪二三十年代)现实主义文学理论与

[①] 〔捷〕普实克:《论茅盾》等文,转引自李岫编:《茅盾研究在国外》,湖南人民出版社1984年版,第736、625页。

[②] 茅盾:《答国际文学社问》,《茅盾全集》第20卷,人民文学出版社1990年版,第43页。

创作成果，而对于体现 19 世纪欧洲"正宗现实主义"的理论则缺少介绍与研究。空间上的舍远就近，体现在现实主义文学的最重要接受源是苏俄与日本，所以无产阶级文学思潮和社会主义现实主义在中国一直有着举足轻重的地位，左翼文学初期"风行"的所谓"新写实主义"，同现实主义的"创造的原点"价值便是相去甚远的。茅盾的"正宗"现实主义理论也许并不"纯粹"，他后来固守现实主义，排斥其他文学思潮也非正确态度，但就现实主义论现实主义，能够用欧洲现实主义文学的尺度与要求估量文学，以利于对现实主义做出理论上的匡正，茅盾毕竟是比较突出的一个。最显著的例证是左翼文学初期，从日本和苏俄归国的创造社、太阳社作家，近距离观照、吸收国外文学思潮，大量汲取的是日本的"新写实主义"、苏联的"唯物辩证法的创作方法"之类，从而使现实主义变色变味。对此做出不遗余力批评的作家之一便是茅盾。茅盾曾作《读〈倪焕之〉》《〈地泉〉读后感》《关于"创作"》等文，运用较为本真的现实主义理论对左翼文学中的偏离现实主义倾向，特别是推行"新写实主义"，提出尖锐批评，旗帜鲜明指出：这些所谓的"中国式"的"新写实主义文学"其实是此路不通。[①] 这对于拨正左翼文学的创作方向曾产生过重要作用，由此也显示出一个精通现实主义的作家对文学思潮的辨析能力。

在创作实践层面上，茅盾小说的现实主义提供了两种典型的范式：一是"经验了人生"以后做小说，另一是为了做小说而去"经验人生"，这两种方式通向"人生"的途径并不相同，会产生不同的艺术效果，但对于"人生"即生活实感的积累要求则同，这都是现实主义创作原则所需要的。前者如《蚀》《虹》《野蔷薇》等前期小说，这是一种"人生经验"的抒写，重在倾吐作家自己亲身经历过的大革命失败后的感觉与体验，创作以鲜明的主体性投入把握现实，便有其对现实底蕴和自身复杂心绪的真切表现，从而产生强烈感染读者的效应。此种方法是欧洲现实主义作家经常采用的。托尔斯泰揭示艺术的奥秘就在于："一个人用某些外在的符号有意识地把自己体验过的感情传达给别人，而别人为这些感情所感染，也体验到这些感情。"[②] 茅

[①] 参见茅盾《〈地泉〉读后感》《〈法律外的航线〉读后感》等文。
[②] 《列夫·托尔斯泰文集》第 14 卷，人民文学出版社 1992 年版，第 174 页。

盾的《蚀》等作品引起读者强烈的心理共鸣，不难看出这样的效果。后者如《子夜》等"社会批判型"创作，这是作者有意识去"经验人生"，大量考察社会现象之所得。其重要表征是突出了文学的社会性，强化了现实主义文学的社会批判功能，这同样是他自觉借鉴、运用欧洲现实主义创作方法的结果。现实主义是理性批判的产物，正如"理性的批判"是"法国文学中最富活力、最有影响、冲击力最大、生命力也最强的部分"①，用它来形容19世纪欧洲现实主义的精神同样一语中的，是故巴尔扎克、托尔斯泰等作家的创作有"批判现实主义"之称，现实主义遂有登峰造极的成就。自20世纪30年代以降，茅盾强化了社会意识，使"社会批判型"创作蔚为大观。李欧梵从中国现代作家"感时忧国"的精神出发概括中国的批判现实主义是"社会—政治批判"②，此种批判模式的首倡者便是茅盾，不妨说这也是中国文学中一种"先驱性的存在"。《子夜》的成功，可推为标志。如果说，《子夜》以前的创作并无大规模解剖社会现象的意图，那么《子夜》及其以后的创作便把用力重点放在了整体性的社会批判上，包括通过解剖社会经济结构来解剖社会，揭示社会变革的可能性与必要性。这一方面顺应了特定的时代需求，社会取代个人成为文学注目的焦点，促使茅盾更加执着地关注社会现实；另一方面却同遵循现实主义创作原则不无关系，欧洲现实主义小说家巴尔扎克、福楼拜、托尔斯泰等以鲜明的科学理性精神取得成功的创作，对茅盾有很大影响。普实克指出，"同产生出优秀的欧洲文学的那些先进的理论进行卓有成效的联系的"，是"茅盾那特有的艺术审美的敏锐感受，科学的、理性的，甚至是一种分析解剖式的态度去观察生活和社会"。③这使茅盾与欧洲现实主义作家又靠近了一步。作家注目于中国社会"当代史"的演示和批判，大大开阔了社会批判视野，这是中国现代文学由"五四"向30年代演进之时，借鉴西方现实主义文学的重大转换，其文学史意义是昭然若揭的。

审视茅盾创作蕴含的现实主义精神，其重要价值是在于开创了我国新文

---

① 艾珉：《法国文学的理性批判精神》，北京大学出版社1991年版，第2页。
② 〔美〕李欧梵：《现代性的追求》，生活·读书·新知三联书店2000年版，第178页。
③ 〔捷〕普实克：《捷文版〈腐蚀〉后记》，转引自李岫编：《茅盾研究在国外》，湖南人民出版社1984年版，第250页。

学现实主义的一种重要形态,即社会批判型现实主义形态。20世纪现实主义的丰富多样性及其呈现的开放性姿态,表明着这一股文学思潮的统领下,有可能出现不同的现实主义范式与形态。"社会批判"型现实主义即是其中的重要一种。社会批判曾是19世纪欧洲批判现实主义的灵魂,20世纪中国特定的社会背景要求作家"倾其全力于社会问题"[①],于是这种社会批判的历史理性就成为中国现实主义作家的一种重要选择,其在整个新文学中占的比重相当大。最典型的自然是受欧洲"正宗"现实主义影响颇大,又注重文学社会选择、创作重视社会剖析的新文学作家茅盾,他理所当然成为这一现实主义形态的开创者、领衔者。冯雪峰指出过,中国现代文学的现实主义传统"分别由鲁迅与茅盾各自开辟了一种传统",这个论述仅仅指出新文学两种形态的现实主义或许有所不足,但提出的问题对于我们是颇有启示的。其启示意义是在于:一方面,它提出了两种不同形态的现实主义,避免了对现实主义的"一锅煮"现象,以便于我们从不同层面认识和把握现实主义,也有利于从不同角度总结中国新文学现实主义的经验;另一方面,它涉及中国现代文学中两种最有影响的现实主义传统的比较,将它们放置在同一平台上做不同的形态考察,它们各自的鲜明特色就会得到显著呈示。作为启蒙主义思想家的鲁迅同作为社会革命家的茅盾,因作家思考问题、关注现实的角度不同,自会有不同的现实主义关注点;同样,主要作为"五四"文学代表的鲁迅,与主要作为"三十年代文学"代表的茅盾,在不同的历史阶段也会对现实主义提出不同的使命要求,显示出不同的价值取向。就此而言,从现实主义文学的"形态学"意义上,探讨茅盾的创作作为现实主义的一种范式与形态的存在,揭示其独特的意义与价值,当能深层次透视茅盾为丰富、发展我国现实主义所做出的独特贡献。

这里就涉及对社会批判型现实主义文学精神的理解。就中国新文学现实主义演进看,作家们的现实主义接受源并不单一,创作中会呈现出不同的现实主义特色,其中以茅盾为代表的一些现实主义作家,无论是理论认同还

---

① 〔捷〕普实克:《从中国的文学革命看传统的东方文学与欧洲现代文学的冲突》,载贾植芳主编:《中国现代文学主潮》,复旦大学出版社1990年版,第134页。

是创作实践,都比较接近19世纪欧洲上半期"悄悄"兴起的批判现实主义。普实克列举欧洲"正宗"现实主义作家,便是巴尔扎克、托尔斯泰等。此种现实主义崛起后之能风靡世界,且仍为20世纪作家所推崇,就在于其蕴含极强的社会参与功能与艺术精神。韦勒克界定现实主义是"当代社会现实的客观再现",作家把注意力聚焦在描绘当代现实生活时,包含着"人类的同情心,社会改革与社会批判"的内容,具有否定和急剧地反抗社会的成分,因此在描绘、真实和训谕之间就有现实主义艺术创作的张力。[1] 豪泽尔也从艺术的固有功能上肯定社会批判性是文学艺术创作不可或缺的。他认为,文艺"是对人遭到贬低的生存状况的一种无言的批评",它"只有在具有抵抗社会的力量时才得以生存",由此决定艺术的审美本质应该是"针对社会"的"批判的","有助于变革社会,尽管是以隐蔽、无形的方式"。[2] 现实主义是理性批判的产物。如果说批判是文学艺术的精神内核之一,那么,对于现实主义而言,批判性就是它的灵魂,而欧洲现实主义正是以此获得不竭的生命力。如果说"理性的批判"是"法国文学中最富活力、最有影响、冲击力最大、生命力也最强的部分"[3],那么用它来形容19世纪欧洲现实主义的精神同样一语中的。综观其精神内质,最突出的便是用理性精神浇铸的"社会批判性":从人在社会中的现实处境入手,广泛描写复杂的社会关系;其社会批判,包含着道德批判和政治批判,关涉人的德行、品性、善恶、是非,也涉及社会状况、政治体制、国家制度等,是文学的批判性最典型最集中的体现,故有"批判现实主义"之称。19世纪欧洲批判现实主义作家的杰出创作成就,为社会批判型现实主义文学提供了典型范例。法、英、俄等国的现实主义文学大师,从司汤达到巴尔扎克,从萨克雷到狄更斯,从果戈理到托尔斯泰,无不用理性的解剖刀,剜出血淋淋的事实,用无情的真实揭示现存社会的弊病,批判不合理的社会关系。这些文学大师的创作代表了现实主义的最高成就,可见批判性之于现实主义的深在意义。正是凭借着对"社会"的无孔不入的穿透力使欧洲批判现实主义文学显示出辉煌业绩,在世界文学中

---

[1] 〔美〕R. 韦勒克:《文学思潮和文学运动的概念》,中国社会科学出版社1989年版,第234页。
[2] 〔匈〕阿诺德·豪泽尔:《艺术社会学》,居延安译,学林出版社1987年版,第68页。
[3] 艾珉:《法国文学的理性批判精神》,北京大学出版社1991年版,第2页。

矗立起一座丰碑，对后世文学产生不竭的影响。这样一股强大的文学潮流，对于打开国门后迎受外来思潮，实现着由传统向现代转型的中国新文学建设而言，应该有着更为直接、更为显著的影响。

综观茅盾创作文本的社会批判色彩，当然同欧洲批判现实主义并不完全相同，但在下述三个方面显示出特色，并为深化中国新文学的现实主义做出了开创性贡献。

一是体现文学当代性的宏大叙事和建构文本的"史诗"格局。

这一创作特色，开阔了文学审视"社会"的视野，强化了现实主义文学观照社会、批判社会的功能，从而使"五四"以来现实主义文学的社会批判功能得以大大强化。豪泽尔说过："最伟大的艺术作品总是直接触及现实生活的问题和任务，触及人类的经验，总是为当代的问题去寻求答案，帮助人们理解产生那些问题的环境。"[①] 作为社会革命家的茅盾，身处社会革命和时代旋涡之中，以现实主义创作实现社会批判似乎是他的文学宿命，因此一开手创作便将眼光紧紧盯着当代社会，关心着如何去解决社会中带普遍性的问题。正如其所言：面对各阶层人们的苦难现状，"只有生活的悲壮的史诗能够引起看客他们的倾听，震动他们的心弦"[②]，由是遂有其对中国社会现实的"史诗式"描绘。他笔下的表现和批判对象——社会，是一个包罗万象的社会，是由农民、工人、商人、小资产阶级知识分子、大大小小的民族资本家、金融界大买办、军人、官僚政客等广泛包含各阶层人物组成的社会，人物之间交织的各种社会关系：经济的、政治的、心理的、文化的、阶级的、伦理的，形形色色，错综复杂，对社会的矛盾、社会的动向有深入的由表及里的反映，建构了堪称"史诗"型的格局。就把握现实主义而言，茅盾这种以开阔的社会视野和贴近时代脉动的描写，去揭示与探索当时人们普遍关注的社会问题，不独是一种创作风气的转换，也是现实主义视角的重大调整，将"五四"开创的现实主义开出一种新生面。"五四"文学中的现实主义，以"为人生"为主导倾向，作家们关注、探索的大抵是一般人生问题，很少

---

① 〔匈〕阿诺德•豪泽尔：《艺术社会学》，居延安译编，学林出版社1987年版，第65页。
② 茅盾：《我们这文坛》，《茅盾全集》第19卷，人民文学出版社1991年版，第352页。

从社会的大视野着眼进行广泛社会批判的。因此其时的创作大都是在"为人生"现实主义层面上，严格意义上的社会批判之作为数甚少。而以茅盾为代表的注重社会"全般"剖析的一大批"史诗"型巨著的问世，则大大开阔了社会批判的格局，显示出完整借鉴西方现实主义文学的趋势，遂有普实克的采用了"欧洲正宗现实主义"之说。这当中，茅盾对于中国社会批判型现实主义文学的开拓和创造之功，是非常突出的。在20世纪30年代和40年代后半期的两次大规模的社会批判高潮中，茅盾的创作都是最有力的推动者。30年代的《子夜》《林家铺子》和"农村三部曲"等，抓住这一时期社会动荡、经济破产的社会现象，写出广阔社会环境中半殖民地半封建社会经济危机引发社会危机，揭示了当时严重的社会问题。40年代的《腐蚀》则集中批判垂死社会的强力腐蚀性，由此透视社会的政治黑暗；而《霜叶红似二月花》作为他的再度大规模叙写历史之作，意在完整表现"五四"至大革命全程，小说已完成部分表现了辛亥革命后到"五四"前夕的社会如即溃之堤，预示变革大潮的到来，显示出应有的历史深度。茅盾始终用批判的武器达到对社会时代的本质认识，他的作品完成了对20世纪前半个时期社会的整体批判，这种历史广度和社会深度是同时代作家无以比肩的。

以宏大叙事和"史诗"格局建构，构成对当代社会的批判，这同茅盾特别强调文学的"时代性"密切相关。茅盾认为"各时代的作家所以各有不同的面目，是时代精神的缘故，同一时代的作家所以必有共同一致的倾向，也是时代精神的缘故"[①]。这一形成于20世纪20年代的文学理念成为茅盾批评和创作中的重要理论之一。追求时代性和时代精神的充分呈现，体现在创作上就必须是对社会背景的充分展示和社会现象的多方面透视，从而使作品形成一种史诗般的风格。茅盾小说创作的一个重要特征就是对史诗般结构和布局的追求。从《蚀》三部曲开始，到《虹》《子夜》《腐蚀》《霜叶红似二月花》，茅盾写的都是大时代、大背景、大场面，有许多都是多部头（或计划中的多部头）作品[②]，人物关系错综复杂，场景画面气势恢宏。这些作品一个

[①] 茅盾：《文学与人生》，《茅盾全集》第18卷，人民文学出版社1989年版，第271页。
[②] 茅盾的长篇小说除《腐蚀》外，其余都是计划中的多部曲，后因故没有完成（如《虹》《霜叶红似二月花》），或压缩了篇幅（如《子夜》）。

共同的特点就是追求一种宏大的叙事模式，可以说，中国新文学的宏大叙事就始于茅盾。基于对宏大叙事的追求，茅盾乐于驾驭长篇小说形式，使他成为20世纪30年代成就卓著的长篇小说大家；即使是写短篇小说，他也是以善于创作"长短篇"著称①。20世纪30年代以来，其长短篇小说数量剧增，如《林家铺子》《春蚕》等都有一个比较大的构架，在短篇小说的容量内反映中篇甚至是长篇才能完成的任务。《林家铺子》中将小商人、小市民、小官僚、农民等众多人物和事件浓缩在一个简单而又复杂的历史画面中，用近三万字的短篇小说结构完成了中篇或长篇的任务，体现出茅盾用宏大叙事把握现实主义的独特能力和技艺。这种宏大的叙事模式和史诗般的风格反映了中国现代的半殖民地半封建社会的历史现状，在广阔的社会背景上展现现代中国社会的图景和中国农村与城市走向现代的艰难历程，对中国的社会现实有极大的观照力量。

二是用社会分析视角切入社会批判，强化了现实主义批判社会的精确性。

现实主义的批判性往往会走向社会分析。现实主义的产生是以科学理性为指导的，19世纪批判现实主义的最主要的特征之一就是崇尚科学实证，科学主义一度成为作家精确反映现实、分析现实的重要武器，现实主义的先驱巴尔扎克、福楼拜、司汤达等都重视文学创作中科学分析的作用。在《十九世纪文学主流》中，勃兰兑斯称"他（按：指巴尔扎克）是科学越来越深地渗透到艺术领域这个世纪的儿子"②。福楼拜甚至将医学解剖学的方法用于创作。另外，要对社会进行行之有效的批判也驱使现实主义作家采取分析的方法，因为只有对所写对象进行细致深入的分析，才能更准确地传达作家所要表达的意图。因此，注重社会分析性常常成为许多批判现实主义作家把握现实的重要表征。20世纪30年代的中国，国外社会科学理论的大量引进和介绍，作家运用社会科学理论指导创作的风气特别浓厚，直接参与社会性质的大论战等因素，加剧了现实主义文学走向批判与分析综合的趋势。作家们在

---

① 茅盾对自己的短篇小说曾做过如此评论，"我所写的短篇，严格说来，极大多数并不能做到短小精悍而意味深长"（《茅盾选集自序》）；是"压缩了的中篇"或"都带点压缩的中篇的性质"（参见《茅盾文集》第7卷短篇小说集后记、《短篇创作三题》）。
② 〔丹〕勃兰兑斯：《十九世纪文学主流》（第5分册），人民文学出版社1997年版，第232页。

对社会、政治、经济等问题进行分析批判的同时，也将分析的仪器对准了人物的心理，注重人物内在心理的刻画，从而为现实主义赋予新的生机与活力。这当中，茅盾作为30年代文学的领衔人物，便成为这一创作倾向的杰出代表。

茅盾的创作秉承欧洲现实主义作家的创作方法，在社会批判和社会分析的结合上，是做得最为出色的。其创作注重从经济视角切入解剖、分析社会结构，表现因经济问题引发的社会文化心理，达到了对社会本质的现实主义理解，这是他为中国现实主义文学提供的更具创造性的经验。法英现实主义受其鼎盛的古典政治经济学的影响，对社会的剖析和描写往往从经济问题入手，如巴尔扎克、左拉对金钱、资本、劳动的精心研究和细致描述，成就了许多不朽的现实主义杰作。茅盾不同程度地受到上述作家的影响，故而深得个中奥妙，在从经济题材的开拓中获得"社会批判"的深层拓展方面取得了前所未有的成就。豪泽尔认为艺术是"通过集中反映生活整体性的方法来深入对象的内层结构"[1]的。茅盾的小说在表现革命历史进程时一般是以完整地展示社会环境来透视当时社会的全般状况，而他的30年代小说又进一步以经济活动的横截面分析为重心，对社会的"内层结构"做了深入细致的解剖，使这一时期的创作在社会理性分析的层面上达到一个新的高度。社会历史是"自己时代的经济关系的产物；因而每一时代的社会经济结构形成现实基础"[2]。这一对社会本质的马克思主义认识，无疑为人们精确把握社会提供了坚实的理论基础。茅盾由此意识到"社会环境乃受经济条件所支配"[3]，将这一规律性的揭示运用于文学创作，"一定得努力探求人们每一行动之隐伏的背景，探索到他们的社会关系和经济的基础"[4]。面对20世纪30年代日益崩坏的社会经济状况，基于对社会发展中起决定作用的经济活动的深刻体察，使他决定把人与人之间的经济关系作为主要的社会关系来描写，在此基础上进一步与描述、分析其他社会关系相糅合，便产生了他在30年代创作的最

---

[1] 〔匈〕阿诺德·豪泽尔：《艺术社会学》，居延安译编，学林出版社1987年版，第2页。
[2] 恩格斯：《社会主义从空想到科学的发展》，《马克思恩格斯选集》第3卷，人民出版社1972年版，第423页。
[3] 茅盾：《读〈倪焕之〉》，《茅盾全集》第19卷，人民文学出版社1991年版，第204页。
[4] 茅盾：《致文学青年》，《茅盾全集》第19卷，人民文学出版社1991年版，第222页。

典型的社会剖析小说，这类小说正以解剖社会经济结构和中国社会根本性问题见长。《子夜》《林家铺子》和《农村三部曲》主要围绕城市、乡镇、农村的经济现状来分析社会：外来资本的侵略和政治混乱，使中国的民族工业萎缩，又导致农民破产，产生了犹如多米诺骨牌的连锁效应。小说形象地分析了这一经济互动关系形成的恶性循环，从整体上剖示30年代经济衰败的深层原因，揭橥社会濒临绝境时的躁动不安。同时，这种全方位的理性剖析，由社会及于个人，由生活的外部探察到内里真相的揭示，对于有效把握时代脉搏和社会文化心理也大有裨益。《子夜》等作品剖析社会中的人如何在资本、金钱、权利、欲望等的诱惑下造就人的病态心理，如吴荪甫的精神失控、赵伯韬的疯狂敛财、冯云卿的寡廉鲜耻，无不可以从中找到经济因素对人的制控。茅盾主要从经济根源上来揭橥畸变的中国现代半殖民地社会文明，深入挖掘人性扭曲、伦理丧尽、弊病横生的主要症结所在，对现代畸形文明中的人性裂变及其社会异变进行深入揭示，同时也在更深刻的层面上暴露了社会问题。这样的"社会批判"，不只是实践了现实主义的社会批判效能，更重要的是由此伸展了现实主义的张力，使其包含了更丰富的社会内涵和审美内涵，从而使现实主义文学获得了更丰富深邃的艺术表现力。

三是强调"人和社会"的关联性，在复杂社会关系解剖中提升现实主义文学表现"人"的意义与价值。

社会批判首先注目于复杂社会关系中的人，将社会批判同创造艺术形象相结合，是深化现实主义所必须的。茅盾的创作遵循这一创作原则，同样为丰富我国新文学的现实主义提供了宝贵经验。"批判社会现实的现实主义……特点就是在相互联系中来描写人和环境、人和社会。"[1] 在现实社会中，个人不仅受到社会关系的制约，而且还是"某种社会原则、社会逻辑的具体化"[2]。错综复杂的社会关系中的人，其行为和思想无不是时代、社会、历史矛盾激变的投影，因此个人必然成为社会环境和社会本质趋向的主要透视点。这就决定了社会批判固然是对现存社会秩序、社会关系的观照与

---

[1] 〔苏〕鲍·苏奇科夫：《现实主义的历史命运——创作方法探讨》，外国文学出版社1988年版，第157页。
[2] 〔匈〕阿诺德·豪泽尔：《艺术社会学》，居延安译编，学林出版社1987年版，第22页。

批判，但此种批判主要是通过对社会关系中的人以及人的命运的观照来完成的，作家对人和人的命运的审视、探索与发现，进而完成对人物性格的探索、把握和塑造，便是至关重要的。茅盾的创作进行社会批判，总是通过时代生活画面的形象展示和典型形象的塑造来完成，牢牢抓住人的社会命运来认识社会，通过把人物嵌入政治的、社会的、经济的完整现实之中，充分揭示个人的社会心理和行动冲突，由此能最大限度地包容社会，达到社会批判应有的对社会的认识深度和批判力度。他在塑造这些处于千头万绪的社会关系冲突中的人物形象时，总是投以雄浑笔力，展示其复杂社会关系，多方面刻画典型性格，使其达到以一发动全身，"成功地、完整地画出了中国当代社会的典型面貌"①的艺术效果。他特别擅长于在人物的生存困境中展示社会如何从各方面"挤压"人，置人于一败涂地，在表现人的命运曲折性和心灵复杂性的同时也展示了社会的复杂与多变。《子夜》中的吴荪甫陷在"三条火线"中作战，如困兽犹斗徒劳无功，可以看成是描写人在社会的"多角关系"中行动的典型代表。透过人受到社会关系的多方纠葛，形象的塑造便有了丰富的内涵。吴荪甫形象性格的复杂性充分说明了这一点。对吴荪甫形象的理解，恐怕是不能采用单一的政治话语或阶级话语就可了断的。他作为一个资本家而又能突破资产阶级唯利是图的阶级局囿为振兴民族工业而奋力拼搏，他作为一个"失败的英雄"在身上显现的诸多"刚性"质素，其实也包含了更多社会内涵和人性内涵的，这个形象在某种程度上也可以说是体现了局部的和普通的东西的结合、人道与非人道东西的冲突，同欧洲现实主义作家表现人的心灵复杂性有异曲同工之妙。茅盾坚持这样的现实主义创作原则，显然是对前此现实主义创作的深化。如果说，"五四"文学中"为人生"现实主义过分执着于"人生根底"的探究，往往是"观念"表达大于形象演示，未能从充分的社会关系揭示中刻画形象创造典型，显示出现实主义并不充分的特点，那么，茅盾开创的"社会批判"型现实主义显然使中国的现实主义文学向成熟的路上跨越了一大步。同时，此种"社会批判"型创作，由

---

① 〔捷〕普实克：《论茅盾》，转引自李岫编：《茅盾研究在国外》，湖南人民出版社1984年版，第634页。

于更趋近欧洲的批判现实主义,注重复杂社会关系解剖,注重从"行动"中刻画人物性格,避免了单纯的政治说教,尽管它也显示出政治倾向性,但同20世纪30年代初的普罗文学和后来的工农兵文学所体现的政治阐释型现实主义又有严格区分。

这里需要附带提及的是,茅盾在解剖复杂的社会关系时,将现代都市纳入其创作视野,且在此用力甚多,这是其为深化现实主义做出的又一重要贡献。新文学诞生后的现实主义文学,将主要精力都集中在农村和农民身上,即使写知识分子也是带着浓厚的泥土气息的知识分子,仿佛他们与城市的生活并不相干,大都市的生活题材一直被新文学放逐在文学的门槛之外。到茅盾手中,都市尤其是大都市开始显现并活跃起来,填补了都市题材缺乏的空白,都市开始被纳入人们的审美视野,资产阶级的生活开始大量出现在新文学作品中。茅盾无疑是我国现代都市文学的开拓者,由此显示出其创作的独特价值。而就社会批判的角度言,描写都市社会和都市人,应当是对现代社会特质的最充分最有效的表现。都市集中了现代社会的种种现代性表征,它几乎是社会的神经中枢,中国社会的脉动及其可能的走向都会在这里得到呈示;都市人的生活方式和思想行为,则集中体现了现代人的特点,从都市人的复杂社会关系中,也最能够透视出现代社会的复杂与多变。茅盾的作品向我们展示了大都市资产阶级生活的真实状况,小资产阶级的无聊与无奈,乡村土财主在都市竞争力冲击下的异化,军阀、买办资产阶级与帝国主义的为虎作伥,并在这形形色色"都市人"的相互纠葛、冲撞中展示社会的复杂状况,为我们认识20世纪30年代中国社会提供了形象的写照。可以说,在都市文学文本中,茅盾的用力重点,依然是复杂社会关系解剖,依然是活动在都市社会中的"人"的形象描绘,体现了他一贯坚持的现实主义侧重点。

由此看来,茅盾现实主义文学创作的独创性就在于,通过广泛的社会环境展现,深刻的社会理性化分析,和个性化、典型性的人物塑造,完成了对中国现代社会从经济到政治、从思想到文化、从人的个性心理到社会心理各方面都做出创造性的有力描绘,显示了现实主义的社会批判性特色,也体现了现实主义艺术的纯正性。对于茅盾这种类型的现实主义创作,以往的评论不乏歧见。原由盖在其过重的理性化要求有可能妨碍文学的审美表现,因而对其诟病者时有所见。如果从纯审美的角度看问题，这样的评论并非毫无道理。但如果考虑到现实主义文学的多样性，不同类型现实主义的价值取向是不尽相同的，考虑到茅盾的现实主义创作并不排斥审美，那么对其作过多的指责就见得不近情理了。普实克指出用"科学的、理性的，甚至是一种分析解剖式的态度去观察生活和社会"，是"茅盾那特有的艺术审美的敏锐感觉"。[①]他用一种特有的审美角度评论茅盾的创作，对我们颇有启迪。事实上，对于社会批判型现实主义而言，批判性是其灵魂，而批判是借助于形象来完成的，其艺术张力就在描绘、真实和训谕之间。正因为思想始终内化于形象中，作家的典型塑造才成为一个浑圆的艺术整体；形象糅合了思想，社会的批判和分析才有深度与厚度，就像巴尔扎克称自己的艺术是"形象文学"和"思想文学"的结合一样[②]。鲍·苏奇科夫认为"现实主义的关键就在于：在作品形象的自我运动和自我发展的背后，能觉察到艺术家在研究现实、研究人和社会的关系，并通过生活中的真实的矛盾来研究人们的社会生活"[③]。就生活真实和社会研究的艺术融合上，茅盾体现了社会批判型现实主义的这一关键特征，其艺术特点是在于此，其艺术优势也在于此。

要之，茅盾对现实主义的理论倡导和创作示范，显示了继承欧洲正宗现实主义的诸多特点。以茅盾为代表的社会批判型现实主义思潮的文学史意义，不仅在于它承担了用文学进行社会批判的历史使命，而且它提供了将欧洲现实主义在中国土壤上成功嫁接的范例，对现实主义在中国的发展起到重要作用；而以"茅盾传统"为标志的现实主义文学范式，则对中国现当代文学的发展一直产生着持久而深远的影响。

---

① 转引自李岫编：《茅盾研究在国外》，湖南人民出版社1984年版，第250页。
② 〔法〕巴尔扎克：《拜尔先生研究》，载《巴尔扎克论文选》，新文艺出版社1958年版，第118—119页。
③ 〔苏〕鲍·苏奇科夫：《现实主义的历史命运——创作方法探讨》，外国文学出版社1988年版，第129页。

第六章　茅盾"创作模式"：特定文化语境中的创作范型

论及茅盾作为典型现实主义作家的特色与成就，其文学创作显现的现实主义特质，或者在其长期的现实主义创作实践中是否已形成一种堪称"模式"或"范式"之类的东西，也必为人们关注。正同现实主义文学成就曾被充分确认，茅盾的现实主义创作及其创作实践中积累的经验和提供的创作范式也必受到人们推崇。然而，新时期以来，随着现实主义独尊地位的解体，现实主义文学被重评重估，对茅盾的评价，也因其持守以《子夜》为代表的"创作模式"而颇多质疑之声，而这偏偏又发生在对其最具影响力的代表作的重新品评上。这一切，大大出乎人们的预料，似乎又在情理之中。既然现实主义需要重新认识，其在我国现代文学创作中多有失误，那么对体现此种创作代表的《子夜》及由此拓展的"创作模式"的重新评价，几乎是势所必然。但正如我们上面所言，轻率否定现实主义毕竟并不可取，而对于一种典型的现实主义创作范式的随意轻薄，当然也非科学分析态度。

综观多年来人们对茅盾的"创作模式"，以及与模式相关联的以《子夜》为代表的被命名为"社会剖析小说"的评价，确实是跌宕起伏、聚讼纷纭。对一部作品、一种创作样式，有如此高的关注度，证明它并非孤立的文学现象，它确已牵连到中国现代文学的敏感神经与脉络，关系到一种有独特价值取向的文学样式在中国现代文学坐标中的价值定位，实在不是一件可以小觑的事情。对于茅盾评价而言，则因涉及其"创作模式"和《子夜》等重量级作品的价值估量，更是全面审察其创作成就不可或缺的。聚讼纷纭背后，是文学现象的复杂性存在，这说明对其做出恰切的理性审视和科学分析，非常必要。

总体而言，茅盾的"创作模式"有特指的意义范畴，其本身也并非毫无可议之处，但终究由于这是作家创作中用力最多、最深的部位，创作中积淀了其甚深的艺术体验，也适应了特定历史文化语境中的艺术需求，显出历史合理性与现实契合性，对诸如此类的复杂性存在，实在不应该给予简单的判决式的批评。今天，当我们用历史的眼光去审视这位文学大家的现实主义文学成就时，就应有科学的历史的分析，重要的是将其"创作模式"置于20世纪中国复杂文化语境中做出科学考量，透过对《子夜》及相关作品的分析总结其艺术成就与得失，从做家实现现实主义文学价值的可能性和未及性中汲取有益启示，以达到作家固有价值的还原，借以厘清文学史上许多复杂的理论问题，从而实现对现实主义创作经验的有效总结。

一、模式生成：并非随意为之的创作转型

论及茅盾的"创作模式"，首先应当指出的是它并非指茅盾所有的创作，而是有其特指的意义范畴。它通常是指茅盾于20世纪30年代初期对一种新的创作方法的探求，这就是其自谓的"我困苦地然而坚决地要脱下我的旧外套"[1]，即摆脱先前受制于旧理论困扰，只写自己人生经验的局囿，形成一种注目当代社会、注重社会分析的创作模式。它形成于《子夜》，体现在20世纪三四十年代的大量创作中。

如此说来，茅盾对于一种新的创作方法的探求，并非随意为之，而是在经历了一段创作时间、积累了一定创作经验以后做出的选择，此选择又是其艰难探求、苦苦思索的结果。此前他已经创作了《蚀》《虹》《野蔷薇》等一百余万字的长短篇小说，在文坛声誉鹊起。然而这并没有给他带来欣喜，反而陷入了一种如何"突破自己"继续有所前进的沉思。就如他在第二个短篇集《宿莽》出版时所说的："一个已经发表过若干作品作家的困难问题也就是怎样使自己不至于粘滞在自己所铸定的既定的模型中；他的苦心不得不是继续地探求着更合于时代节奏的新的表现方法。"[2]1932年底，在完成《子

---

[1] 茅盾：《答国际文学社问》，《茅盾全集》第20卷，人民文学出版社1990年版，第43页。
[2] 茅盾：《〈宿莽〉弁言》，《茅盾全集》第19卷，人民文学出版社1991年版，第226页。

夜》后，他又写过一篇"居今日而知昨日之非"的《我的回顾》，表述了对旧作未能实现"社会现象的正确而有为的反映"的"万分惶悚"，对今日继续有所"追求"的"异常兴奋"，再次表达了"想改换题材和描写方法的意志却很坚强"的决心。① 茅盾十分重视《我的回顾》这篇文章，在其晚年回忆录中还特别提及此文是他"对自己创作生涯的第一次'总结'"，内中说到"感受是真挚的，其精神贯串于我整个的文学生活"。② 看来，茅盾很看重这一次创作方法的转换，因而无论对于作家个人抑或对于现实主义文学创作来说，它都有无可漠视的意义。

就茅盾创作而言，新的创作方法的探求，实际上是意味着其创作的重大转型。如前面所述，茅盾小说的现实主义提供了两种典型的范式：一是"经验了人生"以后做小说，另一是为了做小说而去"经验人生"。这两种方式通向人生的途径并不相同，会产生不同的艺术效果。前者如《蚀》《虹》等前期小说，这是一种人生经验的抒写，重在倾吐作家自己亲身经历过的大革命失败后的感觉与体验，便有其创作对自身复杂心绪的真切表现，从而产生感染读者的效应。后者如《子夜》等作品，这是作者有意识去经验人生，大量考察、分析社会现象以后形成的社会批判型创作。就如其自述的，此时他已"撇开了"只写自己原先熟悉的"旧题材"，走回到了"血肉斗争的大都市上海"，"我的日常课程就变成了看人家在交易所里发狂地做空头，看人家奔走拉股子，想办什么厂"之类，接触到了以往从未表现过的新题材，并"第一次描写到乡村小镇的人生"③，于是就产生了大规模描写和解剖社会的《子夜》《林家铺子》《春蚕》等作品。两相对照，其前后期的创作转型是十分明显的，如果说，《子夜》以前的创作并无解剖现实社会的意图，那么之后的创作便把用力重点放在了整体性的社会批判上，包括通过解剖社会经济结构来解剖社会，揭示社会变革的可能性与必要性。这样，茅盾的以《子夜》为代表的"创作模式"特征就异常鲜明，概括其基本特点是：坚持理性化的艺术思维，形成反映"整体社会"的宏大叙事，特别注重社会现象的经

---

① 茅盾：《我的回顾》，《茅盾全集》第19卷，人民文学出版社1991年版，第408页。
② 茅盾：《我走过的道路》（中），人民文学出版社1984年版，第146页。
③ 茅盾：《我的回顾》，《茅盾全集》第19卷，人民文学出版社1991年版，第408、409页。

济透视等,其重要表征是强化了现实主义的社会批判功能。

对于茅盾的创作转型,特别是《子夜》《林家铺子》《春蚕》等创作的成功,在20世纪30年代就引起创作界和评论界的关注,并对其转型后新的创作模式的形成给予积极的评价。瞿秋白评论《子夜》"是中国第一部写实主义的成功的长篇小说",分析其成功原由,是在于作家对社会现象的深切透视:"应用真正的社会科学,在文艺上表现中国的社会关系和阶级关系,在《子夜》不能够不说是很大的成绩。"①吴组缃认为,《子夜》的问世,标志着中国自新文学运动以来,继鲁迅以后又一位杰出的小说家登上文坛,"茅盾之所以被人重视,最大原故是在他能抓住巨大的题目来反映当时的时代与社会",作品"用一个新兴社会科学者严密正确的态度告诉我们资本主义的社会是如何没落着的",并"用那种积极振奋的精神宣示下层阶级的暴兴"。②瞿秋白、吴组缃将茅盾提到非常重要的地位,特别看重的便是《子夜》的出版及其反映当代社会的意义,他们不约而同强调应用社会科学对于深化创作的意义,内中蕴含着对一种新的创作模式的肯定。朱自清对茅盾创作的转型,有着更为具体而切实的分析。他评析《子夜》,是将其放置在茅盾创作的两个阶段中进行的。比较《蚀》与《子夜》两部作品,他认为前者是"作者经验了人生而写的",后者"是为了写而去经验人生的";前者是"写意"的,显得"烦琐、腻味",后者"观察的更有系统,分析的也更精细",并非"写意"的创作。据此,他认为,《子夜》以后已显示出作者正向着"严密的分析""严格的批评"的创作路上走;不但《子夜》是如此,《林家铺子》也是"层层剖剥",写得"委屈入情",可算得"严密的分析",《春蚕》《秋收》两短篇也"分析"得细。由此他得出结论,"我们现代的小说,正该如此取材,才有出路"③。不难看出,朱自清对茅盾创作的转型做了正面的积极的评价,并将此种转型视为我国现代小说方有"出路"的可取方式,这可以说是在相当程度上反映了20世纪30年代文学的时代风尚,以及人们对于不断更新文学创作的期待与愿望。

---

① 瞿秋白:《〈子夜〉和国货年》,《申报·自由谈》1933年4月2日。
② 吴组缃:《〈子夜〉》,《文艺月报》第1卷创刊号,1933年6月。
③ 朱自清:《〈子夜〉》,《文学季刊》第1卷第2期,1934年4月。

而将茅盾的这种注重社会剖析的写作作为一种"创作模式"提出的，则始于叶圣陶在20世纪40年代的评论："他写《子夜》是兼具文艺家写作品与科学家写论文的精神的，近来他写《霜叶红似二月花》与《走上岗位》，想来仍然是这样。对于极端相信那可恃而未必可恃的天才的人们，他的态度该是个可取的模式。"①捷克汉学家普实克论茅盾的创作，也特别激赏这一创作模式，并从世界现实主义文学的背景上指出其可取之处，"同产生出优秀的欧洲文学的那些先进的理论进行卓有成效的联系的"，是"茅盾那特有的艺术审美的敏锐感受，科学的、理性的，甚至是一种分析解剖式的态度去观察生活和社会"。②20世纪80年代初，严家炎也对此模式做过严密的考辨与论析，还从小说流派史的意义上将其命名为"社会剖析派"，揭示其作为一种重要现实主义文学形态在文学史上无可取代的意义与地位③。这是迄今为止对此种模式最完备的论述，此说也长期影响学术界。

应该说，在20世纪80年代中期以前，对茅盾的创作及其模式的评价，国内学术界几乎是一体的赞美之词。国际汉学家的评价不一，以普实克为代表的多数研究者持肯定态度，但也有人提出质疑，艺术创作是以形象思维为特征的，茅盾如此执著于偏重逻辑思维的理性分析，怎么能避免创作的概念化呢？某些海外文学史作者，就对茅盾形成于20世纪30年代的创作模式提出较多的批评。美国学者夏志清在其所著的《中国现代小说史》中，推崇茅盾的前期小说，认为《蚀》三部曲"涉及范围极广而写作态度认真"，"在中国现代的小说中，能真正反映出当代历史，洞察社会实况的，《蚀》可算是第一部"；但对《子夜》却提出尖锐批评，称《子夜》为"失败之作"，原因就在"茅盾的野心——要给中国社会来一个全盘的检讨——说明了一点：作者愈来愈'科学'（克思主义式的和自然主义式的）了"，并认为这正是他"创作生命"中的一个"迷障"。④香港学者司马长风既称赞茅盾的创作"确

---

① 叶圣陶：《略谈雁冰兄的文学工作》，《新华日报》1945年6月24日。
② 〔捷〕普实克：《捷文版〈腐蚀〉后记》，转引自李岫编：《茅盾研究在国外》，湖南人民出版社1984年版，第250页。
③ 严家炎在《中国现代小说流派史》中指出，"社会剖析派"这个名称，是1982年就提出的，此说曾得到吴组缃的赞同和支持。
④ 〔美〕夏志清：《中国现代小说史》，复旦大学出版社2005年版，第99、104、113页。

未曾粗制滥造，他每一字每一句都用了千钧之力"，但又批评他"由于才力太弱，'社会'要求太重，致文字往往被压扁压死，《子夜》是最好的证明，这是无可奈何的事情"；还质疑茅盾谈《子夜》写作经过的文章："人们会直觉是马克思《资本论》中的片段。这样的写作动机，距文学十万八千里，怎么会写出优秀的小说来？"[1] 从这样的评论中，我们不难察见其中有不同意识形态支配而造成的文学观念的歧异，但就其表述的"科学"因素介入会给文学创作带来"迷障"的担忧看，却主要是对一种过重理性分析的独特创作模式的否定。

自 20 世纪 80 年代后期"重写文学史"口号的提出，特别是受到海外研究者的影响，我国学术界出现了重评重估现代作家的热潮，对茅盾创作模式也有了很多不同的声音。许多研究者对始于《子夜》的艺术模式的讨论，提出不同批评视角，便有了对模式的诸多质疑。此种质疑，基于不同文学观念的争鸣，或有助于问题的讨论；但一种趋于极端化的甚至可以说是故作惊人之论的批评，却是对模式的完全否定，诸如，并无对文本的深入剖析，就断言《子夜》是"一份高级形式的社会文件，因而是一次不足为训的文学尝试"[2]；重复了茅盾本人对《子夜》不很满意的几点意见（如第四章的"半肢瘫痪"、描写了不熟悉的工人运动等），就对其创作给予整体否定——不但"《子夜》是一部失败的艺术品"，说农村三部曲是失败之作也不为过分[3]，等等。如此耸人听闻的言辞，在当时必引起轰动效应。这一类的评论，由于缺乏学理分析，看似耸人听闻，实则得出的结论很难令人信服，因此，这样的轰动效应并不合理，"不足为训"的并不是茅盾的作品，恰恰是评论者的评论。

在笔者看来，茅盾"创作模式"作为现实主义文学的一种独特样式，确有其特异之处，也存在着复杂状况，因而对其是非曲直，值得深究，同时也很有必要对其做出客观的科学的评价。因为这不仅关涉到对茅盾创作基本成就的估价——对于茅盾而言，《子夜》及其以后的创作，是其文学成就的主体部分，倘若因模式而构成的此类创作是"不足为训"的，那么何论其在文

---

[1] 司马长风：《中国新文学史》中卷，香港昭明出版社 1978 年版，第 50 页。
[2] 蓝棣之：《一份高级形式的社会文件——重评〈子夜〉》，《上海文论》1989 年第 3 期。
[3] 徐循华：《诱惑与困境——重读〈子夜〉》，《中国现代文学研究丛刊》1989 年第 1 期。

学史上的地位？同时也关涉到对中国新文学现实主义一种样式的评价，因为茅盾的"创作模式"是作为此种样式的代表性意义而呈现的，对此样式的完全否定，也必将影响到现实主义文学价值的准确估定。

二、评价模式：置于特定文化语境中的分析

对一种创作模式的评价，重要的应是对模式是否具有历史合理性的分析，以及模式本色是否切合艺术规律性的理解和吸收，肯定模式既非是对模式本身的整体性搬用，当然也不是因其有所缺欠而做出轻率否定。就此而言，考察茅盾创作的转型及其创作模式的形成，将其置于特定历史文化语境中审视，审察其所由生成的可能性与合理性及其产生的深刻影响，指出其艺术上有待完善之处，至关重要。

将茅盾的创作转型置于特定文化语境中分析，至少有下述三个因素应予以特别关注。

其一，创作转型与社会文化需求的关系。

茅盾的创作转型发生在一种特定的时代环境中，特定时代文化语境对作家创作转换的作用力便不能低估。因为对于一个作家而言，抛开其原先熟悉的旧路径、旧方法，苦心孤诣、另辟蹊径，寻求新的突破，并非轻而易举，其动力往往来自于某种社会文化需求——过往的表现主题、模式已经难以适应此种需求了，不能不寻求另一种与之相适应的艺术路径与创作方法。茅盾亦然。其创作转型，发生在20世纪30年代初期，便同这个时期特定的社会政治环境以至于国际大背景密切相关。

普实克在论述中国新文学的现实主义历程时曾指出："从'五四'到抗日战争时期，是中国文学的一个革命时期。这个文学革命的根本问题，是使文学直接地、无阻碍地走向现实，使文学尽可能广阔地征服现实领域。"[①] 注重"社会批判"的现实主义文学正体现了文学"走向现实"的过程中，作家

---

① 〔捷〕普实克：《中国文学中的现实和艺术》，载《国外中国文学研究论丛》，中国文联出版公司1985年版，第47、50页。

们表现出强烈的社会责任感，集中关注现存社会及其政治制度的弊病，决然否定其合理性，激励人们为建立光明合理的新社会奋起抗争，确立对理想的新中国、合理的新社会的乌托邦构想，这为他们在文学中获得变革社会、批判社会的自觉意识提供了一个阿基米德点。随着"无阻碍地走向现实"程度的加深，社会批判的分量亦随之加重。20 世纪 30 年代文学的一个显著特征，是作家们强化了现实参与意识，表现了对社会的前所未有的关注，突出地反映在对社会事件敏锐的批判触觉，表现题材的重大性和当代性（包括抓取带爆炸性的事变等），形成了表现社会、剖析社会、批判社会的文学风尚。此种文学风气渗透在各个创作领域，尤以小说创作为甚。作家们从经济视角切入表现城乡经济破产和动荡不安的社会现实，在社会批判中特别注重社会剖析，注重对社会制度、社会本质的分析与解剖，力图找到社会问题的症结所在，寻求改革社会的途径，由此形成了由茅盾领衔的现实主义小说的一个重要流派——社会剖析派，这是现实主义文学思潮在 20 世纪 30 年代中国的一个新拓展。李欧梵从中国现代作家感时忧国的精神出发概括中国的批判现实主义是"社会—政治批判"①，可以说是抓住了社会批判型现实主义文学的主要特点。

"社会—政治批判"型创作必然涉及社会政治制度变革之类重大命题，这类命题的提出，必须以切合民众心理、民族需求为前提，从而使此种批判获得最大的接受可能。20 世纪 30 年代与 40 年代后半期曾掀起两次较大规模的社会批判高潮，这与特定时代的社会政治文化心态有关。"政治文化是一个民族在特定时期流行的一套政治态度、信念和感情。"②30 年代的时代语境是民众的政治热情普遍高扬，人们对专制制度的失望一变而为改革旧制度的共同心理期待，因而关注社会变革的风气特别浓厚，社会批判型创作就应运而生。另一个因素是"红色的 30 年代"的国际背景。这显然是由世界资本主义经济和精神双重危机压迫下形成的。诚如有研究者指出的，这一时期"是西方文明或是陷入严重的经济和社会危机，或是面临深刻的精神和价值危机

---

① 〔美〕李欧梵：《现代性的追求》，生活·读书·新知三联书店 2000 年版，第 178、229 页。
② 〔美〕加布里埃尔·A.阿尔蒙德、小 G.宾厄姆·鲍威尔：《比较政治学：体系、过程和政策》，曹沛霖等译，上海译文出版社 1987 年版，第 29 页。

的时代,西方知识分子因而转向其他社会寻找替代","整个社会因而凝聚成了某种共同体"。①从这个角度可以解释批判资本主义一度成为一股世界性潮流,现实主义文学依旧得到发展,尤其是文学的社会化思潮特别浓厚,文学切入现代社会的变革达到前所未有的程度。左翼作家的创作大抵是在社会批判的格局中运行,其对现实主义的把握存在着复杂状况,作品的艺术水准也参差不齐,但由于作家们实现现实关怀的途径是"用被压迫者的语言"来"抗议和拒绝社会"②,他们以被压迫者的姿态反映强烈的政治制度变革要求,实际上是以民众参与意识显出对国家前途命运的关注,它以切合民众心理、民族需求为前提,从而使之获得最大的接受可能;作品集中批判战乱频仍、军阀割据、政治腐败、经济崩溃的社会现实真相,就必然会引起社会的普遍心理共鸣。这只要从艺术水平并不高的蒋光慈等左翼作家的小说被一禁再禁而又一版再版,便可以得到证明。

20世纪40年代后半期,在新旧两个中国命运之大决战前夜,国统区的社会腐败达到极点,在文学领域出现又一个社会批判高潮。此时曾形成一股长篇小说"竞写潮",茅盾的《霜叶红似二月花》、巴金的《寒夜》、老舍的《四世同堂》等,都是这一时期出现的长篇力作。作家们以一种除旧布新的心态看取社会,以更猛烈的笔墨批判旧社会、旧制度无可挽回的没落命运,同时怀着看到胜利曙光的喜悦热切盼望新社会早早来临,社会政治制度批判色彩尤其鲜明。此时在带有前进倾向的现实主义创作中,大抵含有社会批判色彩,尤其是讽刺文学的盛行可称是这个时期现实主义文学的最大看点。讽刺文学容涵在各种体裁的创作中,尤以讽刺喜剧与政治讽刺诗最为流行,且最能造成轰动效应。张天翼、陈白尘、马凡陀、臧克家等,是当时人们耳熟能详的名字。从文学的眼光看,此类创作的艺术审美价值并不高,但在社会乌托邦思想的驱动下,审美眼光也会随着人们的心理需求而发生变化,在当时的人们看来,旧社会、旧制度被如此痛快淋漓地诅咒,莫不产生一种心理快感,这样的作品便是最美的。这一次现实主义的精彩出演,再次证明了社

---

① 程映红:《政治朝圣的背后》,《读书》1998年第9期。
② 〔美〕马尔库塞:《工业社会和新左派》,商务印书馆1982年版,第136页。

会批判作为现实主义文学的一种重要样式，它切合社会心理需求，必然会在社会中引起普遍而热烈的回响。

在这样的背景下，看待茅盾的创作转型，即暂时丢开个人生活经验的抒写，转向"大规模"的现实社会书写，其创作的题材、主题转换，创作思路调整，同时代主潮的契合性是一目了然的。动荡不安的时代环境，促使作家日渐强化了社会意识，用文学创作去反映广阔社会，探究社会的性质、底蕴，成为当时的一种风气，这必然使现实主义视角向着社会化和理性化一面倾斜。茅盾调整创作思路，注重社会意识形态对文学的渗透，便与这样的时代社会思潮紧密相连。其20世纪20年代后期的作品，主要反映大革命前后的经历，透视知识分子的心路历程，大多是从总结"历史经验"的角度反思现实，将社会意识形态渗透于文学的思路尚不甚明晰。他自觉调整观照现实的视角，注重从"经济问题"入手解剖现实，突出地反映在三四十年代，表明此时他已加重了用社会科学理论指导创作的理论自觉性。同时，社会化观念的强化，也使他已不满足于个人经验的书写，而是注目于中国社会当代史的演示和批判，大大开阔了社会批判视野，这实际上是适应了新文学由"五四"向三四十年代演进之时，现实主义文学的重大转换。

其二，创作转型与现实主义文学观念的调整。

茅盾的创作转型，并非是一种随意性的选择，还在于其为适应现实需求所做出的现实主义表现视角的转换。质言之，即与其创作表现时代主题密切关联的，是他的现实主义文学观念做出的重大调整。

对于现实主义文学思潮，茅盾曾做过长时期的探索与研究。这只要看一看他自述的前后对现实主义的不同理解，便可知端倪。他最初"叩'文学'的门"时，还是"一个'自然主义'与旧写实主义的倾向者"，因此"对于布尔乔亚的文学理论，我曾经有过相当的研究"；当他"知道这些'旧理论'不能指导我的工作"时，便"困苦地然而坚决地要脱下我的旧外套"[1]；而背反"旧理论"后，便有他对一种新的现实主义文学观念的认知：一个作家"不但须有广博的生活经验，亦必须有一个训练过的头脑能够分析那复杂的

---

[1] 茅盾：《答国际文学社问》，《茅盾全集》第20卷，人民文学出版社1990年版，第43页。

社会现象；尤其是我们这转变中的社会，非得认真研究过社会科学的人每每不能把它分析得正确"[1]。这一转变与演化轨迹，体现在茅盾整个20年代的文学思潮探索过程中，我们在"茅盾的现实主义选择之路"中曾作过阐述。他始而提倡写实主义，继而又专注于自然主义，最后认同现实主义，其目的是透过对各种现实主义形态、表征的反复比较、研磨，试图找到一种最理想的现实主义表现范式。他不满于"旧写实主义"，是在于其只重客观描写，缺乏科学精神与理想渗透；他后来也放弃了自然主义，也在于它"不能引导健全的人生观"，因而对于一种较为完善的现实主义创作方法的探求，一直是其文学理论研究的重点。经过长时期的摸索、探求，在他专力于创作的30年代，受到时代、社会风气的感染，同时也基于他对中外现实主义理论的反复钻研、琢磨，终使其现实主义文学观日趋深化，并在创作实践中逐渐形成了强调客观写实又注重科学实证，坚持社会化与理性化统一的独树一帜的现实主义范式。

从现实主义创作范式审视，茅盾创作模式的显著表征是：坚持社会科学理论对创作的指导与渗透，展开对社会现象的整体性的大规模的描写，在透视"社会"中特别重视对社会经济问题的表现与研究。为揭示"这转变中的社会"动荡的成因，他总是"努力探求人们每一行动之隐伏的背景，探索到他们的社会关系和经济的基础"[2]。其于30年代创作的小说（40年代仍有所延伸），往往与经济命题有关，以解剖社会经济结构和探索中国社会的根本性问题见长。《子夜》中贯穿始终的是一条明晰的经济线路，作品描写的公债市场、金贵银贱、厂经跌落、银根吃紧等等，便是与社会变动息息相关的一个个经济问题；而主人公吴荪甫办民族工业失败，破产出走，给他以毁灭性打击的，并不是工厂罢工、农村暴动，而是公债市场上的投机失败。由于小说在表现复杂社会关系时，把人物嵌入政治的、社会的、经济的完整现实之中，遂使其社会批判达到应有的对社会的认识深度和批判力度。这种对现实主义的深化，明显可以看出是从欧洲现实主义作家的创作中得到启迪。法

---

[1] 茅盾：《我的回顾》，《茅盾全集》第19卷，人民文学出版社1991年版，第406页。
[2] 茅盾：《致文学青年》，《茅盾全集》第19卷，人民文学出版社1991年版，第222页。

英现实主义受其鼎盛的古典政治经济学的影响,对社会的剖析和描写往往从经济问题入手,如巴尔扎克、左拉对金钱、资本、劳动的精心研究和细致描述,往往成为作品中最精彩的篇章。茅盾不同程度地受到过上述作家的影响,故而深得个中奥妙。瞿秋白就认为《子夜》"带着很明显的左拉的影响（左拉的《金钱》）"①。此说虽未为茅盾所确证,他甚至表述过他读过左拉的《卢贡·马卡尔家族》中的五、六卷,唯独没有读过《金钱》这一卷②,但这并不妨碍其受到左拉影响的评述,这可从茅盾对左拉的熟知以及"我爱左拉"③的述说中得到印证。至于他对巴尔扎克等作家作品的深切体认,同样有其大量文论可证。如此说来,茅盾的现实主义转型,又与欧洲"正宗"现实主义作家靠近了些;而从他转型以后的现实主义理论与创作实践看,也不难发现其对欧洲现实主义作家合理性因素的吸收与运用。

综观欧洲现实主义文学的演进历程,用理性精神浇铸的"批判性"正是其灵魂。近现代现实主义文艺"理性批判精神"的张扬,始于文艺复兴运动中诞生的人文主义文学。十七八世纪,启蒙主义文艺秉承文艺复兴时期反封建反教会的批判精神,揭露封建贵族制度和君主专制,直接触及现实矛盾。这最集中地体现在法国的启蒙运动中。黑格尔概括了18世纪启蒙精神的灵魂:"法国哲学有个反对一切正面的东西的否定方面;它是破坏性的,反对正面的现存事物,反对宗教、习俗、道德、舆论,反对法定的社会状况、国家制度、司法、政体、政治权威、法学权威、宪法……它的实质就在于从理性的本能出发,攻击一种腐化变质的状态,攻击那些普遍的、彻底的谎言,例如攻击僵化了的宗教所肯定的东西。"④它无疑会对欧洲批判现实主义产生深远影响。19世纪盛行的现实主义,就直接继承了这种批判精神。如果说"理性的批判"是"法国文学中最富活力、最有影响、冲击力最大、生命力也最强的部分"⑤,那么用它来形容19世纪欧洲现实主义同样一语中的。它

---

① 瞿秋白:《〈子夜〉和国货年》,《申报·自由谈》1933年4月2日。
② 茅盾:《我走过的道路》（中）,人民文学出版社1984年版,第117页。
③ 茅盾:《从牯岭到东京》,《茅盾全集》第19卷,人民文学出版社1991年版,第176页。
④ 〔德〕黑格尔:《哲学史讲演录》第4卷,商务印书馆1978年版,第215页。
⑤ 艾珉:《法国文学的理性批判精神》,北京大学出版社1991年版,第2页。

"把社会制度表现为人的关系,把社会上的东西表现为这种关系的媒介物"①,从人在社会中的处境变迁入手,广泛描写复杂的社会关系;其社会批判,包含着道德批判和政治批判,关涉人的德行、品性、善恶、是非,也涉及社会状况、政治体制、国家制度,是文学的"批判性"最典型最集中的体现,故有"批判现实主义"之称。19世纪欧洲批判现实主义文学,代表了现实主义的最高成就,可见"批判性"之于现实主义的深在意义。茅盾对于欧洲现实主义作家的理性批判精神和社会政治批判,向来推崇备至。20世纪20年代中期,当他不再积极倡扬自然主义后,又转而表现为对欧洲写实主义文学的关注。其作于1925年的长篇论著《人物的研究——〈小说研究〉之一》的下篇"历史的考察",就专论欧洲19世纪写实主义文学的历史变迁。该文对"效忠于写实主义"的巴尔扎克、"写实班中的教师"狄更斯、"比狄更斯更为进步"的萨克雷,以及"近代最伟大的小说家"托尔斯泰、屠格涅夫等,做了高度评价②,表明其时茅盾在重新审视现实主义文学的发展路向,从19世纪欧洲现主义文学发展路径中汲取有益的经验,正是其研究重点之一,由是遂有其在20世纪30年代对现实主义更趋深化的认知。

还值得注意的是,包括茅盾在内的中国现实主义作家重视科学分析,注重用经济视角剖析社会,也有吸纳欧洲现实主义文学思潮中崇尚科学理性和实证主义哲学的因素。近代欧洲自然科学的巨大成就,使现实主义的发展愈来愈趋向"科学化"和实证分析。作家们无不用理性的解剖刀,剜出血淋林的事实,用"无情的真实"揭示现存社会的弊病。法国现实主义作家尤其注重从社会经济关系着眼批判社会,巴尔扎克为"社会研究"而精心写就的《人间喜剧》,全面反映当时法国社会生活,再现了一幅幅触目惊心的人间画图,批判遍地腐败堕落的"金钱社会";其精细地描绘经济活动,表现所有的人际关系都基于物质利益的可怕社会现象,揭示"19世纪的社会性格本质上是竞争、囤积、剥削、权威、侵略和自私"③。俄国现实主义在社会批判

---

① 《左拉诞生百年纪年》,载《卢卡契文学论文集》第2卷,中国社会科出版社1981年版,第425页。
② 茅盾:《人物的研究——〈小说研究〉之一》,《茅盾全集》第18卷,人民文学出版社1989年版,第480—494页。
③ 〔美〕埃利希·弗洛姆:《健全的社会》,中国文联出版公司1988年版,第97页。

中兼得了"反抗"与"理想"的禀性。同强调客观性不同，俄国作家大抵把自己看成是社会斗争的参与者，而不是旁观者。他们意识到，在真实描写现实生活面貌时，"应该说明那些激动着俄国社会的重大问题和决定其发展的具有决定性的重要社会力量"[①]。果戈理的《死魂灵》通过描绘社会各阶层的生活，批判资本主义与沙皇专制下畸形的私有制社会；托尔斯泰"用卓越的力量表达被现代制度所压迫的广大群众……自发的反抗和愤怒的情感"[②]；在考察人与社会的关系中，俄国现实主义作家突出地关注人的心灵，以至于陀斯妥也夫斯基、托尔斯泰被称为"精细的心理分析家"[③]。另一方面是科学精神灌注于文学创作。孔德实证主义和泰纳生物学美学的影响，培养出法英批判现实主义"精确的科学态度"和"客观的真实性"，像社会学家或历史学家一样科学地审视生活现象，小说被看成"生活的科学形式"。法国文学史家朗松指出，科学精神占领知识界的后果是"文学中的理性主义倾向突然爆发，使得文学沿着跟笛卡尔哲学运动相平行的方向发展"，从而产生了"以科学为模式组织起来的"[④]艺术。欧洲的一些批判现实主义文学大师往往同时具有社会科学家气质。司汤达既是作家，又是社会分析家，善于用"自然科学家特有的那种生物机构学、分析法和综合法"，精确、尖锐、清晰地反映个人在社会中的斗争[⑤]；巴尔扎克甚至"觉得自己是科学家中间的一个科学家，是一个社会学的教授"，因而左拉和勃兰兑斯都赞扬巴尔扎克鞭辟入里的分析天赋，"他是科学越来越深地渗透到艺术领域这个世纪的真正儿子"[⑥]；福楼拜有医生世家的遗传，他说"小说应该科学化"[⑦]，并把医学解剖学的方法用于创作；左拉照搬贝尔纳的实验医学研究方法，提出要"像化学家、物理学家和生理学家那样"，"研究性格、感情、人类和社会现象"[⑧]。凡此种种

---

① 〔匈〕卢卡契：《卢卡契文学论文集》，中国社会科学出版社1981年版，第79页。
② 《列宁全集》第16卷，人民出版社1959年版，第321—322页。
③ 〔苏〕科瓦廖夫：《文学创作心理学》，福建人民出版社1982年版，第63页。
④ 〔美〕昂利·拜尔：《方法、批评及文学史——朗松文论选》，中国社会科学出版社1992年版，第83、535页。
⑤ 〔苏〕卢那察尔斯基：《论文学》，人民文学出版社1978年版，第496、499页。
⑥ 〔丹〕勃兰兑斯：《十九世纪文学主流》（第5分册），人民文学出版社1997年版，第223、232页。
⑦ 转引自李健吾：《福楼拜评传》，湖南人民出版社1980年版，第207页。
⑧ 〔法〕左拉：《实验小说论》，载柳鸣九主编：《自然主义》，中国社会科学出版社1988年版，第475页。

都说明，在创作中灌注科学的理性分析精神乃是许多现实主义作家的创作特色。现实主义的科学精神、科学研究方法运用于社会批判，必然会引起作家对社会本质的关注与分析。苏联文艺理论家鲍·苏奇科夫认为"现实主义的实质……核心就是社会分析，就是研究和描写人的社会经验，研究和描写人们的社会关系、个人与社会的关系以及社会本身的结构"①。

中国作家接受西方现实主义，面临的是更为剧烈的社会震荡，迫切需要一种卓有成效的方法来解剖病入膏肓的社会肌体，在这种情况下，汲取欧洲批判现实主义通过科学分析批判社会的精神，真有浃髓沦肌之功。孔德的实证哲学，圣伯夫、丹纳的实证美学，很早就对中国作家产生影响。徐蔚南于1927年出版的《文学的科学化》，评述的对象从丹纳到巴尔扎克、福楼拜以至左拉的实验小说，试图论证科学研究的精神和方法对文学的巨大影响以及它如何成了时代的潮流。傅雷于1929年翻译丹纳的《艺术论》第一编第一章，载于当时的《华胥社论文集》，并撰《译者弁言》，指出："在这时候，我们比所有的人更须要思想上的粮食和补品，我敢说，这补品中的最有力的一剂便是科学精神，便是实证主义！"②在这样的整体氛围下，茅盾在倡导写实主义时，强调文学创作必须有"科学眼光""科学方法""科学（广义）的原理"③，就毫不足怪了；包括他一度钟情左拉的自然主义，也含有汲取其科学分析的成分，因为在他看来，"自然主义的真精神是科学的描写法"④。但需要指出的是，就传播注重科学分析的现实主义精神而言，发送与接受的双方也有不尽相同之处。对于欧洲现实主义来说，这基础主要是自然科学，而对于中国社会批判现实主义言，还有社会科学。在20世纪30年代，马克思主义唯物史观已在中国进步作家中广有影响。强调用辩证唯物史观指导创作的苏俄现实主义对左翼文坛施加了更为直接的影响。茅盾指出："一个作家不但对于社会科学应有全部的透彻的知识，并且真能够懂得，并且运用那社会

---

① 〔苏〕鲍·苏奇科夫：《现实主义的历史命运——创作方法探讨》，外国文学出版社1988年版，第42页。
② 〔法〕丹纳：《艺术哲学》（插图珍藏本），广西师范大学2000年版，第26页。
③ 茅盾：《对于系统的经济的介绍西洋文学底意见》，《茅盾全集》第18卷，人民文学出版社1989年版，第23页。
④ 茅盾：《"左拉主义"的危险性》，《茅盾全集》第18卷，人民文学出版社1989年版，第286页。

科学的生命素——唯物辩证法；并且以这辩证法为工具，去从繁复的社会现象中分析出它的动律和动向；并且最后，要用形象的言语艺术的手腕来表现社会现象的各方面，从这些现象中指示出未来的途径。"①体现此创作原则的《子夜》《林家铺子》《春蚕》等作品成为社会批判和社会分析结合的典范，由此形成了一种用科学世界观剖析社会现实的新的创作范式，并吸引了大批追随者，如吴组缃、沙汀、艾芜、叶紫等，出现了一个社会批判与社会剖析融合得最典型的小说流派——社会剖析派。由此看来，茅盾的新型现实主义文学观的形成并在其影响下产生一个创作流派，明显是吸收了西方现实主义重视科学分析的特长而又带有自身的特色。

其三，创作转型与新文学发展走向的考虑。

茅盾在20世纪30年代特别强调社会化和理性化，还有一种新文学发展走向的考虑：即对中国新文学创作中一种过分追求直觉与非理性创作倾向的反拨。"五四"文学的"个性化"和"情绪化"，常常是作家用来释放强烈个性解放要求的有力手段。但此类创作的弱点也同样明显：不但同社会力是疏远的，而且其表现的感伤主义情绪也因不合于"时代的节奏"而常为人们所诟病。即便是初期普罗文学的"革命浪漫蒂克"倾向，所宣泄的狂热和浮躁情绪，也明显违背现实主义创作原则，与反映时代生活的要求相去甚远。这表明，新文学要朝前发展一步，必须同时克服个人化倾向和"左派"幼稚病两种偏向，以更严谨求实的态度把握现实。茅盾等作家兼具小说家素质和社会科学家精神，以分析的态度看取现实，反映30年代复杂的时代内涵和社会内涵，无疑为新文学创作增添了新的色彩。有学者指出，"注重社会剖析成为第二个十年后半期现实主义新的品格"，这是"'五四'现实主义关注现实的传统在更高层次上得到了发展"。②此说从新文学现实主义发展角度立论，是颇有道理的，将"五四"开创的现实主义开出一种新生面，由此也显示出建构一种新型的文学创作模式在当时的文学发展语境中实有其必要和可能。

文艺作为一种社会生活现象的观照物，具有无可争议的社会性。"社会内容与艺术形式的结合是艺术作品美学质量的本体要求"，或者说"在艺

---

① 茅盾：《〈地泉〉读后感》，《茅盾全集》第19卷，人民文学出版社1991年版，第331、332页。
② 温儒敏：《新文学现实主义的流变》，北京大学出版社1988年版，第219、159页。

史中包含着社会的真正历史";而文艺表现社会的重要功能之一是在于匡正社会使之合于正道,因而"确切地说,它的社会性根本就在于它站在社会的对立面",带着鲜明的倾向性,对"社会"持批判态度。① 批判地直面现世,写实技巧成为最佳的形式载体。韦勒克界定现实主义是"当代社会现实的客观再现",作家把注意力聚焦在"描绘当代现实生活时",这种行动本身就包含着"人类的同情心,社会改革与社会批判"的内容,具有否定和急剧地反抗社会的成分,因此在描绘、真实和训谕之间就有现实主义艺术创作的张力。② 这是对具有批判性特质的现实主义文学的科学界说。而此种现实主义张力,突出地反映在批判现实主义作家往往担负着"历史见证人"的角色,他们是社会生活的"书记官""时代的秘书",忠实记录社会历史变动,并试图在社会的整体历程中把握时代的本质趋向。社会批判创作视野的拓展,呼唤着"史诗"型作品的问世。黑格尔对"史诗"提出的第一个要求就是"对象的整体性"③,即要求整体性地反映社会生活全貌,掌握潜在的社会发展潮流。在我国20世纪三四十年代文坛,整体性的历史描绘也成为一种创作时尚,追求"史诗"格调的创作在许多现实主义作家笔下有程度不同的收获。而以茅盾为代表的注重社会分析的一大批"史诗"型巨著的出现,则标志着此类创作的渐趋成熟。其重要表征之一,便是社会批判格局的开阔,作家们注目于中国社会当代史的演示和批判,不再满足表现身边的"小悲欢",而是以史家的眼光对描绘社会的"全般现象"表现出浓厚兴趣。这是中国新文学由"五四"向三四十年代演进,借鉴西方现实主义文学的重大转换。屠格涅夫赞赏那种把创作"提高到历史的必然性,以它来标志社会发展的一个时代"④的作品。茅盾创作的转型,包括在其影响下注重"社会剖析"创作风气的形成及反映整体社会的史诗型创作的问世,同样成为一个时代文学发展的标志。吴组缃在当年的评论中指出:《子夜》出版以后,已完全可以说"中

---

① 〔匈〕阿诺德·豪泽尔:《艺术社会学》,居延安译编,学林出版社1987年版,第66页。
② 〔美〕R.韦勒克:《文学思潮和文学运动的概念》,中国社会科学出版社1989年版,第234页。
③ 参见〔德〕黑格尔:《美学》第3卷下册,商务印书馆1981年版,第161页。
④ 〔俄〕屠格涅夫:《悲剧〈浮士德〉,歌德的作品》(节译),载《文艺理论译丛》第3卷,中国文联出版公司1985年版,第179页。

国之有茅盾，犹如美国之有辛克莱，世界之有俄国文学"[①]，就在强调一个特定时代文学的发展已推出了自己的成熟代表。对于社会批判型现实主义作家而言，史诗格调的追求，正是为历史使命意识所驱使，也是特定时代文学独特价值之所在。社会批判型现实主义一个独特批判视角的选定，大体上反映了中国新文学作家坚持社会批判的深入，其创作突出的社会意义就在于："当艺术成了骚动、革新、革命的推动力，当它表达了否定现存秩序的意望并用破坏来威胁它的时候，艺术的社会影响，它对创造社会所起的作用，就成为显而易见的了。"[②]

综合上述，在现实主义命题范围内，茅盾的创作模式以开阔的社会视野和贴近时代脉动的描写，去揭示与探索当时人们普遍关注的社会问题，不独是一种创作风气的转换，也是以批判性见长的现实主义精神的充分展现，这是其独特的历史价值所在。它汲取19世纪欧洲现实主义文学在集中展示其"社会批判"特质时，又从一个独特视角深入，使之呈现出丰富内涵，更好地担负起现实主义文学的社会批判职能，从而显出此种文学强有力的表现社会的功能，也推动了中国新文学的长足进展。它至今仍能提示人们：现实主义精神是永存的，现实主义也必须在坚守中发展，作为人文知识者的作家，面对变动不居的文化潮流，任何时候都不可或缺应有的历史担当精神。

茅盾的创作转型，开创一种注重社会剖析的小说模式，在小说艺术上也提供了许多新鲜的东西，为中国现代小说艺术的发展和现实主义精神深化做出重要建树。

首先，从社会经济现象、政治现象入手解剖社会，拓展了小说的内涵和意义。从经济视角切入解剖、分析社会结构，表现因经济问题引发的社会文化心理，能够达到对社会本质的现实主义理解。社会历史是"自己时代的经济关系的产物；因而每一时代的社会经济结构形成现实基础"[③]。这一对社会本质的马克思主义认识，无疑为人们精确把握社会提供了坚实的理论基础。

[①] 吴组缃：《〈子夜〉》，《文艺月报》第1卷创刊号，1933年6月。
[②] 〔匈〕阿诺德·豪泽尔：《艺术社会学》，居延安译编，学林出版社1987年版，第62页。
[③] 恩格斯：《社会主义从空想到科学的发展》，《马克思恩格斯选集》第3卷，人民出版社1972年版，第423页。

茅盾意识到"社会环境乃受经济条件所支配"[①]，将这一规律性的揭示运用于文学创作，"一定得努力探求人们每一行动之隐伏的背景，探索到他们的社会关系和经济的基础"[②]。面对20世纪30年代日益崩坏的社会经济状况，基于对社会发展中起决定作用的经济活动的深刻体察，使他决定把人与人之间的经济关系作为主要的社会关系来描写，在此基础上进一步与描述、分析其他社会关系相糅合，便产生了他在30年代创作的最典型的社会剖析小说。《子夜》《林家铺子》和"农村三部曲"主要围绕城市、乡镇、农村的经济现状来分析社会：外来资本的侵略和政治混乱，使中国的民族工业萎缩，农村产出的工业原料没了销路，又导致农民破产，而农民的贫困造成购买力锐减，市镇商铺也就纷纷倒闭，产生了犹如多米诺骨牌的连锁效应。小说形象地分析了这一经济互动关系形成的恶性循环，从整体上剖析30年代经济衰败的深层原因。在茅盾引领下，注重社会剖析的作家们，大都对社会学和经济学问题表现出浓厚的研究兴趣，在小说中对种种社会现象的剖析总能发现背后的经济动因，由此揭示出社会的某些本质问题。深受茅盾创作影响的吴组缃，是研究经济出身，他从事文学创作明显表现出"从经济上潮流上的变动说明这些人物的变动和整个社会的变动"[③]，从经济入手进行社会分析的意味就特别浓厚。如其小说《樊家铺》写政治黑暗、经济濒危的社会里农民生存困厄引发的一场悲剧，分析了这一悲剧形成的过程和根源，便是典型例证。小说表现由于米价暴跌，捐税加重，地主和政府的盘剥，使农民无以为生，四处流离、逃荒、被驱赶，有的被逼铤而走险。这一切的背景就是由于世界性的经济危机使帝国主义加紧掠夺中国，国内政治黑暗和经济破产使社会陷入了绝境，而最大的受害者是农民。小说在短短的篇幅中围绕线子一家的困境，描写了大量经济细节：借贷、租税、生意、抢劫、勒索——正演示了经济恐慌是造成社会动乱的根源。尤值得注意的是，此时还出现了作家们围绕同一题材做群体性的社会剖析现象。这期间，因整个社会经济处于全面崩溃的边缘，农村中出现了一种畸变的经济现象——"丰收灾"，茅盾的《春

---

① 茅盾：《读〈倪焕之〉》，《茅盾全集》第19卷，人民文学出版社1991年版，第204页。
② 茅盾：《致文学青年》，《茅盾全集》第19卷，人民文学出版社1991年版，第222页。
③ 茅盾：《西柳集》，《茅盾全集》第20卷，黄山书社2012年版，第323页。

蚕》开其端，随后又有叶紫的《丰收》、叶圣陶的《多收了三五斗》等，从不同角度描述了农民丰收成灾的惨状。作家们剖析这一奇特的经济现象，多从外资入侵导致民族工商业破产，在城乡引起一系列连锁反应，揭示了农村破产的深层次原因。由经济问题入手分析社会，社会剖析小说便从根上抓住了中国社会问题的症结，使小说显示出应有的现实主义深度。

其次，注重社会关系的解剖，特别是侧重揭示此种关系的社会心理变动，坚持了现实主义的理性分析与表现人的精神世界的融合。鲍·苏奇科夫在谈到现实主义的社会分析特征时就指出过，"对现象进行社会分析并能研究这些现象的因果关系"，必须以揭示"社会关系的进程和发展的规律性"[①]为前提。这是由于社会现象是由社会关系（主要表现为人与人的关系）构成的，对社会的批判就不能停留在社会外部的浮光掠影式的批判，而必须充分揭示"社会关系的进程"，表现活动在社会中的人的行为与心理动机，使社会批判从社会外在病症深入到社会心理变动，从外部社会结构探察到社会内部的真相。作为生活在时代旋涡中的带有社会革命家气质的茅盾，以现实主义创作实现社会批判是他的文学宿命，他的眼光总是紧紧盯着当代社会，关心着如何去解决社会中带普遍性的问题。他笔下的批判对象——社会，是一个包罗万象的社会，是由农民、工人、商人、知识分子、民族资本家、金融界大买办、军人、官僚政客等广泛包含各阶层人物组成的社会；人物之间交织的各种社会关系，经济的、政治的、心理的、文化的、阶级的、伦理的，形形色色，错综复杂，对社会的矛盾、社会的动向有深入的由表及里的反映。茅盾在人物的生存困境中展示社会如何从各方面"挤压"人，置人于一败涂地，在表现人的命运曲折性和心灵复杂性的同时也展示了社会的复杂与多变。《子夜》剖析社会中的人如何在资本、金钱、权利、欲望等的诱惑下造就人的病态心理，如吴荪甫的精神失控、赵伯韬的疯狂敛财、冯云卿的寡廉鲜耻，无不可以从中找到经济因素对人的制控。茅盾主要从经济根源上来揭橥畸变的中国现代半殖民地社会文明，深入挖掘人性扭曲、伦理颓圮、

---

① 〔苏〕鲍·苏奇科夫：《现实主义的历史命运——创作方法探讨》，外国文学出版社 1988 年版，第 55 页。

弊病横生的主要症结所在，在更深刻的层面上暴露了社会问题，实践了现实主义的社会批判效能。《多角关系》是茅盾的一个中篇小说，写唐子嘉作为显赫一方的地主兼资本家在"人欠"和"欠人"的多角债务关系中如困兽犹斗，徒劳无功。这可以看成是茅盾小说中寓有象征意味的形象，描写人在社会的"多角关系"中行动，受到社会处境的多方纠葛，形象的塑造有了丰富的内涵，形象对于社会的辐射力量无疑也大为增强。从这里我们看到，社会剖析派作家总是把揭示社会关系特别是表现人置于首要位置，通过冷峻的人物行动与心理刻画把笔触伸展到人的社会心理揭示，在外部行动的客观展露中剖示人的内心波动，形成一种冷峻的叙事风格，给人更大的精神震撼力。就形象化的理性分析而言，其对社会尖锐深刻的剖析从来都是以客观理性的叙事面貌出现的，尽量不把作家个人的主观混入分析中，体现了该派作家对有科学分析的传统现实主义艺术的继承。社会剖析派作家大抵用第三人称的全知全能的客观叙述表现人物的行为与心理，以严谨的剪裁、紧凑的结构布局在一个生活剖面上浓缩社会全貌，达到对社会本质的深刻认知，茅盾是如此，另一个社会剖析派作家吴组缃亦是如此。吴组缃的《一千八百担》写宋氏宗族在饥荒年间为一千八百担公积谷而展开的激烈争夺场面，浓缩了时间和地点，笔力高度集中，但将人物伸展到社会各个阶层，商会会长、区长、讼师、管事、教员、小业主等各方人士都做了精彩表演，包含了巨大的社会容量。小说描写众人的谋私心理可谓穷形极态，但作家并不作主观评价和静态心理剖析，而是让人物各自登场表演，暴露出各种心态。社会剖析小说以高度凝练、冷静、客观的叙事笔调揭示了经济破产威胁下复杂的社会心理，把当时社会的分崩离析状况做了曲尽其妙的反映，无疑使现代小说艺术得到极大的提升。

最后，科学理性思维的介入和明确的意识形态倾向，追求社会剖析的科学性。这体现了其独特的创作思维方式。这类创作并非没有感性思维活动，重视观察和体验，特别重视体验生活中实实在在的具体的"人"的行为，就包含很多感性的成分，但注重引入理性化的、科学的、分析性的思维方式，使创作带有很浓厚的社会研究味道，却是其显著特点。这些特点，或许正可以说是对欧洲现实主义科学化特点的继承。所不同的是，中国作家运用科学的理性分析，强调用社会科学理论指导创作，非常关注社会的、哲学的、政治的、经济的理论在创作中的渗透，这就使理性分析带有明显的意识形态性。这也说明在特定时代思潮影响下，随着文学担负社会批判使命的不断深化，文学介入思想斗争、社会斗争的要求更加集中、明确，意识形态观念对作家的影响也就更为明显。但此种科学的"理性批判"依然是以形象的表达方式呈示的。正如鲍·苏奇科夫所言："批判社会现实的现实主义……特点就是在相互联系中来描写人和环境、人和社会。"[①] 错综复杂的社会关系中人的行为和思想，无不是时代、社会、历史矛盾激变的投影，因此文学作品充分揭示个人的社会心理和行动冲突，借助于形象给以"形象化"展示，便能深层次透视社会矛盾，达到文学应有的社会批评力度和社会认识深度，这正是现实主义的独特艺术魅力所在。茅盾作品用理性分析剖析社会机体时，依然是透过鲜活的形象图示，而且常常是通过深入剖析人的复杂心灵变化折射时代风貌，反映当时独特的社会心理。在《子夜》，吴荪甫作为20世纪30年代民族资本家的典型，他的雄才大略、精明干练和敢于傲视一切的神态，反映了民族资本家在这一时期已有了举足轻重的社会地位；而他的奋力挣扎以至于折戟沉沙，又勾画出了中国民族资本趑趄不前的发展脚步，同时也揭示了这一类号称20世纪工业界"骑士"的可悲命运。正像巴尔扎克、左拉对金钱、资本、劳动的精心研究和细致描述那样，茅盾着力描写了在办工厂、搞投机、谋生存时人们之间疯狂的互相吞吃行为，写出了资本操纵下的各种弊端，显示出与西方作家表现经济畸变腐朽性的不约而同的一面；但其强调在半殖民地的中国，畸形资本对人的吞噬与黑暗的政治、权力对人的压制同谋，造成民族资本家更惨重的失败，从而导致人的社会心理的严重异化，则是更贴近于中国社会现实的理性分析。茅盾描写社会始终牢牢抓住作为一切社会关系的总和的人，投以雄浑笔力，展示其复杂"社会关系"，多方面刻画其典型性格，使其达到牵一发动全身，"成功地、完整地画出了中国当代社会的典型面貌"[②]。由是观之，社会剖析作家用以指导创作的科学理性和观

[①] 〔苏〕鲍·苏奇科夫：《现实主义的历史命运——创作方法探讨》，外国文学出版社1988年版，第157页。
[②] 〔捷〕普实克：《论茅盾》，转引自李岫编：《茅盾研究在国外》，湖南人民出版社1984年版，第634页。

念意识，来源于现实社会生活，其作品不是政治教本，也不是作家主观臆想，其理性意识的前提是现实主义的"客观真实"；其从西方大师手中接过了细致、周密的科学观察方法和理性解剖的手术刀，精雕细刻，锤炼个性，创造出鲜活的文学形象。作家有对生活的某一方面的独到的认识与体悟，而后用一定的理性观念科学辩证地分析纷繁芜杂的社会现象，这就能保证创作循着一定的理性思路前进而又能完成反映生活的现实主义把握。

三、理性审视：对模式艺术要求的考量

如上所论，是就整体意义上论述茅盾创作模式的历史合理性。那么，此种模式的艺术意义又如何呢？这一点，恰恰是最遭非议之处，需要做出客观、准确的考量。

茅盾"创作模式"存在复杂状况，其作为作家创作思维与艺术经验的沉淀与凝结，有着深深的历史烙印，在显示厚重一面的同时，也有可能显出其固有的沉重——过重理性思维与追求完满艺术要求的失重感。对此种模式的艺术要求，便存在颇多歧见。由于模式的最显著特征，是基于社会剖析要求，在社会批判中注重科学的理性分析，甚至强调用社会科学理论指导创作；于是人们提出质疑：艺术创作是以形象思维为特征的，茅盾如此执着于偏重逻辑思维的理性分析，怎么能避免创作的概念化呢？因而其艺术失足点是在于此，其创作模式的主要失误也在于此。许多对模式的批评也大抵由是而起。如此说来，对理性参与创作问题的理解，就成为评价茅盾创作"模式"是否具有合理内核的关键，也是对一个作家的创作成就能否做出科学、准确估计的关键。笔者以为，这一问题有着较为复杂的情状，将复杂问题简单化并不可取，用"模式化"的思维轻易否定一种创作原则不是一种科学的态度。

平心而论，茅盾对这一"创作模式"的理论表述与实际操作，的确颇有可议之处。如他曾多次提出小说创作是"主题至上""主题在先"[①]的观点，

[①] 参见茅盾《有意为之——谈如何收集题材》《从思想到技巧》等文。

甚至直言其创作总是"从一个社会科学命题开始的"[①]，这很容易造成误解，以为其创作只是在展现一个主题，而对主题的过分强调，必造成艺术宽延性的缺失；茅盾的小说因过重理性思维，太过追求严谨和缜密，也势必影响艺术灵动性的发挥等。看来，如何有效克服理性与艺术在创作中的矛盾，是有待注重社会剖析作家努力为之的，而茅盾的探求也确乎并非臻于至善，因而，对文学创作中理性的介入须有切实分析，对把握此种创作模式实现现实主义文学价值的可能性和未及性，也应做出准确估量。

但需指出的是，对茅盾"创作模式"的艺术评价，也存在一种将复杂问题简单化的理论误导，从而造成评价的失真。应当强调的是，这一创作模式是现实主义范式，理性参与创作是现实主义文学的一种主张，讨论应在现实主义的特定命题范围内进行，如果用纯文学理念去评价它，就会造成理论上的错位。茅盾特别重视创作中理性因素的介入，是在于对此模式特征一个侧面的强调，故使人觉得其似乎只重理性不重艺术，也不免产生误解。这说明对一种创作模式不能求全责备，因为一旦求全责备，任何一种创作模式都不难找到"漏洞"。事实上，某些对茅盾模式的批评，有一定道理，但只有部分合理性。这里有许多复杂问题有待探究，单就理性与艺术关系的处理，便值得深入分析。应该说，理性与艺术在创作中的冲突，茅盾是有清醒认识的，因而他对理性与艺术的"相生相克"有所防范，对小说理性表达的艺术性诉求也必有所重视。笔者以为，下述几点反映了茅盾创作中的理性介入力求在遵循艺术规律的前提下进行，显示出理性思维并不偏离艺术要求，这是把握茅盾"创作模式"应予特别注意的。

其一，是对现实主义艺术规律的尊重。

讨论茅盾创作模式，首先需要强调的是，它是一种现实主义创作模式，并非具有无所不包的意义，讨论应在现实主义的特定命题范围内进行。包括凸显文学的社会功能，坚持用社会科学理论指导创作等，都是现实主义文学的一种主张，如果用纯文学理念去评价它，就会造成理论上的错位，诸如作品表现的现实意义、政治经济关系等，也许就会被看得一文不值。许多研究

[①] 茅盾：《我怎样写〈春蚕〉》，《茅盾全集》第23卷，人民文学出版社1996年版，第215页。

者不能容忍茅盾过重的"社会要求",尤其是不能容忍其总是习惯于用理性分析把握文学创作,很大程度上取决于这种纯文学观。

诚然,"茅盾模式"的理性化,是一种强化了的理性思维,其基本精神是:在小说宏大的叙事中贯穿清晰的理性思路,甚至主张用社会科学理论分析现实与历史,使所反映的现实在体现生活本色的同时又能合于生活的本质。从现实主义角度视之,创作中坚持科学分析、理性化思维,虽然有些独特,却并不怎样出格,因为现实主义的写真求实要求同创作中的理性分析并不完全相悖。细察茅盾对创作的"科学"要求,同样来自欧洲的现实主义文学理论,这有大量史料可资佐证。就如其在20世纪20年代初撰写的文艺论文中申述过的:"近代西洋的文学是写实的,就因为近代的时代精神是科学的。科学的精神重在求真,故文艺作品以求真为唯一目的。科学家的态度重客观的观察,故文学也重客观的描写。"① 至20世纪30年代,当他自己开始从事创作时,这一观念就更为强烈,甚至直言不讳其创作总是"从一个社会科学命题开始的"。看来,这里面有属于个人经验乃至写作习惯的东西,然而,联系其一以贯之的理论思路,却不能不指出,这是一种强调理性思维自觉性的现实主义方法在创作中的运用,这对于绝对排斥理性的纯文学观来说,自然是不可思议的,但对于许多现实主义作家而言,却也相当自然。此其一。

其二,茅盾在20世纪30年代特别强调理性化,还有对中国新文学创作中一种过分追求直觉与非理性创作倾向反拨的因素。20世纪20年代前期,茅盾曾一度推崇带有非理性特质的新浪漫主义文学,认为其"丰灵弱肉"的优势可以弥补写实文学的不足,但当大量的非理性创作充斥文坛后,弱点便暴露无遗。此类创作不但同社会是疏远的,而且其表现的感伤主义、颓废主义等也因不合于时代的节奏而常为人们所诟病。茅盾就痛切地感受到:"文学是人生的反映,个人的牢骚既然也是人生内所有的事,当然也是文学所应该反映的;但近年来的议论竟以为非如此便不能算是文学作品,把其余不关个人牢骚的作品一概视为功利主义,在深恶痛恨之列:这种倾向是很危险

---

① 茅盾:《文学与人生》,《茅盾全集》第18卷,人民文学出版社1989年版,第271页。

的！"① 这是茅盾放弃新浪漫主义文学的一个原因，由此可以见出其对现实主义的精神的坚守。另一种倾向来自左翼文学内部，30 年代初期，部分普罗文学作家提供一种带有显著"革命浪漫蒂克倾向"的创作，宣泄小资产阶级的狂热和浮躁情绪，浓重的"个人化"和"情绪化"，也明显违背现实主义创作原则，与文学作品必须准确、合理反映现实生活的要求相去甚远。这表明，现实主义要朝前发展一步，必须同时克服"个人化倾向"和左派幼稚病两种偏向，以更严谨求实的态度把握现实。注重理性分析的现实主义便是在此背景下应运而生的。

现实主义创作重视理性的介入，是否就会直接导致概念化，也不是一个可以轻易推演的结论。因茅盾一再强调社会科学理论在创作中的指导作用，有的研究者便断言他是"以社会分析的理论体系"驾驭创作，这就难以避免创作的概念化。这里，理性的指导作用就被理解为是直接的介入。社会科学理论作为非文学因素在文学创作中的参与是有限度的，它不可以成为一个自足的因素独立存在于作品之中，对此茅盾的认识是清醒的。比如，20 世纪 30 年代初，他对《地泉》三部曲等作品的批评几乎都是围绕"概念化"进行的，指出这类作品重要失误点就在于，只是"理智地"得出结论，而不是让读者"被激动而鼓舞而潜移默向于不知不觉"。可见茅盾虽重视理智在文学创作中的参与，但其参与是有条件的，即强调理智的参与应"潜移默向于不知不觉"，就是说用形象与情感去潜移默化影响读者。这恰恰是用形象反映方式把握现实的现实主义文学的长处所在。茅盾的创作当然并非都是充分"形象化"的产物，如《三人行》描写三种性格，展示三条道路，人物形象模糊，没有在读者中留下很深印象，其病不在概念而在形象描写的不足。但凡"形象化"充足的作品，即便有再明显不过的理智的参与，也不会影响其在艺术上的成功。事实上，对于社会批判型现实主义而言，批判性是其灵魂，而批判是借助于形象来完成的，正因为思想始终内化于形象中，作家的典型塑造才成为一个浑圆的艺术整体；形象糅合了思想，社会的批判和分析才有深度与厚度，就像巴尔扎克称自己的艺术是"形象文学"和"思想文

---

① 茅盾：《杂感》，《茅盾全集》第 18 卷，人民文学出版社 1989 年版，第 362 页。

学"的结合一样。我们感到《子夜》的描写十分"科学",是在于人物的命运揭示同提出的社会问题高度一致,从而产生了令人折服的力量;然而就作品感染人的艺术效果言,实不限于它的"科学"性,恰恰在于人物的命运遭遇和形象塑造的美学力量,以及作品对生活场景的精彩描述。美国学者夏济安认为:"茅盾尽管不大精通经济理论,却好像被他所诅咒的这种事情迷住了——拥有起居室和闺房的资产阶级生活,及其买卖事务和股票交易。他对自己笔下的男主角的赞赏几乎不加掩饰,这个工业资本家吴荪甫即使倒台崩溃,也落得像个巨人。"[1] 在他看来,"不大精通经济理论"是指作品中那个理性分析是否准确尚可商榷,但这并不妨碍作品依然会给人以独特的视觉冲击力,原由就在"理性"以外还有许多精彩的场景与"事务"给作家也给读者"迷住了"。读者从《子夜》中感受到的,并不是那个抽象主题,其描写最感人之处,恰恰是该被"诅咒"的资本家和资产阶级的生活,包括他们在客厅、在沙龙的侃侃而谈、互相算计,在公债市场上的尔虞我诈、钩心斗角,小资产阶级的无聊与无奈,乡村土财主在都市竞争力冲击下的异化,等等。尽管这部作品的创作动机明显蕴含社会分析的成分,但文学作品一旦形成,就已经脱离了作者的意图而获得了独立的审美价值,其艺术上的成功实有赖于现实主义的形象化描绘。

就艺术思维角度言之,坚持现实主义创作原则,也不是注定不容理性思维的介入,关键在于作家对艺术思维规律的有效把控。在艺术活动中,科学理论对创作的指导,或者说理性在创作中的参与,应是有一定限定性的,即表现在理性介入与艺术表达常常会显示矛盾、冲突的一面。以创造形象为主体的艺术活动,它并非按单一的线性思维行进,理性在创作中的参与也并不总是独来独往、畅通无阻的。"在现实主义中,存在着一种描绘和规范、真实与训诲之间的张力。这种矛盾无法从逻辑上加以解决,但它却构成了我们正在谈论的这种文学的特征。"[2] 韦勒克在这里就谈到了现实主义的先天命运——思想性与文学性的冲突。他显然是排斥文学的政治功利性的,但他也

---

[1] 〔美〕夏济安:《关于〈子夜〉》,转引自李岫编:《茅盾研究在国外》,湖南人民出版社1984年版,第560页。
[2] 〔美〕R. 韦勒克:《批评的诸种概念》,四川文艺出版社1988年版,第232页。

不得不承认，现实主义也存在着自身特有的艺术张力，此种张力就在作家突破规范和训谕的制约，尽力实现真实的艺术描绘。这种张力得以形成，在于作家对艺术规律的尊重。在现实主义创作中，规范和训谕是不可或缺的，但它必须寄寓在描绘和真实中，也必须服从于描绘和真实。一旦理论规范与艺术描绘发生冲突时，尊重艺术规律的作家就会向艺术一面倾斜，这时候，所谓严格遵循社会科学理论，竭力维护理性的至尊地位，就靠不住了。茅盾在《子夜》的创作中就存在这样的现象，这是使得这部作品因过重理性参与又有可能获得独特艺术效应的部分原因所在。王晓明论述《子夜》，就分析过服从于艺术表达的需要、丰富感性经验的参与在《子夜》创作中的作用，他认为那个社会科学命题在写作中并不是最重要的："茅盾对《子夜》基本情节的构思过程，就是他的艺术个性和情绪记忆逐渐参与决策的过程。那个最初激起他创作冲动的抽象命题，一旦进入他实践这冲动的具体过程，就无法再维持那种至尊的地位。它若有灵，一定会发现，当茅盾正式开始写《子夜》的时候，它已经落入他感性经验的强有力的夹持了。"[①] 情况的确是这样，这只要对照《子夜》写作大纲与成书，就一目了然，特别表现在对主人公吴荪甫性格的"修正"。据《子夜》创作《提要》，原先设计的吴荪甫的性格似乎要卑微得多，描写其私生活的分量特别重。《提要》有如下专项设计："吴荪甫先与家中女仆有染，又在外与一电影明星有染，后交易所最后胜利之时（其实他并无多大钱赚进，因为亏空亦甚大也），徐交际花忽又弃赵而与吴恋，二人同往牯岭。"这类设计，在成书中已一概不见，不独吴荪甫没有"最后胜利"，他在私生活上也并不怎样糜烂，甚至表现得对此缺少兴趣，连漂亮的吴少奶奶也因此得不到温情。这显然是人物独特的命运支配着作家的创作，因为他的主人公在走着一条险峻的道路，不但"胜利"是不可能的，而且他在事业上的追求也表明并非是位庸俗腐朽的资本家，不"容忍"把性格写得太坏，就不能不改变原来的社会分析和阶级分析，让人物循着生活的常规走完自己应走的途程，于是就有了吴荪甫即便倒下，"也落得像个巨人"的艺术效果。作家的创作意图（科学理论参与）在创作实际中的走样，清楚

[①] 王晓明：《一个引人深思的矛盾——论茅盾的小说创作》，《中国现代文学研究丛刊》1988年第1期。

不过地说明了艺术规律的不可违拗性,《子夜》也因此获得了艺术上应有的意义。

其二是对理性表达应是艺术表达的深入认知。

茅盾模式的显著特征,是在宏大叙事中贯穿清晰的理性思路,这使其创作以蕴含较大社会容量与思想深度著称。就其创作进展而论,较之于前期的创作"模型",《子夜》等创作"范式"在传达个人心灵体验上或有所失,但在表现外部现实社会上又必有所得:那种基于"史诗"要求的宏观审视生活的恢弘气势,那种着眼于解剖整体性现实社会的艺术格局,岂是前期作品所能比拟的!而此种艺术效果的获得,既来自于理性的介入与"观念"的精心提炼,亦取决于理性观念的艺术表达,而且后者往往起着更为重要的作用。

对于理性的表达应是一种艺术表达,茅盾的认识是逐步深化的。在其早期文论中,就阐述过写实文学应有"科学精神"的渗透,他不满于写实派小说的缘由之一,就在此派小说只重"纯客观"描写,所以必须借鉴别的创作方法以弥补其不足。但"科学精神"如何渗透于创作,怎样才能做到"科学"与"写实"的融合,却未能做深入的探究。自他于20世纪30年代积累丰富创作经验后,对这一问题的认识逐渐明晰,且日趋深化。其提出的许多观点有利于准确解释理性表达与艺术表达之间的关系,也有助于我们对其创作中两者关系处理的理解。他认为:文学创作须有社会科学理论的指导,但其指导作用并不等同于社会科学理论的直接介入,文学的表达应是艺术的表达,切忌"使一篇作品成为披了文学形式的社会科学论文的要点"[①],这实在是非常有必要的提醒,由此也证明茅盾理性的介入有可能艺术的"失足",是有清醒认识的,因此总是尽力防范。而有此认识,是源于其对文学和社会科学两个对象不同思维方式的理解。他指出:文学家和社会科学家相比较,在"研究"的对象和方法上是大不相同的:后者的研究对象是"那些错综已然的现象",前者则是造成这些现象的"活生生的人";在研究的方法上,后者主要是进行理论的"分析",并通过"分析"而"达到了结论",前者"却是从那些活生生的人身上——从他们相互的关系上,看明了某种现象,用艺

[①] 茅盾:《创作的准备》,《茅盾全集》第21卷,人民文学出版社1991年版,第28页。

术手段来'说明'它"。这表明他对理性思维主要是寄寓在"人"（或者说是形象）身上完成，是有清楚认识的。正以此故，他特别强调在文学作品"构成的要素"中，应当"把'人物'作为本位，尊为第一义"①；"'人'——是我写小说时的第一目标"②，于是就有其创作中理性观念的形象表达。特别是如下一段论述，阐释创作中各要素的构成，更能证明批评茅盾是主张创作中"主题先行"论之不确：

> 我们可以确定地说作品中的生动活泼的人、事、境，是在作者下笔以前就存在于作者的脑中的，必定脑中先有那么一些东西，然后他笔下可以写得出来，若脑中只有一个概念（主题），下笔时再忙于"形象化"，未有不失败的。通常我们说，"我有一篇作品已经构思成熟"云云，决不是单指思想方面。……一个作家脑海中出现了一个"主题"的时候，"形象"必伴之而来，在创作过程中，决没有什么不与形象相伴随的光杆的所谓"思想"。③

这就是茅盾对构思成熟的理解：思维（主题）不是单纯存在的，它必须伴随在、依附在形象身上，还必须做到形象的深思熟虑在胸。如此说来，茅盾有时说"主题在先"，有时又尊形象为"第一义"，写人是"第一目标"，都在强调问题的一个侧面，而其对形象和主题的同等重视，却是没有疑义的，而且正因其重视形象化表达，遂有其小说独具的艺术魅力。通读其《子夜》《林家铺子》《春蚕》等作品，我们所获得的是他分析社会本质的触目惊心的见解，但给人印象最具体、最直接、最深刻的，却还是那些栩栩如生的人物形象。我们可以忘掉其中的故事情节，记不起哪一部作品表现了一个什么主题，但那些闪耀着性格异彩的人物像吴荪甫、赵伯韬、老通宝、林老板等，却长时间留在我们的记忆里，这些人物莫不以鲜明、独特的个性而获得久远的艺术生命力，这里显示的正是形象化表达强化了艺术思维的意义。

---

① 茅盾：《创作的准备》，《茅盾全集》第21卷，人民文学出版社1991年版，第21、26页。
② 茅盾：《谈我的研究》，《茅盾全集》第21卷，人民文学出版社1991年版，第61页。
③ 茅盾：《从思想到技巧》，《茅盾全集》第22卷，人民文学出版社1993年版，第412、413页。

强调茅盾艺术思维理论的核心，是坚持"以人为本"的创作原则，这在审视茅盾的创作模式时应予特别注意。把人作为艺术思维的中心，确立人在整个文学创作中的主体地位，包括把人当作艺术创造的对象和根据，创造的源泉和出发点，乃至艺术创造的最终完成，这是茅盾对包括文学创作在内的一切艺术活动的艺术本质的深入透视与揭示。此种揭示，放在中国新文学发展背景上考量，正是茅盾汲取近代文艺思潮、突破传统的创作思维模式，在艺术思维理论上的变革和创新，由此显示出其艺术思维观的鲜明的现代品格。

"人的发现"，人在文学创作中主体地位的确立，乃是近现代文学逐步走向成熟的标志。茅盾敏锐地感知世界文学新潮，不断探索、思考"人和文学关系"这个历史性命题，使其将"人"置于艺术思维中心地位的观念日渐成形且日趋深化。早在"五四"时期，茅盾便以一个善于吐纳"人的文学"的清新空气的青年理论家而为世人瞩目。由于对传统文学只"替古哲圣贤宣传大道"的弊病看得分明，他对近代文学新潮和我国新文学先驱的理论启迪特别敏感，很自然地成为"人的文学"的热心鼓吹者。他提出现在文学家的"重大责任"是要认清"文学和人的关系"，应该同传统文学创作"不知有人类"的缺憾划清界线，明确表示只要是表现人的思维和情感的文学，"不管它浪漫也好，写实也好，表象神秘也好；一言蔽之，这总是人的文学——真的文学"。[1] 他高度评价"五四"文学在"人的发现"上的历史价值，认为"人的发现，即发展个性，即个人主义，成为'五四'时期新文学运动的主要目标；当时的文学批评和创作都是有意识或下意识的向着这个目标"[2]。这表明，一步入文坛，茅盾的视点便落在文学观念的更新上，即注重文学对"人的发现"以图创建一种真正恢复人的主体地位的"真的文学"。循着这样的思路前进，茅盾对"人的文学"观念的深层内涵及其实现方式，有了更明晰的把握。这突出地反映在走上创作道路后，他从文学表现"人"的独特价值的"发现"出发，将人与文学关系的思考引入具体创作思维领域，提出了创作以人物为"本位"的观点。在《创作的准备》这本谈创作经验的著名小

---

[1] 茅盾：《文学和人的关系及中国古来对于文学者身份的误认》，《茅盾全集》第18卷，人民文学出版社1989年版，第60、61页。
[2] 茅盾：《关于"创作"》，《茅盾全集》第19卷，人民文学出版社1991年版，第266页。

册子中，茅盾提出了确定不移的原则：在文学作品"构成的要素"中，应当"把'人物'作为本位，尊为第一义"，这同他此前谈及的"'人'——是我写小说时的第一目标"相呼应，完整地确立了"以人为本"的崭新的创作理论。如果说，"人的文学"观的提出，是对旧文学扼杀人的个性的反拨，其着眼点主要是在文学内容的革新上，"人"在文学创作中应居于何等地位尚提得不十分明确，那么，"以人为本"、把"人"置于"第一目标"，就毫不含糊地强调了人在文学创作中的主体地位，显然是对前此观念的深化和强化。而其《子夜》及其以后的创作中，依然坚持"以人为本"，文学的实现方式是把"人"置于整个思维活动的中心而展开，则表明其创作模式遵循着文学创作中的形象思维规律，表现了他对艺术思维本质的清醒认识。

由于明确意识到文学创作必须以人为本，茅盾对创作思维规律的深刻揭示，是把人作为思维的中心，创作活动的全过程都应围绕对"人"的透辟思考、研究而进行。具体言之，在创作的准备阶段，"第一目标"是研究人；投入具体创作后，"第一目标"是表现人；创作的最终目的是创造人。研究人，是创作的出发点，作家必须牢记"人"是艺术创造的对象和根据，创作就必须首先从研究人开始。对于茅盾来说，研究人几乎成为他的一种"职业习惯"，诚如他所说，"把写小说作为一种职业"的作家，"没有一点'研究'好像是难以继续干下去的，因而我不能不有一个'研究'的对象。这对象就是'人'！……我于是带了'要写小说'的目的去研究'人'"。[①] 他不但侧重于"向活人群中"研究，即通过对生动活泼的现实生活中的人的实际研究，以获得对创造对象的新鲜印象，也不排斥通过其他的方法去研究人，诸如在同朋友交谈中获取"第二手材料"，从报章记事中研究社会动向特别是人的动向等等。《蚀》的创作偏重于前者，《腐蚀》偏重于后者，《子夜》则可以说是两者的结合。无论是取哪一种方式，都是在形象的"成活"以后始入创作境界，尤其是后期作品对"人"做了深入"研究"，这为形象创造的成功具备了先决条件。表现人，是指突出创作过程中的用力所在，即作家在处理创作诸要素时必须始终把用力重点放在表现人上。茅盾主张创作过程中

---

① 茅盾：《谈我的研究》，《茅盾全集》第21卷，人民文学出版社1991年版，第60页。

突出表现人，反映在人同事的关系处理上"构思的时候应先有人物，然后提出故事，不是先有故事再想出人物来。要使故事服从于人物，不使人物服从于故事"[①]。在人事关系的配置上突出人，反映了茅盾把人定为创作"第一目标"的不可移易性，这使他的作品一般不以曲折离奇的故事取胜，有的其至连故事的可读性也不很强，但能够深深吸引读者，就在于作品具有描述人物性格和命运的夺人心魄的力量。如果说，小说创作中有所谓"情节小说"和"性格小说"之分，那么，茅盾的小说无疑应归入"性格小说"之列。这样看来，由于认识到文学的主要职能是在于写人，在于通过对人的研究去研究社会，通过对人的性格的着力表现去描写人，茅盾必然把创作的最终目的定在"人"的创造上，定在艺术形象的刻画上。他用力最多的是在这里，他为文学所提供的最重要的创造也在这里。

其三是对理性"介入方式"的有效把控。

如上所言，理性思维介入文学创作并不足奇，问题是：社会科学理论作为非文学因素在文学创作中的参与终究是有限度的，它不可以成为一个自足的因素独立存在于作品之中，因而理性观念采取何种方式介入，它是否已成为一个"独立体"外在于作品中，往往是决定创作成败的关键。由于茅盾强调社会科学理论在创作中的指导作用，有的研究者便断言他是"以社会分析的理论体系"驾驭创作，这样就难以避免创作的"概念化"[②]；更有甚者，因其过重的理性化色彩，竟指其一部作品就是一个"高级社会文件"。这里，理性的"指导作用"就被理解为是"理论体系"的"介入"，这当然与实际相去甚远，需要加以仔细辨析。

理性观念在艺术形式中的介入，最理想的方式是观念与艺术形式的融合。别林斯基曾经指出，在文学作品里，思想观念的参与往往可以"显现"出两种方式：一种是，"观念延伸到形式里面去，从而在形式的全部完美性中透露出来，温暖着并照亮着形式，——这种观念是富有生命力的，富有创造性的"；另一种是，"观念跟形式漠不相关地产生在作者的头脑中——形

[①] 茅盾：《谈"人物描写"》，《茅盾全集》第22卷，人民文学出版社1993年版，第334页。
[②] 汪晖：《关于〈子夜〉的几个问题》，《中国现代文学研究丛刊》1989年第1期。

式被他另外单独地制造出来,然后,再配合到观念上面去。其结果是:一部作品,按观念说来(也就是按作者的意图说来)是很可取的,但在形式上却一点也引不起人们的注意"。① 茅盾的创作中也有"观念"较为外露的作品,但就整体而言,其创作大体上遵循"观念"在形式中"渗透"的方式,尤其是那些艺术上成熟的作品。《子夜》的描写十分"科学",就在于有"观念"的介入,但其"观念"并不是被单独"复制",而是透过人物的复杂命运逐步"透露"出来,也可以说是将"观念延伸到形式里面"表现的。以往评价《子夜》,有片面夸大作品主题作用的偏向,以为作家用社会科学理论指导创作,只在强调一个主题,读者似乎在作品中能直接"读出"主题,其实不然。《子夜》研究史表明,这部作品蕴含的价值,研究者们作过多方面的阐发,实不限于主题意义的揭示。日本学者是永骏就并不认为《子夜》的最主要意义是"历来人们谈及到的中国有否资本主义的出路"问题,而是写出了"大都市工业化的宏伟情景",对"社会全体"的表现,其最大贡献是创造了"建构整体结构的全社会小说"②。"社会全体"的精彩描写,无疑是"说明"主题的重要元素,而精彩的社会环境和人物形象描写反而使读者淡忘了主题,或者感觉不到主题的存在,则是作者意想不到的效果。因此,尽管这部作品的创作动机明显蕴含社会分析的成分,但其不着痕迹的艺术表现终使其产生应有的艺术魅力。

观念和形象的融合,表明茅盾的创作是坚持了形象思维和逻辑思维两种思维的结合,但此种结合,并不是将两者等量齐观,而是强调形象思维的主导作用和逻辑思维的辅助作用,这样就使其思维特征有切合于艺术本质的把握。关于两种思维结合的理解,茅盾显然是把侧重点放在形象思维方面。他认为逻辑思维参与创作活动不是孤立进行的,即创作不是仅以理性概括所得的结论"翻"成"文艺形式"为目标,必须遵循这样的艺术规律:"即当其开始,是由具体到抽象,由表象到概念,而后复由抽象到具体,由概念到表

---

① 《外国理论家作家论形象思维》,中国社会科学出版社1979年版,第67页。
② 〔日〕是永骏:《茅盾小说文体与20世纪现实主义》,《茅盾研究》第5辑,文化艺术出版社1991年版。

象，在这回归之后，才是创作活动的开始。"这就是说，艺术创作所走的路径，并不如人们所想象的那样简单，似乎只是循着"表象—概念—形象"这样单一的道路前进，而是由表象上升为概念后，"还得再倒回去，从最初的出发点开始"①，即仍然回到"表象"那里，并在具体形象的思维中进入具体的创作阶段。这样，创作的"出发点"并不是"概念"，恰恰是"最初"给作家以深刻印象的"表象"，理性分析只是本质地认识"表象"的一种手段，在具体创作阶段"再倒回去"把握"表象"进行形象思维，是更重要的思维方式，也是贯穿创作全过程的最活跃的思维方式。对茅盾创作的认识也可以是这样：理性思维曾起过重要作用，但这必须以不损害形象思维为前提，在许多情况下，当创作意图、科学分析与艺术要求发生冲突时，茅盾并不总是服从理性思维进行科学分析，而是遵循艺术规律对待他的创作。例如最遭非议的《子夜》，在许多人看来，就是那个政治性主题制约着作家，限止了他的艺术创造，其实并非如此。作品将吴荪甫写成一个光彩照人的"英雄"，按照"社会分析"的眼光，显然是不够"科学"的，同时也有违于作者原先的创作意图。然而，注重形象思维的"回归"，当人物的独特性格和命运反过来影响作家的创作时，他不得不修改原来的构思，让人物循着生活的常规走完自己应走的途程，他也不能不将同情的天平向这个人物身上倾斜，于是吴荪甫也就有了另一番面目。可以说，吴荪甫形象创造的成功，是《子夜》最大的收获之一，这便是以形象思维为主导使创作获得成功的典型例证。

理性思维在创作中的参与，最理想的方式是渗入作者对现实的主观评价而又不着痕迹，能够达到使之与形象化表现水乳交融的程度。别林斯基主张"观念延伸到形式里面去，从而在形式的全部完美性中透露出来"，就是基于这样的考虑。他还认为观念不仅要延伸在形式中，还"必须和它构成一体，消逝、消失在它里面，整个儿渗透在它里面"②，这是对创作提出的更高要求。茅盾也是尽力追求这种艺术效果的作家。他的某些创作的失误，是由于"观

---

① 茅盾：《谈技巧、生活、思想及其他》，《茅盾全集》第 22 卷，人民文学出版社 1993 年版，第 286 页。
② 《外国理论家作家论形象思维》，中国社会科学出版社 1979 年版，第 67、57 页。

念"和"形式"的不够谐调，像《路》《三人行》和抗战期间的某些"急就章"这样的作品用"观念"复制人物，让作者意念中的"肯定"人物去直接"说出"自己的"觉醒"，事实上，茅盾对自己创作的弱点是看得比较清楚的，自认为《三人行》是"失败"之作便是例证。但从总体上说，他的作品能够做到渗入作者的主观评价而又不着痕迹，即作者的主观性不是以理性的形式直接表露，而只是对读者施加深层的影响，导致他们去做出同作者没有透露的本意相一致的判断。例如《子夜》和《春蚕》等作品的创作，意在参与社会性质大论战或提出一个"社会科学命题"，但这意图在作品本身并不能"读"出，读者感觉到的只是作家对社会生活现象的生动描绘和人物独特性格命运的充分展示，作者后来对题意的"点破"，才加深了人们对作品的理解。正由于观念不是直接表述的，它的确已消融在形式中了，这样就很容易构成欣赏者与作者之间判断的一致性。然而有的研究者往往将作者的"写作动机"与作品的实际表现画上等号，据以论证作品是"观念"的浅显表现，进而推导出茅盾创作"概念化"的结论，实在是很不公正的。

其四，是"思维具体"性和整体性的有机融合。

综观茅盾创作的艺术思维特征，是在于坚持形象思维与逻辑思维的结合与交融，在活跃的形象思考中又辅之以透辟的理性分析，从而呈现出创作思维的活跃性与开阔性，显示出作家的艺术思维，既有对社会生活现象的宏观把握，又从微观的"具体"的部位深入，使之构成一个圆融的艺术整体。如果用茅盾自己的观点来概括，或者可以把这称之为"立体思维"方式。这是使茅盾的理性分析避免失之空泛或徒有概念化的重要艺术经验。

所谓立体思维，按照茅盾的理解，作家要达到对生活与艺术的本质把握，就必须从全面认知生活入手：一是对社会生活现象"作全般的鸟瞰"，二是分析这些现象时要"从社会的总的联带关系上作全面的考察"，从而达到对社会的"立体"认识。而所谓"立体"，又包括纵横两方面的整体把握：横的方面是"社会生活的各环节"，纵的方面是"社会发展的方向"，若是"对于全面茫然无知，就不可能深入一角"。[①] 艺术所要求的仅仅是表现生活

---

① 茅盾：《〈茅盾选集〉自序》，《茅盾全集》第24卷，人民文学出版社1996年版，第209页。

的一角，然而茅盾认为作家的创作思维活动不能仅限于一角而展开，其着眼点必须放在对"全般"的总体认识上，而且还不是一般的认识，而是通过细密的分析完成对社会生活现象的各种复杂关系及其发展趋向的明晰把握，这就显示出为别的作家很少提及也很少具有的开阔性思维特点。马克思在《〈政治经济学批判〉导言》中，提出过"思维总体""思维具体"的命题，认为它们都是"思维的、理解的产物；但是，决不是处于直观和表象之外或驾于其上而思维着的、自我产生着的概念的产物"；强调思维是通过"具体"而去掌握世界，而具体"是许多规定的综合，因而是多样性的统一"，所以思维也就"不是一个混沌的关于整体的表象，而是一个具有许多规定和关系的丰富的总体了"。① 茅盾主张的"立体思维"方式，也正是从表现"具体"着眼，造成由事物的广泛联系性所构成的"丰富的总体"的整合，从而完成对丰富复杂的大千世界的整体性的完整的艺术表现。

应当指出，茅盾提出整体性思维或立体思维要求，是在侧重再现的现实主义创作中显出独特价值的，并非在所有创做中都具有普泛性意义。例如主张"自我表现"的文学创作，就未必定要对社会做立体的认识与思考。然而，在现实主义的命题范围内，茅盾提出的立体思维要求的确有其独到处。因为既然文学创作重视的是再现而不是表现，那么再现就应当有对生活对社会的本质认识和典型意义的揭示。倘只是浮光掠影，或只是看到一个混沌的表象，就很难达到真实地再现生活的目的。茅盾曾举过这样一个例子来说明注重再现的文学创作运用"立体思维"的必要：在旧中国战争频仍、百业萧条的境况下，独有军事工业和烟草工业显出"景气"的迹象，这两种工业的发展，使股票上涨了三倍。这个现象在生活中也许是真实的，但如果以此为题材写小说，以说明"中国工业正在勃兴"的结论，就会犯"只见部分，不见全体"的错误，因为它没有反映"工业界全般的状况"，读者据此"不能认识全般的社会现象"，因而就"不是真实人生的反映"。倘若换一种角度，"一位作者以烟草工业的发达为'经'，以一般工业的衰落为'纬'，交织出

---

① 马克思：《〈政治经济学批判〉导言》，《马克思恩格斯选集》第 2 卷，人民出版社 1972 年版，第 104、103 页。

现代中国产业界畸形的啼笑史，那我们的观感就不同了，我们要说这是真实人生的反映了。为什么呢？因为作者是看见了'全体'的"①。这是一个阐释"思维总体"和"思维具体"命题的很有说服力的例证。它说明，思维必须从"具体"出发（例如表现军事工业和烟草工业的"景气"现象）；但具体"是许多规定的综合"，它受"规定"情势、"规定"制度等等的支配和制约，若"具体"离开了"许多规定的综合"（如据此得出"中国工业正在勃兴"的结论），就会陷入一种悖论，原因就在"思维具体"和"思维总体"的脱节、分离。由此看来，为要本质地再现生活，作家有开阔的艺术视野，善于对社会生活现象作综合的整体的研究，是多么重要。茅盾的创作实践就充分证明了这一点。试以《春蚕》的创作为例。作家在当时看到的是春蚕空前丰收，而农民仍陷于贫困这一种"畸形"的现象。对这个题材的处理，如果只写春蚕丰收的一面，渲染农村"田家乐"的气氛，这就反映旧中国农村面貌说，当然是不真实的。如果就事论事写"丰收成灾"，不去开掘它所由造成的社会原因，也不能说是触及了本质的。作者构思的巧妙，就在于把这一奇特的现象放到本身就是"畸形"的社会中去表现，以农民春蚕的丰收为"经"，以民族工业的衰落（丝厂关门，蚕茧失去销路）为"纬"，交织着描绘出一幅旧中国农村经济破产的现实图景。这样表现，坚持"思维具体"性和整体性的有机融合，就显得相当真实和典型，因为作者也是看见了"全体"的。

坚持"立体思维"原则，茅盾所论及其创作实践，都偏重在艺术构思活动方面，包括谋篇布局，提炼主题，乃至安排情节、设置故事等。这诸多环节都要求作家在对"全般"有充分的把握基础上进行，以实现对社会生活本质的理性揭示。这里显示的正是一个特别注重理性化和社会化的作家的创作思维习惯。茅盾写于20世纪30年代的社会剖析小说，有明确的社会要求，灌注了鲜明的理性色彩，也正是遵行了"立体思维"，使其创作得以深化。这突出地反映在两个方面。一是主题的精心提炼。茅盾的创作比一般作家更注重主题思想的明晰性，因此在艺术构思时，提炼出一个具有深刻社会意义的主题，通过文学的命题去揭示具有巨大思考力的历史命题和哲学命题，是

---

① 茅盾：《"蚂蚁爬石象"》，《茅盾全集》第19卷，人民文学出版社1991年版，第577页。

他首先考虑的。"立体思维"便在于从纷纭复杂的生活现象中找出事物的内在本质方面见出其所长，显示出独特的功效。茅盾说："我们必须善于总揽全局、鸟瞰式地来表现主题。"① 他的作品主题的提炼，往往都是"总揽"和"鸟瞰"的结果，表明其创作在表现生活"一角"时，调动了众多的素材，"鸟瞰"了广泛的现实，又对生活现象做了广泛联系性的思考，遂使其作品非但以展示生活画面的广阔见长，同时也以对社会性质的精到分析取胜。一部《子夜》，仅在构思期间写出的"提要""大纲"就有几万字，内中可见写作前"总揽"生活面之广。② 二是情节的审美把握。"立体思维"运用情节提炼，是在于突出情节本身的透视力，即透过"这一个"情节去表现富有"全局"意义的东西，从而加大了情节所蕴含的思想和艺术容量。现实主义创作注重典型事件的选择和情节的提炼，即通常所说的情节的典型化。立体思维，正是通达典型化的有效途径。因为它是笼罩"全局"进行思维的，作家可以从繁杂的生活现象中，经过精心的观察、分析、取舍，"恰好地选取了最有代表性的、典型性的，即具有深刻的思想性的一事一物"③ 来表现。茅盾小说的艺术构思，大都经过这样的匠心独运，情节也往往以典型化见胜。这在短篇创作中尤其突出，篇幅容量的限制，不得不使作家苦苦思索那最足以反映"全般"的"一角"。茅盾的短篇小说大多是"长短篇"，以生活容量大、幅射面广著称，其源盖出于此。

四、"创作模式"的评价与"模式化"批评的误导

由于茅盾创作模式本身的特异性与复杂性，甚至在一般现实主义创作中都是相当独特的：他的反映现实一丝不苟的向真求实的态度，他的表现社会现象每每要进行"社会剖析"的理性分析精神，他的创作中注重社会科学理论的指导、参与等，在我国现代作家中罕有其匹。但就如我们上面所分

---

① 茅盾：《关于反映工人生活的作品》，《茅盾全集》第 24 卷，人民文学出版社 1996 年版，第 197 页。
② 参见茅盾：《〈子夜〉大纲之一部分》，此系作者在"提要"基础上写下的分章大纲，从中可见人物、事件、情节乃至艺术表现已接近定稿的《子夜》的基本面貌。《茅盾研究》第 1 辑，文化艺术出版社 1984 年版。
③ 茅盾：《〈茅盾选集〉自序》，《茅盾全集》第 24 卷，人民文学出版社 1996 年版，第 209 页。

析的，其尽管独特，却并没有违背现实主义艺术规律，而且在许多方面还为理性思维介入文学提供了卓有成效的经验。这说明，茅盾模式是一种非常独特的文学现象，提示我们对其的评价，必须有对模式本身复杂状况的切实分析，需要有从历史文化背景和文学现实发展需求等方面入手的深入理论探究，只做简单的肯定、否定文章并不能说明问题。因此评价模式的一些似是而非的看法，是需要加以澄清的。

细察当年人们对茅盾创作"模式"的种种评论，并非都是判决式的批评，确实也有许多进行认真的学理性探究的文章，透过对文本的深入解读，提出了对一种创作模式的不同批评视角，有些观点还颇为尖锐，这些问题的提出，对于准确评价"模式"的意义（无论是积极的还是消极的）都是极为有益的。例如汪晖的《关于〈子夜〉的几个问题》[1]一文，可能是最早提出《子夜》"艺术模式"的。该文从"文学史意义"评论《子夜》，认为这部作品的出现，形成了"一种不同于鲁迅所代表的'五四'艺术传统的'范式'，甚至可以说，由《子夜》《林家铺子》和"农村三部曲"构成了一种可以称之为'茅盾传统'的东西，它对其后中国文学的发展的影响也许超过了被人们当作旗帜的鲁迅传统"。尽管他对"模式"的"艺术表达方式"提出不少批评，也从肯定鲁迅所代表的"五四"艺术传统的角度指出茅盾"模式"是对"五四"传统的背离和抛弃，使用了"背离""抛弃""歪曲""片面地发展"的字眼，但作者随即指出，这些词语"在这里并不包含道德上的否定意义"，表明其是在"文学史意义"的框架内评论"模式"的是非。王晓明的《一个引人深思的矛盾——论茅盾的小说创作》[2]论述了茅盾创作中的"矛盾"现象，准确揭示了其前后期创作的不同色调，对《子夜》及其以后的作品也做了重新解读。谈到《子夜》，他并不认为作品的意义是在于表现"历史和现实背景"，"描写人的政治和经济关系"，吴荪甫形象的成功之处也不在于提供了一个民族资本家的典型，而是基于作家独特的情感体验写出了一种"悲剧性格"。仔细审视这两个观点，可以发现，他们所表述的意见在很

---

[1] 汪晖：《关于〈子夜〉的几个问题》，《中国现代文学研究丛刊》1989年第1期。
[2] 王晓明：《一个引人深思的矛盾——论茅盾的小说创作》，《中国现代文学研究丛刊》1988年第1期。

多方面是并不相同甚至稍带对立的。例如,汪文认为《子夜》的创作主要"来自作家用以社会分析的理论体系",甚至"与中国古代小说以'天命'统摄人物命运与故事相类似";王文却认为"《子夜》给我的实际印象,它并不仅是某个抽象命题的图解",作者"在许多时候都还是不自觉地保持了原先的写作风格,许多都还是依靠了过去的情感体验。这就是说《子夜》的成功,并不能证明那种主题先行的创作方法的成功"。

上述命题的提出,对于科学评价"模式"都有重要启迪,但同时也说明,作为一种有着复杂内涵的创作"模式",有许多问题仍有必要再予深入探讨。这里,避免"模式化"的思维就非常必要。"模式化"思维的重要表征,是抛开具体的历史文化语境抽象出一种"纯粹"的创作模式,它同文学自身的演化毫无关联,而模式可能存在的"弱点"被无限放大,则此种模式就变得一文不值;或者是将作家的创作陷在一种固定不变的"模式"中,是从"模式"出发(而不是从创作文本出发)解读作品,把一部有丰富内涵的作品(例如《子夜》)轻而易举地否定了,而实际的创作活动却要复杂得多。于是就有许多问题值得探究:例如,从"文学史意义"看待"模式",是否就失去了其应有的价值?"模式"中强调社会科学理论指导创作,这是否就意味着这是一条一成不变的铁则,注定使其成为茅盾创作中的主要艺术失足点?茅盾提出了一种创作"模式",是否就可以将其全部创作"模式化"?

从"文学史意义"审视茅盾的创作模式,重要的是应有历史的视野和历史的评价。诚如有研究者指出的:主要作为"五四"文学代表的鲁迅,同主要作为"三十年代文学"代表的茅盾,在不同的历史阶段会对现实主义提出不同的使命要求,于是就会形成"两种形态的现实主义小说"。[①] 但这两种现实主义并不是互相"背离"和"抛弃"的,只不过在不同时期各有其侧重点而已。茅盾评论"五四"文学,唯一推崇的作家是鲁迅,这有大量的文字为证,显见其对鲁迅现实主义精神的赏识;而鲁迅在20世纪30年代与茅盾同处于左翼文艺阵营,文学倾向是基本一致的,且其将《子夜》作为左翼"新

---

① 参见王富仁:《两种形态的现实主义小说——鲁迅小说和茅盾小说的比较之一》,《中国现代文学研究丛刊》1989年第1期。

作家"的成就给予热情赞誉①，同样说明他也不是背离"三十年代"现实主义文学传统的。诚然，这两种现实主义形态各有其特点。茅盾是带着理论自觉性去选择一种文学思潮，对现实主义有一种近乎偏执的追求，这在中国作家中很是少见，其创作必会自觉运用现实主义理论约束、规范自己，包括自觉借鉴托尔斯泰、高尔基等俄苏现实主义作家的创作。鲁迅则不同，就如前南斯拉夫评论家斯韦塔·卢基奇所说的："用高尔基的现实主义或其他的现实主义的范畴来套中国这位伟大的作家是不适当的"，"鲁迅远远超越了俄罗斯现实主义文学的界限"，"于是，我们看到了一种更为完善的现实主义"。②鲁迅遵循现实主义创作原则，又融合多种创作方法，故使其创作容涵深广；茅盾则尽力追求现实主义的"纯正"性，显示出"固守"现实主义的倾向，使其现实主义的理论与实践缺乏宽延性。然而，茅盾的创作以一种更贴近现实与时代的态势开创了充分反映"时代性"与"社会化"的创作传统，此种创作方法与传统，因其切合20世纪30年代及其后急剧变动的中国社会现状，为一大批中国作家所接受，它势必在更大的时空范围内增加了影响力，从而赋予中国新文学的现实主义以更为广泛而深邃的内涵，这又是茅盾之所长。我们说茅盾代表了"三十年代文学"传统，指的正是此，而此种传统的确有承续"五四"又超越"五四"的意义。茅盾开创的创作模式，以描写社会的"全般"见长，把笔触伸展到现代中国社会的各个历史时期、各个社会阶层，用艺术的雕刀刻绘了现代中国社会的历史长卷。借用王瑶的话说，他用小说写出了"中国社会革命的通史，简直是一部'编年史'"③。如此大手笔、大气魄，在同时期现代作家中是罕有其匹的。这不是说别的作家没有贡献，而是说由于作家的艺术视点不同，贡献也各不相同。杨义认为，在建构中国20世纪30年代"文学传统"中，巴金为新文学"增加了热度"，老舍"增加了轻松宽容的气质"，而"茅盾给我国新文学所增添的是史诗的气魄"。④此为确论，对茅盾创作精神的概括尤为精到。茅盾于20世纪30年代开创的"史

---

① 参见鲁迅：《致曹靖华的信》，《鲁迅全集》第12卷，人民文学出版社1982年版，第148页。
② 〔南斯拉夫〕斯韦塔·卢基奇：《鲁迅是现代哲学—现代文学的代表人物》，《文艺报》1981年第23期。
③ 王瑶：《茅盾对中国现代文学的历史贡献》，载《茅盾研究论文选集》，湖南人民出版社1983年版。
④ 杨义：《文化冲突与审美选择》，人民文学出版社1988年版，第194—196页。

"诗"型小说，在宏大而严谨的艺术结构中显出磅礴的气势，表现出把握历史与现实的完整性、整体性、意义深远性，无形中开阔了中国新文学的气氛，提升了"五四"文学的品位。"五四"时期的小说家不乏表现生活的热忱，但缺少的是气魄，追逐大波大澜，表现非凡气势，未有如茅盾者。对于文学来说，仅仅只是"低吟浅唱"，并不是文学发达的征候，任何一个国家，任何一个时代都要有"史诗"，而这正是"五四"文学所缺乏的，恰恰由以茅盾为代表的20世纪30年代文学填补了。因此它对于"五四"文学传统而言，分明是一个突进、一种发展。茅盾创作模式兼具小说家素质和社会科学家精神，以一丝不苟的态度分析现实、表现现实，作品充分反映了20世纪30年代的时代内涵和社会内涵，无疑为新文学创作增添了新的色彩和新的品格。正如有学者指出的，"注重社会剖析成为第二个十年后半期现实主义新的品格"，这是"'五四'现实主义关注现实的传统在更高层次上得到了发展"。[①] 可以说，只要"社会"对文学的要求同样存在，只要现实主义精神不会过时，那么，茅盾的创作范式将会继续产生影响，而且还如严家炎先生所说，今后"也将会有新的来者"[②]。

　　茅盾的创作注重理性思维，强调社会科学理论指导创作，这往往成为"模式"的主要"艺术失足点"而被批评，这其实有很多误读，需要特别厘清。基于"模式化"思维，在以往的茅盾研究中，有一种片面夸大主题在其创作中的作用的倾向。以往评价《子夜》，论定其价值所在，无论褒贬与否，似乎都着眼于作品的一个预设性主题：通过一个民族资本家命运的描写，揭示了资本主义道路在中国走不通的命题。当意识形态主宰文学的时候，这个主题会受到特别的青睐，《子夜》自然就是一部伟大的作品；反之，因为主题是"概念化"的东西，用"概念化"指导创作偏离了文学的要求，《子夜》就什么也不是了，不管你表达的主题有多高明，至多也只是一个"高级社会文件"。类似于此的认识，在不同意识形态的研究者那里，自然会引起更强烈的反弹，轻而易举就得出了这样的结论：你所说的那个"社会科学"本身

---

① 温儒敏：《新文学现实主义的流变》，北京大学出版社1988年版，第219、159页。
② 严家炎：《中国现代小说流派史》，人民文学出版社1989年版，第204页。

就不"科学",遑论其"正确"与否,这肯定会成为作家创作的"迷障"。可以说,主题的意义被无限制地膨胀、放大,作品所蕴含的其他丰富内容都忽略不计,其实际意义被大大地缩小,这是这部作品至今未得准确评价的症结所在。试想,把《子夜》这部三十余万言的厚重作品,缩小到只有一个思想符号所表达的东西,当然是不可思议的。我国学者王富仁在其《两种形态的现实主义小说》一文中,指出鲁迅与茅盾各代表一种"现实主义小说形态",茅盾《子夜》的最重要价值,并不是通常所说的那个社会主题,而是提供了一个极具"美学价值"的文学形象,即具有丰富内涵和复杂性格的吴荪甫形象,这个形象的意义因过去只重主题阐释而未充分揭示。日本学者是永骏也不认为《子夜》的最主要意义是"历来人们谈及到的中国有否资本主义的出路"问题,而是写出了"大都市工业化的宏伟情景",对"社会全体"的表现,茅盾对小说创作的最大贡献是创造了"建构整体结构的全社会小说"。①这样的阐释都是十分有理的。它启示我们,对《子夜》这部内涵十分丰富的作品,必须做出多方面探求,才能穷尽其意义的揭示。特别是作为一个文学文本,尤其不可或缺的是对作品艺术形式、美学价值等方面的深入探究。然而,20世纪80年代后期以来的评论,将主题意义突出、强化,似乎茅盾的创作都是严格按"理论模式"进行的,几乎不能越雷池一步,于是将其判定为"失败之作",必在所难免。《子夜》研究史表明,对这部作品蕴含的价值,研究者们作过多方面的阐发,有许多至今不失价值的精辟之论,遗憾的是因意识形态的支配,对这个作品的意义解读日渐狭隘、僵化,走上逼仄之路。

"模式化"思维的形成,同我们长期以来受制于意识形态的支配,对文学创作的评价把"思想性"抬到至高无上的地位,而艺术评价常有忽视,不无关系。这样的现象特别容易发生在对茅盾这样尤重社会意识的作家身上,以为非如此就不足以论定其创作的价值所在。以《子夜》而论,自从其问世以来,侧重探讨其社会价值已成为一种思维"定式"。20世纪30年代的评论中,瞿秋白的《〈子夜〉与国货年》、冯雪峰的《〈子夜〉与革命的现实主

---

① 〔日〕是永骏:《茅盾小说文体与20世纪现实主义》,《茅盾研究》第5辑,文化艺术出版社1991年版。

义的文学》、萧三的《论长篇小说〈子夜〉》等左翼作家的评论，固然大多是社会意义视角，即便是其他评论，也受到社会风气感染，所重在社会意义揭示。单看这些论文的题目，例如《〈子夜〉在社会史的价值》（骏生）、《〈子夜〉中所表现中国现阶段经济的性质》（芸夫）、《第一步谈〈子夜〉——怎样研究中国经济》（钱俊瑞）等，一望而知都是论述其社会价值的。此种现象对后来的《子夜》研究有很大影响，新中国成立以后出版的中国现代文学史，基本上是延续了瞿秋白、冯雪峰等理论家阐释《子夜》的观念，而且层层加码，强调《子夜》的社会价值，特别是着重阐释那个揭示"社会性质"的主题。从这个研究背景看，对《子夜》的评价实际上早就被"模式化"了。

需要指出的是，意识形态对文学评论的制约，不独反映在研究者身上，就连作家自己也深受其累，难脱干系。笔者以为，在《子夜》被"模式化"的过程中，茅盾本人也是要负些责任的。他最早表述的《子夜》写作意图是"大规模地描写中国社会现象的企图"，而且其原定计划还要比成书"大许多"，包括写农村的经济情况，小市镇居民的意识形态，以及1930年的"新儒林外史"[1]等，可见其意是在全景式地展示20世纪30年代的社会状况，当时并无明确的借作品以揭示"社会性质"的意图。他对自己笔下的主人公吴荪甫的定位也是十分正面的，"他有大志，有魄力，也有计划，他也不缺少同志"[2]，并不掩饰他对这位工业资本家才干的激赏和命运的同情。这样的意图较为真实可信，也与作品实际比较切近。《子夜》问世后的一年内，对它好评如潮，多数意见集中在作品的气势、规模上，也有对作品作精辟艺术分析的。甚至连原来并不关心新文学的学衡派名宿吴宓也评论起《子夜》来，认为此书乃"近顷小说中最佳之作也"。其评述作品最令人"激赏"的艺术长处有三：一是"此书乃作者著作中结构最佳之书。盖作者善于表现现代中国之动摇，久未吾人所习知"；二是"此书写人物之典型性与个性皆极轩豁，而环境之配置亦殊入妙"；三是叹服"茅盾君之笔势具如火如荼之美，酣恣喷薄，不可控搏。而其微细处复能委婉多姿，殊为难能而可贵"。[3] 这样的艺

---

[1] 茅盾：《子夜》初版"后记"，《茅盾全集》第3卷，人民文学出版社1984年版，第553页。
[2] 茅盾：《〈子夜〉木刻叙说》，《茅盾全集》第21卷，人民文学出版社1991年版，第313页。
[3] 吴宓：《茅盾著长篇小说〈子夜〉》，《大公报·文学副刊》1933年4月10日。

术分析，对于揭示《子夜》的意义应是切中肯綮的。由此看来，《子夜》的写作意图及其问世初期的评论，几乎都没有涉及揭示"社会性质"的主题。这个主题的提出和被突出与强化，以至于将其强调到不适当的位置，就有茅盾本人的推助。这个主题的提出，首见于茅盾《子夜》出版七年后（1939）所作的《〈子夜〉是怎样写成的》一文，该文第一次提出作品的写作意图是为参与社会性质大论战，是在于托出一个揭示"社会性质"主题，这与其最初表述的写作意图已有不小距离。此后，随着意识形态的进一步强化，茅盾对主题意义的强调也逐步升级，至20世纪70年代末，干脆就说这个作品的写作意图主要是为参与社会性质大论战，"《子夜》通过吴荪甫一伙终于买办化，强烈地驳斥了后二派的谬论"①。这一说法，不但轻易改变了作家本人对其笔下主人公的态度，甚至连作品的事实也不顾，因为《子夜》描写的吴荪甫及其"一伙"最终并没有"买办化"，倒是在同买办资本家的抗争中悲怆地倒下了，如此申述作品的主题意义，怎么能够相信它是真实可靠的呢？可见在一种特定的时代语境中，在一种单一、狭隘的思维模式中，就连茅盾这样的文学大家对自己写下的作品的评论也未能免俗，研究者要做到对一部作品一种文学现象给以科学准确的评价，委实并不容易，更需要拨开层层迷雾，付出更大的学术努力。

对茅盾创作的"模式化"批评，《子夜》评论可能是最显著例证。这部内涵极其丰富、具有多重艺术审美价值的作品，至今并没有得到深入的开掘与合理的阐释，而且还因"模式化"批评的误导，至今依然承续着以往那个政治性主题的阐说，或是评述《子夜》研究的局限只限于对政治性主题的义正词严的批评，欠缺对其的准确合理的评价。这都是与《子夜》实际价值的揭示相去甚远的。陈陈相因的批评，总是使《子夜》研究缺少生机；而政治主题的过度阐释，摒弃其丰富内涵只留下淡而无味的政治性命题，这或许也是研究者甚至许多读者逐渐远离《子夜》的一个原因。这说明，走出"模式化"的批评路子，对于茅盾研究的深化有多么重要。

---

① 茅盾：《再来补充几句》，《茅盾全集》第3卷，人民文学出版社1984年版，第562页。

第七章 "理性化"创作中的独特艺术诉求

论述"理性化"创作特征，旨在从一个重要侧面把握茅盾的创作思维习惯，但仅此是不够的，因为理性化并不是茅盾创作思维方式的全部，还需要对其创作的整体艺术诉求作一番综合的考察与认识。这在对茅盾的创作存在种种误解的情况下，显得尤为必要。

从茅盾的理性化创作评论中可以得知：茅盾的最鲜明的创作特点是在于此，他的最遭非议和责难之处也正在于此。一眼可以看到的事实是，这样的评论包含着对茅盾创作较深的误解和偏见，其间掺杂着因政治见解的歧异而难于避免的评论的倾斜性。然而，仔细考量这类批评所包含的意义，笼统地把它们称之为恶意的诬罔，恐怕过于简单；围绕论点本身只作单纯的辩解，也会显得不着痛痒、软弱无力——因为排除某些政治因素以外，这里实际上还牵涉着一些重要的理论问题，这就是："理性化"创作是否注定是与艺术表达无缘的？作家的"社会"要求和"科学"指导是否注定要成为阻滞他"才力"发挥的"迷障"？看来，如果在这些问题上得不到肯定性的回答，就很难估量茅盾创作的全部艺术价值。

而从评价茅盾创作模式的失误来看，就如我们上面所言，一个很重要的因素，亦在于艺术评估的不足，即只重社会价值的"模式化"思维遮蔽了人们对作品独特艺术价值的观照。例如评价《子夜》这样内涵十分丰富的作品，其价值只缩小到一个"理性"表达的符号（如"社会科学文件"说），其他艺术因素，包括作家充分调动艺术手腕驱遣笔下的人物，运用清晰、凝练、圆熟的现实主义技法进行精细叙事等，使之形成一个完整的艺术品，往往忽略不计，或述而不详，焉能对一部30万言的文学巨著做出全面、准确的艺术估量？事实上，茅盾是一位有深厚艺术积累的作家，他的作品并非经不起艺术分析，只不过对其的评价只强调一个侧面，其艺术整体价值被掩盖了，遂遭致对其创作的诸多误解。

由此看来，对茅盾创作的误解是不应该再持续下去的。我们需要做的工作是，结合其理性化创作思维习惯，探究其创作中的整体艺术诉求，既以揭示理性化与艺术思维的联系，同时亦可从更开阔的视野总结其为完善我国现代小说艺术所积累的丰富经验。

一、《子夜》创作例证：对理性与艺术"相克"的防范

审视茅盾的创作思维特征，一个重要的理论前提是：他是十分重视艺术的目的性和创作思维自觉性的。这区分了他与那种只讲"艺术直觉"完全排斥"理性"介入创作的不同，显示出其艺术思维的独异之处和用艺术手段"理性"地把握对象世界的独特艺术路径。这一路径，对于艺术目标的最后达成有"相生相克"之虞，即理性的介入使创作按创作者既定思路前行，有可能保证艺术目标的不逾矩，但理性作为"非艺术"因素介入于创作中，过重的理性渗透又会损害艺术，这便是理性介入创作的两难。茅盾坚持"理性化"的艺术思维自觉性，自然也不可避免遭遇如此难题，其可取之处是在于，他对于艺术生成的复杂性有足够清醒的认识，因而在创作中即便有浓重的理性因素介入，也总是尽力防范理性与艺术的"相克"，这便有可能使其创作的"理性化"不致陷入阻滞"才力"发挥的"迷障"。

坚持艺术思维自觉性，取决于作家对被称之为艺术的文学创作的独特理解。在重视艺术直觉的作家看来，艺术活动完全是非理性的，只是作家直觉、灵感的产物，于是，郭沫若在"灵感袭来的时候"全身心为"诗情"所主宰，可以一口气写下《女神》中的诸多诗篇，便都是可以理解的事情。而作为坚定的现实主义作家，茅盾的创作主张与艺术实践，与此截然不同，且对创造社作家只重"灵感"的创作多持批评态度。早在20世纪20年代初期，他就反对"作家太把小说'诗化'"，主张"小说要努力做"，甚至不妨

有"中外古今的大文豪"总是"构思几年，修改数次而成"大杰作那样的"做"法。①他强调作家的社会责任感，强调创作的目的性，力主"使文学成为社会化"的事业，认为文学作品"是'血'和'泪'写成的，不是'浓情'和'艳意'做成的，是人类中少不得的文章，不是茶余酒后消遣的东西"。②在投入创作以后，他的这一观点愈益强化，创作的"社会化"要求更加强烈，用文学批评社会、寄托爱憎的目的也更加鲜明，尤其是特别强调了社会科学理论对创作的指导作用，提出在创作中必须揭示社会科学命题的直率主张，这是一种非常独特的创作主张，即便在现实主义创作中也显出相当的独特性。

应当指出，创作的有目的性和思维自觉性，并不是一种怎样拂逆艺术规律的现象。大量的作家理论家都从理论上、创作实践中反复证明过，在艺术创作中，思想性和形象性、逻辑思维和形象思维并非完全割裂、殊死对立的。最早提出形象思维的别林斯基，固然一度认为创作是一种"非自觉性"现象，但他同时又指出："直感性中可能有不自觉性，但并非永远如此，——并且，这两个词绝不是同一个东西，甚至也不是同义词。""不自觉性不但不是艺术的必要属性，并且是跟艺术敌对的、贬低艺术的。"③别林斯基的这一思想，愈是在其完整阐述形象思维理论的后期，就坚持得愈充分，因为他发现作家在思维活动中，形象和思想是完全可以"交融"在一起的，要想抽去其中任何一个方面都是不可能的。这就告诉我们：创作思维的自觉性，其中包括思想观念的积极参与，绝非不可思议，恰恰是一种带规律性的现象；以形象思维为主体的艺术创作并不排斥逻辑思维，而且正是作家"深刻的智力"的参与，才是构成真正艺术品的不可或缺的条件。

反观茅盾的创作，其艺术思维自觉性，在很大程度上也正是在两种思维的交错与融合中显出艺术优势。许多人批评茅盾因理性的介入而"失足"，可事实并非如此，这只是看到其创作中理性参与的一面。因为在他看来，用

---

① 茅盾：《一般的倾向——创作坛杂评》，《茅盾全集》第18卷，人民文学出版社1989年版，第177页。
② 茅盾：《现在文学家的责任是什么》，《茅盾全集》第18卷，人民文学出版社1989年版，第11页。
③ 〔俄〕别林斯基：《艺术的概念》，《别林斯基选集》第4卷，上海译文出版社1980年版，第107页。

形象反映方式去把握对象世界的艺术创作，逻辑思维并不是一种主要的思维方式，它在艺术创作中的参与是有条件的，并非可以独来独往地孤立进行。他对两种思维的交融有很多论述，基本观点是逻辑思维必须依附于、"交融"于形象思维中，丰富和深化形象思维的内涵，才能真正发挥艺术上的作用。这样说来，如何看待茅盾创作实践中逻辑思维（理性）的积极参与，如何同形象思维相交融而获得显著的艺术效果，对于估定其创作的艺术价值，便至关重要。

这里，不妨以人们误解最深的《子夜》创作为例，论说茅盾的创作有浓重的理性介入而又不失艺术要求的可取之处。在笔者看来，《子夜》创作的成功，是作者有意识地将理性思维灌注于创作实践中，而又能交替运用两种思维，有效防范理性与艺术的"相生相克"，终使其有可能实现自己的艺术要求。关于两种思维的交错与融合，茅盾认为它是贯穿在艺术创作全过程中的，《子夜》的创作亦然。这只要考察《子夜》从艺术构思开始至作品最终完成的"全过程"，这一创作特色便不难得到理解。

其一，艺术构思阶段，理性思索与形象思维"伴随"而行。

一般而言，文学创作中的理性介入，在作家对作品的整体艺术设计阶段，即创作前的构思阶段，会表现得更明显，因为作品的题材来源、主题思路、艺术目标乃至谋篇布局等，都是在这一阶段完成的，都需要作家依据特定艺术需求对上述环节作必要的理性思索。但茅盾并没有将艺术构思阶段的理性介入，仅仅看成是逻辑思维的作用，认为它必须"伴随"形象思维而进行方能实现艺术要求，这一点对于看待其理性介入方式十分重要。

按照茅盾晚年提出的创作思维观点看，在他的整个创作过程中，"逻辑思维和形象思维并不是自觉地分阶段进行而是不自觉地交错进行的"；即便是侧重于分析、研究材料的构思阶段，"主要是逻辑思维在起作用，但伴随着，也有形象思维"。他以题材的成熟为例，"作家的世界观决定了他从最熟悉的社会生活中选择其最能反映时代精神的部分，作为题材，这便是逻辑思维"；但同时，"题材决不是以抽象的方式凭空跳出来的，而是作家在长期深入生活"，充分感知了生活中的人和事，以至于"使他兴奋，使他时刻难忘，甚至睡梦中也参加这些事件"，"作家渴望而且感到有把握进行写作的就是这些人和事,从而进行了初步的构思,这便是形象思维"。① 这样说来,两种思维的运用完全是呈胶着状态的,是如此密不可分地联系在一起,实在很难分清究竟什么时候用了哪一种思维。由这种特点所规定,作品题材的成熟,主题的孕育,当然不可能只是单纯思想观念的产物;即便是观念的形成,也不是心血来潮,凭空产生,而是对生活中的人和事进行长期静观默察的结果,自然包含了作家对此的"形象化"的思考。

《子夜》的构思过程,很能说明问题。以往谈《子夜》创作构想的形成,总是刻意阐释其是理性化的产物,其中之一是过分强调了社会性质大论战对茅盾创作动因的促发,这其实是有很大片面性的。且不说茅盾在创作《子夜》前后,所谓大论战问题并没有出现在他当时对作品产生过程的表述中,这一问题的提出已在总结作品创作经验的几年以后(最早见之于1939年写成的《〈子夜〉是怎样写成的》一文中),显然是其时作家强化了社会意识观念以后的一种说辞,不能以此为据说明其最初的创作动因主要是在于探究"社会性质",因而也不能简单归之于纯粹的理性分析。而促动作家变换创作模式,在一个新的题材领域里开拓,以勃勃雄心写出超乎作家"生活经验"范围之外的巨著式作品,实有更复杂更深刻的动因与背景。据茅盾最初的表述,《子夜》的写作动因,是为着实现一种"野心":"我有了大规模地描写中国社会现象的企图。"② 这是切实可信的:既合于其拓展艺术路径、深化现实主义表现的艺术目的,同时也可从作品的宏大叙事及全方位表现20世纪30年代社会生活中找到印证。基于此,这个作品的艺术构思,就不只是单纯的逻辑思维、理性分析在起作用,形象思维同样是不可或缺的。因为正如茅盾所言,艺术构思中的形象思维,取决于题材的来源,即作品所表现的对象必须是作家充分感知过的"人和事",而且还应是曾使作家感奋不已的人物和事件,如此取材方能达到感染人的艺术效果。特别是面对《子夜》这样"大规模"描写中国社会现象的写作,取材中的"形象"思考,就尤见重要,也更难把握,需要作者付出更大的努力。

---

① 茅盾:《漫谈文艺创作》,《茅盾全集》第27卷,人民文学出版社1996年版,第262、263页。
② 茅盾:《〈子夜〉后记》,《茅盾全集》第3卷,人民文学出版社1984年版,第553页。

茅盾写作《子夜》，并非是"经验了人生"去作小说，而是为写小说去体验人生，他抛开原先较为熟悉的小资产阶级生活题材，转而去描写他从未涉足过的民族资本家生活，似乎很不明智。但这并不意味着其创作《子夜》是凭空构想的，因为体验人生也是一种生活积累，大量事实证明其创作之取材终究"不是以抽象的方式凭空跳出来的"。据茅盾自述，他在创作《子夜》前，曾作过大量的调查，以至在一段时间里，跑交易所看人家"发狂地做空头"，接触并体察各类企业家到处"奔走拉股子，想办什么厂"，成为一种"日常课程"，终于引发了创作的"渴望"；而且这样的课程还做得很久，积累的题材也不少："我不缺乏新题材，可是我从来不把一眼看见的题材'带热地'使用，我要多看些，多咀嚼一会儿，要等到消化了，这才拿出来应用。"①显见作品的构思是在作家渴望表现的部位入手，又是在诸多形象活跃于作家脑际以后形成的。而其最初的人物形象构思，也正是凭借了经由广泛的调查获得了感到有把握进行写作的人和事，就如其后来所说，"我是第一次写企业家，该把这些企业家写成怎样的性格，是颇费踌躇的"；思量的结果，"是把最熟悉的真人们的性格经过综合、分析，而后求得最近似的典型性格"，特别是吴荪甫形象的创造，还有现实中具体人的影子，如"吴的果断，有魄力，有时十分冷静，有时暴跳如雷，对手下的人要求十分严格，部分取之于我对卢表叔的观察，部分取之于别的同乡之从事于工业者"。②不难看出，这个作品构思的成熟，也正是形象成熟的过程。在这里，形象思维的参与起了重要作用。而从总体上讲，这两种思维各在哪一个"阶段"上进行，就连作者自己也未必说得清楚。因为它们的确是"交错"着进行，而且又往往是互相渗透、融合为一的。其创作构思的确有实现某种愿望的意图，即从经济研究"入手"，"给以形象表现"的重大问题是"世界经济恐慌"在中国引起的连锁反应，由"经济斗争很快转变为政治斗争"③的种种情状等。所以作品中解剖社会经济状况才会达到别人难以企及的思想深度，他所描写的企业投资、公债行情、销售市场等经济行为的准确到位，乃至对于诸如"金贵银贱""厂

---

① 茅盾：《我的回顾》，《茅盾全集》第19卷，人民文学出版社1991年版，第408、409页。
② 茅盾：《我走过的道路》（中），人民文学出版社1984年版，第98页。
③ 茅盾：《〈子夜〉是怎样写成的》，《茅盾全集》第22卷，人民文学出版社1993年版，第53页。

经跌落""银根吃紧"等等经济术语的熟稔运用，都表现出一个作家所少有的对经济问题的观察、研究之深，故而作品所涉及的经济问题的探索、思考对于理解、研究20世纪30年代中国经济史大有助益。《子夜》出版以后就曾被有些经济学家推荐为研究中国现代经济的重要参考书。[①] 然而，当生活现象给他以创作冲动时，他不能仅仅依据于这样的理性思考，而在"坐定下来"研究材料时，思考也并非抽象观念的演绎，使观念得以形成的恰恰是"初步构思"时已感到"有把握"的那些人和事，观念绝非同形象漠不相关地由作者的头脑中"制造"出来，形象思维的确又起了十分重要的作用。

《子夜》艺术构思中两种思维的交错进行，也反映在作品背景、场景的选定上。这个作品凝聚作者对社会问题的深邃思考，是从"社会经济结构"入手解剖整体社会。因此，为使经济结构的解剖准确、到位，至关重要的是要找到对当时社会经济走向产生重要影响的经济成分，以此确立自己的主要描写对象。茅盾分析当时的社会经济现状，找到了影响、制约中国经济发展的症结所在是民族工业的衰落，而民族工业中又以丝绸、纺织工业等的衰落后果最为严重，由是，以民族工业（尤其是丝绸行业）的主宰——民族资本家作为表现对象以反映当时中国经济的现状与走势，必然成为茅盾的一种自觉选择。此种选择，既是理性分析使然，亦取决于作家从最熟悉的生活场景切入，用形象表达方式反映社会问题的优势。

茅盾在谈到《子夜》主人公的选择时曾这样说过："本书为什么要以丝厂老板作为民族资本家的代表呢？一来因为我对丝厂的情形比较熟悉，二来丝厂可以联系农村与都市。"[②] 创作实践证明，作家在创作构思阶段对作品背景、场景的选择，是从最佳部位切入，达到了最佳效果。一方面，小说以丝绸行业的衰落，最典型地反映了当时中国民族经济的崩溃。在20世纪30年代民族经济十分脆弱的情况下，丝绸业作为中国的传统优势产业是当时少数在国际市场上有竞争力的行业之一，正如小说中吴荪甫曾一度颇为自信所说的："中国实业能够挽回金钱外溢的，就只有丝。"然而，由于国际资本实行

---

① 参见钱俊瑞：《怎样研究中国经济》，上海生活书店1936年版。
② 茅盾：《〈子夜〉是怎样写成的》，《茅盾全集》第22卷，人民文学出版社1993年版，第53页。

不正当竞争,例如日本厂商由政府实施补贴压低价格向国外抛售丝茧,不但在里昂和纽约市场上压倒了中国丝,而且还大量向中国境内倾销[①];而当时中国的半殖民地地位又无应有的"反倾销"能力,遂使中国的丝绸业在大量的"洋货倾销"下一蹶不振。吴荪甫的裕华丝织厂最终倒闭,固然取决于多种因素,受洋货入侵之累显然是重要因素。这一最有竞争力的行业被挤垮,足证当时的中国民族工业的确已到了崩溃的边缘。另一方面,茅盾自幼生长在盛产丝绸的杭嘉湖地区,外出工作后又不时返回故乡探视、考察,耳濡目染便有了对蚕桑、丝绸业的深切认知,因而对于表现民族工业中的丝绸业可谓得心应手、游刃有余。如果换一种表现对象,例如钢铁业或机械制造业,茅盾就未必能够获得成功(《第一阶段的故事》《锻炼》粗线条写机器制造厂老板,略显平庸,就是例证)。而且,从这个部位入手,不但"行业"特点是作家熟知的,故而能对丝绸业的制作流程、经营方式进行精细描写,而且还能由此及于作家同样熟悉的相关事态的描写。因此,《子夜》更值得称道之处就在于:小说以丝绸业为中介,描写广泛的社会经济关系,的确达到了牵一发而动全身的效果。由于丝绸业联系着工业和农业、都市和乡村,由丝绸业不景气引发的经济问题势必波及其他行业,引起一系列的连锁反应。这同样是茅盾多次回故乡后深切感受到的。在《子夜》里,由于许多丝厂倒闭或开工不足,造成蚕农生产递减,农民更陷于贫困;而尚在开工的厂家如吴荪甫们则面临资金短缺,只得转向金融投机,促使公债市场畸形繁荣,遂使其弄得一发不可收拾。这一切写来是如此环环相扣、顺理成章,不能不佩服作家对当时丝绸业"不景气"的熟知程度,而如此恶性循环,正反映了经济领域的全面崩坏,由此也足证丝绸行业这个"经济部位"对于观照当时的经济状况的确有着深刻的透视力。事实上,由于茅盾习惯于从丝绸业入手解剖经济关系,也使他的一系列作品产生经济上的互动效应。如他的三个代表作品《子夜》《春蚕》《林家铺子》,便有不可分割的经济连带关系:只因吴荪甫的丝厂开不下去了,老通宝的蚕茧也卖不出去了;老通宝们背了债,以农民作为主要购买力对象的林家铺子因找不到主顾也只好倒闭。如此紧密联系、层

---

① 参见《子夜》第二章。

层渗透，无形中加深了人们对20世纪30年代经济的整体认识。这样的艺术构思，交织着作家的理性分析与形象反映，必使艺术表现达到应有的广度与深度。

其二，具体创作阶段，形象思维的活跃展开。

诚然，在创作过程中，两种思维的运用是不可分割的，但从思维的不同功用出发，在创作的不同环节里，毕竟也有其侧重点。一般说来，逻辑思维的作用是在于对材料的综合、分析、研究，这在创作的构思阶段用得较多；形象思维是把研究所得的材料加以艺术形象化，则主要用于具体创作阶段，同时也"伴随"着逻辑思维。然而，茅盾认为逻辑思维的参与是有条件的，即不能仅以逻辑推导、综合概括所得的结论"翻"成"文艺形式"为目标，必须遵循如下艺术规律："即当其开始，是由具体到抽象，由表象到概念，而后复由抽象到具体，由概念到表象，在这回归之后，才是创作活动的开始。"这就是说，艺术创作所走的路径，并不如人们想象的那样简单，只是循着"表象—概念—形象"这样单一的道路前进，而是由表象上升为概念后，"还得再倒回去，从最初的出发点再开始"[①]，即仍然回到"表象"那里，并在具体形象的思维中进入具体的创作阶段。这样，形象创造的"出发点"并不是"概念"，恰恰是"最初"给作家以深刻印象的"表象"；所不同的是，经第一次"概念"的升华，对"表象"的认识更清晰了，在"表象"熔铸为形象的过程中，经"概念"的参与、导引，能更本质地把握"表象"，塑造出具有更典型意义的形象。这一思维过程的阐述，是茅盾得之于创作实践的经验总结，在《子夜》中也有生动体现。

通常人们认为，茅盾的创作注重理性化，在得出社会科学结论以后进行创作，完全是从"概念"出发的，批评《子夜》因"愈来愈科学"而"失误"，说的正是此。其实这是对他思维过程的臆测和曲解。固然，茅盾在创作中十分重视理性分析，其中主要的又是马克思主义分析，写《子夜》时的对社会本质的精细分析也是他几次说及的。然而，重视理性分析，并不意味

[①] 茅盾：《谈技巧、生活、思想及其他》，《茅盾全集》第22卷，人民文学出版社1993年版，第286页。

着创作是以理性为"出发点",恰恰相反,理性分析始终只是他本质地认识"表象"的一种手段,在具体创作阶段,"再倒回去"把握"表象"进行形象思维,是他所运用的更重要的思维方式。在《子夜》的创作中,其艺术思路的确是循着既定的主题进行的,但作品并非只是对主题作简单的图解,给人印象最深刻的是主人公的命运描写,主题只是在人物的命运中透露出来——能够做到这一点,就在于:在既定主题以后,又重视思维的"回归",用极大的精力去对他所搜集到的原始材料作形象的思考,特别是对"最初"活在心头的各类民族资本家在未来的创作中如何动作的思考。可以说,一进入具体创作,在作家脑海中蜂拥而入的是那些鲜活的形象,他的注意力必然是在形象如何循着生活的常规走完自己应走的途程。有时候,为使人物的行动更符合性格发展逻辑,甚至会改变原来的构思意图,出现屠格涅夫所说的"这个形象却明确到这样,居然马上进入生活,独来独往地任意行动起来,到头来……作品归作品,作者归作者"①的现象。据《子夜》的创作《提要》,原来设计的吴荪甫的性格似乎要卑微得多,描写其私生活的分量特别重。《提要》有如下专项设计:

> 吴荪甫先与家中女仆有染,又在外与一电影明星有染,后交易所最后胜利之时(其实他并无多大钱赚进,因为亏空亦甚大也),徐交际化忽又弃赵而与吴恋,二人同往牯岭。

这类设计,在成书的《子夜》中已一概不见。原先设计的"与女仆有染",初稿中已无描写;定稿时有一个吴在极度暴躁时"破坏"老妈子的"冲动"情节,那是根据瞿秋白读稿后的意见加入的,主要是为表现此时吴遭受一连串挫折后的烦躁心理,与所谓"私生活"问题毫不相干。至于"与电影明星有染",作品已无此人物与情节;小说写到的"徐交际花"(即作品中的徐曼丽),吴曾与其有过几次交集,那只是与众多资本家聚会时的逢场作戏,两人并不是"恋人"关系,当然也不可能在"最后胜利"时"同往牯

---

① 见"屠格涅夫致波列索夫",《屠格涅夫作品书简全集》第8卷。

岭"。成书的《子夜》不独吴荪甫没有"最后胜利",他在私生活上也并不怎样糜烂,甚至表现得对此缺少兴趣,就连漂亮的吴少奶奶也因此得不到温情。这样处理,更符合人物性格发展的必然逻辑,表明作家在"形象化"思考时对"表象"的认识更趋明晰,在实际创作过程中不能不修正原先的构思。

在《子夜》的创作中,对人物形象的设计、思考并非一次性完成,而是在活跃的形象思维展开过程中不断生出新鲜感受。以神来之笔塑造出夺目形象的,还有许多次要人物的精彩描写,土财主冯云卿形象塑造即是事例。冯云卿形象没有出现在十分详备的《子夜》写作《提要》中。作品写这位在乡下巧取豪夺致富的土财主,也是因农村经济衰落、田地少收、农民骚动,在乡下再也不能"安享清福",这才携资来当"海上寓公"。他比吴老太爷"开通"是在于:他觉得观念应随时而变,钱"躺"在家里是坐吃山空,必须再变出钱来才是正道,这一"经济头脑"一度使他成为"公债通";尤其精彩的是,他要到公债市场"翻本",竟不顾"诗礼传家"的"体面",在"女儿漂亮,金钱可爱"之间选择了金钱,活生生将个宝贝女儿送给赵伯韬作为换取公债信息的"资本",后又因女儿信息传递失误终使其走上了不归路。冯云卿的金钱至上与廉耻丧尽,恰恰展示了传统文化变迁的另一个侧面:封建的文化观念与伦理道德观念正在向着西化的资本主义方向发生着幅度不小的变化,而他的悲惨结局恰恰展示了显现资本搏杀的公债市场的凶险。茅盾在谈到《子夜》的"最初的设想"即"提要"的写作时,曾说过:"冯云卿、冯眉卿的故事也没有提及。大概在拟定'提要'时,这几个人物在书中的重要性还没有在我的脑中完全形成。"[①]这很能说明其创作过程中形象思维的活跃展开。在其艺术构思阶段,冯云卿形象的尚未成形,是可以理解的,因为那只是作者对作品的初步设计,其时不可能有对所有人物和故事的周全布局,可一旦进入创作的"过程",当各种形象纷至沓来时,及时捕捉可以辅之主人公命运描写的次要人物和次要情节,则起到了深化主题、丰富人物描写的意想不到的奇效。冯云卿形象是《子夜》描写的颇为出彩的人物形象之一,这个形象在作者的意料之外出现,显然是创作过程中活跃的形象思维所致。作者在描

[①] 茅盾:《我走过的道路》(中),人民文学出版社1984年版,第108页。

写公债市场的凶险时，展开充分的艺术想象，遂有冯云卿竟入彀中以致人财两空的神来之笔，而这一条副线的铺陈，无疑是补充与深化了主人公在公债市场冒险的可能的悲剧命运，其在作品中产生的重要作用应是十分显著的。

由此看来，在整个创作过程中，逻辑思维的作用仅仅只是：在分析材料、确定主题阶段时对人物的命运做了初步的设计，在具体创作时又尽可能使人物的命运描写不偏离主题所规定的必然性（即使是后来的"修正"，也以不偏离作品的主旨为原则），而更具体更大量的思维活动则是在如何丰富形象描写和充分揭示人物命运的创造性思索上。我们感到，《子夜》的描写十分"科学"，是在于人物的命运揭示同提出的社会问题十分吻合，从而产生了令人折服的力量；然而就作品感染人的艺术效果言，实不限于它的"科学"性，恰恰是形象创造的丰富性和多面性，读者具体可感的是人物感人的命运遭遇和形象塑造的美学力量。能够达到这一步，没有形象思维的"回归"是不堪设想的。

其三，逻辑思维的参与，最终目的是把"观念延伸到形式"中。

文学创作对现实的审美把握，最理想的方式是渗入作者对现实的主观评价而又不着痕迹，即创作者的主观意图不是以理性的形式直接表露，而是从直观性上对读者施加深层的影响，导致他们做出与作者没有透露的本意相一致的判断。别林斯基主张"观念延伸到形式"中，就是基于这样的考虑。他在另一处还提出过更高的要求，认为观念不仅要延伸在形式中，还"必须和它构成一体，消逝、消失在它里面，整个儿渗透在它里面"[①]。茅盾也是尽力追求这种艺术效果的作家。在他的创作中，逻辑思维参与的意识是自觉的、明晰的，但他努力的目标是使这种参与只成为灌注在作品中的内在血液，并不在形式的表层直接透露出来。像《三人行》等少数稍带概念化的作品，为他所最不满意的，就是观念的浅显表露，这种单纯按照观念去复制性格，又让作者意念中的"肯定"人物去直接"说出"自己的"觉醒"，其艺术效果的不能尽惬人意是可以想见的。因此，他在紧接着《三人行》以后创作的一大批社会分析小说，就特别注意着观念在形式中的渗透与消融。在这类作品

[①] 〔俄〕别林斯基：《〈冯维辛全集〉和扎果斯金的〈犹里·米格斯拉夫斯基〉》，《别林斯基选集》第2卷，上海译文出版社1979年版，第16页。

里，一般都提出了重大的社会科学命题，但茅盾把科学命题交给读者的，却不是靠空洞的说教，而是靠形象，靠形象本身"做什么"和"怎样做"来演示。中国社会更加殖民地化这个命题的推出，主要是通过吴荪甫这类人物的现身说法完成的，作者注重的是冷静的客观描绘，都没有直陈上述命题的评论，甚至也很少其他的议论。虽然茅盾小说在反映社会生活的宏伟性上颇接近于托尔斯泰、巴尔扎克，但在议论性少这一点上，却同这两位作家的小说，"作者随时随刻都在说理推论，他的人物也随时随刻在说理推论"[①]，有着显著的不同，或者说他的作品表达见解是更为"隐蔽"的。而要指出的是，不少评论者指陈茅盾小说的概念化，一般都是以作者后来谈《子夜》的创作动机推论的。司马长风称茅盾谈《子夜》写作经过的文章会使人们"直觉是马克思《资本论》中的片断"，有这样的"写作动机"，肯定写不出"优秀的小说"，这显然是过甚其词。"写作动机"不会直接写在作品中，这是常识范围以内的道理。茅盾处理理性介入创作的独到是在于：创作动机乃至把握人物、主题的思想观念，都是"整个儿"渗透在形式里面的，人们读完作品，"第一"印象是形象描写的深刻性，透过形象展示自然也就"发现"了深藏其中的社会问题；茅盾自己的"点破"，只不过加深了人们对作品的理解。在其"点破"以前，许多评论者并没有看出这部作品是在进行"社会分析"，吴宓就认为《子夜》的价值是"善于表现现代中国之动摇"，"笔势具如火如荼之美"[②]，便与作者的表述很不一致。要说茅盾后来说出的创作动机之能为人们接受是在于：这个"观念"虽不是直接表述，然而它的确已消融在形式中了，这就很容易构成欣赏者和作者之间判断的一致性。要说茅盾创作中两种思维的交融所能达到的最佳艺术效果，恐怕是在这里。

二、"寓于形象"的思维：把创造形象"尊为第一义"

探讨茅盾创作的艺术思维特征，一个很容易造成误解的"矛盾性"现象是，他时而强调"主题至上"，时而又把创造形象"尊为第一义"，究竟以何

---

① 〔法〕泰纳：《巴尔扎克论》，《文艺理论译丛》1957年第2期。
② 吴宓：《茅盾著长篇小说〈子夜〉》，《大公报·文学副刊》1933年4月10日。

者为重、何者为先,似乎说得很含混,很难遽然判断其艺术思维中究竟把形象思维居于何等地位。然而考察其实际创作过程,其创作中"寓于形象"的思维特质还是非常明晰的,这里显示的正是一个特别重视理性分析而又不愿做空洞理性说教的作家驾驭创作的独特性;强调主题的重要性,是在于使创作纳入既定的理性思索的框架中,而把形象"尊为第一义",则在实际的操作中突出"形象"介入的意义,尽力防范因过重理性的参与有可能导致艺术特质的偏离。

文学毕竟不是社会科学,文学是一种艺术审美活动,它是通过艺术形象传达作家对生活的认知,如果理性参与变成了理性说教,文学的意味便荡然无存。以往对茅盾创作的评论不乏歧见,缘由盖在其过重的"理性化"要求有可能妨碍文学的审美表现。但如果考虑到现实主义文学创作的独特性,考虑到茅盾的创作并不排斥审美,那么对其做过多的指责就并不合理。捷克汉学家普实克认为,用"科学的、理性的,甚至是一种分析解剖式的态度去观察生活和社会",是"茅盾那特有的艺术审美的敏锐感觉"。[1]这对我们颇有启迪。对于茅盾这样特别重视科学的理性分析的作家,就需要用一种"特有的"审美视角加以评论,去探究其理性思考"寓于形象"的思维的独特路径,探寻其创作获取艺术审美效应的重要因素。

总体而言,茅盾对于"形象性"因素在创作中的重要地位是有清醒认识的。形象性是形象思维最本质的特征,所谓"寓于形象的思维",就规定着这种思维方式不能脱离具体形象而存在。思维是否寄寓在具体形象上,"形象性"因素是否充分,是作为思维结果的文学创作之是否具有艺术价值的前提。尽管基于"特有的"艺术思维,茅盾曾强调小说创作应"主题至上""主题在先",但他同时又指出,在实际创作中应以人物为"本位",甚至把写人"尊为第一义"、置于"第一目标"的重要位置,显见其对艺术规律的认知并无太多偏颇。这个认识,既基于他对实际创作过程的分析,亦源于他对艺术把握生活方式特殊性的理解,由是遂有其对思维方式的辩证认识。透过茅盾在不同场合的更多论述,我们看到,他对于创作过程中主题和

---

[1] 转引自李岫编:《茅盾研究在国外》,湖南人民出版社1984年版,第250页。

人物谁先谁后的问题，总体意见是不能作"呆板"理解。他认为，当一个作家有了对社会现象的"看法和主张，是先有了这个主题，才来写的。可是事实上，在创作的过程中，构思的过程中，也不一定这么呆板"。在很多情况下，"差不多在主题已经很成熟的时候，人物十之八九也已经有了"；而另一种情况是，"先有一个非常明显的人物在脑子里，再从这个人物的身上想出许多事情，再确定了主题"。① 这个创作过程的分析，很明显是在强调"人物"介入作品中的意义，准此才有阐释主题（理性分析）的形象性呈现。而他对于"寓于形象"的思维对艺术本质的揭示，则更为精到。在他看来，文学创作也是对社会现实的一种"研究"，从中去揭示重大的社会问题，表明作家对问题的看法；但文学家和社会科学家相比较，在"研究"的对象和方法上是大不相同的：后者的研究对象是"那些错综已然的现象"，前者则是造成这些现象的"活生生的人"；在研究的方法上，后者主要是进行理论的"分析"，并通过"分析"而"达到了结论"，前者"却是从那些活生生的人身上——从他们相互的关系上，看明了某种现象，用艺术手段来'说明'它"。② 这正表明他对文学创作的思维主要是寄寓在"人"（或者说是形象）身上去完成有清醒认识的，并以此阐明了文学家之所以异于哲学家、思想家等等的根本区别之所在。

基于把形象创造"尊为第一义"的独到认知，茅盾小说创作的用力重点必然在写人上。通读茅盾的小说，我们会感到不足的是，很难获得欣赏"故事"的满足。如果批评茅盾小说缺乏"可读性"，这或许可以成立，尤其是其后期创作的"社会分析小说"。注重"社会性"的写实，和注重对社会现象的理性分析，总是驱使作家把艺术专注点锁定在社会现象的如实描写和对"社会"中的"人"的观照上，因而他的作品大多不以曲折离奇的故事取胜，更缺少惊险的刺激性的场面，因此"可读性"并不强。显然，就总体而言，在描写人物、刻画性格和展现情节、描写故事之间，茅盾是偏重于人物描写和性格描写。如果说，小说创作中有所谓"情节小说"和"性格小说"

---

① 茅盾：《谈"人物描写"》，《茅盾全集》第22卷，人民文学出版社1993年版，第333页。
② 茅盾：《创作的准备》，《茅盾全集》第21卷，人民文学出版社1991年版，第21、22页。

之分，那么，茅盾的小说无疑应列入"性格小说"之列。这样看来，由于认识到文学的特殊功能是在于通过对人的研究去研究社会，茅盾必然把"第一目标"定在"人"的创造上；在整个创作过程中，他用力最多的是在于此，他为文学所提供的重要创造也在于此。对于此点，确实应给予确切的评价，切不可因其"可读性"稍差而不再入人们"法眼"。我国著名小说家老舍说过一段极精辟的话："创作的中心是人物。凭空给世界增加了几个不朽的人物，如武松、黛玉等，才叫作创造。因此，小说的成败，是以人物为准，不仗着事实。世事万千，都转眼即逝，一时新颖，不久即归陈腐；只有人物足垂不朽。"[①]对茅盾创作的认识也应作如是观。文学之所以为文学者，从来都是仗着对"人"的深刻透视与生动的人物形象描绘而取胜，只渲染曲折离奇的故事而欠缺个性鲜明的形象，那不是真正的文学，至少不是上乘的文学。通读茅盾的作品，我们所获得的是对"社会"的百科全书般的了解，是他分析社会本质的触目惊心的见解，是他对腐朽社会制度的切中时弊的针砭，但给人印象最具体、最直接、最生动，因而也最深刻的，却还是那些栩栩如生的人物形象。这种感觉，随着时间的流逝，而表现得愈益明显。我们可以忘掉其中的故事情节，记不起哪一部作品表现了一个什么主题，然而那些"足垂不朽"的人物却将长时间留在我们的记忆里，很难抹去，历久弥新。像吴荪甫、赵伯韬、老通宝、林老板、赵惠明、梅行素、章秋柳等一长串闪耀着性格异彩的人物，莫不以鲜明、独特的个性而获得了久远的艺术生命力，他们将永远刻印在人们的脑海中，存留在这个生生不息的世界上。不难看出，"给世界增加了几个不朽的人物"的创造，正是作家"寓于形象"的思维产生的成果，从一个重要方面反映了他艺术思维的侧重点。

就艺术思维特征看，这种注重形象创造的思维方式，其特有的功效是在相当程度上克服了因过重理性渗透造成的艺术上的不足，这又显出其特殊的功用。

功效之一是形象创造与理性分析的相辅相成。

在茅盾创作中，形象创造的独特性，既以满足理性分析、社会剖析的

[①] 老舍：《人物的描写》，《老舍论创作》，上海文艺出版社1980年版，第83页。

需求，又是在艺术要求的文学形象塑造的规则内进行，遂有形象自身的丰富性与独创性，也就有文学形象创造中显现的理性要求与艺术要求的统一。其中，民族资本家形象系列的创造，最能说明这一点。茅盾在20世纪30年代初转换创作题材，把笔力转移到他并不熟悉的民族资产阶级生活，显然是基于其特有的理性分析需求：旨在透过足够分量的民族资本家面目、命运的展示，借以分析、揭示我国20世纪三四十年代殖民地化程度愈益加深的社会现实。然而，当小说家的茅盾将民族资本家作为对社会的"研究"对象时，并不是社会科学的"研究"，而是文学的"研究"，他首先是将其作为小说中的一种"人物"来描写，他的艺术视点就必须落在"人物形象"自身的完满性上，其用力重点必然也是在人物性格的刻画上。在这类作品里，文本的显性层面显露的是人物各自的性格独特性，理性分析的成分已退隐到形象背后，人们充分感知到的是各类资本家形象活灵活现的性格呈示，而仔细琢磨又能"发现"形象蕴含的意义，这可能是形象创造能够达到的最佳效果。

  基于理性分析的隐性呈现考虑，茅盾在表现各个行业的企业主——资本家时，其侧重点往往不在阶级属性明显的"资本家"的一面，恰恰是在体现普通人特性的"企业家"或"实业家"的一面。展现其性格、面貌，主要也不在阶级属性，而是一个行业特殊的普通人的所感与所思，以及他们在一个特定时代里的遭遇与命运。在这些人物中，除一两个人（如《霜叶红似二月花》中的王伯申、《多角关系》中的唐子嘉）或表现得较为软弱，或有些德行问题，其余都是十分正面的。他们的经验才识、风度气量都堪称上乘，他们都有振兴民族工业的"事业心"和管理现代企业的经验，在当时堪称一流"干才"，只因时运不济，没有赶上好时代，他们遂屡遭厄运。茅盾描写的这些很有能耐的"企业家"形象，无论是20世纪30年代的吴荪甫们，虽有振兴民族工业的愿望，却终于是壮志难酬；抑或是抗战时期的林永清们，志在报效国家，愿意为抗战竭尽绵力，但终因"政治不民主，工业就没有出路"，同样屡遭挫折，难有作为。"中国的工业家，命运注定了要背十字架。"这话几乎可以用来概括茅盾笔下民族资本家的共同命运。所以当茅盾用艺术的笔触去描绘他们时，大多用正面笔墨状写其思想与行为。除了《子夜》中称颂吴荪甫这个一流"干才"外，三个抗战题材作品描写民族资本家时，也多有赞赏笔墨。《第一阶段的故事》中的何耀先，是在"大时代降临"以后，民族资本家汇聚到时代洪流中去的典型。如果说，他开始对时局的看法还有些糊涂，是因为切实感受不深，对侵略者也多少心存幻想，那么，经历了"八·一三"血肉横飞的一幕，看到了自己的财产被"截留"在敌占区的惨痛事实后，终于把个人的命运同正在受难的祖国紧紧系在一起了："何耀先以一个中国人应有的忍痛牺牲的决心，朝遗在那边的财产行了个注目的告别礼。他的心是澄静的，他没有留恋，没有幻想的万一的希冀……"《锻炼》写严仲平克服思想动摇的过程，也颇切合此类人物的战时心态。这位良心并未泯灭的民族资本家，本是作好共赴国难打算的，迁厂的准备工作也早在进行之中，但经不住身为"国府"大员的乃弟严伯谦的一顿"利害关系"的陈说，就意存观望，按兵不动了。他考虑的是迁厂将要蒙受很大的经济损失，何况迁到武汉前途如何还难逆料，就寄希望于仗不是"真打"。然而，抗战局面的急剧发展为始料所不及，"以今日之我反对昨日之我"也使他感到十分内疚，终于终止了犹豫、彷徨，使迁厂一举"成了铁案，无可再翻"。《清明前后》中的林永清颇有些吴荪甫的胆略，其经验才识、风度气量也堪称上乘，为支援抗战，他将机器厂从上海迁到重庆，苦撑了七年，不但没有停工，而且还有所发展。这些工业界的"骑士"，倘若能赶上一个好的时代，其发展前景是未可限量的，只可惜他们生不逢辰，现实没有为他们提供伸展才能的空间，到头来一个个遭受败绩，饮恨而退。把这些形象连贯起来，我们看到了一个个有声有色、有棱有角的形象在中国特定背景上的精彩出演，而由此获得的整体印象，则是引发人们对他们共同命运的思考，小说清醒的理性分析精神是不难寻见的。

功效之二是人物关系与社会关系的融合。

注重理性化的创作，对"社会"必须作理性分析往往是作家的重要考量，因而即便是重视人物形象创造，也总是需要将其与分析社会的目的融合在一起。所以普实克认为茅盾创作的特有审美功能是在用一种"分析解剖式的态度去观察生活和社会"。对此，茅盾的独特处置方式是：为使对"社会"的分析解剖获得成功，并产生应有的艺术效应，在创造形象时总是将人物关系置于错综复杂的社会关系中加以描写，让人物经受来自于"社会"的多方面的矛盾纠葛与冲突，既以凸显性格的丰富性和多侧面性，亦因对性格形成的多重社会性因素的揭示而使社会剖析更趋合理与完善。茅盾有一个中篇题名《多角关系》，可说是将人物关系置于"多角关系"（复杂社会关系）中描写的特例。小说描写的是20世纪30年代初整个社会的经济恐慌下，一个任什么力量也都解不开的经济纠纷的纽结。拥资几十万的地主兼资本家唐子嘉到年关还要外出躲债，是由于洋货入侵，产品滞销，田地少收，谷贱伤农，使得他"有了田收不到租米，造了市房收不到房租"，开了绸厂，产品堆积起来像一座山，"压到他身上来，活埋了他"。小说描写的"多角关系"是一个复杂的债务关系：工人欠了老板的房租，老板又欠了工人的工资，老板的儿子玩弄工人的女儿又添一笔"情债"，造成一系列冲突。这样的"人欠"和"欠人"，当然是作家的巧妙安排，但如是处理，对于在多方面冲突中展现唐子嘉的复杂性格，无疑大有助益，同时对表现经济破产在各阶层引起的恐慌也是再深刻不过的，小说的社会分析思路亦于此得以清晰呈现。

　　茅盾的其他小说也有类似的表现。《子夜》中的吴荪甫陷在"三条火线"中作战，面对交易所冒险、工厂罢工、农村暴动，他左冲右突，如困兽犹斗但徒劳无功，也可以看成是描写人在社会的"多角关系"中的行动。透过人受到社会关系的多方纠葛，状写其性格，形象的塑造便有了丰富的内涵。吴荪甫形象性格的复杂性充分说明了这一点。对吴荪甫形象的理解，恐怕是不能采用单一的政治话语或阶级话语就可了断的。他作为一个资本家固然有为满足自身利益需求与工人、农民相敌对而显出卑微的一面，但他怀着振兴民族工业的热望不惜与买办资产阶级奋力拼搏，又不乏性格的刚毅性。小说透过多种社会关系描写吴荪甫的复杂性格，其作为一个"失败的英雄"在身上显现的诸多刚性素质，其实也包含了更多社会内涵和人性内涵的，这个形象在某种程度上也可以说是体现了局部的和普通的东西的结合、人道与非人道东西的冲突，同欧洲现实主义作家表现人的心灵复杂性有异曲同工之妙。同样的情况也反映在诸多短篇小说中，特别是那些表现经济破产的作品，总是在社会的"连带关系"上揭示城乡经济破产的必然性以及生活在其中的人们无可逃避的悲剧命运。《春蚕》写农民丰收成灾，是表现整个民族经济大崩坏背景下农业经济的破产。由于民族工业萎缩，丝厂纷纷倒闭，造成作为工业原材料的蚕茧找不到销路，终于酿就农民不可思议的"丰收灾"惨剧，主人公老通宝就难有活路。《林家铺子》则是从商业经济的角度描述林老板一类市镇小商人的命运。正由于整个经济萧条，人民日益贫困，作为乡镇中主要消费对象的农民的购买力急剧下降，以林家铺子倒闭为标志的商业经济破产也是势所必然。在这类作品中，人物形象的创造与社会分析的展开，都是同步行进的。

　　从创作方法角度讲，注重复杂社会关系的解剖创造人物形象，显然是对现实主义创作的深化。如果说，"五四"文学中"为人生"的"写实文学"过分执着于"人生根底"的探究，许多"问题小说"往往是"观念"的表达大于形象的演示，未能从充分的社会关系揭示中刻画形象创造典型，显示出现实主义并不充分的特点，那么，茅盾开创的"社会剖析"型现实主义显然使中国的现实主义文学向成熟的路上跨越了一大步。茅盾的"社会剖析"型创作，注重从"行动"中刻画人物性格，尤重视"行动"是在复杂的"社会关系"中展开，避免了因理性的介入有可能造成单纯的政治说教，使形象创造取得成功，其获得的艺术效应是显而易见的。因而，就艺术思维而言，这是一种颇具特色的"寓于形象"的思维，其思维的艺术本质当不因理性的参与而有所损害、有所减弱。

三、追求"形式"完满：调动多种艺术手腕克服理性制约

　　坚持理性化的创作思维习惯，因理性这种非艺术因素的介入，总是使人感到其与创作中的整体艺术诉求存在矛盾，似乎很难产生一个完整的艺术品。所以别林斯基特别强调，文学创作并不排斥思想观念（理性）的参与，而理性参与之富有创造性的方式，则是将观念延伸到形式里面去，从而实现形式的全部完美性。由是，理性化创作追求艺术形式的完满，尤需创作者用力发掘艺术创作中的"诗性"因素，充分调动多种艺术手腕有效克服理性对艺术的制约，以保证创作不偏离艺术轨道运行。

　　茅盾创作的重理性介入的艺术思维特性，注定其追求作品形式的完满，也应采用多种艺术途径。为此他确曾做了多方面的努力，包括充分调动艺术

手腕驱遣笔下的人物,创造各具特色的人物形象以实现"寓于形象"的思维,运用清晰、凝练、圆熟的现实主义技法进行精细叙事等。而就创作中过重理性的参与对于实现"形式的完美性"要求而言,最重要的考量应是尽力防范、克服理性对艺术的制约。在文学创作中,的确存在理性制约艺术的多种对应关系,例如,"想象力"与"理智力"的对立,"诗情"呈现与囿于"观念"掣肘的局限,有限"经验"体认与创作需有丰富生活积累的矛盾,等等。这些问题都是茅盾创作中需要切实面对的。就其总体艺术表现看,他对于上述对应关系的处理不乏成功的经验,而其中诸多"诗性"因素的有效运用以克服因理性的过重参与带来的艺术上的弊端,进行深层次艺术分析,不妨说也是"富有创造性的",对于同类文学创作极具借鉴意义。

1. 诗性智慧与艺术想象

文学想象力是作家展开活跃的艺术思维纵横驰骋艺术"神思"的能力,从根本上说,它是一种艺术智慧。意大利的古典主义文艺理论家维柯将其称之为"诗性智慧"。他阐述这一概念,是将艺术推衍到人类思维的"童年时期",认为"最初原始人的那种心灵状态,浑身是强烈的感觉力和广阔的想象力",于是就有"都是在极旺盛的想象力的支配之下"创作的神话,"正是由于这个道理,诗的真正的起源……要在诗性智慧的萌芽中去寻找"。[①] 这里,维柯透过原始艺术的"诗性"意义探究,发现了人的感官、直觉、本能在创作中起到意想不到的效用,特别是"想象性"因素作为人类的"自然本性"早就存在于艺术思维活动中,而且正是它构成"诗性智慧"的不可或缺的条件,这是对艺术本源及其所由产生的意义的精当论说。维柯阐述想象力意义的独特贡献就在于:对艺术源起时期"人类最初的智慧"和"原始人所具有的诗的本性"做了有益的探究,由此出发,也从一个重要视角对形象思维与艺术创造的关系做了独到的阐述。

但维柯的理论也不是无懈可击的。基于丰富想象力而形成的"诗性智慧",是否都是艺术直觉的产物?艺术直觉论否认理性的介入对于艺术的意

---

① 〔意〕维柯:《新科学》,人民文学出版社1997年版,第5、6—7页。

义，在他们看来，艺术活动完全是非理性的，只是作家直觉、灵感的产物，重理性的作家必定同想象无缘，或至少是淡薄的，其创作也不可能体现"诗的本质"。维柯就认为"推理力愈弱，想象力也就愈强"，"诗人可以看作人类的感官，哲学家可以看作人类的理智"，因此"按照诗的本质，一个人不可能同时既是崇高的诗人，又是崇高的哲学家"。[1] 如果按此推论，人类在童年时期有"真正的诗"，而随着人的智力的日益开掘与发展，人对外部世界的认识日益深刻，想象力就会消退，"诗性智慧"也会逐渐削弱。这显然是于理不通的。

我国学者朱光潜先生对维柯的理论做过较为全面的评说。他肯定了"维柯断定想象活动（即诗的活动）是人类历史发展的最初阶段，着重地研究了想象活动与诗和其他文化事项的密切联系"，但同时也对其将想象力与理智力割裂的看法提出批评。他认为："理智力的上升并不一定造成想象力的消失。维柯的错误在于把原始民族的诗看作唯一类型的诗，忘记了人类心理功能既然可以发展，诗也可以发展。事实上诗和一般艺术虽然主要靠形象思维，但也并非绝对排斥抽象思维，因为人是一种有机体，他的各种心理功能是不能严格地机械地割裂开来的。理想的诗（和一般艺术）总是达到理性和感性的统一，像黑格尔所阐明的。"[2] 朱光潜从艺术发展的角度，论述人类艺术思维的生成同想象力密不可分，而思维的演进则促成理智力与想象力的交互作用并提升了艺术的意义，显然更有说服力。

由此看来，诗性智慧的形成，丰富的想象力是不可缺少的，但想象力因素并不是艺术产生的唯一条件，想象力与理智力也不是截然对立、互相排斥的。在人类思维发展途程中，形象思维与抽象思维的融合，越来越成为开拓人的思维的发展趋势，如朱光潜所说，人类心理功能既然可以发展，诗也可以发展，在人类思维的成年时期，理想的诗也必然总是达到理性和感性的统一。因此，随着人类思维的不断拓展，诗性智慧也必然会体现在运用各种创作方法的文学创作中，浪漫主义文学固然以具备充沛的想象力著称，即便是

---

[1] 〔意〕维柯：《新科学》，转引自《朱光潜全集》第6卷，安徽教育出版社1990年版，第367—368页。
[2] 朱光潜：《西方美学史·上卷》，人民文学出版社1991年版，第339页。

有明显理智力参与的现实主义文学创作,显示出丰富想象力的诗性智慧,也应是判定其艺术成就的一个重要标志。

一般而言,在坚持非理性的浪漫主义、现代主义文学创作中,想象力的运用有着特别重要的意义。人们概括浪漫主义文学的三个基本特性:第一,是它的主观性;第二,想象的丰富性;第三,对大自然的歌颂[①],就把"想象性"看成是浪漫文学必备的条件。以表现主观感情为重的浪漫主义作家,推崇直觉、灵感在创作中的重要性,实际上是强调作家创作活动的本能性、直觉性和艺术无目的性,想象就成为他们创作中兴之所至、随意驱遣的手段。郭沫若就曾多次描述过单凭艺术冲动、借助于美妙想象驰骋艺术神思直觉地进行创作的情状。他如此叙述作家创作的无目的性和艺术活动的非自觉状态:"我想诗人底心境譬如一湾清澈的海水,没有风的时候,便静止着好像一张明镜,宇宙万汇的印象都涵映着在里面;一有风的时候,便要翻波涌浪起来,宇宙万汇底印象都活动在里面。这风便是直觉、灵感(inspirat),这起了的波浪便是高涨着的情调。这活动着的印象便是徂徕着的想象。"[②] 于是,郭沫若在"灵感袭来的时候"全身心为"诗情"所主宰,发挥其奇思妙想,可以一口气写下《女神》中的诸多诗篇,便都是可以理解的事情。

相比之下,现实主义文学运用想象,就呈现并不相同的情状。现实主义作家强调创作的有目的性和思维自觉性,并不怎样看重直觉、灵感,但这是否就意味着不可能产生诗性智慧了呢?大量的现实主义作家理论家都从理论上、创作实践上反复证明过,在艺术创作中,逻辑思维和形象思维并非完全割裂、殊死对立的,现实主义同样需要借助于艺术想象力促使形象思维活跃展开。别林斯基论述作家的艺术思维活动中,认为形象和理智的交融,起重要作用的是艺术想象力的运用。关于不同文学体裁的创作,他特别强调小说创作中想象力运用的意义。他认为,运用想象力,"长篇和中篇小说现在居于其他一切类别的诗的首位",因为"和其他任何类型的诗比较起来,在这里,虚构与想象、艺术构思与单纯但须真实的自然摹写,可以更好地、更贴

[①] 朱光潜:《西方美学史·下卷》,人民文学出版社 1991 年版,第 727—728 页。
[②] 田汉、宗白华、郭沫若:《三叶集》,上海书店 1982 年版,第 7 页。

切地融汇在一起……才能在这里感到无限的自由,其中结合了一切其他类别的诗:既有作者对所描写的事件的感情的吐露——抒情诗,也有使人物更为鲜明而突出地表达自己的手段——戏剧因素"。① 可见,叙事文学要求伸张叙事空间,包括作者真情实感的尽情流露,故事的编排、设计,戏剧因素的发掘,都显示出表达的无限自由性,这既给作家的才能发挥带来了充分的"自由",同时也为小说具备多重诗意功能提供了条件。因此,在现实主义小说创作中,是否调动了艺术思维,构思与写作过程中是否有想象参与,参与的程度如何,是作家应着重考虑的。高尔基曾说:"有才能的文学家正是依靠这种十分发达的想象力,才能常常取得这样的效果:他所描写的人物在读者面前要比创造他们的作者本人出色和鲜明得多,心理上也和谐和完整得多。"② 这是深得艺术真谛之言。

我国的现实主义小说家中,茅盾是一位有相当代表性的作家。其创作因有浓重的理性参与,是属于维柯所说的推理力很强的那种,他的作品是否蕴含诗性智慧就颇多争议,评说其创作因过重理性介入而"失足"者时有所见。事实上,这只是一种臆测性的推论,现实主义并不排斥想象力,茅盾的创作实践恰恰为现实主义小说家如何运用想象力及其构成诗性智慧的独特途径与方式,提供了有说服力的例证。

倘若从创作的整体考察,那么,茅盾的多数创作,恰恰达到了高尔基所指出的那种描写人物所能达到的艺术效果,即作家所塑造的人物比他本人感知过的还要出色和鲜明得多,这在很大程度上是借助于他的十分发达的想象力。这里,有属于一般的形象塑造所不能违背的规律性因素,也取决于茅盾创作的独特个性。从表现重大的社会主题出发,茅盾所选择的描写对象都同他自己的实际生活距离较远。他所着重描绘的两个人物形象系列——时代女性和民族资本家,很少有属于他个人生活圈子以内的人物。在这种情况下,仅凭个人的一己生活体验就远不能济事了。然而,正如茅盾所说,"生活经验是重要的,但也不可以为除了自己实实在在'经验'过的范围以外,便一

---

① 〔俄〕别林斯基:《别林斯基论文学》,新文艺出版社1958年版,第200—201页。
② 〔苏〕高尔基:《论文学技巧》,《论文学》,广西人民出版社1980年版,第317页。

字也不能写,我们要知道'经验'之外,还有'想象'。有许多心理状态,作家是没有经验过的,就要靠想象"。他还举描写女性为例,"我们男人要写各种女人的心理,当然不能去做一次女人再来写,所以这是靠'想象',但倘使我们生活在绝无女人的荒岛上,就无从'想象'"[①]。这大体上说明了想象与经验的关系,而超越于经验的想象力的大量运用,正是其创作获得诗性智慧的重要因素。

茅盾的创作中有两个不依赖生活经验,仅凭想象而得之的非常典型的例子。

一个是创作第二部长篇小说《虹》。茅盾写作这部小说是1929年在日本,这以前他未到过四川,当然也没有坐轮船穿过险峻三峡的经历。然而小说开头一段写梅女士乘坐"川江有名的隆茂轮"冲出夔门的惊险历程,写"奇伟清丽的巫峡的风景",却使人有身临其境之感。这"未曾经过三峡者而能写到如此逼真",曾引得很多朋友的浓厚兴趣,探问其奥秘所在。茅盾解释说,他在日本时,曾同老朋友陈启修有过一次长谈,陈谈及三峡的自然风光,"一年后写《虹》,开始便描绘三峡之险,即赖有此往事。从而知道凡写风景之类,可以凭详细之耳食再加以想象,非必亲身经历"[②]。《虹》写三峡风光,因凭想象得之,当然不可能是三峡风景的真实再现,或许还可以批评其写得不够具体、真实,但作家将三峡的山光水色、湍急水流、百折千回,写得如同亲见亲历一般,你不能不叹服其想象力的丰富。如果再把茅盾"写女人"的经验之谈同他出色的"时代女性"形象描写联系起来看,就更不难理解想象在他的创作中的确起着并不比一般作家逊色的作用。其中最为突出的,是细腻的女性心理解剖。如《虹》对梅行素打进"柳条笼"前一刻的既不打算为贞操所左右、又怀着莫名恐惧的少女特有的复杂心情剖析,就有极为传神的笔墨。梅行素不能接纳庸俗不堪的商人柳遇春,但她也"受着生理的支配","也有本能的性欲冲动",终于经不住一再的思虑、诱惑,最后跌进了"柳条笼"。茅盾把这一过程写得细腻入微,如同一个少女在毫无遮掩

[①] 茅盾:《谈"人物描写"》,《茅盾全集》第22卷,人民文学出版社1993年版,第340页。
[②] 茅盾:《我走过的道路》(中),人民文学出版社1984年版,第38页。

地向读者袒露心迹,这当然是出于丰富的想象,是一个男性作家站在女性的角度揣摩、推测女人的心理,因其想象因素的合理运用,就把女性心理写得惟妙惟肖。这也可以谓之"诗性智慧"罢。

另一个例子是创作《腐蚀》。《腐蚀》是一件相当独特的艺术品,因为小说也完全是在作家从未涉足、非常陌生的生活领域里展开的,同所谓小说创作要从自己最熟悉的生活经验入手之类文学理论根本无涉。迄今为止的材料证明,茅盾从未蹲过监狱,也没有同特务分子打过交道。他敢于给国民党的罪恶的特务分子生涯以艺术表现,却是仅仅凭借"听人讲过"的部分材料。材料又是那样的笼统而抽象,如"抗战初期有不少热血青年,被国民党特务机关用战地服务团等假招牌招募了去,加以训练后强迫他们当特务,如果不干,就被投入监狱甚至杀害"①云云,既缺少具体细节,也没有人物模特儿。然而,当邹韬奋主编的《大众生活》缺稿,约茅盾写连载小说,并限在"一周时间"内拿出小说第一章时,他居然立刻写起了《腐蚀》。小说还写得"十分顺利,可以说是一气呵成",而作品描述的"狐鬼世界"是何等骇人听闻,描写特务间的钩心斗角是何等有板有眼,刻画赵惠明痛苦的内心世界又是何等鞭辟入里,以致小说发表以后引起"不少误会","一些天真的读者以为当真有赵惠明其人,来信询问日记主人后来的下落"。这真是一种非常奇特的现象。作品描写那个"不是女人似的女人"的赵惠明独特心理个性的复杂心理,时而刚愎自用,时而又柔情如水,作家所涉足的都是女性最隐秘的情感区域,不但非一般男性作家所能体察,就连不身历其境的女性也很难领略个中意味。茅盾敢于做如此的"灵魂探险",除了说明他有非常丰富的想象能力以外,不可能得到其他解释。他"一气呵成"写完这部长篇,当然是调动了他的其他生活经验(如他对国民党反动政府及其爪牙的直接或间接的认识),然而,具体的人物和故事设计却不能不取决于他的想象力,使构思得以升华为艺术形象化,也不能不说是以想象为中介的。作家正是凭借着想象这种活跃的思维能力,运用自己的某些生活经验或旁人介绍的生活材料,充分展开由此及彼、由表及里的艺术想象活动,从而完成了形象的再

---

① 茅盾:《我走过的道路》(中),人民文学出版社1984年版,第38页。

造或创造。

由上可见，十分发达的想象力正表明许多现实主义作家形象思维的活跃性，这也是使他们足以称之为"有才能的文学家"的重要艺术质素。作为同样用形象反映方式去把握对象世界的现实主义创作，理性的介入，逻辑思维的运用，必须依附于、渗透于以想象为中介的形象思维中，丰富和深化形象思维的内涵，才能真正发挥艺术上的作用。茅盾曾如此表述现实主义创作的形象思维展开过程："新而活的意象，在吾人的意识里是不断的创造，然而随时受着自己的合理观念与审美观念的取缔或约束，只把那些美的和谐的高贵的保存下来，然后或借文字或借线条或借音浪以表现之。"[①] 所谓"新而活"的意象的不断创造，便是凭借活跃的想象力去创造鲜活意象，而受着"合理观念与审美观念"的约束，则是从"审美"和"合理"两个方面去要求，尽力选择"意象"中的"美的和谐的高贵的"部分表现在创作中。其主导一面是艺术的审美判断，"合理"性要求则是现实主义主张的对现实的准确把握，但仍以是否合于艺术的选择为度。这样，在整个创作过程中，感性和理性的融合，已提升为一种"知性"思维，同时可以创造出一种"诗性智慧"。

当然，同单纯逻辑思维相对立的丰富的艺术想象活动，在现实主义创作中的运用也是有条件的，即想象不能离开对生活"透彻的观察"而凭空产生。现实主义作家就向来反对创作仅凭直觉与灵感而得之。作为创作思维现象来看待，灵感和想象有某种相通之处，都来自于作家的自省感受，是形象长期储存在创作者心头，为强烈的创作欲望所感染而突发或汹涌爆发的创作力。然而，当灵感被描绘成纯属作家主观意念的东西，成为一种飘忽不定的"空灵"感觉的时候，当然是为注重写实的现实主义作家所反对的。其实何止灵感是如此，想象也可能出现上述弊病。茅盾在批评创造社作家"太偏重于灵感主义"时就认为，其"最大的病根在那些题材的来源多半非由亲身体验而由想象"，使创作成为"'灵感忽动'时'热情奔放'的产物"。[②] 这当然源于创作理念上的分歧，现实主义作家对其的批评未必都是符合实际的。

---

① 茅盾：《论无产阶级艺术》，《茅盾全集》第 18 卷，人民文学出版社 1989 年版，第 505 页。
② 茅盾：《关于"创作"》，《茅盾全集》第 19 卷，人民文学出版社 1991 年版，第 273 页。

但有一点可以肯定,无论是灵感还是想象,现实主义作家都不愿意把它们当作主观随意性的东西而任意调遣,还必须受着"合理"观念的支配,这可能就是他们同浪漫主义作家的重要区别所在。上面说到的茅盾创造"时代女性"形象时想象的运用,仔细分析起来,就决不是完全脱离作家的实际生活经验而存在的。他不但并非生活在"绝无女人的荒岛"上,而且对她们还是非常熟悉的。他在回忆录中曾解释说:由于参加实际革命活动的需要,使他得以结识大量的"女学生、中小学教师、开明家庭中的少奶奶、大小姐等等小资产阶级知识分子",他也熟悉大革命时代"各种类型的女性"。熟悉生活中的"时代女性",这肯定是他得以充分展开艺术想象力的基础。他的创造性是在于:依据形象的独特性格内涵,给予合理的想象,使性格表现得更丰满、更典型。因此,他所运用的想象,仍然带着浓重的写实色彩,为他十分明确的创作目的所激起、所决定、所支撑,并为表现既定的思想而活动。想象受着理性的制约和调节,使它更具合理性和科学性,这是茅盾运用想象的独特之处,也体现了一个注重理性分析的作家的独特之处。然而,仅仅只是独特性而已,想象,作为形象思维的一个基本特征,毕竟是体现在他的整个创作思维活动中的。

2. "诗情观念"与理性化叙事

判定一个重视理性化的作家的思维方式,理性介入创作,是否以情感为中介将理性观念融于形象、激活形象,显出形象思维的活跃性,也是至关重要的。因为从本质上讲,形象思维是经由作者的情感渗透、浇灌过的形象体现出来的艺术思维活动。别林斯基甚至把是否有情感介入,看成是科学思维与艺术思维的界碑与分野:"科学通过思维直截了当地对理智发生作用,艺术则是直接地对一个人的情感发生作用。这是两个完全背道而驰的极端。"[①] 这说明属于艺术思维范畴的文学创作,情感性应是一个不可或缺的因素,理智的因素在作品中并不是直截了当地存在的,如果理智完全是以抽象观念的

---

① 〔俄〕别林斯基:《俄国文学史试论》,载《外国理论家作家论形象思维》,中国社会科学出版社1979年版,第76页。

形式显露，没有经情感的渗透、交融，就会失却艺术上的意义。由此出发，别林斯基提出了理智与情感交融的一个重要概念："诗情观念"。他指出，"艺术不能容忍掺入抽象的哲学观念，尤其是理性观念，它只能容忍诗情观念，而诗情观念不是三段论法，不是教条，不是规则，它是活生生的情欲，它是激情"；"情感是诗情天性的最主要的动力之一"。[①]这个"诗情观念"理论，阐述了"诗情"与"观念"之可能的融合，以及"诗情天性"作为"诗情观念"形成的主要驱动力的作用，对于阐释文学创作特别是重视理性化的创作处理理智与情感的关系是颇具理论意义的。

谈茅盾创作的理性化叙事，不能不涉及理智与情感交融的因素，即需探究其创作中如何显现"诗情观念"与理性化叙事的关系。因为在他的创作中，"理性观念"的参与常常表现得非常明显，此种"理性观念"是否演化成"诗情观念"，它是如何演化的，应是判定其是否遵循艺术思维规律及其采取独特艺术路径的重要依据。就情感介入创作而言，茅盾似乎是一位并不特别强调情感因素在创作中运用的作家，其"理性观念"通向"诗情观念"的确显出独特性，由此见出其艺术思维方式呈现出一种独特形态。

文学创作作为作家认识生活、反映生活、评价生活的一种手段，在不同作家那里有不同的反映和评价方式。有的是直抒胸臆的叙写，甚至在大胆的自我暴露中托出隐秘情感，并不注重于对现实本身的细密描绘；而有的则把自我感觉、自我意识、自我情感隐藏很深，只是通过冷静的现实解剖和纯粹的客观描绘，寄托自己对人生的感受，对人物的褒贬爱憎。茅盾属于后者。作为严格遵循"写实"的现实主义作家，他的创作侧重在丰厚的生活内容上展现广阔的现实生活图景描写，冷静地、执着地谛视人生、描绘人生。正如他所主张的，他重视的是对现实"锐利的观察，冷静的分析"，作家应有一个"能够观察分析的头脑"，"应该拣自己最熟习的事来描写"[②]，不同意把文学"只视为抒情叙意的东西"[③]。他写小说，不只为的"抒情叙意"，或者如创

---

① 〔俄〕别林斯基：《〈亚历山大·普希金作品集〉第五篇》，《别林斯基选集》第 4 卷，上海译文出版社 1997 年版，第 333—334 页。
② 茅盾：《读〈倪焕之〉》，《茅盾全集》第 19 卷，人民文学出版社 1991 年版，第 211 页。
③ 茅盾：《社会背景与创作》，《茅盾全集》第 18 卷，人民文学出版社 1989 年版，第 118 页。

造社作家所鼓吹的是一种"天才的自我流露",而是为着表现人生,讲述人生,于是他就找到了最宜于以"故事的陈述者来讲人生"①的方式,即冷静、客观的描绘。反观茅盾的创作,在大多数情况下,就不表现为情感的外在热烈性。他注重的是对生活的冷静思索、细腻解剖,很少采用抒情的笔致,当然不可能像一般浪漫主义作家那样是一种"直抒式"的情感表露,也与别林斯基所要求的表现"活生生的情欲"、抒发一种"激情"相去较远。

但缺乏情感的外在热烈性,并不意味着欠缺情感在作品中的内在渗透。注重客观写实的现实主义作家,重视对现实生活的描绘和解剖,作家对生活的主观感受、自我情感大抵是深藏不露的,但他们既然是对生活现象的忠实描写,生活中积聚的太多的情感因素(尤其是悲剧性因素)不可能使他们无动于衷,而以解剖现实、揭示生活真谛为目的与需求的现实主义创作,都蕴含着作家对生活的独特评判,也不可能不包含情感因素。20世纪初法国著名学者李博在谈到艺术创造"都包含感情因素"时指出:"在这里,感情因素是原始的,初发的;这是因为一切创造总要以某种需要、某种愿望、某种用心、某种没有满足的冲动,甚至常常以某种痛苦的孕育为它的前提。"②茅盾的创作也属于此种状况。其创作的"冲动",也是基于某种需要、某种愿望,而且常常是以"某种痛苦的孕育为它的前提",可以感觉得到情感渗透的分量,只不过不是以外在的形式表现而已。阅读其作品,其"冷观"叙事在初读之下也许会感觉不到"激情"渗透,但仔细读完他的作品,再慢慢咀嚼、回味,就会使人感到有一种难以抑止的情感力透纸背,叫你感动不已。这尤其表现在那些描写人物悲剧命运的作品里。如农村三部曲写一个勤劳、善良的老实农民一再被命运所播弄,终于被折磨得咽了气;《当铺前》写雇农王阿大"惨痛的生活史",以及比他更为悲惨的那些以典当度日而不可得的人们所演出的悲剧的一幕;《大鼻子的故事》写无家可归的"流浪汉"孩子过着比猪狗都不如的生活;等等,无不浸透了作者的辛酸和热泪,流贯着他对劳动者、对下层人们的爱怜、同情的热切感情。即便是写吴荪甫、林老

---

① 〔苏〕高尔基:《我的创作经验》,载《外国名作家谈写作》,北京出版社1980年版,第272页。
② 〔法〕李博:《论创造性想象》,载《外国理论家作家论形象思维》,中国社会科学出版社1979年版,第186页。

板等民族资产阶级形象,当他把笔墨放在揭露其性格中的诸多弱质,包括这些有产者、小商人也有唯利是图的一面时,固然不能掩饰他的厌恶之情,然而当他注意到这些处在特殊时代中的"不幸者"不配有更好的命运时,也不能不在他们身上寄托比厌恶为多的同情心理。吴荪甫和林老板最终破产出走的凄凉结局,所给予人们的是沉重的压抑之感,不自觉地对他们的遭际产生诸多同情,这不正是作者情感渲染的结果吗?尽管茅盾的创作多表现为客观描绘,但"客观"并不意味着作家驱使笔端的形象纯粹是取"旁观者"的姿态,没有掺入个人的褒贬爱憎情感。恰恰相反,创作为某种目的所主宰,从形象的孕育开始,就注入了作家对它们的鲜明的态度和立场,此种态度和立场必然会以不同的情感方式折射出来。由是观之,茅盾在创作中注入的"感情因素",不取外在的热烈的形式,而表现为深沉、执着、含而不露,恰如一股涓涓细流渗透人们的心田,或者说表现为外表冷静、内含热烈,产生了摇撼人心的力量。这种情感显现的形式,颇接近于鲁迅小说的外冷内热、冷中有热的风格,这或许正是沉静、严谨的现实主义作家所常有的创作特色。

基于独特的情感渗透呈现,茅盾创作中理智与情感交融所产生的"诗情观念"也以隐伏的方式表现出来,且以"观念"经情感浸透更能产生撞击人心的力量。《子夜》等作品旨在透过人物的命运描写,剖析社会矛盾,人们从作者对人物鲜明的褒贬态度中不难领会作品的创作意图,作品表述的理性观念亦因作者确切的情感指向而变得清晰可感。这样的例证还可以在许多作品中找到。例如短篇小说《小巫》写菱姐:一个被当作玩物的卑贱女人,身受老爷、姑爷、少爷三位主人的灭绝人性的野兽般的凌辱,已足够令人寒心,使人感到难以抑制的悲愤,而最后在一场混战中,老爷们被打死了,她竟也被流弹击中,"她的嘴角边闪过了似恨又似笑的些微皱纹",漠视着人间的不平而离开人世。这个女人的悲苦命运,经作家的层层渲染,的确达到令人扼腕叹息的地步,情感的感染力量是特别强烈的。而作品更能引入思考的是这幕悲剧产生的成因。这个作品通篇描写的不过是被人践踏的下层妇女——菱姐的悲惨遭遇,题作"小巫",用意何在?如果残害菱姐的老爷、姑爷之流是"小巫",那么,谁是"大巫"?人们在沉痛之中面对这样的发问,当然能唤起更深入的思考,作品传达的理性观念显然不是枯燥的、教条式的，而是感同身受的，可以深切感知的。还有《当铺前》写"大肚子女人"：为着维系暂时的生存，她以待产的身子拼着身家性命挤在当铺前的人流里，"额角上是青筋直爆，黄豆大的汗珠"，终于随着当铺门大开，她在蜂拥而入的人群中发出"一声刺耳的惨叫"以后倒在血泊中了。《林家铺子》写张寡妇：林老板的店铺倒闭以后，这个被"小鱼"吃着的"虾米"受害最烈，不仅几年的辛苦积蓄化为乌有，跟着人们去"吃倒账"时，还挤掉了抱在手上的孩子，只留下了衣襟上的一摊血迹，最后"她已经完全疯了"。这两部作品都是写下层妇女在城乡经济破产形势下遭遇的惨剧，作品的社会剖析意图十分明显，但由于经作家浓重的情感渲染，就将经济破产后的悲剧性后果表现得十分充足，作品的社会问题揭示也就十分鲜明、昭著了。这类作品的情感介入，已不是含而不露，其表述的"诗情观念"，当更能撞击人心。

茅盾创作中的情感介入，也包括切入人的感情生活，描写人与人之间复杂的情感纠葛，展示人的正常或异常的情感、情欲之类的东西，以表现人物性格的丰富性与复杂性。在这方面，显现出其创作中的情感描写并非一片空白，恰恰相反，许多作品突入人的情感、心理层面，倒是见出了这位小说家驱遣笔下的人物时，善于把握人的复杂微妙的心理与情感，从而把人的生理的、心灵的、精神的多方面需求表现俱足。例如，《虹》写梅女士出入于"柳条笼"，状写这位初步觉醒的女性既不为"贞操"左右，又敢于同庸俗抗争的复杂心理；《子夜》写吴荪甫与林佩瑶貌合神离的"爱情"与曲折微妙的情感冲突等，都是极为传神之笔。茅盾前期小说写"时代女性"，多有较"暴露"的笔墨，亦不乏性欲、情欲描写，以致为此曾遭致人们不少的批评。但需要指出的是，茅盾写人的情感与情欲，实不以展示、欣赏为目的，而是同其解剖"社会问题"的整体艺术需求相联系的，内中仍有一种"观念"支配着，因此其作品中的情感描写，不妨说也是为着实现"某种需要、某种愿望、某种用心"而设置的。《野蔷薇》和《宿莽》两个短篇集中的小说，所写大都是卷入过革命浪潮的知识青年，而且多数"穿着恋爱的外衣"，在"恋爱"中也不乏缠绵悱恻的情感纠葛。但如是描写，其实是在于通过这些男女主人公的或歌或哭，或笑或嗔，或亢奋的绝叫，或低沉的叹息，透视出革命以后人们不同的思想状貌。对于这些作品的创作,茅盾自己说得很清楚,"作者是想在各人的恋爱行动中透露出各人的阶级的'意识形态'","公允的读者总能够觉得恋爱描写的背后有一些重大的问题"。① 此说颇为有理。比如《诗与散文》是一篇描写情欲较为"出格"的作品。小说中的年青寡妇桂奶奶,已打破了传统社会要求于女子的"娇羞,悠娴,柔媚"这"三座偶像",鄙弃了一切"贞静",对肉欲的追求可谓是"放浪于形骸之外"了。然而当她发现曾引导她打破"偶像"的青年丙并非真心爱她,他一度与她"沾染",只为求得"肉的享宴"的满足,所谓破坏偶像全是作假,她醒悟以后就把这个男子一脚踢开了。如茅盾所说,"只要环境转变,这样的女子是能够革命的"。因为传统的封建观念的束缚一旦打破,对新思潮的追求便不可阻遏,倘若变换环境,性格刚毅的桂奶奶也有可能走向革命。这样的小说寓意,显然突破了一般恋爱小说的情感蕴含。

茅盾小说的情爱描写,在后期作品中也不鲜见,如写妻子被人侮辱的小职员,感到生活无望而三次自杀的《烟云》。在这个已达3万字左右的"长短篇"中,作者把一场发生在家庭里的情爱纠纷写得曲折有致,波澜起伏。小公务员陶先生虽然薪金微薄,地位低微,但他有一个"幸福的家庭",妻子貌美,性情也好,所以每天公余回家,"左顾孺人,右弄稚子",日子过得也算惬意。不料妻子的貌美、单纯,竟被一位颇有钱财的朱先生算计。他对其妻觊觎已久,一次次的设计与之亲近,陶先生则一次次的防范,但防有未及,最终仍让朱得手,使陶妻"失身",陶先生陷于更大的痛苦中。这样的日常生活叙事,在习惯于全方位反映、解剖"社会"进行宏大叙事的茅盾小说中,确乎是个"异类",但它们的存在,却也见证了茅盾的小说创作确有多副笔墨、多样形态。而作者写作此篇的本意,是在展示那个特定时代里小公务员的卑微处境与命运,其实也是一种社会剖析,但作者能以细微的观察捕捉生活中"有意味"的人和事,不经意间把一场家庭情爱纠纷写得有声有色,不至于使表现的"观念"变得枯燥乏味,这便有了意想不到的收获,小说情爱描写的艺术意义甚至超越了单纯的社会分析。这当然缘于作家调动了

---

① 茅盾:《写在〈野蔷薇〉的前面》,《茅盾全集》第9卷,人民文学出版社1985年版,第524页。

多种艺术手腕;设若作者欠缺深切的情感体验与善于把握人物心理的艺术功力,作品自然是难以达到如此艺术效果的。

另一篇小说《水藻行》,把情感视角投向生活水准低下的农村,表现物质贫困的农民仍有丰富的精神、情感世界,也别具一种深刻性,在茅盾小说中应予以足够的重视。此篇的写作迟于农村三部曲和《当铺前》三四年,反映的时代生活是大致相同的,都是"农村经济危机"下农民苦难生活的写照。茅盾曾谈到,他写这篇小说"有一个目的",就是想"塑造一个真正的中国农民的形象","他健康,快乐,正直,善良","他蔑视恶势力,他也不受封建伦常的束缚"。① 小说写出一个"真正的"中国农民形象,就在展示苦难时代农民命运的同时,又从描写农民独特的性爱关系入手的。小说描写了一种非常独特的性爱关系。主人公财喜已经沦为赤贫户,无家无室,只能寄居在堂侄秀生家里,挑起了一家生活的重担。秀生体弱多病,而妻子却是个体格健壮、充满青春活力的女人,她从丈夫身上得不到所需要的一切,就与同样体格健壮的堂叔财喜相爱了。财喜对于他和侄媳妇的关系并不感到不安,他觉得他们之间的爱情是纯真的,秀生配不上那个女人,那女人应该享受大自然赋予她的做一个人的权利。很明显,作者是抱着肯定的态度去写这种性爱关系的,肯定的就是人物"不受封建的伦常束缚"。这透视出农村伦理道德观念的新变化,以此折射出那个时代农民丰富的精神世界。小说描写财喜的心理和行为,是颇为独特的,这里既有对传统伦理观念的蔑视,更多的是对于一个"人"正当生理欲求的肯定。在财喜的观念中,健康和劳动是男女相悦相恋的理由,是天经地义的,他与秀生妻基于人性本能产生的自然情欲也无可厚非。透过茅盾对普通农民精神世界的分析,足可以说明:即使在物质生活艰难竭蹶之中,农民的精神世界仍然不是一片"废墟",当他们还可以追求到什么的时候,总是不忘记去追求的。小说也描写了由不合法的性爱关系引起的人物在感情上的复杂纠葛:秀生的"做开眼乌龟"的痛苦,财喜感受到秀生的痛苦而产生的"疚悔",那女人感到对不起丈夫的负罪感,这一切,都来得极其自然,更让人感受到这种爱情冲突的不简单。仔细想一

---

① 茅盾:《我走过的道路(中)》,人民文学出版社1984年版,第355页。

想，造成这三方痛苦的缘由，都是由贫穷造成的。设若秀生没有被生活压垮，体魄是健壮的，他同妻子的悲剧就不会发生；财喜的贫穷若没有到壮年还不能成家立业的地步，也无须去做这样不寻常的追求。可以说，破产社会造成了对农村正常家庭关系的破坏，奇特的精神生活正是畸形社会的必然产物。茅盾从农民精神领域的深入开掘中，同样发现了接触社会本质的某些东西，从而对情爱描写做了探索社会弊病的合乎规律的剖析，作品的情感渲染与探究的社会问题深刻性，同样都是感人至深的。

概括茅盾创作的情感传达方式，大体上显现出以下两个特点。一是情感与形象的交融。作家的爱憎是文学创作的机缘、原动力，而文学创作的情感又离不开具体的形象，因此形象思维中的情感应是一种形象化了的情感。茅盾就十分注重情感的形象化，他的作品所表达的情感之所以含而不露，是因为它是深深地寄寓在形象之中并同形象紧紧地交融在一起的。他很少在作品中直陈自己对生活的感慨，他的或爱或憎的情感态度只是通过对具体形象的肯定或否定中表达出来。形象的丰满性由作家的情感浇灌而形成，反过来，丰满的形象也必然衬托出作家情感的丰富性。《蚀》中"时代女性"性格的复杂性，反映了作家创作时"情绪"的复杂性——"我那时发生精神上的苦闷，我的思想在片刻之间会有好几次往复的冲突，我的情绪忽而高亢灼热，忽而跌下来，冰一般冷"[1]——这是他自己说及的，然而在《蚀》里何尝有作家自己的这种情感的直接剖露，但形象的本身却的确"自然流露"了这种复杂情绪，这应当说是情感与形象相交融的一个生动例证。在《子夜》中，他通过对赵伯韬从思想到生活方式的尽情丑化，以寄托他对买办资产阶级的憎恨，描述吴荪甫的"事业心"和大将风度，表现他对企图有所作为的民族资本家的某些赞赏之情，也一样传达出他的鲜明的情感态度。二是情感与理智的交融。这两者本来是对立的，但在茅盾的创作中却做到了自然浑成，有机结合。他并不否认情感因素的更为重要："因为文艺作品不比社会科学论文，它是应该从情绪上去感动读者。"[2] 因此一旦进入具体的创作领域，情感因素

---

[1] 茅盾：《从牯岭到东京》，《茅盾全集》第19卷，人民文学出版社1991年版，第185页。
[2] 茅盾：《从思想到技巧》，《茅盾全集》第22卷，人民文学出版社1993年版，第411页。

就表现得更为活跃；理智隐退到了形象的背后，只起到调节或整理情感的作用。在他的创作中，思想观念的参与是明显的，但并不采取直接参与的方式，而是寄寓在渗透着丰富情感的形象身上，思维观念也可以称之为是地道的"诗情观念"。像《春蚕》突出外资经济入侵导致农民丰收成灾的社会科学命题，既是生活形象化的，又饱含了作者的独特感受，比任何一部同类题材的作品都要表现得触目惊心，便是理智与情感交融的结果。自然、理智的参与也提炼了、调整了作家的情感，使其有合理的走向，提高把握现实、评价生活的能力。他的创作一般都能实现既定的目标，流露了丰富的情感又不表现得偏激，反映出作家对情感的准确、适度的把握。

3. 经验积累与艺术提升

文学创作之与作家自身经验的关系，是一个创作论中无法绕开的话题。任何一个成功作家的背后，都可以发现经验对于创作的驱动和推进作用，正是由于作家有着得之于生活实践的独到经验的强力支撑，方才能够创造出别具一格的艺术作品。由是，作家经验的积累与创作艺术的提升有着至关重要的意义。

经验能够赋予艺术的意义，是在于它是作家在生活实践中认知大量客观事物以后积聚而成的对于人类生活的一种深切体认，其中包含作家自身对某些印象深刻事物的独到的感觉与体验，也有经诸多感知的积聚与沉淀而形成的对事物的更深刻认知。从这个意义上说，"经验"并不完全是"感性"的，当然它也并非经抽象思维提炼的理性，它是介于感性、理性之间的一种知性，即作家在生活实践中积累而成的对于事物的独到感悟与认知。这种"知性"在创作中的投入，既保留了作家看取生活的感性样态，使描写的事物独具鲜活性，同时又渗入了作家对事物的感悟与思考，以独具匠心的表现让读者产生心理共鸣。大量的创作实践证明，只要是切实反映生活底蕴的作品，都有作家自身的经验在创作中的投影。凡是浸透了作家对于生活有深切感知、体验的经验，作品便会产生独到的艺术审美效应，并使读者从中获得审美快感。就此而言，黑格尔所说的"艺术即经验"，不失为精辟之论。

文学艺术既离不开人类自身的经验，作为人类生活忠实表现者的作家，当然也会重视经验在创作中的运用。然而，经验的运用，在作家创作中呈现着复杂状况。因为经验是通过何种途径获得的，作家又是如何运用经验使之在作品中产生艺术审美效应，这在不同作家身上表现是不尽相同的。对此做出深入阐释，也许对作家经验积累与创作艺术提升的关系会看得更清楚些。谈茅盾的创作，揭示其作为现实主义作家反映生活的独特性，尤其是在处理客观写实与主观体验之间的关系，探究其如何有效运用自身在长期的生活积累中形成的体验或经验，作品中怎样不同程度反映出作家自身经验的渗透，来说明经验积累与艺术提升的关系，也是颇有意义的。

茅盾谈到经验在作家小说创作中的运用，大体有两种模式：一是托尔斯泰式的，"经验了人生以后才来做小说"；二是左拉式的，"因为要做小说，才去经验人生"。[①] 在这两种模式中，便有经验的不同获取途径：前者是参与人生后得到经验再作小说，经验的形成在创作之前；后者则是为做小说才去经验人生，经验的形成在创作动机生成之后。这两种模式，在作家的创作实践中都是有例可证的，或者说这其实正是其创作经验的夫子自道，因为这同样表现在他的小说创作活动中。前者如《蚀》三部曲的创作。诚如其自述：这是在他"经验了动乱中国的最复杂的人生的一幕"，终于感到了幻灭的悲哀，人生的矛盾，就开始了创作。显见其创作动因是在于积累了丰富的人生经验，而后才有难于抑制的创作冲动。后者如《子夜》的写作。这部小说的写作意图是在于"大规模地描写社会现象"，写作计划中涉及他并不熟悉的工厂状况、资本家生活、交易所市场等。为获取这方面的经验，他于写作前用大量时间访亲问友，"跟一些同乡故旧晤谈"，"他们中有开工厂的，有银行家，有公务员，有商人，也有正在交易所中投机的，从他们那里我听到了很多，对当时的社会现象也看得更清楚了"。[②] 在此基础上，就有了他后来《子夜》的创作。按这样的写作思路看，《子夜》的创作不妨说是接近于"因为要做小说，才去经验人生"这样一种类型。

[①] 茅盾：《从牯岭到东京》，《茅盾全集》第19卷，人民文学出版社1991年版，第176页。
[②] 茅盾：《〈子夜〉写作的前前后后》，《我走过的道路》（中），人民文学出版社1984年版，第91页。

笔者以为，对于两种不同的经验获取方式，应该有一种宽容的理解。基于不同的文学观念和创作思维习惯，作家看待经验和对经验的获取方式各有不同，经验在创作中也会起到各自不同的作用，不可以遽论孰是孰非。然而，就经验的生成对文学创作产生的艺术审美效果而言，得之于切身感受和体验而形成经验，显然要优于为了创作再去寻求经验。茅盾的创作也可作如是观。对《蚀》和《子夜》这两部作品的评价，历来已有定评。从艺术思维的开阔性、人物形象的独特创造、长篇小说结构的完善等方面看，《子夜》显然要优于《蚀》，所以《子夜》历来被视为茅盾最优秀的代表作。但如果换一个角度，即从作家获取经验的独特路径寻找作品的艺术美感去看，情况就会有所不同。近年来研究者们对《蚀》和《子夜》两部作品的评价视角已有所调整，不单从社会价值层面评价作品，尤注意开掘作品中蕴含作家对现实的独到感知和独特的情感体验，就可能获得新的意义认知。对《蚀》的评价，夏志清就认为这个经由茅盾"个人在北伐期之内及以后的经历，写成的三部曲"，其价值不在《子夜》之下；这部小说是"站在小说家的立场，说了小说家应说的话"，因此"在中国现代的小说中，能真正反映出当代历史，洞察社会实况的，《蚀》可算是第一部"。[1] 夏志清的这个观点颇值得注意，尽管他以肯定《蚀》来否定《子夜》，笔者并不赞同。因为"《子夜》模式"有着丰富的内涵，不单是经验一种因素可以概括的，要对其做出全面评价，还须有多种艺术要素的估量。这里足以引起我们思考的，是对《蚀》这种创作模式的重新评估。在我看来，《蚀》这部作品的成功之处，就在于经验的有效获取和运用。一是作品的形成，来自于切身经验与感受，作者亲历了轰轰烈烈的大革命实践，那些鲜活的人物、事件总是在眼前驱之不去，而大革命的失败又在心头郁结了太多的"孤寂"与"悲哀"，在这样的"人生经验"驱动下，遂有茅盾不能自已的创作冲动。二是在创作过程中，作家将得之于大革命实践的"经验"，内化为自己深层的心理体验，集中表现当时自己的复杂心绪："幻灭的悲哀，人生的矛盾，消极的心情"，并将其贯穿于整部小说中。特别是第三部《追求》，所有人物的"追求"都失败了，悲哀的氛围

---

[1] 〔美〕夏志清：《中国现代小说史》，复旦大学出版社2005年版，第102、104页。

特别浓重。三部曲原先的构思思路是表现人物"幻灭—动摇—追求"这样渐进式的心态历程,但实际的情绪表达恰恰相反,展现的是人们"追求—动摇—幻灭"这样倒退的思路,可以说是把革命"低潮期"人们的心绪(包括作家自己当时的心绪)表现得淋漓尽致。革命家的沈雁冰成为小说家的茅盾,小说家的茅盾之所以为"茅盾",恐怕没有比《蚀》三部曲表现得更充分的。这里重要的是,作家的"经验"表达,是一种融合内心体验的"知性"思维,并将其凝聚为灌注了浓厚情感的艺术审美感受,于是就能产生很大的艺术力量。

  反观"因为要做小说,才去经验人生",当然也是获取经验的一种途径,但这种为了创作而去"讨生活"的做法,毕竟有很大的局限。创作的形成并不基于经验的驱动,经验没有能够内化为作家创作的切身需求,也没有经更多知性的积累与沉淀,自然也就缺乏充足的艺术表现力。茅盾创作《子夜》的成功,有多重因素的作用,此处不赘;但就这个作品的经验获取方式而言,也是有不少弊端的。例如,《子夜》中描写了茅盾并不熟悉的工人运动和农民运动(包括第四章写农运的"半肢瘫痪"),连作家自己都是深以为病的。原因何在?就在于他在这方面毫无经验可言;后来他为了写小说去经验人生,走访、考察过有关人和事,但并没有获得对于这些事件的深刻、全面的认知,当然也不可能形成自己独到、深切的体验,创作的不尽如人意必在所难免。茅盾于抗战初期写出的"急就章",如《第一阶段的故事》《走上岗位》等,存在不少缺憾,其咎也在缺乏深切的经验支撑。这些作品描写的是民族资本家倾力投入抗战的场面,作品的主旨和人物的献身精神都是无可挑剔的,但总是缺少感染人的艺术力量。原因自然也与作家个体经验的缺失有关。由于创作受到过重理性化的支配,为实现某种理性要求,总是在自己的经验以外寻求创作材料,这要使创作达到很高的艺术水准,实在是难乎其难。对于这个弱点,茅盾本人其实是看得很清楚的,他曾作过多次表述,这,也许足为一切创作者戒。

四、借鉴欧洲"正宗"现实主义的小说叙事艺术

探讨理性化创作问题,一般都是现实主义命题范围内的事情。现实主义要求文学真实、典型地反映现实,思想观念(理性)的参与就必不可少,于是理性介入与艺术表达的矛盾、冲突一面就会显露,这就需要作家尤其是现实主义作家予以防范与克服。"在现实主义中,存在着一种描绘和规范、真实与训谕之间的张力。这种矛盾无法从逻辑上加以解决,但它却构成了我们正在谈论的这种文学的特征。"[①] 这里,韦勒克谈到了现实主义的先天命运——思想性与文学性的冲突,他显然是排斥文学的规范、训谕功能的,但仍然认为在"描绘和规范、真实与训谕"之间存在着现实主义自身特有的一种张力,此种张力得以形成,就在作家能突破规范和训谕的制约,尽力实现真实的艺术描绘,从而能有效克服过重理性参与给艺术带来的损害。这说明,注重理性化的现实主义创作,尤需要作家有深厚艺术功力的强力支撑,将理性与艺术传达寄寓在多样化的叙事与描写中,以伸展现实主义的特有张力。

茅盾创作的多样化叙事与描写,缘于其多种艺术手腕的调动,单就克服现实主义的固有局限而言,一个重要因素是对世界先进的现实主义创作方法的成功借鉴与运用,特别是对欧洲"正宗"现实主义的有效借鉴。由是遂有其对本真现实主义精神的理解,并从欧洲现实主义大师积累的丰富叙事艺术中汲取有益经验运用于创作实践,使其在拓展现实主义张力中显出优势。捷克汉学家普实克曾经指出,茅盾所用的是欧洲正宗的现实主义方法,甚至可以说他是将欧洲古典现实主义创作方法运用于本国文学创作的一个典型,其创作中"隐去故事叙述者的一切痕迹","不带主观色彩的描写","加强所描写的情景的力量",使用经过润饰的"文学词藻"等,都是对欧洲现实主义创作方法的有效借鉴,此说甚是。由于成功借鉴西方"正宗"的现实主义小说叙事技巧,茅盾总是运用清晰、凝练、规范的现实主义手法,包括精细的叙事,饱满的结构,以及驾驭众多人物的能力,而且叙事又不带明显的"主

[①] 〔美〕R. 韦勒克:《批评的诸种概念》,四川文艺出版社1988年版,第232页。

观色彩",使作品理性的参与能自然地融汇在整体的艺术表现中。所以普实克又指出,"同产生出优秀的欧洲文学的那些先进的理论进行卓有成效的联系的",是"茅盾那特有的艺术审美的敏锐感受,科学的、理性的,甚至是一种分析解剖式的态度去观察生活和社会"。[①] 这一点,涉及茅盾创作最鲜明的特征,而其理论来源亦取自"优秀的欧洲文学",这无疑使茅盾与欧洲现实主义又靠近了一步。

在现实主义范畴内,茅盾所重是欧洲"正宗"的现实主义,这对于我们考察其创作如何把握现实主义精神、技法而显出特色,及其为深化我国现实主义所做的贡献,很有必要。正如我们前面所言,茅盾的"正宗"现实主义理论也许并不"纯粹",他后来固守现实主义,排斥其他文学思潮也非正确态度,但就现实主义论现实主义,能够用欧洲现实主义文学的尺度与要求估量文学,以利于对现实主义做出理论上的匡正,茅盾毕竟是比较突出的一个。而且,同遵循现实主义创作原则相联系,欧洲现实主义小说家巴尔扎克、福楼拜、托尔斯泰等,以他们鲜明的科学理性精神和纯粹的现实主义技法对茅盾的创作施加了深层影响。由此,能够启引我们思考的问题是:茅盾的现实主义选择何以会向欧洲正宗现实主义一面倾斜?此种选择对作家本人创作的意义以及对推动现实主义认知深化的文学史意义何在?

细究中国新文学中可以称之为现实主义的文学理论与创作,同本真意义上的现实主义文学思潮依然有着很大的差距。中国新文学作家最初从西方引进现实主义文学思潮,在理论上还是相当模糊的,"现实主义"这个名词直到 20 世纪 30 年代才被广泛使用,说明到这个时候才有大规模的现实主义文学运动。而且,对国外现实主义文学思潮的吸收,还有舍远就近的偏差,即大量吸收的是近期现实主义文学理论与创作成果(比如将"新写实主义"奉为圭臬),而对于体现欧洲 19 世纪"正宗现实主义"的理论则缺少介绍与研究。这说明了 20 世纪的中国现实主义文学呈现着复杂的面貌,存在着同西方现实主义文学若即若离的状况。从这样的文学思潮接受背景上,去看茅盾

---

① 〔捷〕普实克:《捷文版〈腐蚀〉后记》,转引自李岫编:《茅盾研究在国外》,湖南人民出版社 1984 年版,第 250 页。

的现实主义选择，就见出独特的意义。就中国新文学现实主义演进看，其接受源并不单一，其中欧洲"正宗"现实主义也有所接受与影响，茅盾便是此中颇具代表性的作家。他所接受的现实主义，无论是理论认同还是创作实践都比较接近此类现实主义。

所谓欧洲"正宗"现实主义，通常是指欧洲19世纪"悄悄"兴起的批判现实主义。普实克列举欧洲"正宗"现实主义作家，便是巴尔扎克、托尔斯泰等。此种现实主义崛起后之能风靡世界，且仍为20世纪作家所推崇，就在于其蕴含极强的社会参与功能与艺术精神。韦勒克界定现实主义是"当代社会现实的客观再现"，作家把注意力聚焦在"描绘当代现实生活时"，包含着"人类的同情心，社会改革与社会批判"的内容，具有否定和急剧地反抗社会的成分，由此就有现实主义的独特"张力"。[1] 基于明确的社会使命感和对现实主义社会批判功能的理解，茅盾在20年代初就认为最有力地批判"恶社会的腐败根"的写实主义为当今社会所必须[2]，由是遂有其对注重社会批判的欧洲批判现实主义文学的自觉认同。欧洲的批判现实主义文学，以法、俄两国作家的创作最受国人关注，缘由就在于这两国文学的"社会批判"传统之积淀深厚，足为中国作家师法，而其把握现实主义的不同侧重点，又给中国作家以多方面的启迪。以此之故，中国作家对法、俄两国作家创作的直接借鉴就特别明显，如鲁迅之于果戈理、陀思妥耶夫斯基，茅盾之于托尔斯泰、左拉。也以此故，从对法、俄批判现实主义文学的重视与审视角度，可以反映出这两位新文学大师的现实主义兴奋点与关注点，映照出他们汲取欧洲现实主义文学的某些基本内涵和特色所在。茅盾作为现实主义理论家，曾对现实主义理论作过深究，专事创作以后，又总是结合创作实际总结现实主义文学经验，他同欧洲现实主义文学的紧密关系有更多的踪迹可寻，由此见出其吸纳以法、俄作家为重的欧洲现实主义文学而显出自己的理论、创作特色。

法国现实主义文学为茅盾所重视，是基于其在世界的影响力及其现实主

---

[1] 〔美〕R. 韦勒克：《文学思潮和文学运动的概念》，中国社会科学出版社1989年版，第234页。
[2] 茅盾：《我们现在可以提倡表象主义的文学吗？》，《茅盾全集》第18卷，人民文学出版社1989年版，第28页。

义创作与理论体系的前瞻性与完备性。早在 1915 年，陈独秀就在《青年杂志》上发出先声，鼓吹介绍法国自然主义（实为现实主义）。从"五四"至 20 世纪 20 年代，法国文学的翻译和研究，逐步趋向全面、系统，茅盾所起的作用不可低估，其主编的《小说月报》等刊物连续推出《法国文学专号》《法国文学研究专号》，遂使对法国现实主义文学的介绍与研究形成很大声势。这是茅盾审时度势考察、研究现实主义理论的结果。他对现实主义的初始接受，主要集中在丹纳等的实证美学，和对巴尔扎克、托尔斯泰等欧洲批判现实主义作家作品的研磨上。丹纳以其严密而系统的理论建构了"种族、环境、时代"三要素决定文学的理论框架，并以实证科学的细致观察和理性分析阐释新的"美学感觉"，成了文艺表现生活的有效的方法。巴尔扎克、福楼拜等 19 世纪现实主义作家在作品中着力描写主人公的奋斗"力"与生存环境之间的艰难冲突，正是这一美学观念的艺术实践。中国自"五四"启蒙以后所接受的科学与文艺观念就来自这种科学主义传统，这一传统在"五四"时期占据了主导地位，从高标"赛先生"到科玄大战中"科学"人生观获取全胜，从孔德、丹纳、圣伯夫等的实证理论成为宣传新思潮绕不开的话题并被广泛介绍，到用于实践操刀研究文学，始终显示出它在当时的中国思想文化界的深重影响力。茅盾对法国文学（包括自然主义、写实主义）的借重，是在强调其"科学的描写法"，"真实与细致"等，以此可以"医中国现代创作的毛病"，纠正新文学凌空蹈虚、不切实际之病，为现实主义健康发展开了一剂猛药。诚然，茅盾对文学新潮的领悟要胜于同时代的理论家，但他对新潮也并非趋时盲从。他最初推崇新浪漫文学，认为这是文学进化之路上最先进的文学，然而他从来都是注重社会实际的理论家，固然一度倾心于新浪漫，随即就清醒地看到，中国文坛不是缺少"浪漫"和"高蹈"，而是看不到对社会生活客观真实的描写，"客观描写与实地观察"才是最迫切的，这又使他很快转向倾心于自然主义与写实主义。而一度提倡以左拉为代表的自然主义，他看重的也是其含有"科学的描写法""真实与细致"等创作特点，这恰恰显示了他最初选择现实主义的一个关注点：对注重客观描写、科学描写的法国现实主义文学创作方法的情有独钟。

就中国新文学的现实主义选择而言，茅盾把关注点移向法国文学，是有其独特意义的。基于历史传统的影响，中国新文学作家对国外文学思潮的选择，总有一种先天的历史参与意识，因而对现实主义的接受更注重的是现实主义理性精神，而不是现实主义的创作方法。当时的新文学作者大都有一种急切的思想启蒙要求，只强调现实主义表现"思想"的重要性，反对创作方法上"纯粹"的现实主义，所以，更能引起人们共鸣的是俄罗斯的"为人生"的文学，却在某种程度上故意忽视了法国现实主义作家所津津乐道的冷静、客观等创作方法。在茅盾看来，这不是对现实主义精神的真正理解，为此他曾经不惜"冒险"抓了一剂猛药，用大力提倡自然主义来矫正新文学的弊病。他希望通过提倡自然主义的"客观的观察法"和"细致的描写法"，能够使文学开阔地反映社会生活，尤其是用真实贴切的写实，细致地描写下层社会，而这正是自然主义的最大贡献。其实，对新浪漫主义的推崇，也含有重理想、重批判的精神。茅盾提倡的新浪漫的主要作家是法国的罗曼·罗兰、巴比塞、法朗士等人，他们当时也称新理想主义，其实是 20 世纪欧洲"行动着"的现实主义的代表，他们的创作有鲜明的进步倾向，奋力抨击资本主义制度，揭露社会丑恶，追求理想的人性和与生活战斗的积极力量。某种程度上，将自然主义与新浪漫主义这二者有机结合，也许更合茅盾的心意，这样文学既"描写全社会的黑暗"，又能以"理想作个骨子"，这也合乎新文学发展的客观需要。这就决定了茅盾的选择最终会向欧洲"正宗"现实主义一面的倾斜，而茅盾看取法国文学的所重是在现实主义的创作方法，这必然使其在"方法"的借鉴上得益甚多。

  俄国现实主义文学的社会批判倾向容易引起中国作家的心理共鸣，是由于两国社会现状与文学关系的某种相通性。俄国在专制制度下产生的"怒吼的文学"，对中国作家来说是感同身受。茅盾早年竭力推崇托尔斯泰与俄罗斯文学，就在于俄国"处于全球最专制之政府之下，逼压之烈，有如炉火，平日所见，社会之恶现象，所忍受者，切肤之痛苦。故其发为文学，沉痛恳挚；于人生之究竟，看得极为透彻"[①]。周作人在《文学上的俄国与中国》中对两国文学可能的参照关系说得更为透彻：俄国的"特别国情"和文学背

[①] 茅盾：《托尔斯泰与今日之俄罗斯》，《茅盾全集》第 32 卷，人民文学出版社 2001 年版，第 17 页。

景"有许多与中国相似,所以他的文学发达情形与思想的内容在中国也最可以注意研究",缘由就在因"国情"的相似而显出的特别的亲和力。就茅盾接受外国现实主义文学而言,其特别看重现实主义的社会批判意识,就与他借鉴欧美却倾心于俄国文学有关。胡愈之后来回忆茅盾的文学选择时说,他"对俄国文学和十月革命的研究,使他找到了一条以后始终不变的道路:文学是手段,而革命才是目的"①。1922年,茅盾在多篇介绍、评论外国文学的文章中,以俄、匈、挪、保等国文学为例,"证明文学之趋于政治的与社会的"必然性,指出它们的独特价值是在于"都是有社会思想和社会革命观念"。② 由于对俄国文学包括被压迫民族文学的浓厚兴趣,这使他有可能超越对丹纳的接受,而更多关注现实社会的斗争,正同他始终并未完全放弃新浪漫一样,他赞赏巴比塞、罗曼·罗兰、法朗士,因为他们能"补救写实主义之丰肉弱灵之弊","补救写实主义之全批评而不指引"。③ 而能够对灵与肉两面做到较完善结合的则在俄国文学中更是普遍,尤其是托尔斯泰和高尔基。茅盾在《托尔斯泰与今日之俄罗斯》中考察了托尔斯泰的现实主义文学与俄国社会革命的密切关系。他也赞叹高尔基:"第一个把无产阶级所受的痛苦真切地写出来,第一个把无产阶级灵魂的伟大无夸饰无夸张地表现出来,第一个把无产阶级所负的巨大使命明白地指出来给全世界人看!"④ 正由于是广泛采撷,兼收并蓄,作为对欧洲现实主义的多方借鉴,使茅盾的现实主义理论既有巴尔扎克、托尔斯泰一类欧洲批判现实主义作家的诸多特点,也吸纳了高尔基开创的现实主义新质。由是观之,茅盾关注的欧洲现实主义文学中,以俄国现实主义文学最为其所重,他对俄国文学精髓的评论与吸纳,不独持续时间更长,而且覆盖面也更广,由此也显出其借鉴欧洲正宗现实主义文学的诸多特色。

基于对欧洲"正宗"现实主义创造方法的成功借鉴与运用,并从欧洲现实主义大师那里汲取有益经验运用于创作实践,使茅盾的创作在遵循本真现

---

① 胡愈之:《早年同茅盾在一起的日子里》,载《忆茅公》,文化艺术出版社1982年版,第8页。
② 茅盾:《文学与政治社会》,《茅盾全集》第18卷,人民文学出版社1989年版,第279、280页。
③ 茅盾:《〈欧美新文学最近之趋势〉书后》,《茅盾全集》第18卷,人民文学出版社1989年版,第48页。
④ 茅盾:《论无产阶级艺术》,《茅盾全集》第18卷,人民文学出版社1989年版,第500页。

实主义创作原则方面有所作为。立足于对"正宗"现实主义的有效借鉴，使其理性化创作既不失现实主义的特有功能，又注重多样化创作方法的探求，从而大大丰富其小说的叙事艺术，拓展了小说创作的现实主义张力。可以说，借鉴欧洲"正宗"现实主义的小说叙事艺术，是使茅盾那种重视理性思维的小说创作不偏离本真现实主义轨道的重要因素。

在创作实践上，茅盾曾在多种场合表述过，其创作从外国作家创作经验的借鉴中得益甚多。论及使其受惠最多的，自然是法、俄两国现实主义作家，而对其影响最大的，当推左拉、巴尔扎克、托尔斯泰等。他早年提倡自然主义，就是把左拉作为自然主义作家予以竭力推崇的。他推崇自然主义者左拉，是在于其倡导的自然主义有同现实主义接近的一面，故而曾将左拉视为与巴尔扎克、福楼拜等写实派作家一样，应是中国新文学创作"引为'南针'的"①。不过，在他坚定现实主义信念以后，就对左拉的热情稍减，更倾心于巴尔扎克、托尔斯泰等现实主义作家。比如，谈到重理性的现实主义创作方法，他认为重要一点应黏住"题目"做小说，即"首先自然是将一切有关于这'题目'的材料（原料），加以整理和选别，再用艺术的手腕组织起来"；以此相对照，左拉的创作并不重视"'主题'正确与否"，创作前并无整体艺术设计，所以"我并不主张左拉那样的写法"，而是"倾向于另一种方法"，即巴尔扎克、托尔斯泰的写法：创作总是先有详细"大纲"和人物性格、故事发展的详尽"提要"，又对材料反复咀嚼、数易其稿完成，保证实现创作的既定目标。②这颇能证明其创作思维自觉性的形成，主要是得益于现实主义作家的启示。其《子夜》的写作，也有详尽的"大纲"和"提要"，文字几近成书的五分之一，最足以说明其创作是取法巴尔扎克和托尔斯泰的。茅盾在回答外国记者的访问时就指出过，小说创作先写"大纲"，"这也不是我的发明，而是受欧洲文艺大师的启示"，"二十年代，我不曾写作，全力从事欧洲文学作品的研究与翻译……《子夜》的写作方法颇得益于巴尔扎克，尤其得益于托尔斯泰。托氏写《战争与和平》，就曾几易其大

---

① 茅盾：《自然主义与中国现代小说》，《茅盾全集》第18卷，人民文学出版社1989年版，第236页。
② 茅盾：《创作的准备》，《茅盾全集》第21卷，人民文学出版社1991年版，第32—35页。

纲"。① 又如，在他专力于创作后不久，虽依然表述过他对左拉和托尔斯泰的推崇与厚爱，但对这两位外国作家的评价和对其的倾心程度已有了明显的差别："这两位大师的出发点何其不同，然而他们的作品却同样的震动了一世了。左拉对于人生的态度至少可以说是'冷观的'，和托尔斯泰那样的热爱人生，显然又是正相反；然而他们的作品却又同样是现实人生的批评和反映。我爱左拉，我亦爱托尔斯泰。我曾经热心地——虽然无效地而且很受误会和反对，鼓吹过左拉的自然主义，可是到我自己来试作小说的时候，我却更亲近于托尔斯泰了。"② 这是他在完成第一部作品《蚀》三部曲不久后的述说，表明他立志以托尔斯泰式的"热爱人生"的态度从事小说创作，也表明他更亲近于欧洲现实主义作家而为自己获得丰富的艺术积累，这也是为他后来的创作实践所一再证明的。

综观茅盾汲取欧洲"正宗"现实主义作家的成功经验，下述几点是很突出的。

1. "史诗"型创作格调的追求

欧洲现实主义作家基于对现实的真实描写，往往担负着"历史见证人"的角色，其作品总是忠实记录社会历史变动，并以史诗型创作把握社会的整体面貌和发展走向。巴尔扎克就被称为社会的"书记""时代的秘书"，其作品颇具"史诗"品格。黑格尔对"史诗"提出的第一个要求就是"对象的整体性"③，即要求整体性地反映社会生活全貌，掌握潜在的社会发展潮流。巴尔扎克为"社会研究"而精心写就的"史诗"型巨著《人间喜剧》，全面反映当时法国社会生活，再现了一幅幅触目惊心的人间图画，尤其注重从社会经济关系着眼批判社会，《高老头》《欧也妮·葛朗台》等作品批判遍地腐败堕落的"金钱社会"，表现所有的人际关系都基于物质利益的可怕社会现象，揭示"19世纪的社会性格本质上是竞争、囤积、剥削、权威、侵略和自

---

① 参见〔法〕苏珊娜·贝尔纳：《走访茅盾》，转引自李岫编：《茅盾研究在国外》，湖南人民出版社1984年版，第569页。
② 茅盾：《从牯岭到东京》，《茅盾全集》第19卷，人民文学出版社1991年版，第176页。
③ 参见〔德〕黑格尔：《美学》第3卷下册，商务印书馆1981年版，第161页。

私"①，尖锐地揭露社会政治弊端，引起人们对现存社会秩序的怀疑。由于同样承负着揭露、批判社会弊端的要求，中国作家对欧洲"正宗"现实主义的接受，很容易引起心理共鸣的就是那种忠实记录社会历史、全方位反映社会生活面貌的创作，正以此故，巴尔扎克、托尔斯泰等作家的"史诗"型创作格调，就成为很多中国作家的追求。

茅盾的创作特色之一，便是"史诗"型创作格调的追求，他的小说全方位反映现代中国社会面貌，从某种意义上可以说是抒写了一部现代中国的"史诗"。许多研究者论述茅盾小说对欧洲正宗现实主义的借鉴，多有从"史诗"角度评论的。捷克汉学家普实克评论茅盾是将欧洲现实主义创作方法运用于本国文学创作的典型，就曾从"史诗"视角论之：认为"这是他在抗战前那一阶段的主要创作方法（《子夜》是运用这一方法的顶点）"；他将"史诗"界定为是"以客观性为基础，力求保持史诗表现方法上的最大的客观性。事实（物质的或心理的）都如亲眼所见的那样呈现于读者之前"；以此相对照，"茅盾艺术的基本原则"是"在现实尚未成为历史时，就立即极为准确地抓住它"，作品的艺术表达应视为"是在整整一代人身上打下了烙印的某种要求的表达"，因而其创作堪称是一部"现代史诗"。② 类似作如此评论的，还有斯洛伐克汉学家马立安·嘎利克。其在研究中也注意到了茅盾对19世纪欧洲现实主义文学的借鉴，并有效汲取其创作方法，从而使茅盾成为中国作家中"最善于将中国广阔的社会生活绘制成色彩浓郁的油画巨匠"；因此他断言："如果我们想把中国某个作家的作品称之为现代中国的一部小型的《人间喜剧》的话，那就可能是茅盾的作品了。"③ 在他看来，茅盾是中国作家中最接近于善于创作《人间喜剧》那样的"史诗"型巨著的巴尔扎克一类的作家。

如果不是从单个作品的简单类比，而是从整体创作倾向看，茅盾确实是中国作家中最接近于巴尔扎克、托尔斯泰等欧洲现实主义作家。其创作

---

① 〔美〕埃利希·弗洛姆：《健全的社会》，中国文联出版公司1988年版，第97页。
② 〔捷〕普实克：《论茅盾》，转引自李岫编：《茅盾研究在国外》，湖南人民出版社1984年版，第625、623页。
③ 〔斯洛伐克〕马立安·嘎利克：《斯洛伐克版〈林家铺子〉前言》，转引自李岫编：《茅盾研究在国外》，湖南人民出版社1984年版，第325页。

的显著特点,是整体性的历史描绘和"史诗"创作格调的追求。其重要表征之一,是社会批判格局的开阔,注目于中国社会"当代史"的演示和批判,不再满足表现身边的"小悲欢",而是以史家的眼光对描绘社会的"全般现象"表现出浓厚兴趣。这是中国新文学由"五四"向20世纪30年代演进,借鉴西方现实主义文学的重大转换。作品表现出变革现实、改造现实的强烈欲望,和对国家命运、民族使命的自觉承担,而历史使命感和深广的忧患意识,正是文学尤其是现实主义文学的深度模式,其借鉴西方文学的深层意义就在于对历史价值的追求,集中表现在对"史诗"创作传统的接近。凯塞尔认为:"全部世界在崇高的声调中的叙述叫做'史诗';私人世界在私人声调中的叙述叫做'长篇小说'。"① 茅盾创作文本的特点就是以阶级话语、民族话语取代私人话语,力图用宏大历史叙事把握阶级斗争、民族斗争的现实动向与发展趋势,从这个意义上说它具有体现崇高风格的"史诗"格调还是颇切合的,尽管其提供的文本同真正意义上的"史诗"还相距甚远。茅盾创作对"史诗"格调的追求,体现文学当代性的宏大叙事,无疑开阔了"社会"视野,强化了现实主义文学观照社会、批判社会的功能。他笔下的批判对象——社会,是一个包罗万象的社会,是由农民、工人、商人、知识分子、民族资本家、金融界大买办、军人、官僚政客等广泛包含各阶层人物组成的社会,人物之间交织的各种社会关系,经济的、政治的、心理的、文化的、阶级的、伦理的,形形色色,错综复杂,对社会的矛盾、社会的动向有深入的由表及里的反映,揭示与探索了当时人们普遍关注的社会问题。这些,都同他自觉或不自觉汲取欧洲现实主义作家创作经验有关。例如,20世纪20年代创作的《蚀》和《虹》,将笔力集中在敏感多变的小资产阶级知识青年上,反映了"革命"的幼稚、狂热和脆弱,反革命势力的猖獗与残暴;作品中的人物,如静女士的幻灭、方罗兰的动摇、孙舞阳的躁动、章秋柳的颓废、梅行素的由"个人"向"集体"的转化,正是急遽转变中的大革命时代的社会投影。普实克认为,这种偏重于人的精神的、心理的抒写,显然与托尔斯泰较为接近,从中不难看出"茅盾是赞成托尔斯泰的批判现实主

---

① 转引自徐岱:《小说形态学》,杭州大学出版社1992年版。

义而反对左拉的自然主义","从他自己的生活感情来说也是较亲近于托尔斯泰"。①20世纪30年代的《子夜》《林家铺子》和"农村三部曲"等,抓住这一时期社会动荡、经济破产的社会现象,特别注重从经济视角揭示严重的社会问题,写出经济危机引发的社会危机,揭示出当时中国半殖民地半封建社会的本质,这与巴尔扎克侧重于"金钱社会"的解剖表现社会问题,亦有异曲同工之妙。20世纪40年代的《腐蚀》则集中批判垂死社会的强力腐蚀性,由此透视社会的政治黑暗;而《霜叶红似二月花》作为他的再度大规模叙写历史之作,意在完整表现"五四"至大革命全过程,小说已完成部分表现了辛亥革命后到"五四"前夕的社会如即溃之堤,预示变革大潮的到来,显示出应有的历史深度,同样见出"史诗"品格的追求。如此始终如一的"史诗"格调追求,在同时代作家中的确是很少有人可以与之比肩的。

这里,特别需要指出的是,茅盾在对"社会"作"史诗"式描绘时,将现代都市纳入其创作视野,且在此用力甚多,这使其与欧洲现实主义文学又有所接近。欧洲现实主义作家的现代性思维,大多表现在对"都市病"的深刻透析上,借以剥露现代社会的种种弊端,揭示人类社会应有的归趋。就"社会批判"角度言,描写都市社会和都市人,应当是对现代社会特质的最充分最有效的表现。都市集中了现代社会的种种现代性表征,它几乎是社会的神经中枢,切入其中枢作当能实现对社会本质的深刻透视。巴尔扎克等作家对以金钱为主宰的资产阶级生活和滋生资本主义土壤的都市社会以犀利的批判,当是典型例证。中国新文学诞生后的现实主义文学,将主要精力都集中在农村和农民身上,即使写知识分子也是带着浓厚的泥土气息的知识分子,仿佛他们与城市的生活并不相干,大都市的生活题材一直被新文学放逐在文学的门槛之外。到茅盾手中,都市尤其是大都市开始显现并活跃起来,填补了都市题材缺乏的空白,都市开始被纳入人们的审美视野,资产阶级的生活开始大量出现在新文学作品中。就此而言,茅盾无疑是我国现代都市文学的开拓者,也见出其创作借鉴欧洲现实主义形成

---

① 〔捷〕普实克:《捷文版〈腐蚀〉后记》,转引自李岫编:《茅盾研究在国外》,湖南人民出版社1984年版,第254页。

的独特现代性品格。就茅盾对现代都市文学的论述看，他所看重的也正是都市文学的现代品格。他认为，"现代人是时时处处和机械发生关系的。都市里的人们生活在机械的'速'和'力'中"，都市文学就应予此种现代人的生活节奏"密切联系起来"。"可是我们的'反映生活'的文艺却坚拒机械于门外。我们有许多描写'都市生活'的作品，但是这些作品的题材多半是咖啡馆里青年男女的浪漫史，亭子间里失业知识分子的悲哀牢骚，公园里林荫下长椅子上的绵绵情话；没有那都市的动脉的机械！"[1]为此他强调，我们必须有"都市文学新园地的开拓"，重要的是要产生"以都市人生为对象的都市文学"，"到作家的生活能够和生产组织密切的时候，我们这畸形的都市文学才能够一新面目"。[2]

茅盾的"都市文学"作品，一如其对都市文学所要求的，着眼于现代都市人生的描写，把重点放在表现以民族工业为背景的大工业生产中，充分展示"生活在机械的'速'和'力'中"的都市人的境遇与命运，由是，中国社会的脉动及其可能的走向都会在这里得到呈示，而描写都市人的生活方式和思想行为，则集中体现了"现代人"的特点，透视出现代社会的复杂与多变。《子夜》向我们展示了大都市资产阶级生活的真实状况，小资产阶级的无聊与无奈，乡村土财主在都市竞争力冲击下的异化，军阀、买办资产阶级的为虎作伥，这形形色色"都市人"的相互纠葛、冲撞，形成复杂的社会关系，为我们认识20世纪30年代中国社会特质提供了形象的写照。其对都市的观照，除着眼于表现都市社会经济结构的变动外，还着力把握由一定的经济形态形成独特的都市文化观念和都市文化心态，反映一种与传统文化价值观念迥异的现代都市人的精神畸变，从而深刻地揭示了现代都市文化的本质特征和发展动向。从茅盾的作品中我们可以看到，同外国资本与商品倾销与之俱来的，还有西方文化观念和生活方式的输入，于是在民族工业与民族经济深受其累的同时，另一种在中西文化的冲突与迎拒中畸变的文化现象也随之产生。它可能出现多种表现形态，但最突出的是传统文化价值观念的失

---

[1] 茅盾：《机械的颂赞》，《茅盾全集》第19卷，人民文学出版社1991年版，第401、402页。
[2] 茅盾：《都市文学》，《茅盾全集》第19卷，人民文学出版社1991年版，第422、423页。

落,而又陷入了对于骤然到来的西方文化茫然不知所措的尴尬,结出了一种盲目趋同西方文化的文化怪胎。在茅盾表现20世纪30年代都市生活的小说中,在充分展示都市经济百孔千疮的同时,又以不少笔墨描写了都市生活的畸形繁荣:街市上高楼林立,霓虹灯闪烁不定,夜总会里灯红酒绿、歌舞达旦,舞女、交际花拥着"大亨"们出入宾馆酒楼,小有产者则在公园、电影院、咖啡店谈情说爱,人们在尽情享受着都市带给他们的一切物质文明。与此相关的,还有拜金主义时尚的流行。穿梭来往于吴荪甫客厅的有政客、军人、金融界巨头、交易所经纪人,甚至还有律师、大学教授,他们来到吴府,并非要献上发展企业的方略,高谈阔论的是政治经济、公债行情,主要算计的便是如何使自己的钱袋鼓足。这类现象正如茅盾当时所概括的:"上海是发展了,但是畸形的发展,生产缩小,消费膨胀!"[①]这种对享乐文化、拜金主义的追求,在都市人看来也许稀松平常,然而它建筑在十分脆弱的经济基础之上,同现实可能性构成尖锐矛盾,便见得不可思议、非常荒唐。由此畸变的文化现象显示的恰恰是当时中国人接受西方文化的弊端。如果说,西方资产阶级在其上升时期还是颇有能耐与作为的,其艰苦创业精神素来为人们称道,因而"法兰西性格"之类就颇受推崇;那么当西方文化蜂拥而来时,许多人只对其享乐文化观念一拍即合,追逐金钱、消费金钱的本领一学即会,而富有创业精神的企业家因此而受到种种肘掣,这实在是十分可悲的。从这里不难看出,茅盾作品的现代都市描写,以颇具中国特点的现代都市作为表现对象,精细把握畸变的现代都市文化的种种表征,尤致力于表现现代都市人的生存尴尬和精神变型,相当程度上显出欧洲现实主义作家所特具的对于都市生活的充足表现力,这一创作特点,在中国现代作家中确乎十分突出,由此显示出其现实主义创作的鲜明特色。

2. 拓展现实主义张力的描写艺术

现实主义创作克服理性与艺术的矛盾,必须寻求现实主义自身特有的一种张力,就如韦勒克所说的在"描绘和规范、真实与训谕"之间,作家能够

[①] 茅盾:《都市文学》,《茅盾全集》第19卷,人民文学出版社1991年版,第422页。

突破"规范"和"训谕"的制约，尽力实现真实的艺术描绘。采用卓有成效的描写艺术，是拓展现实主义张力的重要所在。

茅盾小说的理性化叙事，在作品的显性层面很少见出理性（"训谕"）的直接介入，很大程度上取决于注重"描写"的艺术表达，他总是采用质朴而又精致的描写艺术述说故事和人物，将作品传达的理性观念不着痕迹地表现出来。此种技法的运用，茅盾吸收过我国传统小说的某些技法，但更多的是对欧洲现实主义描写艺术的借鉴。普实克就指出过：阅读茅盾的小说，能感觉到其叙事与描写是那样质朴与真切，"他所写的每一个故事或一个插曲都好像他自己亲身经历的，没给读者留有一种经过加工的印象，更不是历史，而是某种已经结束了的事，他只给它作点合理的解释或给串联起来而已。所以每当我们阅读茅盾小说时，我们就会有一种富于立体感的彩色油画的印象"，此种方法"有别于中国旧文学的传统叙述手法"；"茅盾曾在自己论著中，指出过旧文学'叙述'手法的不足之处，建立了与此不同的质朴的叙事史诗式的描写手法"。他还发现，"茅盾的描写里有些隐喻的成分，有意识地从描写外部现实向内部实际推进，即运用心理描写的艺术手法。这里我们也看到他同中国文学传统的表现手法有很大的区别"[①]。在另一文中，他进一步指出茅盾借鉴欧洲作家对于推动中国文学描写艺术进步的意义："茅盾对他的欧洲的先行者如托尔斯泰等人的描写艺术，也完全掌握并有所推进。这也是中国文学前进的节奏惊人迅速的一个例证。"[②]

普实克的上述见解，是有相当合理性的。作为一位有开阔文化视野的新文学作家，茅盾取精用弘汲取世界文艺新潮在中国现代作家是十分突出的，其创作借鉴中外文学创作方法，以自觉的现实主义选择偏重于吸收欧洲现实主义也符合其创作实际。茅盾曾说过："我觉得我开始写小说时的凭借还是以前读过的一些外国小说。"[③]这颇近于鲁迅之从事小说创作，"大约所仰仗的全在先前看过的百来篇外国作品和一点医学上的知识，此外的准备，一点

[①] 〔捷〕普实克：《捷文版〈腐蚀〉后记》，转引自李岫编：《茅盾研究在国外》，湖南人民出版社1984年版，第259、261页。
[②] 〔捷〕普实克：《论茅盾》，转引自李岫编：《茅盾研究在国外》，湖南人民出版社1984年版，第626页。
[③] 茅盾：《谈我的研究》，《茅盾全集》第21卷，人民文学出版社1991年版，第62页。

也没有"①。看来,新文学作家之"新","眼光向外"确是一个重要特点,尤其是那些决意与世界文学接轨的成就卓著的小说大家。对于具体作家的借鉴,茅盾列举过许多欧洲现实主义作家,这在不同场合有不同表述,但比较而言,在丰富叙事艺术方面,他从托尔斯泰那里得益尤多。尽管茅盾立志于做巴尔扎克,当社会的"书记",其创作的"史诗"式叙事颇接近于巴尔扎克,但正如其所言,他"更喜欢托尔斯泰"②,缘由就在于其所论述的,托尔斯泰"以惊人的艺术力量概括了极其纷繁的社会现象,并且指示出各种复杂现象之间的内在联系,提出许多重大的社会问题。托尔斯泰作品的宏伟的规模、复杂的结构、细腻的分析、表现心理活动的丰富手法及其他的无情地撕毁一切假面的独特手法,都大大提高了艺术作品反映现实的可能性,丰富和发展了现实主义的艺术创作方法"③。这里显示的正是茅盾对这位欧洲现实主义文学大师创作方法的研磨与洞察,对照其创作,就不难寻见他从托尔斯泰创作中汲取有益经验以丰富自己的艺术表现。比如,托尔斯泰创作的一个显著特点,是以高度的艺术概括力量和"史诗"式描绘表现纷繁复杂的社会现象,尽可能加大形式主义文学反映现实的可能性。茅盾叹服"伟大的《战争与和平》"对俄国"政治社会"的全面驾驭④,便是其倾心托尔斯泰的一个生动例证。托氏善于驾驭宏伟画面的"史诗"型描绘,这对于重视"大规模"表现社会现象,并希冀从中提出重大社会问题的茅盾而言,无疑是最足以师法的。尽管茅盾没有产生托尔斯泰的《战争与和平》那样的"史诗"型巨著,但其注目于广阔"社会"的宏观审视,提出与解剖重大社会问题的创作方法,却同托氏的创作不无相通之处。我们上面论述过的《子夜》及其相关作品,透过民族资产阶级生活的"全景"描述,显出其对"社会问题"的深层思考,足以显示这一创作特色。

对托尔斯泰创作艺术的借鉴,还可以从茅盾推崇托氏艺术的另一个特点,"以惊人的艺术力量概括了极其纷繁的社会现象,并且指示出各种复杂

---

① 鲁迅:《我怎么做起小说来》,《鲁迅全集》第4卷,人民文学出版社1982年版,第512页。
② 转引自庄钟庆:《永不消失的怀念》,《新文学史料》1981年第3期。
③ 茅盾:《激烈的抗议者、愤怒的揭发者、伟大的批判者》,《茅盾全集》第33卷,人民文学出版社2001年版,第704页。
④ 茅盾:《创作的准备》,《茅盾全集》第21卷,人民文学出版社1991年版,第34页。

现象之间的内在联系，提出许多重大的社会问题"中，找到印证。茅盾用其文学创作解剖现代中国社会时，除致力于都市书写外，还把笔触从城市转向与其紧密相连的乡村，以高度的艺术概括力表现现代乡村文化的深巨变化，同样见出其艺术追求的独特性。其成功之处是在于将"现代性"命题渗透于对农村、农民与乡村生活的观照，并注重乡村与城市"内在联系"的描写，把乡村作为现代"中国社会"重要"一角"予以表现，显出其解剖整体社会、提出重大社会问题的意向。从中可以见到，一个立意高远的作家从来都不会随心所欲选择、处理题材，总是善于从经典作家那里汲取艺术所长，洞察"各种复杂现象"，并将种种纷繁的散杂的社会现象融于艺术整体，从而显出现实主义的充分表现力。从这个意义上或许还可以看出，茅盾在表现乡土、处理乡村题材作品的独特视角与独特价值。

  一般而言，我国"五四"以来的乡土文学有不低的文化品位和艺术品位。正如有学者指出的，传统的"中国社会是乡土性"的，从本质上说它是一个"农业老家"。① 因而包括鲁迅在内的许多有识见的作家，把这种"土性"深重的"老中国"文化根柢做了深层的开掘，并将其同改造中国传统文化的命题联系在一起，从而赋予乡土文学以很高的价值。然而茅盾提供的是另一种与表现"传统"完全不同的范式，他是从解剖现代中国社会的视角切入乡土观照与乡村生活描写，从现代经济文化对于农村和农民的深刻影响写出了乡村的"现代"景观，纳入了其创作的整体社会剖析范畴。在他20世纪30年代创作的农村题材小说与散文中，侧重表现的是农村经济破产，状写因整个社会经济结构的变动而产生的乡村生活的巨变，以及农民思维方式、精神面貌的变化，同时也写出了乡村文化由传统向现代转型的艰难曲折历程，于是其写于这一时期的小说"农村三部曲"(《春蚕》《秋收》《残冬》)《林家铺子》《当铺前》《水藻行》以及散文《故乡杂记》等，便汇成了一个由农村经济破产视角串联起来的艺术整体，它们共同诠释着当时中国社会逐渐殖民地化的过程。其中，"农村三部曲"中写老通宝家庭由自耕农沦为雇农的破产过程，更见出惊人的艺术概括力量。小说写这个家庭的破产，

---

① 费孝通：《乡土中国》，生活·读书·新知三联书店1985年版，第1页。

便联系着20世纪30年代整体社会经济结构的变动：民族经济衰落，大量洋货倾销，隐伏着农村经济破产的危机。正如老通宝直觉到"自从镇上有了洋纱、洋布、洋油——这一类洋货，而且河里有了小火轮船以后，他自己田里生出来的东西就一天一天不值钱，而镇上的东西却一天一天贵起来"，因此他恨一切带着"洋"字的东西，"听得带一个洋字就像见了七世冤家"。老通宝的"仇洋心理"，是纯粹农民式的，其中不无盲目的排外性（因为他连"洋种""洋水车""洋肥料"这些先进生产方式都痛恨），但由此折射的因经济结构变动导致农村自然经济解体在农民心中引起的恐慌，却是十分深刻的。现代经济结构的变迁，同农民的命运息息相关，从这个意义上或许可以说，老通宝这类形象是中国现代小说中最具有时代特质的农民形象。小说表现农民小生产者的传统思维方式与现代文化观念的不协调性，也同样极其深刻。老通宝的农民式思维是单纯感觉型的，他只凭直觉经验做出判断：农民靠养蚕种田吃饭，只要蚕花熟、稻谷丰收，他便可以吃饱饭。这一逻辑推理在亘古不变的自然经济状态下也许是很通顺的，然而世界是"真正变了"，现代经济的展开方式不是封闭、独立的，而存在着乡村与城市的"内在联系"，且各部位互相牵连、紧密相关，农民的种养业就受着市场的制约，老通宝却以不变应万变，依据其固有逻辑行事，就非栽跟头不可。这里，作家在探索经济变迁对于乡村文化的深刻影响时，侧重表现农民复杂的文化心理流程，揭示其落后的文化意识未能与时代潮流相适应的一面，应该说是十分精到的；而透过一个"点"的深入，广泛描写其与各种复杂社会现象之间的内在联系，则作家善于从宏观与微观的结合中把握艺术世界的表现方法也得到清晰昭示。

拓展现实主义的描写艺术，对于重理性创作实现艺术表达至关重要。在此类创作中，描写艺术的功用就在于，将"规范"和"训谕"透过真实的艺术描绘传达出来，由此拓展了现实主义的张力。茅盾在创作实践中，"将欧洲古典现实主义创作方法运用于本国文学创作"；其创作中"隐去故事叙述者的一切痕迹"，"不带主观色彩的描写"，"加强所描写的情景的力量"，使用经过润饰的"文学辞藻"等，都是对欧洲"正宗"的现实主义创作方法的有效借鉴。① 其中最为出色的是描写人物心灵的曲折微妙的变化,表现人在特定情景中的所感与所思,从而有效地传达出一种寄托很深的理性观念。在这方面,托尔斯泰擅长人物复杂的心灵、情感描写,茅盾应是得益甚多的。

在这方面,《子夜》中用经济文化视角表现一部分由"乡下人"演变而成的"都市人"的心态描写,从中反映两种文化的尖锐对立与冲突,最能见出茅盾对现代文化观念变异的思考,也最能见出其独具的描写人的复杂心态的功力。随着农村自然经济的急剧分化与解体,大批乡下人涌入都市,这批人原本就在骨子里有一种乡村与都市的对立心态,都市的西化生活方式对他们来说更不容易适应,因此他们对西化观念产生或迎或拒的态度,都会使传统文化道德观念经受更严峻的挑战,以至于产生严重变异。对此,茅盾通过两个乡下地主进城以后心态变化的传神描写,传达这一理念,便取得了理想的艺术效果。一个是吴老太爷,他根本就瞧不起都市,乡下就是他的"堡寨",只因近年来乡村"不太平",这才来到大都市上海。然而从他踏进上海的第一刻起,就难以忍受"都市精怪"声波音浪的冲击,周围的一切似乎都在与他的"万恶淫为首"的道德信条开玩笑,不禁"义愤填膺",终于来不及喘过一口气,便抱着《太上感应篇》"风化"了。这是写传统道德与西化观念的冲突,作者在讽喻传统观念"僵化"的同时也反衬了浮华的"都市病"之可厌。另一个是土财主冯云卿,他比吴老太爷"开通",觉得观念应随时而变,钱"躺"在家里是坐吃山空,必须再变出钱来才是正道,这一"经济头脑"一度使他成为"公债通";但这位在公债市场上输红了眼睛的小地主,为挽回败局,竟然唆使独生女儿去勾引赵伯韬,以刺探公债行情,最终仍遭败绩。小说最为精彩的是对冯云卿复杂心态的描写,写他并非"天性"如此,是万不得已出此"下策",内心经历了痛苦的思想争斗。作为父亲,冯云卿也爱自己的女儿。因此,当何慎庵最初向他提议使用"美人计"的时候,他简直不敢相信何竟会出此言,震惊得"脸色倏然转为死白",以致"扑索索落下几点眼泪来"。其后,他内心一度有所活动,但想到女儿的可爱之处,不禁又惭愧起来,发狠打了自己的嘴巴,骂自己"比狗还下作"。

---

① 《西方关于中国现代文学的一场重要论争》,尹慧珉、尹宣译,《文学研究动态》1982 年第 16 期。

即使后来思前想后，觉得舍此别无他途，决定劝说女儿上钩时，他的心头仍"浮起了几乎不能自信的矛盾；一方面是唯恐女儿摇头，一方面却又怕看见女儿点头答应"。女儿当真点头了，他又难过得不能自持。这个心灵搏斗过程，真是写得一波三沂，惟妙惟肖。冯云卿最后还是干出了"比狗还下作"的勾当，这自然为其利欲熏心的剥削阶级本质所决定，但由此也展示了公债市场的凶险，揭示了买办资产阶级主宰金融市场的危害性，暴露了严重的社会问题。冯云卿的金钱至上与廉耻丧尽，也展示了传统文化变迁的另一个侧面：封建的文化观念与伦理道德观念正在向着西化的资本主义方向发生着幅度不小的变化。但不管是吴老太爷也好，冯云卿也好，他们的结局却是同样的，即都被都市淹没了，连同他们的身躯与观念。这里很难说清楚他们该不该有如此结局，也不必去追究造成如此结局是"谁之罪"，因为作家要透视的是产生此种结局的经济文化动因：传统文化观念如同传统经济的衰落一样显得十分脆弱，面对西方文化观念的强力挤压，无论采取何种方式应对，都会遭受败绩。这两位封建地主演出的既不是悲剧，也不是喜剧，而是一出地地道道的正剧：正是在一个极其严肃的文化命题下，作家以深刻的人物心态剖析、演示，展现了这类人的精神畸变，从而把人的心灵、精神写得曲尽其妙，同时也把寄托的理性观念表现得入情入理、形象可感。

茅盾小说运用精致的描写艺术，透过人物复杂的心灵解剖人物，展示思想、情感、性格的复杂性，以表现社会性问题，还可以举出《腐蚀》。普实克认为，茅盾"更亲近于托尔斯泰"的依据之一，是心理描写的熟练运用，"他努力运用直抒式的心理描写到较为复杂的多种方式融汇在交错发展的多种矛盾之中。这一方法在小说《腐蚀》中又有进一步的发展。运用了内心独白式的心理描写手段，效果极好。用日记的形式来反映女主人公经历体验，特别是她那内心世界的感情"。[①] 此说甚是。

茅盾创作《腐蚀》，主要目的是在暴露国民党特务活动的罪恶，但也含有另一种意图：当时有些青年误入特务"罗网"，"内心是很矛盾很苦闷的"，

[①]〔捷〕普实克：《捷文版〈腐蚀〉后记》，转引自李岫编：《茅盾研究在国外》，湖南人民出版社1984年版，第262页。

所以小说又表现了"那些被迫参加的小特务的矛盾、动摇而又痛苦的心理状态，给他们一记'当头棒喝'，争取他们戴罪立功，回到人民这边来"。① 主人公赵惠明，就是个被骗陷入特务罗网的青年，她本质上不同于其他"职业特务"，其性格的发展趋向是可变性，即在有利的条件下可以促成性格向好的方面转化，存在着如她自己所认定的向"好人"转化的"一线之可能"。作品中人物的性格，正是按照这"一线之可能"所期许的方向发展，赵惠明最终走上了"自新之路"。但这样的转化过程无疑是艰难的。赵惠明的"失足"自有其环境造就的独特原因，她之沦为特务是被骗，并非"天性"使然，这使她在魔窟里生活决不会安之若素，内心不会不激起争斗的波澜，再加上特务机关内部的尔虞我诈、钩心斗角和小特务常常处在人人自危中的局面，更使她摆脱环境的制约并非容易。小说用日记体的形式（这在茅盾创作中是个特例），运用"内心独白式"的心理描写手段，细致地解剖了赵惠明混迹在特务群中的复杂的内心世界，既写她灵魂被污染的一面，也写她思想苦痛的一面；既写她常常丧失理智和天良，去干那些害人损己的事情，又写她尚未完全泯灭的良心和情感，经受了极其矛盾、苦痛的心灵挣扎。比如她的"任性"，是导致走向罪恶深渊的主观因素之一，为了"报复"那个抛弃她的男人，她"狠心"抛下了出世二十九天的婴儿，去"毫无牵累地"过那种在她看来可以为女人"争气"的生活。她这样做，表面上看来是无情无义，被人们骂为"下作""忍心"，然而她内心里又何尝好受。日记写下了她痛苦的心灵独白："下作的女人？忍心的母亲？哦，下作，一万个不是！忍心么？我有权利这样自责，人家却没有理由这样骂我。我不是一个女人似的女人，然而我自知，我是一个母亲似的母亲！"割断亲子之爱，当然不是"一个女人"应所为，但她终究是个"母亲似的母亲"，抛下亲骨肉心头痛苦难道会比别的"女人"和"母亲"少一些吗？这段抒写，既展示了她的"糊涂"和"不明大义"的一面，也写出了她的不失有丰富情感的一面，她的思想和情感原就不是单纯的。通过这样曲折细微的心灵历程的抒写，深入人物内心堂奥的解剖，把一个身处复杂社会环境中的复杂人物的性格展露无

---

① 茅盾：《致〈涅瓦〉杂志的读者》，《茅盾全集》第5卷，人民文学出版社1984年版，第303页。

遗。这个人物形象塑造是成功的，读者在读完小说后多对赵惠明产生了同情之心，表现了对误入歧途青年的既深责又谅解，希望由此开出一条反省的路来。作者的艺术创造与表现社会性问题的意愿能如期实现，这自然得益于其艺术描写的成功，特别是人物的心灵解剖的确达到非常精细的程度。

借鉴欧洲"正宗"现实主义，调动多种艺术手腕丰富小说叙事，无疑是拓展与深化茅盾创作叙事艺术的重要因素。在小说叙事模式的"现代化"进程上，茅盾是站在新文学第一个十年的基点上继续前进的作家。不弃传统，广纳新知，是他从事艺术创造的基本出发点，叙事模式的创新自然也是他追求的目标。在"五四"小说实现叙事方式多样化的基础上，茅盾小说所提供的是使之日趋成熟的经验。尽管茅盾小说的叙事模式同"五四"以后涌现的一大批具有诗化或散文化倾向的小说颇不相同，如果按照有的学者所阐述的我国小说的发展受到史传传统与诗骚传统两种传统影响的观点，那么着眼于写出一部社会"编年史"的茅盾小说，无论在小说容量还是叙事模式上都侧重在继承史传传统方面。此种史传传统，当然有对我国小说传统叙事模式的继承，但这并不意味着茅盾只是沿袭传统而无所创新。恰恰相反，突破单一的传统叙事模式正是茅盾之所长。而寻求突破，最根本的是眼光向外，汲取世界先进的现实主义创作方法为我所用，于是，着眼于真实反映客观现实，进行"史诗式"叙事的巴尔扎克、托尔斯泰等欧洲现实主义的创作经验，便纳入了茅盾的接受视野。

从借鉴西方形式主义小说叙述模式看，茅盾创作的叙事方法，多表现为对传统叙事的变异，与西方小说叙事的靠近。例如，在叙事时间上，他基本上扬弃了传统的连贯叙述（从头说起，接下去说）的方法，大体采用交错叙述（如《子夜》《锻炼》等），也有采用倒装叙述（如《虹》《创造》等）的；在叙事角度上，基于他的客观描写主张，不完全舍弃全知叙事，但也拓展了叙事视角，大部分小说采用第三人称限制叙事，也出现了第一人称叙事（《腐蚀》）等；在叙事结构上，不再以情节为中心，而是以性格为中心，等等。这些显然都是西方现代小说常用的叙事技法。关于茅盾对欧洲现实主义作家叙事艺术的具体借鉴，有的研究者认为茅盾交替使用两种叙述方法：一种是"致力于客观性的明显的表现"，"力求将个人排斥于叙述之外"，另一种是"运用主要人物直接叙述的形式","即表现作家个人经历和感情的形式",是借鉴了欧洲作家的叙述方法,因为这"在当时欧洲的小说中也随处可见"。① 此说有理,且可在茅盾小说中找到印证:前者如注重"客观性"叙事的《子夜》等作品,后者如"趋向主观性"叙事的《蚀》和《腐蚀》。所有这些都表明,茅盾小说汲取欧洲现实主义作家之所长,在小说叙事模式上见出相当的现代意识。中国新文学第二个十年以后的小说创作,注重反映广阔的社会人生,在叙事模式上必须同"五四"以后的"身边小说"、散文化小说等有所更新与变异。茅盾小说的叙事模式既是"现代化"的,又是充分显示这种变异的,适应了小说以开阔的视野展示现实人生的要求,在叙事艺术的创新上为社会写实小说提供了多方面的艺术创造。

当然,借鉴外国作家经验促成叙事模式的创新,并非单纯创作方法的仿效,更重要的是要吸收、领会其叙事艺术的精神实质。茅盾分析托尔斯泰的名著《战争与和平》的历史叙事特点时指出,"这么一部百余万言的巨著——人物多至一百以上、场面自血战、国王的会议、贵族做生日、贵族的丧事、剧场、跳舞会、打猎乃至小儿女的情话,农民的生活,19世纪初十年俄国的政治事件和社会现实,几乎网罗无遗",因此这部小说也可称之为"历史小说";但它更重要的价值是在于:小说"又写了整个俄罗斯民族。从农奴到贵族地主,各阶层的生活都不缺少。托尔斯泰显然是存心要把俄罗斯民族最困苦的年头(对拿破仑战争)的全般社会相写进他这部大作里",他不单是"为了这些'历史事实'的本身而写的",因而又有"以前的历史小说所没有的价值"。② 在茅盾看来,《战争与和平》艺术经验的可取之处是在于:作家注目历史,但又不拘泥于历史,重要的是表现为对现实社会的关注,重视对"全般社会相"的真实描绘,这才有这部小说超越一般历史小说的价值。从这里他领悟到,吸取中外文学名著的艺术经验(包括"历史叙事"模式的运用),关键是要把握作品的艺术精髓,从创作整体上领会叙事

---

① 〔捷〕普实克:《论茅盾》,转引自李岫编:《茅盾研究在国外》,湖南人民出版社1984年版,第624、630、631页。
② 茅盾:《世界文学名著讲话〈战争与和平〉》,《茅盾全集》第30卷,人民文学出版社2001年版,第231、232页。

艺术经验予以吸收，而不是某方面创作技巧的简单搬用。就此而言，茅盾对托尔斯泰叙事艺术的借鉴，主要也是从整体上吸收其艺术经验，而不是某种描写方法、叙事方法的汲取。

应该说，处在两个不同的国度、不同的时代，茅盾的作品与托尔斯泰的作品并没有很多的可比性，但我们仍可以从茅盾的创作中找到借鉴托尔斯泰的显在表征，就在于他善于把握托氏的叙事艺术精髓，并在创作中得到灵活自如的运用。《子夜》的创作对《战争与和平》叙事艺术的借鉴，即是范例。这两部作品无论是表现对象、表现时代都有很大的相异性，但作为同样的历史性叙事，却又有许多相通之处。茅盾的《子夜》颇近于他最为推崇的《红楼梦》那样的叙事艺术，"包举万象的布局，旁敲侧击、前呼后应的技巧，使全书成为巍然一整体，动一肢则伤全身"①，显然是其汲取中外艺术经验的结果，其中对《战争与和平》经验的借鉴亦很明显。比如，茅盾最为推崇的是托尔斯泰善于表现"极其纷繁的社会现象"，"作品的宏伟的规模、复杂的结构、细腻的分析"等"大大提高了艺术作品反映现实的可能性"，这在"百余万言巨著"的《战争与和平》中表现尤为显著，而《子夜》亦是篇幅浩大、人物众多、事件纷杂，堪称为一部"史诗"型作品，显出作家汲取托尔斯泰艺术经验而拓展了"艺术作品反映现实的可能性"。又如，这两部作品都是结构严谨，叙事紧紧围绕中心人物、中心事件展开，做到瞻前顾后，汇成整体。《子夜》中紧紧围绕主人公吴荪甫的悲剧命运展开故事，颇近于茅盾甚为赏识的《战争与和平》以"对拿破仑战事"为中心汇成严谨的布局；而且，作品情节开展的丰富复杂性，不独吴荪甫一人陷在"火线"中作战，使情节的发展纵横交错、扑朔迷离，小说画面还分别牵连到都市、农村、乡镇，涉及政界、军界、商界、企业界、知识界等各色人等，真正描绘了一幅20世纪30年代生活的完整图画，这与托氏巨著"全般社会相"的描绘也有异曲同工之妙。可以说，从精神实质上领悟、吸收托氏的叙事艺术，是《子夜》获得成功的一个重要因素。

茅盾的其他表现"全般社会相"的小说，也有类似特点，如他在20世纪

---

① 茅盾：《关于曹雪芹》，《茅盾全集》第27卷，人民文学出版社1996年版，第99页。

40 年代写出的被称为具有"红楼风韵"的《霜叶红似二月花》。这部小说以开阔的生活视野表现 20 世纪 20 年代初的中国社会,对托尔斯泰等欧洲现实主义作家创作的借鉴也是很多的。小说所展现的生活图画就是来自茅盾作品所常见的江南水乡城镇。人们从中看到了 20 世纪 20 年代农民的贫困和愚昧,土财主的欺诈和横行,以及小县城里的守旧势力、土豪劣绅、破落的世家子弟、无力回天的"新派"人物等形形色色的嘴脸。斑斓的色彩,勾画了一个时代的轮廓,这与托尔斯泰式叙写历史而又反映时代社会颇为相类。而其富有地方特色的风俗画,活现了江南社会的风情、世态,显示出对"社会世相"的透骨剔肌的刻画,则又近于托尔斯泰式的表现宏阔俄罗斯社会而不失细微生活场景"乃至小儿女的情话"的描写,大大丰富了现实主义的表现力。这说明,善于把握欧洲作家的艺术精髓,借鉴、运用本真的现实主义写作,调动多种艺术手段把握创作,使茅盾的小说不掩其艺术创造意义。茅盾借鉴欧洲"正宗"的现实主义创作经验,不但对其创造的一种独特现实主义小说模式的艺术提升有无可漠视的意义,实际上也为 20 世纪中国文学创作提供了卓有成效的经验。

结语　文学大家茅盾给予后世文学的启示意义

透过上述多方面论说，不难看到，对文学大家茅盾的科学评价，的确是一个需要切实面对的理论话题。不但茅盾自身的复杂性及其创造的丰厚文学库藏，足以令研究者不竭开掘，并在研究的不断深入中逐渐接近茅盾"本体"，实现对茅盾其人及其文学成就固有价值的还原；更重要的还在于，因以往存在种种"误读"，通过对茅盾及由茅盾引发的理论话题予以正本清源的阐释，厘清被历史表象遮蔽的复杂现象，探究一个真实、真切的茅盾形象，从中总结出应有的历史经验，则尤显出必要性。

有鉴于此，本书从20世纪中国文化语境切入，理性审视茅盾的文化选择、政治态度、文学观念、创作倾向等，力图对作家做出切近实际和具有历史合理性的分析与评价；同时基于茅盾作为一种作家类型、创作类型在文学史上的"代表性"意义，由对其的深入思考涉及与之相关的文学史问题探究，以便从历史的审视中获得比单个作家研究更多的东西。笔者以为，如此研究思路，用理性审视的态度把握一位颇具复杂性、矛盾性的作家，用力于文学史视野的观照对问题作更深层次的论说，这对于科学阐释、评价茅盾是必要的。本书所论，便是针对新时期以来对茅盾评价的分歧，集中围绕引发争议的几个话题逐一探讨，对茅盾的文化人格、文学思想、创作形态等，放置在特定文化语境中考察，审视其生成背景，展示其独特形态，评估其成就得失，论定其对于推动中国现代文学发展所起的重要历史作用，及其提供的艺术经验对后来者的启迪。这是以往茅盾研究和现代作家研究很少有人做过的，不妨说提供了一个新的研究视角；而其蕴含的深层意义，则是透过茅盾的论说，为当下及后世文学的发展提供重要启迪。

理性审视茅盾的意义，当然首先是对作家做出科学、准确的评价，以利于作家文学成就、创作经验的有效总结和恰切评估。但作家研究的意义并不只是单纯对作家个体的阐释，重要的是在于总结历史经验以映照现实。对茅盾的评价亦然。本书对茅盾的评说，并非只是对茅盾个体的泛论，而是侧重于在争议的学术背景中展开，重点论述茅盾人生道路选择、文学思想和文学创作中刻下鲜明"茅盾式"纹章印记的几个侧面，而这恰恰联系着当下文学研究中一些颇具探究性的学术问题，诸如何看待作家的社会要求和历史使命意识，如何处理文学与政治的关系、现实主义道路的择取等。这些问题很难说已取得了共识，对茅盾评价的争议亦多半由是而起，而这些对于中国文学当下和未来的发展恰恰都是关系殊大的。因而理性审视茅盾的意义还在于：从历史和现实的观照中，开掘茅盾蕴含的多重价值，探寻茅盾话题的当下意义及其为中国文学发展提供的重要历史经验。

透过对茅盾的历史审视，我们从这位文学大家的文学选择、使命意识、艺术追求等诸多为人们关注的话题探究中，能对于中国文学的当下和未来发展获取诸多有益启示。茅盾提供的文学经验该是丰富多样的，其中最具现实针对性的重要启示是：

作为人文知识者的作家，应牢记历史使命，任何时候都不可或缺应有的现实关怀和历史担当精神。在漫长的人生历程中，茅盾的身份、角色有多种转换：由专事文学活动到从事职业革命再到重返文学岗位，显出在激烈的时代巨变中人文知识者选择道路的艰难，但不变的是茅盾承担历史使命的始终如一，挺立历史潮头勇于担当。可以说，在20世纪特定文化语境中，经历各种"矛盾"交织而又苦苦追索前进路径、寻觅人文知识者应有的历史担当，文学创作肩负起时代赋予的历史使命参与社会、批判社会，无有如茅盾者。其创作总是密切关注现实、特别是当下现实，关注国家和民族的前途、命运，坚持文艺同社会的政治、经济、文化的广泛联系，成为中国当代社会的卓越表现者与批判者。就艺术与时代的联系、文学为人民立言的角度而论，茅盾的创作精神理应成为作家的表率，尤其是当淡化文学的社会性、现实性一度被举为时尚，文学与人民渐行渐远时，这一意义当更能彰显。

文学与政治并不是绝对疏离的，但政治介入文学，必须实现作家的政治诉求与艺术诉求的有效结合。文学与政治联姻，在文学创作中构成一种复杂关系，但这并不神秘。如果联系20世纪中国特定文化语境，那么在此文化生态中形成的"作家角色"，更注定了政治与文学有着无穷的缠绕。具有鲜明"政治意识"的茅盾，无疑为中国新文学的文学与政治联姻提供了范例。他作为有政治信仰的人文知识者，必有对"主义"的坚定持守，必有政治在文学中的介入，但他又有"文人"中的精英知识者所具有的独特政治参与方式。他对于政治介入文学，常常显出作为一个卓有建树的人文知识者而不单纯是政治家对政治的思考，其对现实政治总是显出独立判断和不随流俗的一面，也不会只是止于政治现象的表象分析，创作文本必呈现出丰富的政治文化内涵与多重意义生成。在表达方式上，他对于政治理性与艺术表现的"相生相克"有所防范，重视政治倾向表达的艺术诉求，将形象创造定为"第一目标"，注重"形式"的完满，不致使理性观念表达凌空蹈虚。这一些，对于正确处理文学与政治的关系，至今都是极具警示意义的。

　　文学思潮选择应"兼容并包"，现实主义在我国有着不可或缺的意义，它既不能"独尊"，也不应走向"放逐"。茅盾是现实主义文学的坚定持守者和弘扬者，这是基于其对现实主义精神的独特理解，而中国新文学时期，坚持现实主义的作家占了最大比重，现实主义在中国有着最广阔的"市场"，预示着日后它依然会有甚大的开拓空间。尽管茅盾的"独尊"现实主义见出两面性：时代思潮的切合性与非我族类的排他性，不妨说也有弱点；但他的现实主义选择的确是经过长期审慎的思考、探究以后做出的，既非趋时，也非盲从。在理论层面上，他是中国现代作家中对现实主义理论作过深究而又有独特见地的少数作家之一，尤其是强调借鉴"创造原点"价值的欧洲"正宗"现实主义，对克服现实主义创作弊端多有建树；在创作实践层面上，他提供了"经验人生"以后做小说的典型范式，强调生活实感、生活积累对于现实主义创作的重要性，其积累的艺术经验极应珍视。在当下现实主义创作及其接受形势变得愈来愈严峻的时候，重温茅盾当年对此的大力倡扬，应该是大有教益的。

参考文献

《茅盾全集》1—40卷，人民文学出版社1984—2001年版。

李岫编：《茅盾研究在国外》，湖南人民出版社1984年版。

中国当代文学研究资料：《茅盾专集》，福建人民出版社1984年版。

孙中田等：《茅盾研究资料》，知识产权出版社2010年版。

钟桂松：《茅盾评传》，南京大学出版社2013年版。

余连祥：《逃墨馆主——茅盾传》，浙江人民出版社2007年版。

查国华：《茅盾年谱》，长江文艺出版社1985年版。

唐金海、刘长鼎主编：《茅盾年谱》（上、下），山西高校联合出版社1996年版。

韦韬、陈小曼：《我的父亲茅盾》，辽宁人民出版社2004年版。

巴金等：《忆茅公》，文化艺术出版社1982年版。

中国茅盾研究会编：《茅盾与20世纪》，华夏出版社1997年版。

吴福辉、李频编：《茅盾研究与我》，华夏出版社1997年版。

万树玉、李岫编：《茅盾和我》，中国广播电视出版社1996年版。

马新正主编：《桐乡县志》，上海书店出版社1996年版。

马良春、张大明主编：《中国现代文学思潮史》，北京十月文艺出版社1995年版。

俞兆平：《中国现代三大文学思潮新论》，华东师范大学出版社2005年版。

吴元迈：《苏联文学思潮》，浙江文艺出版社1985年版。

艾晓明：《中国左翼文学思潮探源》，湖南文艺出版社1991年版。

〔美〕R.韦勒克：《文学思潮和文学运动的概念》，中国社会科学出版社

1989年版。

〔丹〕勃兰兑斯：《十九世纪文学主流》（第5分册），人民文学出版社1997年版。

谢冕、孟繁华主编："百年中国文学总系"，山东教育出版社1998年版。

钱理群等：《中国现代文学三十年》，北京大学出版社1998年版。

司马长风：《中国新文学史》，香港昭明出版有限公司1980年版。

〔苏〕鲍·苏奇科夫：《现实主义的历史命运——创作方法探讨》，外国文学出版社1988年版。

〔美〕安敏成：《现实主义的限制——革命时代的中国小说》，姜涛译，江苏人民出版社2001年版。

〔苏〕米·赫拉普钦科：《艺术创作·现实·人》，上海译文出版社1999年版。

陈平原、夏晓虹主编：《20世纪中国小说理论资料》，北京大学出版社1997年版。

柳鸣九主编：《二十世纪现实主义》，中国社会科学出版社1992年版。

蒋承勇：《十九世纪现实主义文学的现代阐释》，高等教育出版社1996年版。

温儒敏：《新文学现实主义的流变》，北京大学出版社1988年版。

杨义：《中国现代小说史》，人民文学出版社1998年版。

〔美〕夏志清：《中国现代小说史》，复旦大学出版社2005年版。

严家炎：《中国现代小说流派史》，人民文学出版社1989年版。

〔捷〕普实克著，李欧梵编：《抒情与史诗——中国现代文学论集》，上海三联书店2010年版。

〔美〕李欧梵：《现代性的追求》，生活·读书·新知三联书店2000年版。

〔美〕E.希尔斯：《论传统》，上海人民出版社1991年版。

余英时：《中国思想传统的现代阐释》，江苏人民出版社1989年版。

〔美〕周策纵：《五四运动史》，岳麓书社1999年版。

〔美〕费正清、费维恺：《剑桥中华民国史》，中国社会科学出版社1993年版。

〔美〕加布里埃尔·A.阿尔蒙德、小 G.宾厄姆·鲍威尔：《比较政治学：体系、过程和政策》，曹沛霖等译，上海译文出版社 1987 年版。

〔美〕加布里埃尔·A.阿尔蒙德、西德尼·维巴：《公民文化——五个国家的政治态度和民主制》，徐湘林等译，东方出版社 2008 年版。

〔美〕赫伯特·马尔库塞：《工业社会和新左派》，商务印书馆 1982 年版。

〔俄〕别林斯基：《别林斯基文学论文选》，上海译文出版社 2000 年版。

〔匈〕阿诺德·豪泽尔：《艺术社会学》，居延安译编，学林出版社 1987 年版。

滕守尧：《艺术社会学描述》，上海人民出版社 1987 年版。

〔匈〕格奥尔格·卢卡契：《卢卡契文学论文集》，中国社会科学出版社 1981 年版。

〔法〕丹纳：《艺术哲学》（插图珍藏本），广西师范大学出版社 2000 年版。

乐黛云、王宁主编：《西方文艺思潮与二十世纪中国文学》，中国社会科学出版社 1990 年版。

唐小兵译：《后现代主义与文化理论——杰姆逊教授讲演录》，陕西师范大学出版社 1986 年版。

后　记

　　这本研究专著作为一项国家社会科学基金的研究成果，自有特定的研究视角，即围绕对茅盾的"误读"引发的思考，阐述我对认知茅盾、评价茅盾的一些基本理念。书中表述的我对茅盾的理解，在我的茅盾研究历程中，是一个重要阶段的学术结晶。

　　我参与一度被视为"显学"的茅盾研究，已颇有些渊源。如果从20世纪80年代初发表茅盾研究论文算起，迄今已近40年。茅盾研究的兴盛与低落，在我的学术生涯中都留有深刻记忆。特别是1983年3月茅盾逝世两周年后，参加在北京西苑饭店召开的首届全国茅盾研究学术研讨会，尤其令我印象深刻，至今难以忘怀。这是我参加过的一次空前绝后的学术盛会，成为我真正意义上介入茅盾研究的学术起点。此次盛会不独参会人数之众为后来的学术会议所罕见，更重要的是参会人员的文学成就之丰、学术品位之高，也是其他学术会议难以望其项背。当时在世的文艺界领导人、著名作家艺术家、中国现代文学知名专家学者，大都参会了。我在会上听到的是对茅公的一片盛赞之声，无论是周扬在开幕式上的报告，还是王瑶在闭幕会上的总结性讲话，对茅盾评价之高除鲁迅之外无人可及，深切感受到这位中国文学泰斗至今犹在的深刻影响力；而经茅盾扶掖成长、文学成就卓著的姚雪垠、臧克家、黄源等作家，以亲历亲闻声泪俱下倾诉对茅公的感念，更给人以强烈的心灵震撼，油然而生对茅盾的无限敬意。对我而言，这是一次最生动、直观的学术教育，由此进一步坚定了我从事茅盾研究的学术信念。此前我虽已发表少量茅盾研究论文，但并未确定将茅盾作为今后的重要研究对象，此次会议以后，我感受到了学术界研究茅盾的浓厚学术氛围，看到了茅盾研究的无限开阔前景，遂将学术专注点集中于茅盾研究，直至 1989 年出版我的第一部学术专著《茅盾小说论》（上海文艺出版社）。

对于一个作家产生浓厚的研究兴趣，最初也许只是出于某种喜好或是某种敬意，但经过深入研读其作品，发掘这些作品背后潜藏的东西，乃至于从更宏观视野审视这位作家之所由形成的思想文化背景及其产生的深远影响，就会有从外在感觉到理论自觉的升华。我对茅盾的认知，也经历了这样的过程。研究越趋于深入，研究的信心愈增，研究范围也随之扩大，同时我对茅盾作为文学大家的认识，其在文学史上卓著地位的评价，也就愈益坚固。所以在 20 世纪 80 年代后期的"重写文学史"热潮中，将茅盾作为首选的重评重估对象，对茅盾的文学成就做出完全不切实际的评论与评价，尤其令我难以接受。在我看来，曾有一段时间茅盾研究的回落，这是大体正常的现象，对一个作家的研究，不可能永远都在高潮期；对作家作品的评价，指出其存在的局限与缺陷是必要的，这是全面评述一个作家、一部作品不可或缺的。问题是，一种"颠覆"性的评价却将茅盾推到无足轻重的位置，这确实难以令人置信。我以为，许多研究者从不同侧面提出的对茅盾的否定性评价，无论是对于文学历史还是对于作家本人，都是极不公正的。这说明，尽管以往已对茅盾的诸多领域做了较为深入的研究，但许多话题的探究并没有真正的深入，而且还因对茅盾评价的争议引出新的话题，形成新的茅盾研究生长点。正是基于此，在茅盾研究一度冷落以后，我并没有中止思索，茅盾研究依然是我的一个重要研究领域，但也拓展了研究范围，从更宏观视野审视茅盾，探讨诸如"茅盾传统"、茅盾"创作范式"之类话题，以期从更深层次总结茅盾为中国新文学提供的经验。我在 20 世纪 90 年代出版的两部研究专著《茅盾与 20 世纪中国文化》（天津人民出版社）、《艺术范型与审美品性——论茅盾的创作艺术与审美理论建构》（上海文艺出版社），大体上反映了我对茅盾继续思索的成果。我不敢夸言这些成果有多么大的学术价值，但我自信从宏观文化视阈审视茅盾，对茅盾做出肯定性评价是有充分学理依据的。

这样的思索，一直延续到新世纪。此时的研究已逐步倾向对茅盾"误读"的纠偏，带有显著的学术研究参与现实的意味。其中发表于《学术月刊》2007 年第 11 期的《回眸历史：对茅盾创作模式的理性审视》一文，具有代表性意义，此文被《新华文摘》全文转载，这无疑大大激发了我在此类话题中继续探索的兴味。2011年5月，我以《20世纪中国文化语境中的茅盾研究》为题申报国家社会科学基金项目，被成功立项。我认为对茅盾作科学的历史评价，将其置于20世纪中国复杂文化语境中的审视与分析，至关重要，因为离开具体历史背景抽象地谈论政治问题或审美问题造成评价的错位，常常难以避免，这或许是造成评价错位的关键节点。项目立项后，集中主要精力，投入此项研究工作。由于先前有较多的学术积累，又有相对成熟的研究提纲与研究思路，同时又有针对性地收集相关研究资料，使研究工作做到有序、有效展开，终于按期完成项目研究计划，撰写成这部32万字的书稿。自然，学术研究的艰辛是人所共知的，为完成这部书稿整整耗费了我五年的时光。

由于在研究过程中投入相当精力，本课题最终以"优秀"成绩结题，这是作者差堪自慰的。另外值得一说的是，本课题研究已在一些学术刊物发表阶段性成果（论文）20篇左右，其中有：《文学评论》（1篇）、《中国现代文学研究丛刊》（1篇）、《茅盾研究》（2篇）、《中国社会科学报》（1篇）、《文艺争鸣》（2篇）、《学术月刊》（2篇）、《天津社会科学》（3篇）、《河北学刊》（2篇）、《浙江学刊》（1篇）、《福建论坛》（1篇）、《浙江师范大学学报》（1篇）、《浙江传媒学院学报》（1篇）、《绍兴文理学院学报》（1篇）等，取得了较为丰硕的研究成果。尤使人感奋的是，下述三篇论文——《回眸历史：对茅盾创作模式的理性审视》《文学与政治联姻：现实主义的独特张力与限制》，以及《茅盾的"矛盾"人生与现代作家的复杂样态呈现》，曾先后被《新华文摘》和《中国社会科学文摘》转载，这无形中扩大了成果的社会影响。这里我要特别感谢各地学术刊物对茅盾研究的重视，同时也说明，茅盾研究的学术提升问题是被普遍关注的，我的探索并非毫无意义。

本书书稿被商务印书馆接纳并由其出版，也有着特殊的意义。如所周知，茅盾与商务印书馆有十分紧密的关系，商务印书馆是其从事文学活动、革命活动的起点，他在这里工作长达十年之久，本书作为一种研究茅盾的著作能在这家出版社出版，乃是一种荣幸。我要感谢商务印书馆的领导与同仁为继续弘扬茅盾精神所做出的重要建树。责任编辑关杰等同志字斟句酌编审书稿，也要表达我的深切谢忱。